Anne Schlüter / Annette Kuhn (Hrsg.)

Lila Schwarzbuch

Zur Diskriminierung von Frauen in der Wissenschaft

Schwann Düsseldorf

CIP-Kurztitelaufnahme der Deutschen Bibliothek

Lila Schwarzbuch: zur Diskriminierung von Frauen in d. Wiss. /
Anne Schlüter; Annette Kuhn (Hrsg.).
1. Aufl. – Düsseldorf: Schwann, 1986.
(Geschichtsdidaktik: Studien, Materialien; Bd. 35)
ISBN 3-590-18044-7

NE: Schlüter, Anne [Hrsg.]; Geschichtsdidaktik /
Studien, Materialien

1. Auflage 1986
Titelbild: Honore Daumier: Der philosophische Blaustrumpf,
in: Fuchs, E.: Die Frau in der Karikatur. 3. Aufl. Frankfurt 1979, 467
Umschlaggestaltung: Chris Berten
Gesamtherstellung: Bercker, Graphischer Betrieb GmbH, Kevelaer
ISBN: 3-590-18044-7

Inhalt

Einleitung

Nach 100 Jahren Kampf um das Frauenstudium und um die Anerkennung von Frauen in wissenschaftlichen Positionen bilden Frauen immer noch innerhalb der Hochschule eine kleine Minderheit. Sie befinden sich an untersten Stellen in der universitären Hierarchie. Wie ist diese Situation zu erklären? Vor allem: wie kann sie geändert werden?

Die Autorinnen dieses Bandes wollen Ursachen für die Diskriminierung von Frauen an den Hochschulen aufzeigen. Zugleich suchen sie nach Wegen der Durchsetzung von Fraueninteressen in der Männerdomäne der alma mater. Gegenstrategien zur herrschenden Politik der Frauendiskriminierung werden aufgezeigt. Denn alle Beiträge stehen unter dem Motto: „Widerstand, nicht Ergebung".

Im ersten Teil dieses Bandes gilt es, dem Antifeminismus an den Hochschulen in seiner historischen Genese und als soziologische Erscheinung nachzugehen. Dieser universitäre Antifeminismus ist aber nicht nur eine historische Größe, die sich inzwischen institutionell verfestigt hat. Frauen machen in den Universitäten für sie überraschende, unerklärliche und schmerzliche Erfahrungen mit dem latenten oder offenen Antifeminismus, der sich tief in die Struktur der Wissenschaft und ihre Vermittlungsformen eingenistet hat. Von diesen Erfahrungen ist im zweiten Teil die Rede: Erfahrungen von Frauen mit einer Examensarbeit, Erfahrungen in einem Seminar, Erfahrungen in einem Berufungsverfahren, Beispiele, die sich fast beliebig mehren lassen. Alle Beispiele verweisen jedoch auf ein Gemeinsames: der hier von Frauen an der Universität erfahrene Antifeminismus ist das Ergebnis einer langen Entwicklung innerhalb der Wissenschaften selbst. Er spiegelt den systematischen Ausschluß von Frauen aus den „Fortschritten" im wissenschaftlichen Denken des letzten Jahrhunderts wider. Heute gilt es, diese Tatsachen zu reflektieren und sie zu ändern.

Konsequenterweise bilden daher Beiträge zur Diskriminierung in und durch die Wissenschaften den Inhalt des dritten Teils. Auch diese Beiträge beanspruchen keine systematische Wissenschaftskritik aus der Sicht von Wissenschaftlerinnen. Sie sind in vielerlei Hinsicht ergänzungsbedürftig. Allerdings wird auch hier eine, alle Frauen an den Universitäten verbindende, Einsicht deutlich: der Ausschluß von Frauen aus den Wissenschaften hat zu einer Deformierung der Wissenschaften selbst geführt. Ein Umdenken ist erforderlich. Dieser Band versucht daher nicht nur der Ausgrenzung von Frauen an den Universitäten entgegenzuwirken. Er ist zugleich ein Plädoyer für eine Frauenforschung, die es mit dem hohen Anspruch der Wissenschaft auf Universalität ernst meint.

Bochum/Bonn im März 1986

Anne Schlüter
Annette Kuhn

I. Kein Platz für Frauen – historische und soziologische Untersuchungen zur Situation von Frauen an den Universitäten

1. „Wenn zwei das Gleiche tun, ist das noch lange nicht dasselbe“ – Diskriminierungen von Frauen in der Wissenschaft

Anne Schlüter

I. Von der Beharrlichkeit patriarchaler Strukturen an den Universitäten – Versuch einer Erklärung

An fehlenden Qualifikationen kann es nicht mehr liegen, daß Frauen immer noch selten oder nie eine Stelle im Wissenschaftsbetrieb erhalten. Gibt es doch inzwischen einen überproportionalen Anteil von promovierten und habilitierten Frauen. Aber sie bleiben ohne langfristige Berufsperspektiven (*Engelke* 1984). Wenn die Selektion nach Qualifikation die Regel wäre, müßten sehr viel mehr Frauen Forschung und Lehre auf Dauerstellen betreiben. Woran liegt dieses eklatante Mißverhältnis?

Die Analyse der Mechanismen, die Frauen nicht zur Hochschule zulassen, ist über verschiedene Theorieelemente einzuholen. Als Kategorien dienen hier ‚Habitus‘ nach *Bourdieu* u. a. (1979) und ‚Geschlecht‘, wie sie für die Frauengeschichtsforschung u. a. von *Annette Kuhn* (1983, 29 ff.) formuliert wurde; Kategorien, die durch den Begriff der ‚sozialen Distanz‘ ergänzt werden.

Mit Hilfe dieser drei Kategorien soll die Beharrlichkeit der permanenten Unterrepräsentanz von Frauen an den Universitäten transparent gemacht werden.

Bourdieu stellt den Begriff des Habitus als das Prinzip dar, das sinnhafte und regelhafte Handlungen hervorbringt. Es wird als systematischer Zusammenhang von Dispositionen des Individuums definiert, die von dessen objektiver Situation geprägt werden (materiell, Moralvorstellungen, Gewohnheiten, äußere Erscheinung, Umgang mit Kultur, Bildungsaspiration, usw.). Der Habitus ist das Produkt der Einprägungs- und Aneignungsarbeit während eines langen Sozialisationsprozesses, das erforderlich ist, um Gesellschaft funktionsfähig zu halten, bzw. um permanent soziale Strukturen herzustellen. Die in der Primär-, Sekundär- und Tertiärsozialisation erworbenen Denk- und Wahrnehmungsschemata strukturieren die soziale Praxis, d. h. auch, sie unter-

Der „Blaustrumpf" im Witz (Fliegende Blätter, 1908/09)
„Aber ich bitt' Sie, mit so einem lieben G'sichterl studiert man doch nicht!"

stellen eine Theorie von Gesellschaft, die nicht unbedingt bewußt expliziert werden kann.
Das Habituskonzept wird als umfassend und als auf verschiedene Gesellschaftsformationen übertragbar verstanden (*Becker* 1983).
In diesem Zusammenhang ist es nützlich, weil es sowohl Handlungs-, Denk- und Wahrnehmungsaspekte als auch gesellschaftliche Verhältnisse impliziert.
Bourdieu hat den ‚Entwurf einer Theorie der Praxis' an den Grundlagen der kabylischen Gesellschaft entwickelt. Er beschreibt sie als vorkapitalistisch und patriarchalisch, in der männliche Werte dominieren.

Entsprechend wird die soziale Kategorie: ‚Mann' favorisiert. Frauen haben das herrschende Klassifikationssystem, das auf die Akkumulation des symbolischen Kapitals ausgerichtet ist, nur zu akzeptieren. Sie werden als ‚Tochter von X' oder ‚Frau von Y' definiert (*Bourdieu* 1979, 35, 325). Die Taxonomien dieses Systems legitimieren die Hierarchie zwischen den Geschlechtern. Sie ist in der Arbeits- und Machtverteilung fixiert. Sie halten für Frauen und Männer ein je eigenes Vorstellungs- und Wertesystem bereit. Als Axiom der kollektiven Denkkategorien gilt nach der Struktur des Systems, daß eine Konkurrenz um die offizielle Macht nur zwischen Männern stattfinden kann (ebd., 91). Frauen haben nur Möglichkeiten, ihre Interessen durchzusetzen, wenn sie nach der ‚Logik der grauen Eminenz' handeln, also sich der gesellschaftlichen Organisationsstruktur unterwerfen und im Verborgenen wirken und bleiben (ebd., 325). Die geschlechtsspezifische Polarisierung wird in den Dispositionen der Handlungssubjekte als objektives gesellschaftliches Strukturprinzip reproduziert.
Primäre Strukturprinzipien sind bei *Bourdieu* allerdings klassen- und gruppenspezifische Ausrichtungen des Habitus – diese Kategorien werden auch von den Rezipienten aufgenommen –, die auf historische Prozesse bzw. zeitgeschichtliche Verhältnisse bezogen werden können.
Als Produkt der Geschichte erzeugt der Habitus entsprechend den von der Geschichte hervorgebrachten Schemata individuelle und kollektive Praxisformen, im Resultat also wieder Geschichte (ebd., 182). Weil Handlungen nach diesem Konzept als Ergebnis von Dispositionen zu begreifen sind, die aufgrund der Verinnerlichung gleicher objektiver Strukturen objektiv übereinstimmen, weisen die Aktionen der Mitglieder ein und derselben Gruppe und ein und derselben Klasse eine einheitliche und systematische Bedeutung auf, die die subjektiven Absichten und die individuell oder kollektiv bewußten Ideen, Pläne und Entwürfe transzendiert (ebd., 179). Das heißt, daß die Geschichte eines Individuums nie etwas anderes sein kann als eine gewisse Modifikation der kollektiven Geschichte seiner Klasse und Gruppe. Selbst die Unterschiede in den erlangten Positionen und Karrieren, die individuelle Dispositionen struktureller Varianten des jeweiligen Gruppen- und Klassenhabitus zeigen, verweisen auf die Zugehörigkeit zur Gruppe und Klasse. Nach dem *Bordieu'schen* Konzept funktionieren und agieren die Individuen aufgrund der erworbenen klassen- und gruppenspezifisch ausgerichteten Denk- und Wahrnehmungsschemata, mit dem sie ständig Klassifizierungen zur Einordnung, Einteilung, Abgrenzung und Zuordnung der gesellschaftlichen Praxis vornehmen. Ihre Handlungen wirken als Mechanismen zur Reproduktion sozialer Strukturen, die die einmal etablierten herrschenden Klassen und Gruppen der Ten-

denz nach stabilisieren. Wie *Bourdieu* und andere Autoren nachweisen konnten, sind diese Mechanismen erfolgreich (vgl. *Bourdieu/Passeron* 1971; *Bourdieu/Boltanski* u. a. 1981).

Erfolgreich, wenn auch noch weitestgehend unthematisiert, haben soziale Mechanismen und gesellschaftliche Strukturprinzipien auch die Hierarchie zwischen dem weiblichen und männlichen Geschlecht reproduziert. Trotz formaler Rechtsgleichheit haben Männer heute mehr Macht und Einfluß als Frauen. Frauen sind kaum in qualifizierten und gut bezahlten Positionen zu finden. Das männliche Geschlecht konnte politische, ökonomische und soziale Positionen besetzen, die den Frauen verwehrt wurden. Trotz Zugehörigkeit von Frauen und Männern zu einer Klasse oder sozialen Gruppe innerhalb der Gesellschaft wurde das männliche Geschlecht als dem weiblichen überlegen begriffen. Auf der Basis von Zuschreibung und ständiger Legitimation erinnerte man Frauen an ihre ‚Natur', ihr ‚Wesen', ihr ‚Geschlecht', sobald sie mehr sein wollten als Gattin, Mutter und Hausfrau, sobald sie die Struktur des patriarchalischen Systems störten.

In der Situation der Privilegierten konnten männliche Theoretiker die soziale Kategorie des ‚Geschlechts' vernachlässigen. Gesellschaftstheoretische Interpretationsansätze haben soziale Klassen, kapitalistische Strukturen und Entwicklungen auf der Basis der Monetarisierung der Arbeitskraft zu analysieren versucht, die patriarchalischen Strukturen und Formationen aber blieben als Prämissen unhinterfragt und damit für die Erfassung und Erklärung sozialer Evolution unberücksichtigt.

Erst die Frauenforschung hat die Frage nach dem Verhältnis von Patriarchalismus und Kapitalismus gestellt und somit die Frage nach dem Geschlecht als sozialer und historisch-kritischer Kategorie aufgenommen (vgl. *Kuhn* 1983; *Bock* 1983; *Knapp* 1984). *Patriarchalische Strukturen* von Gesellschaften sind älter als die kapitalistischen Strukturen, die sich während eines langen Industrialisierungsprozesses mit der Durchsetzung ökonomischer Prinzipien und Produktionsweisen etabliert haben und in unterschiedlichem Maße alle Lebensbereiche direkt oder indirekt beeinflussen. Das heißt, daß patriarchalische Strukturprinzipien in die Entwicklung der kapitalistischen Lebensverhältnisse eingingen, daß die Ideologie der Geschlechterstereotype sowohl als Produkt als auch als konstitutives Element der neuzeitlichen bürgerlich-kapitalistischen Gesellschaft betrachtet werden muß (*Kuhn* 1983). Der Mechanismus, der Klassen- und Gruppenzugehörigkeit, Arbeits-, Aufgaben- und Machtverteilung regelt, läuft ebenso über die Zugehörigkeit zum Geschlecht.

Charakteristisches Strukturmerkmal einer patriarchalisch-kapitalistischen Gesellschaft ist eine Arbeitsteilung, die für Frauen unbezahlte Hausarbeit und damit ökonomisch unsichtbare und nicht anerkannte Arbeit bereithält, ihnen Erziehungs- und Beziehungsarbeit als private, nichtprofessionalisierte Arbeit zuweist und sie auf schlecht bezahlten Arbeitsplätzen, auf unterbewerteten Frauen-Berufen und in untergeordneten, dienenden Funktionen festhält (*Göttner-Abendroth* 1983). Gleich in welcher wirtschaftlichen Konjunkturphase und in welchem politischem System, wird die geschlechtsspezifische Aufgaben- und Arbeitsteilung im Kapitalismus aufrechterhalten. Selbst in Zeiten, in denen die Realität der Lebens- und Arbeitswelt von Frauen in faktischem Widerspruch zu den Geschlechterstereotypen steht, wie z. B. in den Kriegs- und Nachkriegszeiten (*Freier* 1984), wird die geschlechtsspezifische Arbeitsteilung als Mechanismus beibehalten, um die Arbeitskraft von Frauen flexibel gestalten zu können. Stagniert die marktbezogene Ökonomie kapitalistischer Ausprägung, werden Frauen als Arbeitskräfte entlassen, durch ihre Subsistenzarbeiten halten sie weiterhin die sozio-ökonomische Struktur aufrecht. Insgesamt stabilisieren sie durch ihre Reproduktionsarbeiten das Gesamtsystem. Frauen bekommen aber dafür weder Rechte noch Privilegien. Ihr vielfach genutztes Arbeitsvermögen führt stattdessen zur beruflichen Unterprivilegierung und zu Benachteiligungen im gesellschaftlichen Bereich (*Beck-Gernsheim* 1981).

Aus der Sicht der betroffenen Frauen sind Diskriminierungen, Sexismus, Gewalt nicht nur soziale Vorurteile und Verhaltensweisen, die Frauen als Unterlegene in die soziale Hierarchie der Gesellschaft einordnen, sondern auch Folge einer kapitalistisch-patriarchalischen Gesellschaft, deren Ursachen in der geschlechtsspezifischen Arbeitsteilung liegen. Für die ungleiche Bewertung und Behandlung von Frauen und Männern ist diese konstitutiv. Aus der Systemperspektive sind Diskriminierungen als Strategien eines geschlechtsspezifisch geprägten Habitus zur Aufrechterhaltung der sozio-ökonomischen Kontinuität zu interpretieren, deren Basis die geschlechtsspezifische Arbeitsteilung ist.

Werden Diskriminierungen, Sexismus und Gewalt gegen Frauen thematisiert, erzeugen die Individuen leicht Rationalisierungen, die auf gruppen- und geschlechtsspezifische Moral- und Rechtsvorstellungen rekurrieren, um eine soziale Praxis zur sprachlichen Darstellung zu bringen, die anderen nicht expliziten Regeln unterliegt. D. h. sie üben durch ihre erworbenen Denk- und Wahrnehmungsschemata *symbolische Gewalt* aus, die einer Zensur gleichkommt. Diesen Grundgedanken müssen wir auf das Verhältnis von Frauen und Wissenschaft übertragen. Eine Benachteiligung von Frauen in der Wissenschaft wird mit dem Hinweis geleugnet, daß Frauen formal die gleichen Chancen wie Männer haben. Dabei nimmt die wissenschaftliche Gelehrtenbezugsgruppe Frauen auch mehrheitlich ‚nur' als Gattinnen, Mütter, Hausfrauen, Sekretärinnen und Zuarbeiterinnen wahr. Selbst ‚aufgeklärte Geister' haben Schwierigkeiten, Frauen als Kolleginnen und Konkurrentinnen zu akzeptieren. Aufgrund ihres erworbenen Denk- und Wahrnehmungsschemas produzieren sie *Diskriminierungen,* weil eine generative, psychische Regelstruktur, die als Grammatik für die Wahrnehmung und Gestaltung von Alltag wirkt, ihnen dies erlaubt. Der in einer patriarchalisch-kapitalistischen Gesellschaft erworbene Habitus, der bei allen Lebensäußerungen und selbst in immer neuen Situationen eine dem Habitus angepaßte Praxis erzeugt, erscheint als ‚normal'. In dieser Praxis werden Frauen immer wieder über Männer definiert.

In akademischen Kreisen, in denen Männer den Zeichen der Zeit gehorchend, sich in den Diskurs über gleichberechtigte berufliche Chancen von Frauen und Männern einmischen, kann man auch weiterhin darauf ‚vertrauen', daß soziale Strukturen ihr Beharrungsvermögen behalten. Denn der männliche Habitus entscheidet nach dem Gewohnheitsrecht: undenkbar, daß Frauen seine Positionen einnehmen, undenkbar, weil diese Tatsache seine Wirklichkeitskonstruktion fundamental ins Wanken bringen würde. Diese Zensur findet nach dem Habituskonzept nicht unbedingt bewußt statt, sie funktioniert, ohne daß die Prinzipien explizit gemacht werden. Die Anwendung der Prinzipien geschieht allgemein und automatisch.

Betrachten wir noch das Phänomen der sozialen Distanz.

In festgefügten Gesellschaftsordnungen werden von der Mehrheit der Beherrschten die definierten Distanzfixierungen akzeptiert. In Zeiten sozialen Wandels werden diese Grenzen in Frage gestellt. Distanzbetonende Mittel sind außer Gestik und Mimik sprachliche Ausdrucksformen, sprachliche Stereotype oder durch Sitte und Konvention festgelegte Formen und Symbole (*Trömmel-Plötz* 1982, 1984; Pusch 1984). Statusbewußte Menschen verfügen über eine breite Palette distanzbetonender Strategien. Die bewußte oder unbewußte Distanzhaltung erleichtert die Beibehaltung erlernter Wahrnehmungs- und Denkschemata. Soziale Distanz erleichtert die gewohnte Einordnung von männlichem und weiblichem Arbeitsvermögen, die unterschiedliche Bewertung von sozialem, kulturellem, sprachlichem und ökonomischem Kapital bei Männern und Frauen. Sie stabilisiert damit auch den einmal erworbenen Habitus, der immer wieder Strukturen reproduziert, die das herrschende System der Arbeitsteilung zweckrational erscheinen lassen und es stabilisieren.

II. Hochschulspezifische Diskriminierungen

Alle offenen und symbolischen Formen von *Diskriminierungen* können in den Hochschulen vorkommen. Gerade die hochschulspezifischen Formen weisen auf ein generelles vergesellschaftetes Frauenbild hin. Wenn Studentinnen unterstellt wird, daß sie „nur studieren, um sich einen Doktor zu angeln" oder wenn Doktorandinnen nachgesagt wird, daß sie ihren Doktor selber machen müssen, weil sie keinen ‚abgekriegt' hätten, dann wird das Frauenbild über Mann und Familie fixiert wie in anderen gesellschaftlichen Bereichen auch: Frauen lernen und arbeiten, solange sie keinen Ehemann gefunden haben, also immer als Ersatz oder Kompensation für ihre ‚eigentliche' Bestimmung als Gattin, Hausfrau und Mutter. Diese wie andere Stereotypen haben Tradition; sie wurden lange zur Verhinderung der Zulassung von Frauen zum Studium und wissenschaftlichem Beruf verwendet.

1. Die Auseinandersetzung um das Frauenstudium

Bekanntermaßen machten die Universitäten große Schwierigkeiten, galt es, für Frauen das Recht auf Immatrikulation und Habilitation zu akzeptieren (*Schmidt-Harzbach* 1977). Das Studium durch Frauen wurde als Einbruch in ein dem Manne zustehendes Gebiet betrachtet. Namhafte Wissenschaftler setzten sich im Kaiserreich mit der Studierfähigkeit der Frauen auseinander. Sie fürchteten um die Zerstörung der weiblichen Eigenschaften durch wissenschaftliche Studien, erinnerten an Hausfrauen- und Mutterpflichten und sprachen den Frauen häufig die geistigen und körperlichen Fähigkeiten zum Studium ab (*Schlüter* 1983).

Als die Frauenbewegung in den 90er Jahren des 19. Jh. sich verstärkt für die Zulassung von Frauen zum Studium – vor allem zum Medizinstudium – engagierte, beschäftigten sich Mediziner, Nationalökonomen, Philologen, Ethiker, Juristen u. a. mit der Frage des Frauenstudiums. Die fortschrittlichen Wissenschaftler (*Fehling* 1892; *Runge* 1898, 1899; *Lehmann* 1898; *Penzoldt* 1899; *Pierstorff/Zimmer/Wychgram* 1899; *Cohn* 1896; *Herkner* 1899; *von Hartmann* 1891; *Ziegler* 1891, 1899) hatten die Zeichen der Zeit erkannt. Wenn sie auch noch manche Bedenken äußerten, sahen sie die Forderungen der Frauenbewegung als berechtigt an,

„denn aufhalten wollen, was doch kommt, hat immer etwas von Donquixoterie an sich, man kann sich dabei nur blamieren, und viele haben sich in dieser Frage recht gründlich blamiert" (*Ziegler* 1911, 579).

Heftig diskutiert wurde um die Jahrhundertwende *Möbius'* Buch „Über den physiologischen Schwachsinn des Weibes" (1905), das in kurzer Zeit acht Auflagen erlebte. Als Antwort auf *Möbius* erschien 1902 die Studie von *Oda Olberg* „Das Weib und der Intellectualismus" und 1903 die Schrift von *Johanna Elberskirchen* „Feminismus und Wissenschaft", in der sie u. a. zu folgender zentraler Einschätzung gelangte:

„Tatsache ist, daß die Gelehrten gegenüber dem Weibe in ihrem Urteil zu sehr Mann und zu wenig oder gar nicht wissenschaftlich urteilender Mensch sind." (1903, 4).

Diese Aussage gilt auch für die 1897 erschienene Befragung der über 100 Hochschullehrer, die *Arthur Kirchoff* unter dem Titel „Die akademische Frau" herausgab. Er glaubte feststellen zu können, daß die Zahl der für das höhere Frauenstudium plädierenden deutschen Universitätslehrer während der letzten Jahre zugenommen habe, die ‚entschiedenen Gegner' bereits in der Minorität seien. Tatsache ist aber, daß nur wenige Hochschullehrer das Studium uneingeschränkt bejahten. Nur einer formulierte, die Frauen seien schon viel zu lange vom Studium ausgeschlossen (*Kirchhoff* 1897, 279). Vorsichtige Beobachter bemerkten, es lägen noch keine ausreichenden Erfahrungen vor (ebd., 85 ff.). Einige meinten, es käme auf einen Versuch an. Die meisten aber nannten mehr als ein Motiv, warum sie sich gegen ein Studium von Frauen aussprechen *müßten*. Dabei griffen sie immer wieder auf bekannte Untersuchungen, Vorurteile und in- und ausländische Erfahrungen bei ihren Argumentationen zurück.
Die Argumentationsmuster lassen sich nach verschiedenen Stichworten klassifizieren: Geschlechtsspezifische Arbeitsteilung, Wesen, Natur, Überfüllung/Konkurrenz und die Not- und Brotfrage alleinstehender Frauen.
Eine *generelle Ablehnung* des Frauenstudiums wurde meist damit begründet:

- daß die *‚Weltordnung'* nicht verschoben werden könne, „der Frau höchstes Ziel muß der häusliche Herd, das Familienleben bleiben" (ebd., 77). Ein Studium sei „mit der Rolle des Weibes, der Gattin, der Mutter niemals vereinbar" (ebd., 77). „Die Männerberufe, zu denen die vier Fakultäten vorbereiten, müssen Männerberufe bleiben" (ebd., 26). Ein Studium verhindert Ehen.
- daß die Frauen nicht zu Berufen greifen sollten, die „dem ganzen Denken und Fühlen des Weibes zuwiderlaufen, die *das Weibliche im Weibe* entwürdigen" (ebd., 78). „Die echte Weiblichkeit, die uns nicht allein ‚hinanzieht', sondern vor allem zur Liebe i. e. zur Heirat bewegt, wird, wenn sie nicht ganz zu Grunde geht, doch beschädigt" (ebd., 73).
- daß die *körperliche Konstitution* sowie Menstruation, Gravidität und Begleiterscheinungen die akademischen Studien für Frauen nicht geeignet erscheinen lassen (ebd., 67, 75, 87 ff., 122 ff., 275).
- daß die *geistigen Fähigkeiten,* logisches Denken, Entschlußfähigkeit, Durch-

setzungsfähigkeit u. a. bei Frauen geringer seien. Durch Frauen würde deshalb das universitäre Niveau herabgedrückt werden (ebd., 67, 75, 111, 122 f., 166).

- daß die akademischen Studiengänge und Berufe bereits *überfüllt* seien: es gibt keinen Mangel an männlichen Studenten und Akademikern, es gibt keinen Bedarf an weiblichen Akademikern, Frauen erhöhen nur die Konkurrenz (ebd., 69 f., 165, 274).
- Frauenstudium sei ein entbehrlicher Luxus. Man ermögliche den Mädchen, die nicht heiraten können, den Besuch von Gewerbeschulen oder ähnlichen Anstalten, die ihnen eine Vorbildung für die Ausübung eines Berufes zur *Existenzsicherung* geben (ebd., 35, 78, 117, 185).

Viele Hochschullehrer hatten Bedenken gegen das Frauenstudium. Sie machten Auflagen, die einer Ablehnung gleichkamen bzw. einer Erschwerung des Zugangs zum Studium entsprachen. So lauteten die Argumente zur Einschränkung:

- der Staat sollte das Frauenstudium nur dulden, aber nicht begünstigen (ebd., 93).
- nur Ausnahmen sollten zugelassen werden (ebd., 33 ff.).
- die Berufsaussichten für Frauen wären schlecht (ebd., 144, 273 ff.).
- die Zulassung zum Studium sollte von der Einrichtung spezieller Frauenhochschulen abhängig gemacht werden.
- Prinzipiell sei nichts gegen eine Zulassung zu sagen, aber aus moralischen Gründen müsse von einem Studium abgeraten werden (Erregung der Sinnlichkeit, Rücksicht auf männliche Studenten, usw. (ebd., 69 f.).
- Man solle nur solche Damen zulassen, die alle Vor-examina mit 1 gemacht haben. Damit könnten die Frauen den „Vorsprung ausgleichen, welchen das männliche Geschlecht durch überlegene geistige Initiative vor ihnen voraus hätte“ (ebd., 72).
- Auch bei vorhandenen geistigen Fähigkeiten würden die Frauen wegen der großen körperlichen Anforderungen im allgemeinen nicht wie die Männer den Aufgaben gewachsen sein. Nur in gewissen Spezialfächern werden sie nicht hinter den Männern zurückstehen (ebd., 87 ff.).
- Zwar sei eine Ausdehnung der Berufsarten für Frauen aus gebildeten Kreisen wünschenswert, aber es „darf niemals die grundsätzliche Differenzierung der männlichen und weiblichen Berufsarten preisgegeben werden“ (ebd., 25).

Insgesamt lieferten die Gutachten, die *Kirchhoff* angefordert hatte, nicht immer ein prinzipielles, entschiedenes ‚nein‘, aber so viele Bedenken, Warnungen und Auflagen, daß sie eher den Wunsch vermitteln, es möge doch alles beim alten bleiben, denn es bringe allen mehr Nach- als Vorteile (ebd., 111, 117) – oder wie Dr. phil. *Adolf Lasson* formulierte:

„Denn jetzt kann man sich von der fachmäßigen Einseitigkeit und Beschränktheit der Männer an der universellen Anlage und Empfänglichkeit der Weiber erholen. Werden aber die Weiber den Männern darin gleich: wie kahl, wie leer, wie grau müßte das Leben werden!“ (ebd., 166 f.).

Ob prinzipielle oder eingeschränkte Ablehnungen des Studiums von Frauen angeführt wurden, die Argumente versuchten, die Frauen immer als ‚das Andere' zu fixieren. Das Gegensatzpaar Mann–Frau wurde mit bestimmten Zuordnungen assoziiert, die eindeutig auf eine körperliche und geistige Überlegenheit des männlichen Geschlechts abhoben. Selbst dann, wenn Männer die Überlegenheit von Frauen betonten, waren ihre Aussagen nichts anderes als männliche Koketterie:

„In Wahrheit sind die Frauen den Männern überlegen, in anscheinender Dienstbarkeit ihre natürlichen Herren. Unmittelbar tritt in ihnen die menschliche Natur überhaupt entgegen, mit dem stärkeren Verhaftetsein an die Natur der ursprünglichere Gehalt geistiger Innerlichkeit; an ihrem Reichtum richtet der Mann sich auf, der immer nur eine Specialität ist. Die Menschheit muß versinken, wenn die Männer zu Weibern werden; sie kann noch weniger bestehen, wenn die Weiber männisch werden. Die Einseitigkeit, die wir fachmäßige wissenschaftliche Bildung nennen, ist der Männer Sache. Banausentum bei den Männern ist schlimm. Aber der schrecklichste der Schrecken ist die Wissenschaftlichkeit der Weiber" (*Kirchhoff* 1897, 167).

Nimmt man dieses Gutachten ernst, dann steckt sogar eine immanente Wissenschaftskritik darin: Wissenschaft als das Einseitige und Spezielle, das auf Allgemeines angewiesen ist. Allerdings wird durch das hierarchische Strukturprinzip wieder das Spezielle über das Allgemeine gesetzt.

Der Habitus der Hochschullehrer entsprach dem der Bürokratie. Die Frage der Zulassung von Frauen zum Studium wurde am Ende des 19. Jahrhunderts aufgrund verschiedener Petitionen aus der Frauenbewegung von den Ministerien und den Landesregierungen erörtert, aber nicht entschieden. Wie beharrlich die herrschenden Denk- und Wahrnehmungsschemata waren, zeigen die wiederholten Diskussionen über die Frage des Frauenstudiums im preußischen Abgeordnetenhaus, bei denen die Anwesenden sich hinter die bestehenden Reichsgesetze verschanzten. Sie verzögerten die Entscheidung über das ‚Recht' der Frauen zum Studium, indem sie über die politischen Folgen und über das ‚eigene' Ziel der Frauenschulung redeten (*Heilborn* 1897, 555 ff.).

Beide gesellschaftlichen Gruppen, Hochschullehrer und Politiker, rekurrierten auf eigene Moral- und Rechtsvorstellungen, um sich nicht für das Recht von Frauen zum Studium aussprechen zu müssen.

Die generelle Verweigerung wurde von Frauenselbstorganisationen durchbrochen. Die bürgerliche Frauenbewegung richtete Real- und Gymnasialkurse zur Vorbereitung auf das Abiturientenexamen ein (vgl. *Lange* 1926, 59 ff., 169 ff.). Einzelne Frauen studierten im Ausland. Andere baten um Sondergenehmigungen. Verschiedene Untersuchungen zeigen, auf wieviele Widerstände vereinzelte Gesuche von Frauen zur Aufnahme in die Universitäten stießen und welcher Protektion sie bedurften, um als Ausnahmen von der Regel studieren zu können (*Rupp* 1978; *Nauck* 1953).

Die erste Abiturientin, *Hildegard Wegscheider* (*Wegscheider* 1953), und die erste Studentin, *Maria von Linden* (*Kretschmer* 1969), geben Zeugnis von ihrer jeweiligen Ausnahmesituation. Sie wurden als Kultursensation bestaunt (vgl. *Kretschmer,* 78) und manch' eines Zeitungsartikels für würdig befunden. Als *Hildegard Wegscheider* 1898 ihr Doktorexamen ablegte, widmete der Kladderadatsch ihr ein Gedicht (*Wegscheider,* 33). Auch die Karikaturisten hatten hier ein neues Feld gefunden.
Während man in Preußen meinte, die Zulassung von Frauen zu allen Fakultäten sei verfrüht, übernahm eine badische Ministerialentscheidung 1900 die Vorreiterfunktion auch für andere Länder (*Nauck* 1953, 13–21). Zwar hieß es in dem Erlaß vom 28. Februar noch, daß Frauen, welche ein anerkanntes Reifezeugnis vorzulegen vermöchten, „versuchsweise" zur Immatrikulation zuzulassen seien, doch war der erste rechtliche Schritt zur Öffnung der Hochschulen für Frauen damit getan.
Als Preußen 1908 und Mecklenburg 1909 als letztes Land den Frauen das Immatrikulationsrecht zugestand, gab es bereits eine ansehnliche Zahl von studierenden Frauen, die, immer noch mit Einwänden gegen das Studium konfrontiert, kaum mit einer Akzeptanz in akademischen Berufen rechnen konnten.
Die Hochschullehrerschaft fand zur Verteidigung ihres Erbes leicht ‚neue' Argumente, auch wenn diese immer wieder auf ‚alte' Motive zurückgingen. Zur Legitimation des weiterhin mehrheitlich gewünschten Ausschlusses von Frauen vom Studium und wissenschaftlichem Beruf wurde die Ideologie verstärkt, daß Frauen zuerst und immer Mütter, Hausfrauen und Gattinnen seien.

2. Neue Widerstände nach der Zulassung zum Studium

Bereits in der *Kirchhoff'schen* Befragung hatte der Hochschullehrer *Scheiner* aus Berlin eine Erschwerung der Examina vor der Zulassung zum Studium gefordert, damit nicht die unbeschäftigten Töchter aus gutsituierten Kreisen das Studium zur ‚Modesache' machten (264). Die These vom Modestudium der Frauen wurde später häufiger aufgestellt, zumal die Studienfrage oft nur als Anliegen der Frauen aus höheren Schichten begriffen wurde. *Minna Cauer,* Führerin des radikalen Flügels der bürgerlichen Frauenbewegung, legitimierte dagegen bereits 1898 die Studienfrage als Teil der Frauenbewegung. Zur Lösung der Frauenfrage seien wissenschaftlich arbeitende Frauen *aller* Schichten wichtig:

„Es bedarf ebenfalls tüchtig geschulter und studierter Frauen, um an der Lösung dieser Frage wissenschaftlich mitarbeiten zu können, und die von der Sozialdemokratie so oft verhöhnte „Damen-“, d.h. „Studienfrage“ ist ein notwendiger Bestandteil der ganzen Bewegung, ...“ (*Cauer* 1898, 127 f.).

Bei steigenden Studentinnenzahlen nahm die Angst zu, daß nicht nur die Töchter aus gutsituierten Kreisen ihre ‚Langeweile‘ mit einem Studium vertreiben würden, sondern daß Frauen auch aus den mittleren Ständen ein Studium aufnehmen könnten. Schriften, wie die des Kirchenrats *Otto Fleischmann* „Wie kommen unsere gebildeten jungen Männer wieder zu passenden Hausfrauen?“ (1910), belegen die Auseinandersetzungen „um die Bestimmung der Frau“ (*Fleischmann*, 5).

Fleischmann prophezeite, daß der Kampf um die Bestimmung der Frau noch ‚bedeutende Verheerungen anrichtet‘ und der ‚Kulturentwicklung‘ ‚großen Schaden‘ zufügt, wenn man nicht eingreife (ebd., 5).

Das Frauenstudium bezeichnete er als ‚Entgleisung‘ (ebd., 37). Anhand anschaulicher Geschichten entwickelte er Rezepte, wie eine Frau zu sein hat, wenn sie einem Mann eine ‚gute‘ Frau ist.
Folgende Argumente gegen das Frauenstudium wurden formuliert:

- Frauen durchbrechen damit das biologische Gesetz, da das weibliche Wesen eine andere Natur besitzt als der Mann.
- es besteht kein Bedarf: „Fehlt es denn etwa bei uns an studierten Männern? Ist irgendwo in einem gelehrten Beruf eine Lücke vorhanden, die ausgefüllt werden müßte? Besteht wirklich ein Bedürfnis nach studierten Frauen, nach weiblichen Ärzten, Anwälten, Juristen?“
- Frauen sind defizitär, da sie weder über die körperlichen noch über die Verstandeskräfte eines Mannes verfügen.
- es nützt dem Frauengeschlecht nichts, denn es wird dadurch nicht glücklicher, besser, gebildeter und menschlicher, sondern nur im „grimmigen Konkurrenzkampf zerrissen.“
- es muß alles seine Ordnung haben: „Das ganze Volk sieht es als das richtige Verhältnis an, wenn der Mann der Familie vorsteht und dieselbe leitet...“

Das Frauenstudium wurde als Thema gern zu verschiedenen hochschulpolitischen Anlässen aufgegriffen. Symptomatisch hierfür ist die Gedächtnisfeier für den Stifter der Berliner Universität, König Friedrich Wilhelm III., am 3. August 1917. Der Rektor *Ernst Bumm* beschäftigte sich in seiner Rede mit der kurzen Geschichte, in der die Berechtigung von Frauen zum Studium herbeigeführt worden war, nachdem man lange ihre Befähigung zum Studium bezweifelt hatte. Er referierte Untersuchungen über das geringere Gehirngewicht der Frau und führte aus, daß Frauen im Punkte der Intelligenz den Männern nicht nachstehen. Vor allem im Kriege hätten sie den Nachweis ihrer Intelligenz und Brauchbarkeit erbracht (*Bumm*, 11). Die Schwierigkeiten des Frauenstudiums sah er in der „sexuelle(n) Bindung der Frau mit ihrem von der Natur geschaffenen und deshalb unlösbarem Zwang... zur Fort-

pflanzung und Erhaltung der Lebewesen" (ebd., 14). Er stellte die Zahlen der Studentinnen vor, sagte, daß von diesen 81% unverheiratet geblieben sind und ihrer ‚natürlichen Lebensbestimmung entsagt' (ebd., 18) haben. Außerdem sei ein Anwachsen der Zahl der studierenden Frauen nicht abzusehen.
Seine Schlußfolgerung:

„Es sieht so aus, als ob das Frauenstudium Mode werden wollte, und das wäre nicht gut. Allen den Frauen, die das heilige Feuer in sich fühlen, sollen die Pforten der Universitäten weit offen stehen. Die Alma Mater wird ihren Töchtern gewiß nicht weniger liebevolle Fürsorge für ihre geistigen Fortschritte entgegenbringen als ihren Söhnen. Aber die Mehrzahl der Frauen, und gerade der Frauen der mittleren Stände, die der Anreiz zum Studium am ehesten trifft, muß ihrer natürlichen Bestimmung erhalten bleiben. Unsere Kinder sollen von Müttern geboren werden, die ein ausgeruhtes Gehirn und genug Zeit zur Aufzucht einer zahlreichen Nachkommenschaft haben. So leistet die Frau sich, der Familie und dem Staate den höchsten Dienst, so ist das Geschlecht entstanden, das heute gegen eine Welt von Feinden die Heimat schützt und trotz allen Hasses und aller Schmähungen, im Grunde doch von der ganzen Welt bewundert wird" (ebd., 20).

Man könnte meinen, daß mit der Integration der Frauen in das Schul- und Hochschulsystem das Frauenstudium selbstverständlicher geworden sei und mit dem 1918 gewährten Habilitationsrecht die Frauen eine weitere Hürde genommen hätten, doch, wie schon die Rede *Ernst Bumm's* demonstriert, wurden die Argumente durch die Kriegserfahrungen noch repressiver gegenüber Frauen. Die politischen und gesellschaftlichen Demokratisierungsprozesse, die durch die Weimarer Republik hätten eingeleitet werden sollen und auch den Frauen voraussichtlich gleiche Behandlung hätten bringen können, wurden durch die Ablehnung und das Mißtrauen der tonangebenden Gesellschaftsschichten und deren Trauer um das verlorene Kaiserreich behindert. Auch die Hochschullehrer – wie die männlichen Studenten, die ihre Karrieren gefährdet sahen, wollten sich nicht ohne weiteres damit abfinden, daß durch die Reform des Bildungswesens die Privilegien von Adel und Bürgertum zugunsten des Proletariats abgebaut werden sollten. Die Bildungsfrage wurde in der Weimarer Zeit zur nationalen Frage hochstilisiert, die zwischen Kulturimperialismus und Kulturpessimismus hin und her schwankte. Die Angst vor der Popularisierung der Wissenschaft produzierte in verstärktem Maße einen elitären Führungsanspruch und einen Rückzug in den Elfenbeinturm. Formeln wie ‚geistige Führerschaft' der Universitäten gegenüber der allgemeinen Entwicklung vermehrten sich (*Prahl/Schmidt-Harzbach* 1981).
Diese Tendenzen bekamen auch die Frauen zu spüren. Eine Krise des Frauenstudiums wurde herbeigeredet. Unter dem Aspekt der ‚Überfüllung' der Universitäten hieß es, daß jetzt sogar nur durchschnittlich be-

gabte Frauen in die Hochschulen drängten und den Männern die Arbeitsplätze streitig machten (*Weyrather* 1981).

3. Antifeminismus und Anti-Intellektualismus im Kaiserreich, in der Weimarer Republik und im Nationalsozialismus

Die Schriften und Reden der Gegner des Frauenstudiums blieben nicht ohne Replik aus der Frauenbewegung. *Elisabeth Gnauck-Kühne* hatte bereits 1891 die Argumente gegen das Universitätsstudium von Frauen zu entkräften versucht. Und *Gertrud Bäumer* schrieb 1912 sogar eine „Psychologie der Gegner", die sie nach Typen einordnen konnte: Hygieniker, Rassenpolitiker, Ästheten, Aristokraten, Konservative (*Bäumer* 1912, 172). Zur gleichen Zeit organisierte sich der „Deutsche Bund zur Bekämpfung der Frauenemanzipation", der zwar hauptsächlich gegen das Frauenstimmrecht eingerichtet worden war, aber ebenfalls die Frauenbildungsfrage als den Ausgangspunkt der Emanzipationsbestrebungen bekämpfen wollte. Zu diesen verderblichen Emanzipationsbestrebungen gehörten: Koedukation, Angleichung des Mädchenschulwesens an das Knabenschulwesen sowie die Zulassung der Studentinnen zu den Männeruniversitäten (*Langemann* 1913). *Langemann,* der führende Kopf des Bundes, forderte frauenspezifische Einrichtungen, die ohne Schaden für die männliche Jugend den Frauen die Wissenschaft in einer dem ‚weiblichen Geiste' entsprechende Form darbieten sollte (ebd., 8). Der Bund befürchtete, die Frauenbewegung könne die Frauen aus ihrem ‚naturgegebenen Wirkungskreise' herausreißen und ihnen dieselben Aufgaben in Familie, Gemeinde und Staat zu überweisen suchen wie den Männern (ebd., 3). Er verstand sich als ‚deutscher Wehrverein', der seine Aufgabe in der „Befreiung des Volkes aus den Banden des völkerverderbenden Feminismus" (ebd., 16) sah.
Noch heftiger wurde die Frauenbewegung in den Schriften von *Hans Blüher* angegriffen, der den Antifeminismus als eine „Abwehrbewegung der männerbündlerischen Instinkte" definierte und sein Entstehen auf eine neidbelastete Entdeckung zurückführte.

„Es stellte sich nämlich eines Tages heraus, daß es Lagen und Geistesformen gibt, die allein dem Manne zugehörig sind, und es stellte sich heraus, daß die Anwesenheit auch einer einzigen Frau als gleichberechtigtes Mitglied den ganzen Charakter bestimmter kulturtragender Bünde verdarb und korrumpierte. Man entdeckte plötzlich, daß ein bestimmter Typus Frau unmöglich war, und zwar war es der auf den Universitäten sich aufhaltende und durch das liberale Zeitalter hervorgebrachte weibliche Student" (1921, 5 f.).

Der Feminismus wird von *Blüher* als moderne Kulturanschauung betrachtet, dem es auf die „Verwischung der Gegensätze" ankommt, wie dem Liberalismus, Sozialismus, Humanismus, Pazifismus und dem Aufklärertum (ebd., 3). Solche Positionen wurden von Frauen kritisiert (vgl. *Elisabeth Busse-Wilson* 1920), doch selbst überdurchschnittliche intellektuelle Leistungen von Frauen wurden abqualifiziert und vereinnahmt, wie im folgenden deutlich wird.

Der Antifeminismus erhielt durch die über 600 Seiten lange Ausarbeitung der 1927 in einer zweiten umgearbeiteten Auflage erschienenen Schrift „Feminismus und Kulturverfall" von Dr. *E. F. Eberhard* ein weiteres Werk, das die Emanzipation der Frauen als eine Verfallserscheinung der Gesellschaft thematisierte und den Intellektualismus der Frauen als Ursache für den ‚Rassentod' beschrieb. *Eberhard* rechnete mit dem Frauenstudium ab, indem er Professoren anführte, die nach anfänglich hohen Erwartungen sich enttäuscht über das Frauenstudium aussprachen, weil sie festgestellt hätten, daß Studentinnen zwar fleißig und eifrig seien, aber statt Produktivität und selbständigem Weiterführen erworbener Fähigkeiten nur Rezeptivität zeigen würden. *Eberhard* führte die weibliche Auffassungsgabe nicht auf Intelligenz, sondern Mutterinstinkt zurück (1927, 26 ff.). Entsprechend kam er zu dem Schluß, daß sich in weiblichen Reihen keine Geistesgrößen fänden, Genie angeboren wäre und nicht durch eifriges Studium erworben werden könnte.

Die männlichen Genies brauchten die günstigen sozialen Bedingungen nicht, die die Frauenrechtlerinnen fordern würden. Nachdem der Nachweis erbracht worden sei, daß die Frauen versagt hätten, sollten die „Darwinistinnen" der Frauenbewegung ihre Bestrebungen einstellen. Zwar würden einige versuchen, durch neue Formeln das weibliche Versagen im Studium zu erklären, doch dies geschehe nur, weil man die mindere geistige Begabung der Frauen nicht zugeben wolle. Die Frauen sollten sich damit abfinden, daß die Natur die Fähigkeiten der Geschlechter zweckmäßig nach einer Zweiteilung getroffen habe: dem Weibe die geschlechtliche Rolle: Kindergebären, -säugen und -aufziehen usw. und dem Manne die geistige Rolle. Beim Manne könnte die Natur die überschüssigen Kräfte zur Steigerung der geistigen und körperlichen Kraft verwenden. Da die Geschlechtstätigkeit im Leben des Weibes einen solchen Spielraum einnehmen würde, sei eine noch hinzutretende geistige Tätigkeit eine Überlastung des weiblichen Organismus. Wird eine Frau von der Natur mit männlichen Talenten bedacht, dann ist sie kein ‚vollwertiges Geschlechtswesen mehr' (ebd., 38).

Eberhard bestritt nicht, daß manche Frauen den geistigen männlichen Durchschnitt erreicht oder überflügelt hätten. Ihre Leistungen erklärte er u. a. als vom Vater ererbtes Rüstzeug. Selbst Frauen wie *Marie Curie* gestand er nur Durchschnittsleistungen zu. Nur weil sie als Gehilfin ihres Mannes von ihm profitiert habe, sei ein Teil des Ruhmes auf sie gefallen. Alle Ausführungen *Eberhards* laufen darauf hinaus, ‚Intellektualismus' und ‚Emanzipation' von Frauen letztendlich als ‚Entartung der Geschlechtscharaktere' und somit als ‚Entartung schlechthin' darzustellen (ebd., 6).

Antifeminismus und Antiintellektualismus wurden Bestandteile der NS-Ideologie. Sie breiteten sich in der Zeit des Nationalsozialismus verstärkt aus.

Studium und wissenschaftlicher Beruf für Frauen waren vor 1933 nicht selbstverständlich, aber immerhin möglich. Der Anteil der Studentinnen an der Studentenschaft war bis 1932 auf 18,5% an den Universitäten und auf 4,6% bei den Technischen Hochschulen angestiegen. Absolut beinhalten diese Prozentzahlen 18316 bzw. 944 Studentinnen, während die Zahl der männlichen Studenten 180536 bzw. 19530 betrug (*von Soden* 1979, 20). Im Zeitraum von 1908 bis 1933 promovierten 10595 Frauen, davon wurden 54 Dozentinnen und 24 erhielten einen Professorentitel (*Baeyer* 1954, 219).

Nach 1933 wurden Frauenstudium und wissenschaftlicher Beruf durch Frauen noch einmal grundsätzlich in Frage gestellt. Wissenschaftlerinnen wurden 1933 entlassen und verfolgt, und zwar nicht nur aus politischen oder rassischen, sondern auch aus geschlechtsspezifischen Gründen. Die amtliche Formulierung hieß:

„Entfernung der Frauen aus dem Lehrkörper aus weltanschaulichen Gründen" (*Baeyer* 1954, 231). Oder, wie eine Hochschullehrerin in einem Interview später erzählte: „Die Nazis haben mein Ordinariat verhindert. Man sagte mir damals: Frauen gehören in die Küche. Der Führer wünscht nicht, daß Frauen sich in diese Stellungen an der Universität drängen..." (*Anger* 1960, 486).

Ein geschlechtsspezifischer Numerus Clausus sorgte 1934 für ein Sinken der Studentinnenzahlen (*Weyrather* 1981). Das NS-System betrachtete die herkömmliche Wissenschaft als abstrakt, praxisfern und apolitisch und verteufelte neben einer generellen Ablehnung wissenschaftlicher Bildung besonders den weiblichen Intellekt, weil dieser im Gegensatz stand zu dem gewünschten ‚echten Frauentum', welches sich durch unmittelbare Erlebnisfähigkeit, Tiefe des Gefühls und intuitivem Erkennen auszeichnen sollte.

Trotzdem verzichtete das NS-System nicht ganz auf Wissenschaftlerinnen. Nachdem es die NS-Frauenorganisationen etabliert und den Mütterdienst und die Hauswirtschaft als Ausgangspunkt der weiteren Schulung von Frauen eingerichtet hatte, suchte die Reichsfrauenführung 1937/38 die Mitarbeit von Akademikerinnen zu gewinnen. Ihre Aufgaben sollten die Heranbildung eines weltanschaulich zuverlässigen Nachwuchses und die theoretische Untermauerung der bislang ge-

leisteten Frauenarbeit sein (*Scholtz-Klink* 1978, 399). Es war offensichtlich, was von ihnen verlangt wurde: sie sollten sich an der Ideologieproduktion von den spezifisch weiblichen Fähigkeiten und Aufgaben beteiligen, sie sollten sich in den Dienst eines ‚neuen' Reiches stellen, das für Frauen Rollen als ‚Hüterin der Rasse' oder ‚Mütter der Rasse' vorsah (*Bock* 1979, 119).
Während die NS-Funktionärinnen dem Strukturprinzip ‚männlich – weiblich' folgten und damit den verlangten Habitus reproduzierten, verneinten die zum Dozentinnentreffen 1938 eingeladenen Wissenschaftlerinnen mehrheitlich einen spezifisch weiblichen Erkenntnisdrang oder eine spezifisch weibliche wissenschaftliche Methode. Konsens war auch, daß man die wissenschaftlich arbeitenden Frauen nicht auf wenige – als weiblich etikettierte – Forschungsgebiete beschränken dürfe, weil dies eine Beschneidung möglicher Begabungen gleich käme (Frauen-Kultur 1938, H2, 5). Ihre Ansichten waren für die reale Frauenpolitik aber unerheblich. Auch standen zu Beginn des 2. Weltkrieges nicht mehr als 36 weibliche Lehrkräfte im Beruf (*Lorenz* 1953, 10; *Habeth* 1985, 170), nachdem 1933/34 der Protest von Dozentinnen und Studentinnen gegen die Forderung „Die Hochschule gehört den Männern!" (Die Frau, 41. Jg., 230) verhallt war.

4. Geistigkeit als Privileg? – Zur Kontinuität des Antifeminismus nach 1945

Die überwiegend negative Einstellung der Hochschullehrerschaft zum Frauenstudium und zum wissenschaftlichen Beruf für Frauen wurde nach dem 2. Weltkrieg erneut durch eine Studie von *Hans Anger* (1960, 451 ff.) ersichtlich. *Anger* führte diese Reserviertheit zum großen Teil auf eine konservativ-traditionalistische Haltung zurück. Die Hochschullehrer reproduzierten ein Frauenstereotyp, das durch die tatsächliche Existenz von Studentinnen und Dozentinnen im Universitätsbetrieb kaum korrigiert worden war.
Hochschullehrer, die den Studentinnen durchaus gleich gute fachliche Leistungen zugestanden wie den Studenten, führten deren Fähigkeiten allerdings nicht wie bei den männlichen Studierenden auf deren Begabung zurück, sondern auf das Bemühen, einen typischen Mangel weiblicher Intellektualität durch verstärkten Fleiß und mechanistisches Gedächtnis wettzumachen (ebd., 477). Obwohl etliche Professoren den Studentinnen gute Leistungen und Studieneifer bescheinigten, betonten sie gleichzeitig das Fehlen ernsthafter Studienabsichten. Sie behaupteten, daß Studentinnen die Universität als Heiratsmarkt benutzten. Normalerweise müßte man bei dieser Motivationszuschreibung

Nachlässigkeit und Trägheit erwarten können, aber diese Eigenschaften wurden höchstens den Männern zugesprochen.
Nur 19% der Befragten zeichneten sich durch ‚Neutralität' in der Einstellung zum Frauenstudium aus, 64% der Hochschullehrer äußerten sich mehr oder weniger ablehnend (ebd., 477 ff.). Bei der Frage nach den Gründen für die Seltenheit von Hochschullehrerinnen sank der Anteil der positiv und bedingt positiven Stellungnahmen zu Frauen im Wissenschaftsbetrieb von 19% auf 11%, während die Zahl der mehr oder weniger ablehnenden Stimmen sich von 64% nun auf insgesamt 79% erhöhte.
Die Universität wurde als ‚Männersache' verteidigt, Frauen als Menschen zweiter Klasse gesehen. Am häufigsten für die Seltenheit von weiblichen Hochschullehrern wurde als Argumentationsmuster der Mangel an intellektuellen oder produktiv-schöpferischen Fähigkeiten genannt (54%), an zweiter Stelle hieß es, der Beruf des Hochschullehrers widerspreche dem Wesen, der biologischen Bestimmung oder dem natürlichen Streben des Weibes (37%). Als dritten Grund nannten die Befragten Mangel an physischer Kraft und ‚Robustheit' (16%). Weitere Ablehnungskriterien waren: Mangel an pädagogischer Wirksamkeit, Überzeugungskraft oder Autorität (9%) und Mangel an Ausdauer, Willenskraft und Selbstvertrauen (8%).
Alle Gegenargumente wurden aus der Natur des weiblichen Geschlechts abgeleitet, aus ihrem ‚Mangelwesen'. Damit wurde der Hochschullehrerberuf geschlechtsspezifisch eingestuft: ‚Geistigkeit als Privileg der Männer'. Die Voreingenommenheit der Universität oder der Gesellschaft wurde nur zu 24% als Nebenursache erwähnt, als entscheidende Hauptursache wurde sie von 8% genannt. In einigen Fällen wurde sie sogar ausdrücklich ausgeschlossen bzw. als Vorurteil der Frauen angegeben (ebd., 491). Das Frauenstereotyp schätzten die Befragten selbst als gering ein oder sahen es erst gar nicht.
Die frauenfeindliche Einstellung der Universitäten spiegelte sich auch in der 1952 durchgeführten Untersuchung von *Charlotte Lorenz* wider. Sie stellt aufgrund einer Sonderumfrage fest, daß im Sommersemester 1952 nicht mehr als 212 weibliche Lehrkräfte an westdeutschen Universitäten am Unterrichtsbetrieb beteiligt waren. Davon hatten nur 12 (5,7 v.H.) eine planmäßige Beamtenstellung, wovon drei eine ordentliche Professur, die übrigen neun als beamtete Extraordinarien wirkten.
An den ostdeutschen Universitäten standen 7 Frauen (3,5% der 170 Lehrkräfte) als Professorinnen mit Lehrstuhl und vollem Lehrauftrag im Lehramt. Das Hauptkontingent der weiblichen Lehrkräfte an den westdeutschen Universitäten stellten die 93 Lehrbeauftragten, die

mit 44 v.H. nahezu die Hälfte des gesamten weiblichen Lehrstabes repräsentierten. 19,3 v.H. waren Lektorinnen und sonstige Hilfskräfte. Die übrigen waren Honorar- oder Privatdozentinnen, darunter eine ganze Reihe nur mit Lehrauftragsvergütung. Das heißt, daß 93,3 v.H. der Dozentinnen eine Lehramtsstelle innehatten, die ihnen keinerlei Anspruch auf Lebenssicherung und Altersversorgung gewährte. Nur jede 17. Frau im Wissenschaftsbetrieb war im Gegensatz zu jedem 3. Mann an den Hochschulen finanziell abgesichert.

Charlotte Lorenz wertete diese Situation als unbefriedigend, da „man seitens der Fakultäten den weiblichen Kollegen vielfach nicht die ihrer Lehr- und Forschungsleistung entsprechende lehramtliche Stellung einräumt" (14).

An dieser Situation hatte sich auch 1962 noch nichts geändert, wie *Asta Hampe* auf einer Tagung des Deutschen Akademikerinnen-Bundes konstatieren mußte. Im Gegensatz zu den männlichen Kollegen, die nach kurzer Zeit auf eine Planstelle rücken würden, wäre für die Frauen die außerplanmäßige Professur die Endstufe. Ihre Einschätzung: Frauen werden nicht berufen, sie werden ‚vergessen' und ‚übersehen'. Männer würden nicht für die Berufung einer Frau eintreten, da es leichter für sie sei, „dem immanenten Trend des Männerbundes zu folgen" (57 f.). Sie hoffte jedoch auf die heranwachsenden männlichen Hochschullehrer, für die es selbstverständlich sei, mit Kommilitoninnen wissenschaftlich zusammenzuarbeiten, die deshalb auch keine altüberlieferten Vorurteile und kein weibliches Stereotyp reproduzieren dürften (61).

Auf derselben Tagung sprach Prof. Felgenträger als Vertreter des Hochschulverbandes über das große brachliegende Begabungs- und Kräftereservoir bei Frauen, das angesichts der Expansion der Hochschulen aktiviert werden könnte. Er verwies aber gleichzeitig auf „die biologische Aufgabe der Frau, ihre natürliche Hinwendung zur Ehe und Mutterschaft", die sie „in den entscheidenden Lebensjahren zwischen 25 und 35 stärker beansprucht als den Mann" (15).

Darüber hinaus führte er aus, daß „nur derjenige Zugang zum Hochschullehrerberuf" erhält, „der durch persönliche Initiative seines Lehrers dazu ermutigt und gefördert wird. Der Lehrer trifft also die Vorauslese..." Da bei einer Frau aber die Wahrscheinlichkeit bestehe, daß sie für einige Zeit ihre berufliche Entwicklung an der Hochschule hinter ihre Aufgaben als Ehefrau und Mutter zurücktreten lassen muß,

„wird eine gewisse Zurückhaltung der Lehrstuhlinhaber verständlich, selbst hochbegabte junge Frauen bis zur Habilitation zu fördern – sie wenden ihre Kräfte statt dessen lieber ihren ‚sicheren' männlichen Schülern zu. Im Einzelfall mag dann diese Zurückhaltung auch solche hervorragenden Frauen von der wissenschaftlichen Förderung ausschließen, die (aus irgend welchen persönlichen Gründen) gar nicht zu einer Familiengründung kommen." (16).

Zwar ist mit der Bildungsexpansion in den 60er Jahren ein damit einhergehendes überproportional starkes Ansteigen des Akademikerinnenanteils an der Gesamtbevölkerung zu registrieren, doch in den Positionen, die eine langfristige Perspektive bieten, blieben die Wissenschaftlerinnen eine verschwindende Mehrheit.
Eine empirische Untersuchung an den hessischen Hochschulen aus dem Jahr 1972 führte aufgrund von Selbstaussagen von Wissenschaftlerinnen zu folgender Einschätzung ihrer Situation: 77% der befragten Wissenschaftlerinnen gaben an, mehr Schwierigkeiten ausgesetzt zu sein als ihre männlichen Kollegen. Nur 18,4% behaupteten das Gegenteil. Mehrheitlich sahen sie, daß sie mehr leisten mußten als Männer, um überhaupt akzeptiert zu werden. Die geringe Repräsentanz wurde von ihnen auf mangelnde Anerkennung und Vorurteile (46%), auf die Doppelbelastung durch Familie und Beruf (22%), auf fehlendes Selbstvertrauen (21%) zurückgeführt (*Bimmer* 1972).
Diese Einschätzung der existierenden Verhinderungsmechanismen führte keineswegs zu einer angemesseneren Sicht auf die gesellschaftliche Benachteiligung von Frauen. Weiterhin wurden auch in den 70er Jahren die Gründe für die fehlende Repräsentanz von Frauen an den Hochschulen bei den Frauen selbst gesucht. Man unterstellte ihnen geringere psychische Belastbarkeit, mangelnde Anpassungsbereitschaft, Angst vor Erfolg, das fehlende Durchsetzungsvermögen und last not least eine größere Familienorientierung. Mit Argumenten zur ‚psychologischen Selbstbehinderung' definierte man die Diskriminierungen von Frauen als subjektive Probleme von Wissenschaftlerinnen (vgl. *Schmerl/Bock/Braszeit* 1983, 171).
Vor dem Hintergrund der Frauenbewegung an den Hochschulen geben seit einigen Jahren (Erfahrungs-)Berichte, Analysen und Dokumentationen (und entsprechend entwickelte Antidiskriminierungsprogramme) die Sicht auf die patriarchalen Strukturen im Wissenschaftsbetrieb frei (*Gummert* 1979; *Braunmühl* 1981; *Metz-Göckel* 1981; *Pusch* 1983; *Gebhardt-Benischke/Knapp* 1984; *Bergen* u.a. 1984; Memorandum I. u. II. 1981 u. 1984). Als wesentliche Erfahrung ist zu nennen, daß die wissenschaftliche Gelehrten-Bezugsgruppe über Arbeits- und Förderbedingungen des weiblichen wissenschaftlichen Nachwuchses entscheidet. Für diese sind Reputationssystem, Zitierkartelle, Hausmachten, informelle ‚Subkulturen', Informationsnetze usw. konstitutiv. In dieses ‚old-boy-network' sind Frauen kaum integriert (*Billotet-Hoffmann* u.a. 1982). Einige Frauen des Arbeitskreises der Wissenschaftlerinnen von Nordrhein-Westfalen analysierten die Situation:

„Selten sind Wissenschaftlerinnen in den Zentren der Machtgruppierungen und ihrer Informationsnetze anzutreffen. Nie bilden sie Mehrheiten in Kommissionen und anderen Gremien, die über Stellenbesetzungen entscheiden. So wird die Sonderstellung der Frauen erst gar nicht zur Kenntnis genommen und ihnen dann als Qualifikationsdefizit angelastet, was sich strukturell aus der internen Machtverteilung, der Subkulturstruktur und der geschlechtlichen Arbeitsteilung an der Hochschule insgesamt ergibt" (*Billotet-Hoffmann* u.a., 10).

Das ,old-boy-network' geht mit der Bevorzugung von Männern sogar soweit, aufgrund angenommener und unterstellter Vorteile für Frauen eine Beschränkung für Frauen zu initiieren, also eine explizite Quotierung für Männer einzuführen. Folgendes Beispiel soll dies demonstrieren:

In der Diskussion über Aufgaben und Ziele der Universität Herdecke im Landtag in Nordrhein-Westfalen heißt es im Juni 1984 zum Auswahlverfahren zur Aufnahme Studierender: „Ähnlich verfahre man hinsichtlich der Aufteilung in weibliche und männliche Teilnehmer. Die weiblichen Teilnehmer könnten sich im allgemeinen besser ausdrücken und hätten dann, wenn man nicht eine gewisse Quotierung vornähme, automatisch einen Vorsprung vor den männlichen Bewerbern" (Landtag NW).

Solches Verfahren läßt nur die Schlußfolgerung zu: Wenn zwei das Gleiche tun, ist das noch lange nicht dasselbe.

Literatur

Anger, H.: Probleme der deutschen Universität, Tübingen 1960

Baeyer, W. von: Die Frau in der Wissenschaft, in: Die Frau in unserer Zeit. Ihre Wandlung und Leistung, Oldenburg 1954, 203–236

Bäumer, G.: Zur Psychologie der Gegner, in: Jahrbuch der Frauenbewegung, hrsg. v. Dr. *E. Altmann-Gottheiner,* Leipzig/Berlin 1912, 171 ff.

Beck-Gernsheim, E.: Der geschlechtsspezifische Arbeitsmarkt. Zur Ideologie und Realität von Frauenberufen, 2. Aufl. Frankfurt/M. 1981

Becker, E. (Hrsg.) Reflexionsprobleme der Hochschulforschung. Beiträge zur Theorie- und Methodendiskussion, Weinheim/Basel 1983

Belotti, E. G.: Was geschieht mit kleinen Mädchen? Über die zwangsweise Herausbildung der weiblichen Rolle in den ersten Lebensjahren durch die Gesellschaft, München 1975

Bergen, M./Fesel, V./Raasch, S.: Frauenquoten im Hochschulbereich, in: Jahrbuch für Sozialökonomie und Gesellschaftstheorie: Karriere oder Kochtopf? Opladen 1984, 90 ff.

Billotet-Hoffmann, C./Demes, B./Gebhardt-Benischke, M./Metz-Göckel, S./Neber, B./Schlüter, A.: Arbeitsplatz Hochschule: Frauen in Forschung und Lehre, in: Beilage zur Wochenzeitung Das Parlament, Bd. 6/1982, Bonn 1982

Bimmer, B.: Das Selbstverständnis der Akademikerin in Beruf und Familie. Eine empirische Untersuchung an hessischen Hochschulen, Gießen 1972

Blüher, H.: Frauenbewegung und Antifeminismus, Lauenburg a.d. Elbe 1921

Bock, G.: Frauen und ihre Arbeit im Nationalsozialismus, in: *Kuhn, A./Schneider, G.* (Hrsg.): Frauen in der Geschichte, Düsseldorf 1979, 113 ff.

Bock, G.: Historische Frauenforschung: Fragestellungen und Perspektiven, in: *Hausen, K.* (Hrsg.): Frauen suchen ihre Geschichte, München 1983, 22 ff.
Bock, U./Braszeit, A./Schmerl, C. (Hrsg.): Frauen an den Universitäten, Frankfurt/M. 1983
Bourdieu, P.: Entwurf einer Theorie der Praxis, Frankfurt/M. 1979
Bourdieu, P./Passeron, J.-C.: Die Illusion der Chancengleichheit, Stuttgart 1971
Bourdieu, P. u.a.: Titel und Stelle. Über die Reproduktion sozialer Macht, Frankfurt/M. 1981
Braunmühl, C. v.: Frauen im Wissenschaftsbetrieb, Wahrnehmungen und Überlegungen, in: *Backhaus, H.* et al. (Hrsg.): Gesellschaft. Beiträge zur Marxschen Theorie, Bd. 14, Frankfurt/M. 1981, 186–216
Búmm, E.: Über das Frauenstudium, Berlin 1917
Busse-Wilson, E.: Die Frau und die Jugendbewegung, Hamburg 1920
Cauer, M.: Die Frau im 19. Jahrhundert, Berlin 1898
Eberhard, E. F. W.: Feminismus und Kulturuntergang, 2. Aufl. Wien/Leipzig 1927
Elberskirchen, J.: Feminismus und Wissenschaft, Leipzig 1903
Engelke, S.: Personalstruktur an Hochschulen. Vortrag auf der Tagung „Förderung von Hochschullehrerinnen" vom 6.–8. April 1984 in Königswinter. in: Arbeitskreis Wissenschaftlerinnen von NW (Hrsg.): Wissenschaftlerinnen-Info Nr. 4, Dortmund 1984, 46 ff.
Felgentraeger, W.: Zur Situation der weiblichen Hochschullehrer, in: Schriften des Hochschulverbandes Nr. 13: Zur Situation der weiblichen Hochschullehrer. Vorträge auf der Tagung des Deutschen Akademikerinnenbundes vom 7. bis 11. Oktober 1962 in Bad Godesberg, Göttingen 1963, 9 ff.
Frauen-Kultur im Deutschen Frauenwerk. Zeitschrift des Deutschen Frauenwerk, 1938
Fleischmann, O.: Wie kommen unsere gebildeten jungen Männer wieder zu passenden Hausfrauen? und Wie werden zu solchen unsere Töchter am besten erzogen?, Leipzig 1910
Freier, A./Kuhn, A. (Hrsg.): Frauen in der Geschichte V: „Das Schicksal Deutschlands liegt in der Hand seiner Frauen" – Frauen in der deutschen Nachkriegsgeschichte, Düsseldorf 1984
Gebhardt-Benischke, M./Knapp, U. (Hrsg.): Was Frauen tun können, um die Hochschule zu verändern. Antidiskriminierungsprogramm im Wissenschaftsbetrieb, Darmstadt 1984
Gnauck-Kühne, E.: Das Universitätsstudium der Frauen, Oldenburg/Leipzig 1891
Göttner-Abendroth, H.: Patriarchat, in: *J. Beyer* u.a. (Hrsg.): Frauenhandlexikon. Stichworte zur Selbstbestimmung, München 1983, 216 ff.
Gummert, M.: Rede einer selbstbewußten Professorenfrau. Ein Dokument, in: Kursbuch 58, Berlin 1979, 85 ff.
Habeth, S.: Die Freiberuflerin und Beamtin (Ende 19. Jahrhundert bis 1945), in: Zeitschrift für Unternehmensgeschichte, hrsg. v. *H. Pohl,* Beiheft 35: Die Frau in der deutschen Wirtschaft, Köln 1985, 155
Hampe, A.: Frauen im akademischen Lehramt, in: Zur Situation der weiblichen Hochschullehrer. Vorträge auf der Tagung des Deutschen Akademikerinnenbundes vom 7.–11. Oktober 1962 in Bad Godesberg, Göttingen 1963, 25 ff.
Heilborn, E.: Das Frauenstudium vor dem Abgeordnetenhause, in: Die Frau 4 (1897) 555 ff.
Kirchhoff, A.: Die Akademische Frau. Gutachten hervorragender Universitäts-

professoren, Frauenlehrer und Schriftsteller über die Befähigung der Frau zum wissenschaftlichen Studium und Berufe, Berlin 1897
Knapp, U.: Frauenarbeit in Deutschland, 2 Bde., München 1984
Kretschmer, J.: Maria von Linden – Die erste Studentin der Universität Tübingen, in: Attempto 33/34 (1969), 78–88
Kuhn, A.: Das Geschlecht – eine historische Kategorie?, in: *Brehmer/Jacobi-Dittrich/Kleinau/Kuhn* (Hrsg.): Frauen in der Geschichte IV: „Wissen heißt leben..." Beiträge zur Bildungsgeschichte von Frauen im 18. und 19. Jahrhundert, Düsseldorf 1983, 29 ff.
Landtag Nordrhein-Westfalen: Ausschußprotokoll 9/1288. Aufgaben und Ziele der Universität in freier Trägerschaft Witten/Herdecke
Lange, H.: Kampfzeiten. Aufsätze und Reden aus vier Jahrzehnten, Bd. 1, Berlin 1928
Langemann, L.: Der Deutsche Bund zur Bekämpfung der Frauenemanzipation. Seine Aufgaben und seine Arbeit, Berlin 1913
Lorenz, C.: Entwicklung und Lage der weiblichen Lehrkräfte an den wissenschaftlichen Hochschulen Deutschlands, Berlin 1953
Memorandum und Dokumentation Zur Situation von Wissenschaftlerinnen an den Hochschulen von NW und Vorschläge zu ihrer Verbesserung, Dortmund 1981; Memorandum II des Arbeitskreises der Wissenschaftlerinnen von NRW 1984: Privilegiert – und doch diskriminiert, Dortmund 1984
Metz-Göckel, S.: Frauenstudium. Zur alternativen Wissenschaftsaneignung von Frauen, Hamburg 1979
Möbius: Über den physiologischen Schwachsinn des Weibes, München 1977 (Nachdruck der 8. Aufl. Halle 1905)
Nauck, E. Th.: Das Frauenstudium an der Universität Freiburg i. Br., Freiburg i. Breisgau 1953
Olberg, O.: Das Weib und der Intellectualismus, Berlin/Bern 1902
Prahl, H.-W./Schmidt-Harzbach, I.: Die Universität. Eine Kultur- und Sozialgeschichte, München/Luzern 1981
Pusch, L. F. (Hrsg.): Feminismus. Inspektion der Herrenkultur. Ein Handbuch, Frankfurt/M. 1983
Pusch, L. F.: Das Deutsche als Männersprache. Aufsätze und Glossen zur feministischen Linguistik, Frankfurt/M. 1984
Rupp, E.: Der Beginn des Frauenstudiums an der Universität Tübingen, Tübingen 1978
Scheu, U.: Wir werden nicht als Mädchen geboren – wir werden dazu gemacht. Zur frühkindlichen Erziehung in unserer Gesellschaft, Frankfurt/M. 1977
Schlüter, A.: Wissenschaft für die Frauen? – Frauen für die Wissenschaft. Zur Geschichte der ersten Generationen von Frauen in der Wissenschaft, in: *Brehmer/Jacobi-Dittrich/Kleinau/Kuhn* (Hrsg.): Frauen in der Geschichte IV.: Wissen heißt leben..." Düsseldorf 1983, 244–261
Schmidt-Harzbach, I.: Kampf ums Frauenstudium, in: Frauen und Wissenschaft. Beiträge zur Berliner Sommeruniversität für Frauen, Berlin 1976, 33–73
Scholtz-Klink, G.: Die Frau im 3. Reich, Tübingen 1978
Soden, K. von/Zipfel, G. (Hrsg.): 70 Jahre Frauenstudium. Frauen im Wissenschaftsbetrieb, Köln 1979
Trömel-Plötz, S.: Frauensprache: Sprache der Veränderung, Frankfurt/M. 1982
Trömel-Plötz, S.: Gewalt durch Sprache. Die Vergewaltigung von Frauen in Gesprächen, Frankfurt/M. 1984

Wegscheider, H.: Weite Welt im engen Spiegel. Erinnerungen, Berlin 1953
Weyrather, I.: Numerus Clausus für Frauen – Studentinnen im Nationalsozialismus, in: Frauengruppe Faschismusforschung: Mutterkreuz und Arbeitsbuch. Zur Geschichte der Frauen in der Weimarer Republik und im Nationalsozialismus, Frankfurt/M 1981, 131 ff.
Wissenschaftlerinnen-Info Nr. 6, hrsg. vom Arbeitskreis der Wissenschaftlerinnen in NRW, Dortmund 1985
Ziegler, T.: Die geistigen und sozialen Strömungen Deutschlands im neunzehnten Jahrhundert, Berlin 1911

2. „Rosenknospen ersticken im Wüstensande" – Das Frauenstudium im Spiegel der studentischen Presse 1895–1914*

Sigrid Bias-Engels

In wilhelminischer Zeit waren Frauen nicht völlig von studentischen Aktivitäten ausgeschlossen. Zu bestimmten Gelegenheiten wie zum Beispiel zu Stiftungsfesten der Korporationen sah man Ehefrauen, Schwestern, Bräute und Basen sehr gerne: Es gab Corpskneipen mit Damen, Festkommerse mit auf der Galerie anwesenden Damen, wobei ihnen zu Ehren sogenannte „Damenreden" gehalten wurden und nicht zuletzt Frühschoppen mit Damen.[1] Als schmückendes Beiwerk wurden sie geschätzt, denn schließlich sollten sich die jungen Aktiven durch den Umgang mit ihnen gute Manieren aneignen,[2] jedoch mußte auch gewährleistet sein, daß die Männerwelt unter sich bleiben konnte. Mißmutig fragte ein Alter Herr in diesem Zusammenhang:

> „Stehen wir wirklich schon so unter dem – femininen Einflusse, daß wir nicht allein zusammenkommen dürfen? Gibt es denn so gar nichts, was uns im RSC. [Rudolfstädter Senioren-Convent; d. Verf.] zu ernster Männertat und zu Männerrat vereinen kann?!"[3]

Nun suchten zur gleichen Zeit Frauen als Studentinnen ihren Platz in dieser ausschließlich männlich geprägten Welt.[4] Welche Einstellung die in Korporationen und Freistudentenschaft zusammengefaßten Studenten des Kaiserreichs zu ihnen entwickelten, welche Möglichkeiten es für die Frauen gab, sich innerhalb der Studentenschaft zu engagieren und wie sich das tägliche Zusammentreffen in Hörsaal und Seminar abspielte, soll in diesem Beitrag untersucht werden. Ihm liegen die studentischen Zeitschriften zugrunde, die für den Zeitraum bis zum Ersten Weltkrieg die aussagekräftigsten und lebendigsten Quellen zu sein scheinen.

---

* Für Hinweise und ständige Unterstützung danke ich herzlich dem Institut für Hochschulkunde in Würzburg, seinem Leiter *Ulrich Becker* und Frau *Hiltrud Jung*.

I. Die studentischen Vereinigungen und das Frauenstudium

Der Kösener S(enioren) C(onvent) der deutschen Korps, dessen Mitglied mit Wichs, Säbel, Farben und Schmissen das „Idealbild der wilhelminischen Ära“ darstellte,[5] war der älteste und bedeutendste Studentenverband. In seinen „Akademischen Monatsheften“ wurde die öffentliche Diskussion um das Frauenstudium außerordentlich aufmerksam verfolgt. Das Interesse der zahlreichen Mediziner im Verband richtete sich besonders auf die Frage, inwieweit Frauen der Zugang zu diesem Studienfach erlaubt werden sollte.[6] So widmete man sich länger den Ausführungen des Wiener Chirurgen Prof. *Albert,* der in einer Broschüre versucht hatte nachzuweisen, daß die Frauen zum Arztberuf nicht geschaffen seien. Die Gründe hierfür waren diverse: Nur der Mann sei „das methodische Wesen, das Culturthier (!)“, die Vorkenntnisse könne sich eine Frau nie beschaffen und den schweren Aufgaben der heutigen Chirurgie, Geburtshilfe und Gynäkologie sei sie physisch nicht gewachsen sind nur einige der genannten Argumente. Es fehlen in den „Akademischen Monatsheften“ nicht die heftigen Entgegnungen anderer auf diese Vorstellungen,[7] doch der Eindruck der Objektivität und Ausgewogenheit, den diese Beiträge vermitteln, wird durch mehrere andere Artikel widerlegt. In voller Länge wurde der Inhalt der nach Ansicht der Herausgeber „hochbedeutenden Rede“ des Professors der Pharmakologie Dr. *Franz Penzoldt* auf dem 26. Deutschen Ärztetag in Wiesbaden wiedergegeben. In ihr sprach sich *Penzoldt* energisch gegen das Studium der Frauen aus, da er hierin keinen erheblichen Nutzen für die Kranken sah, die Frauen sich selbst schaden würden, Hochschule und Wissenschaft hierdurch nicht gefördert würden und generell keine Förderung des allgemeinen Wohls zu erwarten sei.[8] Daß diese Ausführungen der Auffassung des Kösener SC entsprachen, wird an anderen Beiträgen deutlich. Im Wintersemester 1896/97 wurde ein Artikel mit der Überschrift „Über Ärztinnen“ abgedruckt, in dem man einerseits die Tätigkeit von Frauen auf medizinischem Sektor im Verlauf der Geschichte lobend erwähnte, in dem aber gleichzeitig sehr bezweifelt wurde, ob die Frauen sich neben den Männern bewähren würden. Als Grund für die Zweifel an der Eignung der Frauen zum Arztberuf wurde angegeben, daß fast keine der genannten Ärztinnen es zu einer langen segensreichen Praxis gebracht hätte. Und das sei schließlich das sicherste Kriterium![9] Zwei Jahre später erschien dieser Beitrag in erweiterter Form. Die Grundtendenz blieb gleich: Einerseits Bewunderung für die Tätigkeit der Frauen, doch andererseits die Bewertung, daß Frauen „wenig Selbständiges oder Neues“ geleistet hätten. Schließlich wurde das Argument der Frauenbewegung, Ärztinnen seien gerade für die Behandlung von Frauen vonnöten, mit dem Hinweis beseitigt, die Geschichte zeige, daß Frauen sich auch mit anderen Bereichen beschäftigt hätten, die ihr „eigentlich fern liegen sollten“. Augenscheinlich kam der Verfasser nicht auf den Gedanken, daß dies ein zusätzliches Argument *für* die Fähigkeit zum Medizinstudium war. Die wahren Gründe für die Ablehnung von Ärztinnen wurden allerdings auch klar genannt. Eifersucht auf die „Blaustrumpf-Concurrenz“ oder auch Angst vor dem „Gespenst der gefährlichen Concurrenz“ wurde geäußert, die den Frauen nur Platz auf dem pflegerischen Sektor und damit in untergeordneten Positionen einräumen wollte.[10] In diesen Zusammenhang paßt auch die Empfehlung an Schweizer Universitäten, die Kosten für weibliche Medizinstudenten nicht weiter zu tragen, da zu wenig Frauen zum Studienerfolg gelangten und so die männlichen Studenten benachteiligt würden.[11] Doch nicht nur Angst vor der Frau als Konkurrentin spricht aus den Beiträgen, sondern auch Furcht vor dem Verlust der Weiblichkeitsvorstellung. Schon Professor *Penzoldt* hatte bemerkt, daß man nicht „gelehrte und halbgelehrte, sondern geistig und körperlich kräftige Frauen“ brauche, die ihren Männern zur Seite stehen und ihre Kinder gut erziehen könnten.[12] Der Verfasser eines anderen Artikels, der sich ablehnend zum Lehrplan eines geplanten Mädchen-Gymnasiums in Breslau äußerte, meinte schließlich angesichts des Fächerkanons und der Wochenstundenanzahl:

„Rosenknospen ersticken im Wüstensande... Denn die gesamte Nation und ihre Zukunft hängt doch auch davon ab, daß die deutsche Frau nicht in dem Schulstaub verkümmert, sondern daß sie gesund und frisch und lebensfroh in den Beruf eintritt, der doch für sie der wichtigste bleibt, in den Beruf – als Mutter!“[13]

Auch im Weinheimer SC der Korps an Technischen Hochschulen und Bergakademien stand man dem Frauenstudium sehr skeptisch gegenüber. Nur schwer wollte man sich von dem Gebot „Mulier taceat in ecclesia“ trennen; am Herde, so führte ein Mitglied aus, sei die Frau bei weitem besser aufgehoben als auf der Rednerbühne. Voll Schrecken malte er aus:

„Man vergegenwärtige sich nur den Eindruck, den es machen muß, wenn eine Frau einen Raubmörder verteidigt, mit ihm in der Zelle sich berät, vor den Geschworenen für ihn auf mildernde Umstände anträt und schließlich bei der Hinrichtung assistiert. Wenn eine Frau das durchführt, dann könnte man mit Recht alle Frauenärzte, die Seebäder und Migränepulver verschreiben, Charlatane nennen, dann vergeht einem der Glaube an zarte, weibliche Nerven.“[14]

Im weiteren Verlauf der Ausführungen fehlte natürlich nicht der Hinweis auf die Konkurrenz durch weibliche Ärzte und Juristen, die es den männlichen Mitbewerbern erschweren würde, einen eigenen Hausstand zu gründen, so daß die Frauen einerseits zwar gewinnen, andererseits aber durch die mangelnden Heiratsaussichten verlieren würden.[15] Interesse fand ebenfalls das Leben der russischen Studentinnen in der Schweiz, die man in Gemeinschaft mit ihren männlichen Landsleuten als wahre „Landplage" bezeichnete. Kein Wunder, so meinte der Verfasser, denn die „echte Russin" benehme sich folgendermaßen, wenn sie zur Table d'hote erscheine:

„Sie bringt ein Buch mit, das sie öffnet, an eine Blumenvase lehnt und während des Essens liest. Sie schlägt die Beine übereinander, zieht ein Knie empor, senkt den Kopf über den Teller und das Buch und wird so zu einem isolierten, völlig in sich vertieften Wesen. Es passiert ihr, daß sie mit der Gabel im Munde, wenn nicht gar mit dem Finger in der Nase minutenlang sitzen bleibt, bis das bedienende Mädchen sie aufrüttelt."[16]

Mißbilligend wurde die mangelnde Sittenstrenge sowie die Tatsache vermeldet, daß in verbummelten Nächten revolutionäre Lieder im Chor gesungen würden, so daß es den Autor nicht verwunderte, daß den russischen Studenten und Studentinnen nicht immer seinen Angaben nach mit Wohlwollen begegnet wurde.[17]

In einem anderen Beitrag fühlte sich der Verfasser *Georg Biedenkapp* „fast jeden Tag durch irgend eine Kunde aus dem Lager der Frauenrechtlerinnen angewidert".[18] Diesmal hatte er vernehmen müssen, daß man im „deutschsprachigen Auslande" Lehrstühle für weibliche Professoren eingerichtet hatte. Empört fragte er:

„... was ist das für ein Männergeschlecht, das an den Weibern in Männergestalt, als welche nun doch einmal gar viele Gelehrte ohne Saft und Kraft und mit piepsender Stimme herumlaufen, nicht genug hat und noch obendrein die Wissenschaft aus dem Munde von Geschöpfen entgegennimmt, die nun einmal der (!) schönsten und edelsten Beruf des Weibes, der Mutterschaft, verfehlt haben oder doch auf einem ungesunden Wege erstreben!"[19]

Den Arbeitern und deren „Charakterlosigkeit und Roheit" wollte der Autor das Hören auf das, „was ein schwaches Weib da oben vom Katheder oder von der Rednertribüne her in die Welt trompetet" gerade noch zumuten, keinesfalls aber sollten „sonst wohl geratene Männer" sich zu Füßen weiblicher Dozenten wiederfinden. Zumindest ging ihm dies als „einem gesund fühlenden Menschen nicht in den Kopf". Doch nicht genug dieser Unannehmlichkeit und der Tatsache, daß man vernehmen mußte, daß in öffentlichen Versammlungen „über die geschlechtliche Unterweisung der Jugend" „unverheiratete Jüngferlein und geschmacklose Weiberversammlungsmännchen mit einer unschicklichen Offenheit" redeten, nein, auch in wissenschaftlichen Fachzeitschriften wimmele es bereits „von weiblichen Roheiten und Ausschreitungen". So wurde angeführt, daß „zart fühlende Frauenseelen" sich an „verrohenden tierquälerischen Experimenten" beteiligt hatten. Ebenfalls ein Greuel war dem Verfasser, daß auf einem wissenschaftlichen Kongreß „Gelehrte unter dem Vorsitz eines weiblichen Kollegen eine Sektionssitzung abhielten, eine unmännliche Gesellschaft also darstell(t)en".[20] Erbost stellte der Verfasser daraufhin die folgende Frage, die er gleich auch beantwortete:

„Wer trägt nun die Kosten für die Vorteile, die ein paar Weiber mit allen Schlichen und Verbindungen ergattern? Es sind die wohlgeratenen, fraulichen, traulichen Frauen, denen das erbitterte Männergeschlecht allgemach nicht mehr die frühere Höflichkeit und das einstige ritterliche Betragen entgegenbringt!"[21]

Auch für die Zukunft sah Herr *Biedenkapp* das Schlimmste durch die Aktivitäten der Frauenbewegung voraus: Durch die Konkurrenz der Frauen würden immer weniger Männer die Eheschließung wagen; es würde alles hinauslaufen „auf die Auflösung der Familie und die Untergrabung der Volkskraft!" und dies nur „wegen einiger Schreierinnen und Schreiberinnen", deren weibliche Reize und Gesinnung der Autor sehr in Frage stellte und die er in Verdacht hatte, die hübschen Mädchen durch die Anstrengungen des Studiums häßlich machen zu wollen.[22]

Um der Gerechtigkeit willen darf nicht unbeachtet bleiben, daß im Organ des Weinheimer SC sich auch andere Beiträge fanden, die in objektivem Tone über die Pläne zu einem Studentinnenheim berichteten[23] oder die von Professor *Delbrück* hervorgerufene Debatte um die Anwesenheit von Studentinnen bei Kommers und Fackelzug erörterten[24] – allerdings fand sich zu dem Artikel des Herrn *Biedenkapp* keine einzige Gegenstimme, obwohl er durch seine Polemik geradezu zu einer Stellungnahme herausforderte.

Der dritte der deutschen Korpsbünde, der Rudolstädter SC, nahm Studierende der Tiermedizin und kurz vor Ausbruch des Ersten Weltkriegs auch Techniker auf. Diese Studiengänge waren wie im Falle des Weinheimer SC überwiegend männlich ausgerichtet, was allerdings die Studenten keineswegs daran hinderte, dem Frauenstudium einige Aufmerksamkeit zu schenken. Im Jahre 1907 druckte man in der Monatsschrift des Rudolstädter SC einen in London erschienen Aufsatz ab, der Aufschluß über die Lage des Frauenstudiums in ganz Europa gab.[25] Aus ihm geht eine eigene Meinung des Verbandes zu diesem Thema nicht hervor. Diese muß man sich aus den übrigen kurzen Notizen erschließen. So mußte der Verfasser eines Berichtes über russische Studentinnen zwar deren Leistungen in Studium und Praxis anerkennen, doch hatte er an ihrem Äußeren schon eine Menge auszusetzen:

„Schönheiten gab es unter ihnen nicht; Sorgen und bittere Erfahrungen hatten in den Antlitzen mancher Studentin unverlöschliche Spuren hinterlassen. Die Kleidung war meistens von ärmlicher Einfachheit und geschmacklos, die Haarfrisuren entbehrten jeder Kunst und Pflege."[26]

Auch von den amerikanischen Studentinnen wußte die Monatsschrift erstaunliches zu berichten. So wurde die Tatsache eines eigenen „Universitätsschreis" (Schlachtruf?) vermeldet, der den Verfasser der Notiz zu der Überlegung veranlaßte, daß das Indianergeheul im Leben des amerikanischen Volkes weiter zu existieren scheine. Auch die Nachricht, daß amerikanische Studentinnen das Fußballspiel besonders betreiben würden, wird manchen Leser zu eigenen Gedanken über das Wesen der Amerikanerin veranlaßt haben.[27] Aber auch die deutsche Studentin wurde mit Aufmerksamkeit betrachtet. „Die erste Studentin im Karzer" lautete die Überschrift einer Meldung, in der berichtet wurde, daß eine Heidelberger Studentin einen männlichen Kommilitonen mit der Bezeichnung „Sie Esel!" schwer getroffen hatte, worauf sich das akademische Disziplinaramt mit dem Fall beschäftigen mußte.[28] Ob die betreffende Studentin allerdings wirklich im Karzer landete, entzog sich wohl der Kenntnis der Chronisten. Sodann bedauerte man in den Monatsheften lebhaft, daß ebenfalls in Heidelberg zwei Medizinstudentinnen als nicht inkorporierte Vertreterinnen zwar in den Studentenausschuß gewählt worden waren, dann aber doch zurücktraten, als sich wegen der verhältnismäßig geringen Anzahl von Studentinnen Protest erhob. Nur bedauerte man nicht den mangelnden Mut der Damen angesichts der ordnungsgemäßen Wahl, sondern

„... es wäre sicher ein interessantes Schauspiel gewesen, die Damen in vorschriftsmässigem Ausschusswichs zu sehen."[29]

Erheiternd fand man auch den Bericht, der Historiker *Heinrich von Treitschke* habe angesichts einer Dame im Auditorium seine Vorlesung unterbrochen und diese am Arme aus dem Saal geführt. Seine Rückkehr sei von den Studenten „durch frenetische Beifallsbezeugungen" begrüßt worden, eine Tat, die der Verfasser mit dem Seufzer quittierte: „Tempora mutantur!"[30] Beachtung fand ebenfalls der „Verband der Vereine studierender Frauen Deutschlands", über dessen Größe und Absichten man unterrichtete, wenngleich man es „bezeichnend" nannte, daß der Jenenser Studentinnenverein mit einer Toilettenfrage an die Öffentlichkeit trat – die selbst entworfene Mütze war in den Verdacht geraten, einer englischen nachempfunden zu sein.[31] Wenn man auch die Ambitionen einer achtzigjährigen amerikanischen Studentin leicht bespöttelte,[32] nachdem man wenige Jahre vorher einem fünfundsiebzigjährigen polnischen Studenten „eine recht gute Praxis und ein langes Leben" wünschte,[33] so mußte man aus all diesen Beiträgen den Schluß ziehen, daß man das Frauenstudium mit leichter Überheblichkeit betrachtete, sich gerne auf Kosten der Frauen amüsierte, daß es jedoch an direkten Angriffen auf das Frauenstudium durchweg mangelte, eine Tatsache, deren Grund wohl darin zu suchen ist, daß gerade der Rudolstädter SC sich wenig vor der weiblichen Konkurrenz fürchten mußte. Aus dem Rahmen fällt in Hinsicht auf das Thema Frau im allgemeinen nur eine Rezension zu der Schrift: Sind Weiber Menschen? von *Max Funke*. Hierzu meinte der Kritiker:

„Manche werden das Heftchen sicherlich mit einer Art grimmigen Behagens lesen. Die anderen werden sich auch dadurch solange nicht abhalten lassen, das Weib als die Krone der Schöpfung anzusehen, bis auch sie – ihre Erfahrungen gemacht haben.“[34]

Den Landsmannschaften, die den Korps historisch am meisten verwandt waren, gab das Frauenstudium keinen Anlaß zu einer eingehenden Erörterung. In ihrer Zeitschrift findet sich nur ein sachlicher Bericht über die erste Promotion einer Studentin an der Berliner Universität[35] sowie ein Beitrag über das Farbentragen und die Repräsentationstracht der Studentinnen im Jahre 1913.[36] Anders sah dies wiederum bei der Deutschen Burschenschaft aus. Sie machte dem Urteil des Studentenhistorikers *Paul Ssymank* alle Ehre, der die Ansicht äußerte, daß sich „in den Burschenschaften der fortschrittlichste und geistig regste Teil des Waffenstudententums sammelt(e)“.[37] Bereits im Jahre 1896 erschien ein längerer Artikel zur Frauenbewegung, in dem der Verfasser zwar in der Berufstätigkeit der Frauen nichts weiter als „Nothbehelf und Kampfmittel“ sehen wollte und in dem er vor allem klare Vorstellungen darüber entwickelte, welche Berufe sich für die weibliche Natur schickten und welche nicht, doch kritisch sah er beispielsweise die soziale Lage der Frau und die Institution der Ehe.[38] Abschließend hieß es:

„Wir müssen der Frauenbewegung innerhalb gewisser Grenzen freundlich gegenüberstehen im Namen der Ehre und der Freiheit, weil es in der Tat unwürdige Verhältnisse sind, aus denen das Weib sich emporzuringen sucht, und im Namen des Vaterlandes, weil das Weib vor Allem (!) selbst seine Fähigkeiten zur vollen Entfaltung bringen muß, wenn es helfen soll, aus dem Menschen den Uebermenschen zu erziehen.“[39]

Im Verlauf der weiteren Jahre wurden nicht nur die politischen Vorgänge um das Frauenstudium, dessen Fortschritte und Bemerkungen einer Studentin zum Studium selbst einer größeren Öffentlichkeit dargeboten,[40] sondern man widmete sich der Frauenfrage ausführlich in einer Serie von fünf Artikeln. Hier setzte sich der Burschenschaftler *A. Langguth* u.a. mit den physiologischen und psychologischen Argumenten gegen das Frauenstudium auseinander, widerlegte sie so gut er oder andere es vermochten und befürwortete energisch die Öffnung der „Thore zu den Gymnasien und Universitäten“ für weibliche Bildungswillige.[41] Es ging ihm dabei nicht nur

„... um Brot, um Sicherstellung der materiellen Existenz, sondern vor allem um ideale Güter, um Forderungen politischer, wirthschaftlicher und sittlicher Gerechtigkeit, um alle Gebiete der sozialen Wissenschaften, von der Moral und der Pädagogik bis zum Privatrecht, Kriminalrecht und der allgemeinen Theorie der Staatsorganisation, mit einem Wort, um eine Bewegung, die aus den Bedürfnissen der Jetztzeit heraus gewachsen ist, und, da sie ihren Ursprung in der Tiefe des Gewissens hat, früher oder später siegen muß.“[42]

Bei so viel Verständnis für die Ziele der Frauenbewegung verzeiht man dann gerne *Willibald Kramuschke,* dessen „Couplet“ man in den „Burschenschaftlichen Blättern“ abdruckte und in dessen dritter Strophe es hieß:

„Ganz sich zu emancipieren
Und womöglich zu studiren (!)
Gilt den Frauen als modern,
Männer wär’n sie gar zu gern,
Und, gestehen wir es ehrlich
Kinder warten ist beschwerlich...
Nächstens noch, ei sapperment,
Wählt man sie ins Parlament
Welch ein Klatschen, Intriguieren,
Zungendreschen, Schwadronieren.
Obenan an jedem Tage
Steht die leid’ge Frauenfrage.
Statt im Kochbuch liest man Häckel:
Fin de siècle.[43]

Die im Vertreter-Convent (V.C.) geeinten Turnerschaften, die die vierte Gruppe des Waffenstudententums darstellten, standen dem Frauenstudium sehr skeptisch gegenüber. Im Jahre 1895 nahm man nur zur Kenntnis, daß der Eintritt in den Hörsaal von der Frauenbewegung verlangt wurde, jedoch warnte man vor den Folgen bei den „körperlichen und seelischen Eigentümlichkeiten des Weibes“, indem man die Aussagen verschiedener Gelehrter zitierte.[44] Pressemitteilungen und Äußerungen verschiedener Professoren über ihre (überwiegend negative) Stellung zum Frauenstudium wurden aufgeführt,[45] und es fehlte auch nicht an einem Versuch, die Frauenfrage von der humoristischen Seite her anzugehen:

„Vorbei ist alle Völlerei; denn beim Jubel des Kommerses werden Kaffee und Thee die Freudigkeit erhöhen; wie lieblich ertönt dann der Klang der Tassen beim Salamanderreiben; statt des Nikotinstengels ragt eine Chokoladenzigarre.“[46]

Den Männern wurde schließlich empfohlen, alle Arbeit den Frauen zu überlassen, sich auf die Bärenhaut zu legen – und abzuwarten, bis die Weiblichkeit

„...der führenden Stellung überdrüssig, reumütig auf seine Errungenschaften verzichten und die ungewohnten Zügel in die kräftige Manneshand zurücklegen wird."[47]

Im Gegensatz zu diesem Artikel stand der folgende nicht unter der Rubrik „Feuilletonistisches". Hier wurde vor der weiblichen Gefahr auf literarischem Gebiete gewarnt, wobei man ausdrücklich betonte, nicht die Frauenbewegung im allgemeinen verurteilen zu wollen, es aber auf die Auswüchse abgesehen zu haben.[48] Gewarnt wurde u.a. vor angeblich wissenschaftlichen Werken von Frauen. Allgemein schätzte der Verfasser deren Leistungen auf wissenschaftlichem Gebiet für „recht bescheiden, jedenfalls nicht bahnbrechend" ein. In der Hauptsache lag dies seiner Meinung nach an dem Mangel des Weibes, keinen objektiven, wissenschaftlichen Wahrheitssinn entwickeln zu können. Konkret aber richtete sich sein strenges Urteil gegen zwei Bücher von Ärztinnen, die für eine breitere Öffentlichkeit bestimmt waren und bei denen die sexuellen Probleme ihm „eine nahezu zentrale Stellung" einzunehmen erschienen. Es wurde so zustimmend ein weiterer Kritiker mit der Bemerkung zitiert, man möge jedes Buch, dessen Autor dem weiblichen Geschlechte angehöre, mit doppeltem Mißtrauen begegnen.[49] An einem anderen Artikel wird deutlich, daß man nicht nur an der wissenschaftlichen Leistungsfähigkeit zweifelte, sondern daß man sich auch Sorgen um das Weiblichkeitsideal gemacht hatte. Der Deutsch-Akademische Frauenbund hatte erklärt, dafür sorgen zu wollen, daß seine Mitglieder über dem Studium nicht die echte Weiblichkeit verlieren sollten. Unter dieser Voraussetzung, nämlich daß der Typus der Studentin das bisherige Frauenideal nicht beeinträchtige, wollten dann auch die Couleurstudenten der Turnerschaft dem neuen Verband gerne die „Hand bieten".[50] Bis zum Weltkrieg scheint man sich mit dem Frauenstudium arrangiert zu haben.
Zu einer näheren Auseinandersetzung mit dem Frauenstudium kam es wie bei den Landsmannschaften auch beim Sonderhäuser Verband Deutscher Studenten-Gesangvereine nicht, doch läßt sich aus der Damenrede, die auf dem Reichskommers der schwarzschlagenden Verbindungen in München am 20. 1. 1911 gehalten wurde, schließen, daß die Ideen der Frauenbewegung im allgemeinen als aus Frankreich importierte Gefahr angesehen wurde, die an den Grundpfeilern des Staates rüttelte.[51] Daß in diesem Zusammenhang das Frauenstudium nicht gerne gesehen wurde, ist ebenfalls aus dem Lob der Frauenhochschule in Leipzig zu ersehen. Deren Ziele unterschieden sich erheblich von denen der Universität, da man sich in Leipzig in erster Linie mit der Erziehungswissenschaft und sozialen Fragen beschäftigte, sich jedoch auch über bestimmte Fragen der Kunst, der Geschichte, der Naturwis-

senschaften und anderer Fächer unterrichten konnte.[52] Der Sängerschaft lagen die Vorteile deutlich vor Augen:

„...nicht Suffragettes werden hier herangebildet werden, sondern tüchtige deutsche Frauen und Volkserzieherinnen."[53]

Zu einer positiveren Haltung gegenüber dem Frauenstudium schien sich auch der nichtfarbentragende Akademische Turn-Bund (ATB) nicht entschließen zu können, der nicht nur das Turnen pflegte, sondern sich dem Sport im allgemeinen widmete. In seinem Vereinsorgan druckte der ATB einen Aufsatz aus der Deutschen Zeitung ab, der die Berliner Studentin in fünf Typen einordnete. Typ 1, das „moderne Weib" war nach der Aussage des „feinen Beobachter(s)" auffallend schlank, trug das Haar in der Mitte gescheitelt und über die Ohren hinunterfrisiert", wahrscheinlich aus dem Grunde, „damit sie nicht alles hört, was gesagt wird". Trotz ihrer energischen Züge lauerte „ganz im Innersten ihrer unergründlichen Augen... etwas Männerwerbendes", weshalb sie sich auch zu jüngeren Lehrern und Privatdozenten hingezogen fühlte „in der Hoffnung, einen Unverheirateten zu treffen". Die Literatin, Typ 2 nach der Einteilung, besuchte nach Ansicht des Verfassers die Universität, da ihre Romane, Novellen und Feuilletons von Zeitungen abgelehnt wurden, sie aber nicht in ihrem Unvermögen, sondern in ihrem Mangel an Bildung den Grund suchte. Zuerst brenne sie vor Begeisterung für die Wissenschaft, dann lasse im zweiten Semester der Eifer schon nach, und schließlich verschwinde sie im dritten Semester völlig von der Bildfläche. „Die Frauenrechtlerin", Typ 3, studiere in der Regel Jura, Philosophie und National-Ökonomie. „Brille oder Kneifer geben ihrem strengen, ältlichen Gesicht etwas Männliches, wozu das kurzgeschorene Haar mit dem linksseitigen Militärscheitel noch besonders beiträgt." Natürlich, so der Berichterstatter, sei sie Mitglied von Fachvereinen und akademischer Lesehalle, und in den Seminaren höre man sie diskutieren, interpretieren und referieren. Typ 4 schließlich war die „Kommilitonin aus Liebhaberei". Sie gehe zur Universität, da sie nichts anderes zu tun habe und das Studieren nun zum guten Ton gehöre. Sie höre meistens Geschichte, da auf der Höheren Töchterschule „so hübsch erzählt" wurde, nur fühlte der Verfasser jetzt mit ihr, denn Literaturangaben, Quellen und historischer Apparat verursachten ihr Übelkeit und Kopfweh, so daß sie „ein enttäuschtes Mäulchen" zöge. Auch würde sie gerne durch Kleidung und augenscheinliche Verwirrung bei der Erwähnung delikater Geschichtsereignisse mehr Aufmerksamkeit von den jungen Herren erhalten, doch da diese fehle, würde sie schließlich ganz zu Hause bleiben. Am sympathischsten war dem Autor Typ 5: „Die Lehrerin", da sie am bescheidensten sei und das Studium wirklich benötige. Sie würde von der Fülle des akademischen Angebots völlig überfordert, bis sie dann in „rührender Bescheidenheit“ gestehe, „daß sie kein Wort von allem begreife“.[54] Dank der Hilfe älterer Studenten werden sie dann an die Wissenschaft herangeführt und plage sich auch rechtschaffen ab, aber zu welchem Preis?

„Als sie auf die Universität kam, war sie ein schmuckes kleines Mädchen, das sich hübsch anzog und ihre männlichen Nachbarn mit Interesse beobachtete, jetzt ist sie auffallend gealtert... Man bewundert und bedauert diese armen Geschöpfe, die mit ihrer schwachen Kraft die riesige Wissenschaft bewältigen wollen.“[55]

Nur in Ausnahmefällen kam es nach Aussage des Verfassers zu näheren Kontakten zwischen männlichen und weiblichen Kommilitonen, wobei der Polizeibericht Dinge als Trauerspiel ausweisen würde, die als Lustspiel im Vorlesungssaal begonnen und in Halensee oder Wilmersdorf fortgesetzt worden waren. Im allgemeinen aber sei die studierende Frau dem Studenten eine „quantité négligeable“. Und diese „letzte Beobachtung“, so meinten die Herausgeber der Akademischen Turnbundsblätter kühl, „dürfte wohl am meisten zutreffen.“[56]
Weniger abweisend gab sich der Kyffhäuser-Verband der Vereine Deutscher Studenten, der auf betont nationaler Grundlage basierte. Er bot dem ebenfalls national ausgerichteten Deutsch-Akademischen Frauenbund sogar die Möglichkeit, sich über die akademische Frauenbewegung in den „Akademischen Blättern“ zu äußern, eine Gelegenheit, die das Mitglied *Ilse Tesch* dazu nutzte, über die wirtschaftlichen und kulturellen Grundlagen der Frauenbewegung, Schwierigkeiten und Geschichte der Frauenbildung, den Deutsch-Akademischen Frauenbund, die akademischen Frauenberufe und über die Stellung zur Ehe und „geistigen Mutterschaft“ zu sprechen.[57] Es folgten ein lobender Artikel über die Frauenbewegung und den Deutsch-Evangelischen Frauenbund[58] sowie ein zweiteiliger Beitrag, in dem im Vergleich zu anderen Aufsätzen sehr ausgewogen zahlreiche Forderungen der Frauenbewegung erörtert wurden.[59] Wie bei den meisten studentischen Organen so lohnt sich auch beim Kyffhäuser-Bund ein Blick auf die Rezensionen. Über einen gewissen Zeitraum hinweg gab es hier sogar eine eigene Rubrik zur Frauenfrage, in der Neuerscheinungen besprochen wurden.[60] Interessant ist hierbei besonders die Besprechung der Schrift von *P. J. Möbius:* Über den physiologischen Schwachsinn des Weibes, zu dessen neunter Auflage es hieß:

„Große Erbitterung hat diese Schrift hervorgerufen, besonders auf weiblicher Seite: niemand mag unangenehme Wahrheiten zugeben.“[61]

Diese Rezension wurde übrigens von – einer Frau verfaßt.
Eine besondere Gruppe innerhalb der Studentenschaft stellten die

christlichen Organisationen dar. Der Wingolf, der zwar Mitglieder beider Konfessionen aufnahm, aber überwiegend vom evangelischen Element geprägt war, widmete sich dem Frauenstudium nicht ausdrücklich, doch schien es innerhalb des Verbandes Vorbehalte gegeben zu haben. Zumindest stellte ein männlicher Teilnehmer im Anschluß an eine Examensfeier des Katholischen Studentinnenvereins Hilaritas zu Bonn mit Erleichterung fest:

„Und so trennt man sich... mit dem Gefühl..., daß ernstes wissenschaftliches Streben und doch Freisein von jeder Blaustrümpfigkeit, Jugendfrohsinn und doch kein aufdringliches Burschikosentum sehr wohl auch in einem weiblichen Wesen vereint sein können.“[62]

Nicht sehr wohlwollend äußerte sich der Schwarzburgbund als zweiter allgemein christlicher Verband. In sehr spöttischem Ton wurde über ein russisches Ehepaar berichtet, das sich die „Doublette leistete“ und sich gemeinsam dem Doktorexamen unterzog.[63] Mit Zustimmung wurde der auf dem 26. Ärztetag gehaltene Vortrag des Professors *Penzoldt* gegen das Medizinstudium der Frauen abgedruckt, mit dem sich auch der Kösener SC beschäftigt hatte.[64] Studentinnenvereine schließlich wurden als „neueste Errungenschaft auf dem Gebiete der konfessionellen Spaltung unserer deutschen Studentenschaft“ bezeichnet.[65] Grundsätzlicher äußerte sich dagegen der nichtfarbentragende Verband der katholischen Studentenvereine Deutschlands (KV). In den „Akademischen Monatsblättern“ widmete sich *Hans Schmelzle* der Frauenfrage eingehender. Er kam zu dem Ergebnis, daß den Frauen größere Bildungsmöglichkeiten eingeräumt werden sollten, jedoch lehnte er eine wissenschaftliche Betätigung ab, denn:

„Sie erfordert eine Thätigkeit, die nach außen tritt. Eine solche widerspricht aber der weiblichen Natur; und wollte man daher ohne weiteres den Frauen die Ausübung sämtlicher wissenschaftlicher Berufsarten zugestehen, so würde man die Frau ihrer nächsten und eigentlichen Bestimmung, durch die häusliche Thätigkeit die Erziehung der Familie wie der Gesellschaft zu beeinflussen, entziehen.“[66]

Auf geistigem Gebiet wollte *Schmelzle* den Frauen eine Tätigkeit im Bereich des Unterrichts und der Erziehung von Mädchen zugestehen, wobei er sich aber vornehmlich Nonnen als Lehrerinnen wünschte, und auch auf dem Gebiet der Frauen- und Kinderkrankheiten sollten sie sich betätigen können. Für die übrigen wissenschaftlichen Berufszweige erschien ihm jedoch „die Frau vermöge ihrer natürlichen Eigenschaft nicht geeigenschaftet“ zu sein. Darüber hinaus lehnte er generell eine Gleichstellung von Mann und Frau ab, Bestrebungen, die eine solche verlangten, wollte er bekämpft sehen, denn sie seien „falsch in ihren Voraussetzungen und verderblich in ihren Konsequenzen.“[67] Daß

Schmelzle nicht allein mit seiner Auffassung stand, wird aus einer anderen Notiz deutlich, aus der ausdrücklich hervorgeht, daß man von katholischer Seite der Studentin lange ablehnend gegenüberstand. Im Laufe der Zeit änderte sich dies langsam. Es erschienen sachliche Berichte über das „Frauenstudium an den deutschen Universitäten"[68] sowie über das „Frauenstudium in Amerika und England",[69] Bücher wie das von *Julie Ohr* über „Die Studentin der Gegenwart" wurden vorgestellt.[70] Die Antwort auf die Frage, wie ein solcher Wandel zustande kam, kann dem Verbandsorgan selbst entnommen werden. Dort hieß es im Jahre 1911:

„Der Prozentsatz der katholischen Frauen an unseren Universitäten darf nicht länger mehr so weit zurückstehen hinter dem anderer Konfessionen. Von der Zahl akademisch gebildeter Katholikinnen hängt zuviel für die Zukunft, vor allem die unserer Schulen, ab. Möchte sich doch jeder weitschauende Katholik, jede einsichtsvolle Katholikin das klarmachen..."[71]

Mit Interesse sah man die Bildung katholischer Studentinnenvereine und verfolgte ihre Entwicklung. Bei der Gründung der Studentinnenvereine Hrotsvit-Bonn und Hadwiga-München wurde von Seiten des KV sogar aktive Hilfestellung geleistet,[72] worauf diese Organisationen sich als befreundete Vereine angliederten, ohne dadurch ihre Eigenständigkeit zu verlieren.[73] Eine ähnliche Entwicklung bezüglich der Stellung zum Frauenstudium wie der KV nahm der Kartell-Verband der katholisch-deutschen Studentenverbindungen (CV) ein. Verschiedene Beiträge in der Zeitschrift „Academia" zeigen, daß auch hier das Frauenstudium nicht völlig abgelehnt wurde, man jedoch wie *Hans Schmelzle* die Frauen am liebsten „wegen ihrer natürlichen Anlagen" im medizinischen Bereich oder im Lehrberuf wirken sehen wollte.[74] Keinesfalls aber wollte man Frauen im Lehrkörper der Universität finden:

„Jedenfalls der Lehrkörper der Universität selbst muß seinen rein männlichen Charakter behalten. Die Virilität des Hochschulbetriebes ist durchaus bewährt und ein so hohes Gut für die Studierenden, auch weiblichen Geschlechts, daß seine Preisgabe wieder vor der Universität noch vor dem Volke verantwortet werden könnte. Ein solcher Wert darf am allerwenigsten einer Bewegung zulieb angetastet werden, deren Dauer und Frucht überhaupt noch nicht abzusehen sind."[75]

Doch auch der CV nahm mit der Zeit eine immer positivere Haltung gegenüber Frauenstudium und Frauenbewegung ein. So wurde den Mitgliedern empfohlen, die „moderne Frauenfrage" nicht geringzuschätzen und sie nicht zu verachten, sondern sie „verstehen zu lernen".[76] Zu den katholischen Studentinnenvereinen wünschte man sich eine engere Beziehung, wobei man angeregt durch den Verband der katholischen Studentenvereine Unitas, der sich ansonsten nicht deutlicher über das Frauenstudium aussprach, etwas mißgünstig auf deren Verbindung mit dem KV schaute.[77] Selbstverständlich kann man von verschiedenen Berichten in den Zeitschriften nicht auf die geistige Grundhaltung sämtlicher Mitglieder einer Korporation schließen, doch werden Grundströmungen deutlich, die zeigen, daß die Stellungnahmen zum Frauenstudium so vielfältig waren wie das Bild der Korporationen im Kaiserreich selbst: Sie reichen von der völligen Nichtbeachtung über die Ablehnung und Bespöttelung bis zur Befürwortung. Im großen und ganzen wird man jedoch *Gertrud Bäumer* recht geben müssen, die 1906 in einem Vortrag vor der Freien Studentenschaft Göttingens meinte:

„Freilich, der Geist des studentischen Lebens ist ausschliessliche Männerkultur, die studierende Frau hat darin noch keinen rechten Platz; sie passt nun einmal nicht zum Ideal der alten Burschenherrlichkeit."[78]

Das beinhaltet auch, daß keine einzige der alten Korporationen sich ernsthaft die Frage gestellt hat, ob man nicht Studentinnen als Aktive in ihre Reihen aufnehmen müsse. Ganz abgesehen von der Tatsache, daß die Erziehungsmittel des Trink- und Fechtkomments für Frauen nicht im gleichen Maße gelten konnten wie für die Männer, waren ihre traditionell männlichen Strukturen zu ausgeprägt, um eine solche Änderung überhaupt in Betracht zu ziehen. Dies ist auch von den Frauen als gegeben hingenommen worden; zumindest ist kein Fall bekannt, daß eine Studentin um Aufnahme gebeten hat oder eine Debatte zu diesem Thema angeregt hat. Neue Wege ging allerdings eine Verbindung, die im Jahre 1906 ihren Anfang genommen hatte und aus der Jugendbewegung hervorgegangen war: Die Deutsche Akademische Freischar lehnte die Erziehungsmittel der alten Korporationen ab und setzte Wanderungen, Diskussionsabende und soziale Arbeit an ihre Stelle. Alle ihre Veranstaltungen waren alkohol- und nikotinfrei, die Mitglieder sollten zu Natürlichkeit, Frische, Einfachheit, Kameradschaftlichkeit und zu Liebe gegenüber Volk und Heimat erzogen werden. Daß die Frauen allerdings von vornherein an diesem Leben teilhaben sollten, war auch in der Freischar nicht selbstverständlich. Die Gegner waren in alten Verbindungsvorstellungen verhaftet und fürchteten eine Verweichlichung durch das weibliche Element, während die Befürworter argumentierten, daß die neue Weltanschauung, zu der man gelangt sei, nur Verbreitung finden könnte, wenn beide Geschlechter in ihrem Sinne erzogen werden würden. Die Scheu vor einer starren Festlegung führte schließlich dazu, daß in einigen Universitätsstädten Frauen als ordentliche Mitglieder aufgenommen wurden, in anderen als Freischarfreundinnen, die Rechte aber keine Pflichten hatten, Anschluß an eine Verbindung fanden. In einigen wenigen Orten wurden Frauen generell nicht aufgenommen.[79]

II. Die Freistudentenschaft und das Frauenstudium

Welche anderen Möglichkeiten boten sich nun den Studentinnen, am akademischen Leben teilzunehmen? Sie konnten beispielsweise verschiedenen an der Universität wirkenden Vereinen beitreten, die sich der Abstinenzbewegung zurechneten, die sich des „ultramontanen Einflusses" auf die Universitäten erwehren wollten oder in sogenannten Fachvereinen wissenschaftliche Fragen miteinander erörterten.[80] Näher lag aber die Mitarbeit in einer großen Organisation, die sich neben den Korporationen einen festen Platz in der Studentenschaft erkämpft hatte, nämlich der Freistudentenschaft. Ihr Hauptanliegen war es, die Gleichberechtigung der unorganisierten Studenten gegenüber den Korporationen durchzusetzen. Darüber hinaus versuchte sie eine größere Allgemeinbildung der Studenten zu erreichen und richtete zu diesem Zweck Abteilungen ein, die sportliche, kulturelle, wissenschaftliche oder rein gesellige Ziele verfolgten, und sie erhob konkrete Forderungen, wie die Errichtung einer studentischen Selbstverwaltung, eine Reform der akademischen Disziplin und anderes mehr.[81] „Insgesamt", so urteilte der Historiker *Konrad H. Jarausch,* „atmete die Freistudentenschaft einen modernen, demokratischen Geist, der die Nichtinkorporierten aufweckte und studentische Sozialarbeit anregte."[82] Dies prädestinierte die Freistudentenschaft zu einer engeren Zusammenarbeit mit den weiblichen Kommilitonen. Und tatsächlich wurden den Frauen die Abteilungen zur Mitarbeit geöffnet, im Jahre 1906 erließ der Freistudententag eine Resolution zugunsten der Studentinnen, und im Jahre 1907 richtete man eine Eingabe an das preußische Kultusministerium mit der Bitte, den Frauen das volle Immatrikulationsrecht zu gewähren.[83] In Berlin,[84] Leipzig und München[85] wurden spezielle Abteilungen zur Frauenbewegung gegründet, Studentinnen wurden aufgefordert, sich besonders in Abteilungen zu engagieren, die soziale Arbeit verrichteten, das heißt sich um Kinder und andere Benachteiligte zu kümmern. Diese gemeinsam von Student und Studentin zu leistende Arbeit, so hieß es, könnte zu einem neuen, gesunden Verhältnis zwischen den beiden Geschlechtern führen, man könnte den kameradschaftlichen Ton finden, für den die Studentin „oft noch zu schüchtern" und für den mancher Student „noch nicht erzogen" sei.[86]

Die Hoffnungen, die man jedoch in diese Institution setzte, wurden enttäuscht. Nur wenige Studentinnen arbeiteten aktiv in den Abteilungen mit; nicht einmal in denjenigen, die sich mit Fragen der Frauenbewegung beschäftigten, waren sie in verstärkter Anzahl zu finden.[87]

Oberflächliche Gründe für ein solches Verhalten waren schnell gefunden: So wurde der Altersunterschied zwischen den zur Weiterbildung an die Universität gelangten Lehrerinnen und den Studenten genannt, Zeitmangel und Unfähigkeit aus körperlichen Gründen, sich nach dem anstrengenden Studium noch um studentische Interessen zu kümmern.[88] Die Ärztin *Julie Ohr* sah etwas tiefer: Sie sah als besonders hemmend den Einfluß vieler Eltern an, die ihre studierenden Töchter vor allem vor der Begegnung mit der Frauenbewegung und vor der mit den Kommilitonen warnten. Die Frauenbewegung und deren Führerinnen galten ungeachtet der Tatsache, daß erst ihre Bestrebungen das Frauenstudium ermöglicht hatten, als unweiblich, und der Umgang mit Kommilitonen, die den Eltern nicht bekannt waren, wurde untersagt wegen der Gefahren, die von ihrer Seite aus einem jungen Mädchen drohen konnten. Von der Teilnahme an studentischen Unternehmungen konnte so keine Rede sein. Die jungen Studentinnen selbst glaubten nach *Julie Ohr* „Rücksicht auf ihren guten Ruf oder auf die Familie nehmen zu müssen", ferner hielt sie „die Scheu ins öffentliche Gerede zu kommen" sowie „die Angst vor Unziemlichkeiten seitens der Kommilitonen" davon zurück, sich mehr in studentischen Belangen zu engagieren.[89] Fanden aber Studentinnen den Mut, über den ihnen zugestandenen Raum hinauszugelangen, wurden sie sehr bald wieder zurückgewiesen. So hatten beispielsweise in Berlin Studentinnen an einem Fackelzug und an einem studentischen Kommers teilgenommen. Dies wurde aber von Professor *Hans Delbrück* in den Preußischen Jahrbüchern scharf gerügt. Unter anderem führte er aus:

„Der deutsche Studentenkommers ist einzig durch seine Vereinigung von Ernst und Ausgelassenheit, Begeisterung und Betrunkenheit. Studentinnen, die ihn besuchen, verderben den Kommers, belästigen die Studenten und erniedrigen sich selbst."[90]

Deutlicher konnte man kaum sagen, daß man die Studentin als lästigen Eindringling ansah.

III. Student und Studentin im universitären Alltag

Der Unsicherheit der Studentin stand die vieler männlicher Studenten gegenüber. Nach *Julie Ohr* gab es drei Möglichkeiten, wie der junge Mann die Begegnung mit der Studentin bewältigte. Sie nannte:

„...eine beleidigende Gleichgültigkeit, die jede Studentin als Luft im wörtlichsten Sinne behandelt; dann die Gleichstellung der Frau mit denjenigen unglücklichen Wesen, die man auf der Straße und in mindern Kneipen trifft, und als drittes die Behandlung der Frau als gesellschaftlich gleichgestellte Dame."[91]

Der erste und der zweite Fall kamen ihrer Meinung nach sehr häufig vor, so daß viele Männer nach *Julie Ohr* im „Gefühle ihrer Unsicherheit“ ihren schlechten Manieren freien Lauf ließen.[92] Im schlimmsten Fall wurden Studentinnen zu offiziellen Festlichkeiten eingeladen, „zu welcher dann die Herren ihre Bekanntschaften von Straße und Redoute mitbrachten“.[93] Eine andere Studentin mußte sich von einem Kommilitonen sagen lassen, „neben den abgetriebenen Gesichtern der ochsenden Studentinnen sei ihm das zerhackte Biergesicht eines recht lustigen Studenten im Lesesaal ein wahres Labsal“,[94] die Bezeichnung „Überweib“ für die Kommilitonin war anscheinend weit verbreitet.[95] Wie der Student so wurde auch die Studentin nicht davon verschont, Gegenstand von Karikatur[96] und Witz zu werden, wobei die letzteren nach Aussage des Berichterstatters oft in die „gynäkologische und dermatologische Klinik“ gehörten.[97] Ein Leserbrief in der Münsterschen Universitäts-Zeitung sorgte für großes Aufsehen, als ein Kommilitone das Verhalten seiner Geschlechtsgenossen anprangerte: Gerne würden sie „unabsichtlich“ den Studentinnen auf das Kleid treten, ihnen beim Besetzen der Plätze Knüffe beibringen, ihnen Kleckse in die Hefte machen, sie an den Kleiderhaken und beim Aufsuchen der Sitze wegdrängeln und verstärkt „scharren“, wenn einer Kommilitonin das Unglück widerfuhr, einmal zu spät zu kommen.[98] Auf diese Anschuldigungen folgte eine Flut von Leserbriefen, die das in bescheidenem Umfang erscheinende Blatt völlig überforderte: Mit Empörung wurden die Vorwürfe zurückgewiesen, neue Mißstände wurden aufgezeigt, und es wurden auch Vorwürfe gegenüber den Studentinnen erhoben: Bei aller Gleichberechtigung und trotz des Umstands, daß sie ihren männlichen Kommilitonen unter Umständen eine Lebensstellung streitig machen könnten, verlangten sie noch besondere Höflichkeiten oder verursachten gar durch ihre „Damenhutungeheuer“, daß ein Student seinen Hut nur „in vollständig erschöpftem und geknickten Zustande hervorretten“ konnte und nur noch „auf Umwegen nach Hause zu gehen wagen konnte“.[99] Die Redaktion beendete jedoch die rege Debatte mit der Feststellung, daß man vereinzelte Erscheinungen nicht verallgemeinern dürfte und daß in Münster den Studentinnen „die jedem Kommilitonen geziemende Hochachtung im vollen Maße zu teil“ würde.[100]
Es wird anhand dieser Kontroverse deutlich, und *Julie Ohr* bestätigte dies ausdrücklich, daß sich im alltäglichen Beisammensein Spannungen zwischen den Geschlechtern ergaben, die aus der Tatsache resultierten, daß man den kameradschaftlichen Umgang miteinander nicht gewohnt war. *Julie Ohr* forderte deshalb:

„Es muß die gemeinsame Arbeit schon frühe geübt werden, es muß ausgeführt werden, was die freiheitliche Frauenbewegung jetzt schon als die Erziehung der

Geschlechter förderlich ansieht, die Koedukation von der Volksschule bis zum Berufe."[101]

Etwas einfacher werden es Mädchen aus der Jugendbewegung gehabt haben, denen aus den Bünden heraus die Gemeinsamkeit mit dem männlichen Geschlecht nicht mehr unbekannt war. Sie waren in der Deutschen Akademischen Freischar, aber sicherlich auch in der Freistudentenschaft zu finden. Andere jedoch fühlten sich in Studentinnenvereinen besser aufgehoben, von denen es im Jahre 1914 vier große Verbände gab: den Verband der Studentinnenvereine Deutschlands, den Verband Deutsch-Akademischer Frauenvereine, die Deutsche Christliche Vereinigung studierender Frauen und das Kartell katholischer Studentinnenvereine.[102] Zu Beginn waren diese Gemeinschaften von großer Bedeutung: Hier konnte die Studentin sich Rat holen, sich Auskünfte geben lassen und sich im Kreise Gleichgesinnter erholen. Wie die männlichen Korporationen hielten manche Vereinigungen Kommerse ab,[103] trug man Farben und eine Repräsentationstracht, verzichtete allerdings auf Waffen.[104] Der Verein studierender Frauen in Berlin hatte sogar einen Vereinsgesang, der von keiner geringeren als *Anita Augspurg* verfaßt worden war.[105] Doch nicht nur die fruchtlose Imitation männlicher Vorbilder wurde ihnen bald von seiten der Freistudentenschaft vorgeworfen,[106] sondern auch der Umstand, daß sie die Frauen vom studentischen Leben abschirmten und die Zusammenarbeit mit den Kommilitonen verhinderten. Die gegenseitige Erziehung in gemeinsamer Arbeit in dem Bestreben miteinander und füreinander zu wirken würde vernachlässigt und somit die große Chance vertan, sich gegenseitig als gleichberechtigte Menschen anzuerkennen und die Ideen der Frauenbewegung den Männern nahezubringen.[107]
Bis zum Beginn des Ersten Weltkrieges standen sich Student und Studentin weitgehend fremd gegenüber. Das Unvermögen, kameradschaftlich miteinander umzugehen, weil in früher Jugend die Geschlechter sorgfältig voneinander getrennt wurden, die Unfähigkeit, sich von bestimmten Idealbildern zu trennen und auch die Angst vor der Konkurrenz verursachten tiefe Gräben, die sich nur mühsam schließen ließen. Aus einigen Beiträgen tritt jedoch noch ein weiteres Element hinzu, nämlich das einer absoluten Höherbewertung des männlichen Elementes und einer daraus resultierenden Minderbewertung des weiblichen, was bis zur Frauenverachtung führen kann. Besonders deutlich wird dies bei der näheren Betrachtung der „Hochschulstimmen aus der Ostmark", die im Jahre 1909 zum ersten Mal erschienen und die sich zum Ziel gesetzt hatten, die Studenten zur „nationalen und damit zur volkswirtschaftlichen Arbeit"[108] zu erziehen. In diesem Blatt äußerte man sich wiederholt zum Kapitel der geistigen Begabung der Frau und kam

dabei zu dem Ergebnis, daß die Frauen mit Ausnahme künstlerischen Gebiets bisher noch keinerlei hervorragende Dinge geleistet hätten, daß sie sogar minderwertig seien, wenn man sie an der Leistung des Mannes messe.[109] Die Bestrebungen der Frauenbewegung und mögliche Erfolge wurden sogar als „Gefahr für den männlichen Charakter des Staates" angesehen.[110] Auch *Jörg Lanz von Liebenfels,* der Begründer einer Rassentheorie, in der der arische Mensch zum Kampf gegen das Minderrassige aufgefordert war, zählte zu dem festen Mitarbeiterstamm der Zeitschrift. Einen seiner Beiträge mit dem Titel „Die deutsche Studentenschaft und das deutsche Weib" begann er mit den Worten: „Schon mancher wackerer Junge kam ins Unglück und verfehlte seinen Lebenszweck durch das Weib." Im weiteren beschrieb er das Fehlverhalten des „unerzogenen oder verzogenen deutschen Weibes", daß mit „mänadenhafter Brunst" Männern der niederen Rasse nachlaufen würde.[111] Am Ende seiner Ausführungen gab er der Studentenschaft folgende Ratschläge für die Partnerwahl:

„Mädchen aus töchterreichen Familien bringen meist wieder sehr viele Mädchen zur Welt. Daher bevorzuge man Mädchen aus söhnenreicher Familie, ferner meide man: „studierte" Weiber oder Mädchen in öffentlicher Stellung, Mädchen, die sich gerne in der Gesellschaft und auf der Straße zeigen, die von der Hauswirtschaft und der Küche nichts verstehen, Theaterschwärmerinnen, Sportdamen, Mädchen aus Orten mit Militärorganisationen. Dagegen bevorzuge man: häusliche, peinlich reinliche, bescheidene, anspruchslose, dem Manne untertane und treue Mädchen, die schon in ihrem Aeußeren den Zuchtmuttertypus der heroischen Frauenrasse erkennen lassen."[112]

Auf diesen Beitrag und einen ähnlichen[113] folgte keine Reaktion – bis eine Frau sich genötigt sah, gegen die geäußerten Beleidigungen zu protestieren, *Lanz von Liebenfels* der Frauenverachtung anzuklagen, zu der er „deutsche Jünglinge" erziehen wollte. Gleichzeitig empfand sie es als sehr bitter, daß sich kein einziger Mann zur Verteidigung der Frauen bereiterklärt hatte.[114] Daß diese Entgegnung die Schriftleitung nun zum Nachdenken bewogen hätte, läßt sich nicht erkennen. Schon dem Leser des oben erwähnten Artikels von *Lanz von Liebenfels* wurde empfohlen, „diesem Gegenstande volle Aufmerksamkeit" zu schenken,[115] und im weiteren wurden dem Leser vom gleichen Autor Aufsätze in Aussicht gestellt, die Titel trugen wie „Rassenkundliche Anleitung zum Erkennen ehetauglicher Weiber" und „Die rassenwirtschaftliche Berechtigung der doppelten Moral und der Polygamie".[116] Es soll nun nicht behauptet werden, daß die Schriften des Österreichers maßgeblichen Einfluß auf die Studentenschaft und ihre Einstellung zur Frau ausübten. Immerhin zeigt ihr Erscheinen, welche Gedankengänge auch in die Studentenschaft getragen und ihr vertreten waren und ihre Auswirkungen auf die Beziehungen der Geschlechter zeigen mußten.

Anmerkungen

1 Als Beispiel wurde das Programm eines Stiftungsfestes des Rudolstädter SC gewählt, das zu finden ist, in: Monatsschrift des Rudolstädter Senioren-Convents 20 (1914), Heft 8, 178.

2 Ebenda, 179. Über das Verhältnis der Studenten zu Frauen aller Schichten berichtet in Hinsicht auf die Sexualproblematik: *Jarausch, K. H.:* Students, Sex and Politics in Imperial Germany, in: Journal of Contemporary History 17 (1982), 285–303.

3 Ebenda.

4 Über das Frauenstudium im Kaiserreich informieren bisher nur: *von Soden, K./Zipfel, G.* (Hrsg.): 70 Jahre Frauenstudium – Frauen in der Wissenschaft, Köln 1979; *Schlüter, A.:* Wissenschaft für die Frauen? Frauen für die Wissenschaft, in: *Brehmer, I./Jacobi-Dittrich, J./Kleinau, E./Kuhn, A.* (Hrsg.): Frauen in der Geschichte, Bd. 4: „Wissen heißt leben..." Beiträge zur Bildungsgeschichte von Frauen im 18. und 19. Jahrhundert, Düsseldorf 1983, 244–261.
Zahlreiche Informationen bringt auch: *Twellmann, M.:* Die deutsche Frauenbewegung. Ihre Anfänge und ihre Entwicklung 1843–1889, Kronberg 1976.
Das umfassendste Werk über die Studentenschaft des Kaiserreiches ist: *Jarausch, K. H.:* Students, Society and Politics in Imperial Germany. The Rise of Academic Illiberalism, Princeton 1982. Eine Zusammenfassung seiner Ergebnisse und die Einbettung in einen größeren zeitlichen Rahmen findet man in: *Jarausch, K. H.:* Deutsche Studenten 1800–1970, Frankfurt a. M. 1984.
Das Frauenstudium beachtet *Jarausch* jeweils nur am Rande.

5 Zitiert nach: *Studier, M.:* Der Corpsstudent als Idealbild der wilhelminischen Ära. Untersuchungen zum Zeitgeist 1888–1914, Phil. Diss., Erlangen/Nürnberg 1965.

6 Als Beispiele seien nur genannt die Beiträge in: Academische Monatshefte 12 (SS 1895) 5, 219 f. 12 (WS 1895/96) 6/7, 273 f., 12 (WS 1895/96). 10, 403 f. und in 15 (WS 1898/99) 11, 456.

7 Academische Monatshefte 12 (WS 1895/96) 8, 314–317.

8 Academische Monatshefte 15 (SS 1898) 4, 162–165.

9 Academische Monatshefte 13 (WS 1896/97) 10, 412 ff.

10 Academische Monatshefte 26 (SS 1909) 4, 141.

11 Academische Monatshefte 15 (WS 1898/99) 8, 309–312.

12 Academische Monatshefte 15 (SS 1898) 4, 165.

13 Academische Monatshefte 16 (SS 1899) 2, 66.

14 Corpsstudentische Monatsblätter, Offizielle Nachrichten vom WSC 4 (1899) 11/12, 368.

15 Ebenda.

16 Corpsstudentische Monatsblätter 12 (1906) 1, 13.

17 Ebenda, 13 f.

18 Corpsstudentische Monatsblätter 12 (1907) 8, 335.

19 Ebenda, 336.

20 Ebenda.

21 Ebenda.

22 Ebenda, 337.

23 Corpsstudentische Monatsblätter 13 (1907) 1, 13.

24 Corpsstudentische Monatsblätter 16 (1910) 2, 71 f.
25 Monatsschrift des Rudolstädter Senioren-Convents 10 (1904) 2, 16 ff.
26 Monatsschrift des Rudolstädter Senioren-Convents 10 (1904) 4, 50.
27 Monatsschrift des Rudolstädter Senioren-Convents 13 (1907) 11, 133.
28 Monatsschrift des Rudolstädter Senioren-Convents 9 (1903) 4, 34.
29 Monatsschrift des Rudolstädter Senioren-Convents 9 (1903) 7, 59.
30 Monatsschrift des Rudolstädter Senioren-Convents 13 (1907) 6, 68. – Allerdings wurde der Wahrheitsgehalt dieser Episode sehr bezweifelt. Gleiches gilt für eine andere Nachricht, derzufolge *von Treitschke* zu einem Kollegen gesagt haben sollte: „Ich will das Weibervolk in meinen Vorlesungen nicht mehr sehen! Ich werde mir den großen Pedell vor die Thüre stellen, der kann sie hinauswerfen!“ (siehe hierzu: Academische Monatshefte 12 [WS 1895/96] 9, 353 f.)
31 Monatsschrift des Rudolstädter Senioren-Convents 16 (1910) 9, 106.
32 Monatsschrift des Rudolstädter Senioren-Convents 17 (1911) 11, 153.
33 Monatsschrift des Rudolstädter Senioren-Convents 3 (1897) 10, n. p.
34 Monatsschrift des Rudolstädter Senioren-Convents 16 (1910) 12, 142.
35 LC-Zeitung 13 (1899), 3, 22.
36 LC-Zeitung 27 (1913) 8, 185 f.
37 *Ssymank, P.:* Die moderne deutsche Studentenschaft – ihre Gruppierung und ihre Ziele (1914), in: Akademische Rundschau 3 (1914/15) 1/4, 73–110, 79.
38 Burschenschaftliche Blätter 11 (WS 1896/97) 2, 42–46.
39 Ebenda, 46.
40 Burschenschaftliche Blätter 12 (SS 1898) 3, 60 ff.
41 Burschenschaftliche Blätter 13 (WS 1898/99) 5, 117–120, Nr. 6, 138–142, Nr. 7, 164–169, Nr. 8, 195 f. und Burschenschaftliche Blätter 13 (SS 1899) 1, 10–13.
42 Burschenschaftliche Blätter 13 (SS 1899) 1, 12.
43 Burschenschaftliche Blätter 11 (WS 1896/97) 2, 56.
44 Akademische Turnzeitung 12 (1895) 11, 376 ff.
45 Akademische Turnzeitung 12 (1896) 15, 522–525.
46 Akademische Turnzeitung 15 (1898) 4, 138.
47 Ebenda, 40.
48 Akademische Turnzeitung 24 (1907) 2, 34–37.
49 Akademische Turnzeitung 24 (1907) 3, 54 f.
50 Akademische Turnzeitung 26 (1909) 3, 50 f. In diesem Zusammenhang verdient die Liedersammlung von *Josef Buchhorn* eine genauere Betrachtung. Dieses Mitglied verschiedener Turnerschaften im V. C. veröffentlichte unter dem Titel „Mädchenstudium“ folgendes Lied:

„Mädchen, wohin nur führt euer Weg?
Spürt ihr nicht, wie sich die Stunden entfalten?
Zwingt euch die Sonne nicht? Laßt das Kolleg!
Schaut in des Lebens wachsend Gestalten.

Mädchen, der Flieder, duftet er nicht
euretwegen in leuchtendem Locken?
Himmel und Erde ein Wundergedicht:
Mädchen, das wollt ihr im Hörsaal verhocken?

Drüben vom Walde, lauscht ihr dem Schlag?!
Das sind des Lenzes lustige Boten.

Mädchen, der Liebe gehört dieser Tag –
Folgt euerm Herzen, das hält sein Noten!"

(*Buchhorn, J.:* Student sein! Lieder und Klänge aus Glück und Not. Berlin o. J., S. 88). Für diesen Hinweis danke ich *Petra Gärdtner,* Wien.

51 Kartell-Zeitung, Offizielles Organ des Sondershäuser Verbandes Deutscher Studenten-Gesangvereine 28 (1911), 2, 17 ff.

52 Über die Frauenhochschule in Leipzig findet sich ein sehr informativer Artikel in der Zeitschrift für Hochschulpädagogik 4 (1913) 4, 45–49.

53 Kartell-Zeitung, 28 (1911) 10, 159.

54 Akademische Turnbundsblätter, Zeitschrift des ATB 15 (1902) 12, 392 ff.

55 Ebenda, 394.

56 Ebenda.

57 Akademische Blätter, Zeitschrift des Kyffhäuser-Verbandes Deutscher Studenten 24 (1909) 4, 51 ff.

58 Akademische Blätter 24 (1910) 20, 316 ff.

59 Akademische Blätter 29 (1914) 1, 3 f. und Nr. 2, 20–23.

60 Genannt seien hier nur: Akademische Blätter 26 (1911), 1, 10 und 27 (1912) 10, 162.

61 Akademische Blätter 24 (1909) 14, 228. – Bei der zehnten vermehrten Auflage wünschte sich der/die Verfasser/in nur einen „weniger aufreizenden und weniger mißverständlichen Titel". Der Beweis der verschiedenen Geistesanlagen der Geschlechter könne kaum entkräftet werden. (Akademische Blätter 27 [1912] 10, 162).

62 Wingolfs-Blätter 38 (1909) 5, 46.

63 Der Schwarzburgbund 4 (1895) 6, 75.

64 Der Schwarzburgbund 8 (1899) 5, 63.

65 Der Schwarzburgbund 23 (1914) 8.

66 Akademische Monatsblätter 8 (1895) 8, 239.

67 Ebenda, 240 f.

68 Akademische Monatsblätter 18 (1905/06) 3, 53 f.

69 Akademische Monatsblätter 24 (1911/12) 4, 62 f.

70 Akademische Monatsblätter 17 (1909/10) 3, 49 f.

71 Akademische Monatsblätter 24 (1911/12) 4, 73.

72 Siehe hierzu den Bericht über die Gründung des katholischen Studentinnenvereins „Hrotsvit" in Bonn im Jahre 1912. (Akademische Monatsblätter 24 (1911/12) 7, 121 ff.).

73 Akademische Monatsblätter 26 (1913/14) 1, 4 f.

74 Als Beispiele seien Beiträge genannt in: Academia, Monatsschrift des C. V. der katholischen Deutschen Studentenverbindungen 19 (1907) 10, 185 f. und 23 (1910) 4, 146–150.

75 Academia 23 (1910) 4, 150.

76 Academia 26 (1914) 11, 645–649.

77 Academia 26 (1914) 7, 431 f.

78 Göttinger Freistudentische Wochenschau 2 (1906) 20, 2.

79 *Bias-Engels, S.:* Jugendbewegung an deutschen Universitäten 1896–1920. Ungedruckte Dissertation, Bonn 1984, 83–88. (Erscheint im Sommer unter dem Titel: *Bias-Engels, S.:* Studenten und Pachanten. Jugendbewegung...)

80 *Ohr, J.:* Die Studentin der Gegenwart, München-Gern 1909, 25 f.

81 *Jarausch,* Deutsche Studenten, 96 ff.

82 Ebenda, 98.

83 *Schulze, F./Ssymank, P.:* Das deutsche Studententum von den ältesten Zeiten

bis zur Gegenwart, 4. Auflage München 1932. – Die Resolution des Jahres 1906 ist abgedruckt in: Göttinger freistudentische Wochenschau 2 (1906) 23, 2.

84 Münchner Akademische Rundschau SS 1914, Nr. 14, 239.

85 Münchner Hochschulzeitung SS 1908, Nr. 14, 4.

86 Münchner Akademische Rundschau SS 1914, Nr. 14, 240. – Allerdings gab es auch in der Freistudentenschaft Stimmen, die Zweifel gegenüber dem Frauenstudium äußerten. Siehe hierzu nur: Göttinger freistudentische Rundschau 2 (1906) 23, 1 f. und Münchner Akademische Rundschau WS 1911, Nr. 1, 2 ff.

87 Berliner Freistudentische Blätter 2 (1909) 16, 176.

88 Berliner Freistudentische Blätter 2 (1910) 25, 243.

89 *Ohr,* Die Studentin, 18 ff.

90 Münchner Akademische Rundschau WS 1910/11, Nr. 4, 26. – Ein Kritiker der Ausführungen *Delbrücks* gab ihm zwar darin recht, daß Damen bei solchen Gelegenheiten nicht anwesend sein sollten, fügte allerdings hinzu, daß eine solche Beschreibung des Kommerses wohl kaum einem Volk der Dichter und Denker Ehre mache (vgl. ebenda, 27).

91 *Ohr,* Die Studentin, 19.

92 Ebenda.

93 Dies berichtete eine Referentin auf dem Freistudententag des Jahres 1906 (Göttinger freistudentische Wochenschau 2 (1906) 23, 2).

94 Burschenschaftliche Blätter 12 (1898) 3, 61.

95 Berliner Freistudentische Blätter 1 (1908) 12, 185.

96 Auf der Sonderausstellung „Der Student" im Jahre 1914 in Leipzig waren auch die Studentinnen mit einem Raum vertreten. Unter anderem wurde ein dickes Album mit Karikaturen gezeigt. (Academia 27 [1914] 3, 193) Einige dieser Abbildungen werden enthalten sein in: *Klant, M.* (Hrsg.): Universität in der Karikatur. Böse Bilder aus der kuriosen Geschichte der Hochschulen, Hannover 1984, 108–118.

97 Akademische Monatsblätter 23 (WS 1910/11) 2, 24 ff. Aus einer angenehmeren Kategorie stammt der folgende Witz: „Bei einem Kommerse der A. W. stürzt ein Student auf eine Dame los mit den Worten: Fräulein, Sie kommen mir, äh, blödsinnig bekannt vor. Darauf die Dame: Sie mir auch, aber nicht bekannt" (ebenda).

98 Münstersche Universitäts-Zeitung WS 1911/12, Nr. 139, 750.

99 Münstersche Universitäts-Zeitung WS 1911/12, Nr. 140, 754 ff.

100 Münstersche Universitäts-Zeitung WS 1911/12, Nr. 141, 760. – Ein Jahr später lebte die Diskussion jedoch wieder auf, als ein Student den Kommilitoninnen vorwarf, „die Kultur der Mädchenschulen" auf die Hochschulen zu übertragen. (Münstersche Universitäts-Zeitung WS 1912/13, Nr. 168, 878 f. Antworten und Verteidigungen in: Nr. 169, 884 f und Nr. 170, 891 f.)

101 *Ohr,* Die Studentin, 22.
Der Eintritt der Studentin in die Alma Mater verlief demnach nicht so problemlos, wie *Laetitia Böhm* noch angenommen hatte (*Böhm, L.:* Von den Anfängen des akademischen Frauenstudiums in Deutschland. Zugleich ein Kapitel aus der Geschichte der Ludwig-Maximilians-Universität München, in: Historisches Jahrbuch 77 [1958], 298–327).

102 *Ssymank,* Die moderne deutsche Studentenschaft, 96 f.

103 Münchner Akademische Rundschau SS 1914, Heft 14, 240. – Die Berliner Studentinnen hatten ein eigenes Kommersbuch, aus dem zitiert wird, in: Münchner Akademische Rundschau WS 1910/11, Nr. 10, 75 f.

104 LC-Zeitung 27 (1913) 8, 185 f.
105 Abgedruckt in: Monatsschrift des RSC 4 (1898) 7, 55.
106 Münchner Akademische Rundschau SS 1914, Nr. 14, 240.
107 *Ohr,* Die Studentin, 31–38.
108 Deutsche Hochschulstimmen aus der Ostmark 1 (1909) 1, 1. – Obwohl in Österreich erschienen, wurde diese Zeitschrift auch in der deutschen Studentenschaft gelesen. Zumindest stellte der Kyffhäuser-Verband im Jahre 1913 fest, daß sie „wohl von sämtlichen V. V. D. St. gehalten" würde und wünschte sich von seiten seiner Mitglieder eine noch größere Unterstützung in Form von Beiträgen, um dem Blatt „im völkischen Kampfe" beizustehen (Akademische Blätter 28 [1913] 14, 220).
109 Deutsche Hochschulstimmen aus der Ostmark 2 (1910) 32/33, 8. – In einem weiteren Beitrag wurde dieses Resultat noch unterstrichen. (Hochschulstimmen aus der Ostmark 2 (1910), 36, 1.
110 Deutsche Hochschulstimmen aus der Ostmark 2 (1910) 42, 6.
111 Deutsche Hochschulstimmen aus der Ostmark 1 (1909) 5, 3. – Zu *Jörg Lanz von Liebenfels* siehe: *Fest, J.:* Hitler. Eine Biographie, Stuttgart 1973, 59 f.
112 Deutsche Hochschulstimmen aus der Ostmark 1 (1909) 5, 4.
113 Deutsche Hochschulstimmen aus der Ostmark 2 (1910) 3, 3 ff.
114 Deutsche Hochschulstimmen aus der Ostmark 2 (1910) 6, 3 f.
115 Deutsche Hochschulstimmen aus der Ostmark 1 (1909) 5, 3.
116 Deutsche Hochschulstimmen aus der Ostmark 2 (1910) 9, 5.

3. Lehrende, forschende und studierende Frauen an der Universität Münster – eine empirische Untersuchung

Michaela Schumacher

I. Einleitung*

Die Entscheidung für den Untersuchungszeitraum 1907/08 bis 1983 hat einen konkreten historischen Hintergrund.
Am *18. August 1908* erging der königlich-preußische Erlaß, der es Frauen gestattete, an preußischen Universitäten ein Studium im Status einer ordentlich Studierenden aufzunehmen und zu absolvieren. Vorausgegangen war diesem Erlaß ein erbitterter Kampf der ‚ersten' deutschen Frauenbewegung unter *Helene Lange* um den Ausbau des höheren Mädchenschulwesens bis hin zur Berechtigung zum Hochschulstudium. Bis zu diesem Zeitpunkt war es lediglich einzelnen Frauen ‚vergönnt' als Gasthörerinnen und/oder durch besonderen Erlaß des Rektors an universitären Veranstaltungen teilzunehmen. Die Umwandlung dieses Sonderstatus der Frauen in einen Normalstatus war eine folgerichtige Anpassung an kultusbehördliche Regelungen, die seit 1900 den Absolventen der Realgymnasien und seit 1907 denen der Oberrealschulen den Erwerb der allgemeinen Hochschulreife ermöglichte (*Rebble* 1974, 80). Förderlich und herausfordernd wirkte sich die Neuordnung der Mädchenschule aus, ihre inhaltliche Angleichung an das übrige Schulwesen und die damit geschaffenen formalen Voraussetzungen für die allgemeine Studierfähigkeit (CB 1908, 962–969).
Das Jahr 1918 brachte die politische Gleichberechtigung der Frauen. Gleichzeitig wurde gesetzlich geregelt, daß Frauen nicht nur studieren, sondern – den Männern gleichgestellt – an preußischen Universitäten auch forschen und lehren dürfen. Die genannten Erlasse und Verfügungen schufen formal und juristisch die notwendigen und hinreichenden Voraussetzungen für den Einstieg von Frauen in akademische Berufe bis hin zur Hochschullehrerin.

---

* Dieser Aufsatz war als Beitrag zu einer Festschrift ‚75 Jahre Frauen an der Universität Münster' geplant und von der Projektleiterin Frau Prof.'in Dr. *Anneliese Mannzmann* angeregt. Aus unterschiedlichen Gründen konnte die Festschrift nicht zum 18. August 1983 fertiggestellt werden.

II. Die Situation des weiblichen wissenschaftlichen Personals der Universtität Münster zwischen dem WS 1918/19 bis zum WS 1982/83

1. Das Datenmaterial und seine Aufbereitung

Die vorliegende Untersuchung will am Beispiel der Universität Münster aufzeigen, wie die rechtliche Gleichstellung der Frauen in der praktischen Realisierung tatsächlich aussieht. Den Vorlesungsverzeichnissen – dem Institutionen-, dem Personal- und Statistikteil – der Jahre 1907 bis 1983 der Universität Münster wurden die Daten der weiblichen Bediensteten in Forschung und Lehre und der weiblichen Studierenden entnommen. Für letztere mußte vereinzelt die Matrikel zusätzlich befragt werden. Jeder Nachname, dem ein weiblicher Vorname zugehörig war, fand Berücksichtigung. Zwei durchgängige Fehlerquellen dieser Erhebung liegen darin, daß

- unter der Rubrik ‚Wissenschaftliche und Zentrale Einrichtungen' nicht in jeder Untereinheit die Vornamen der Beschäftigten aufgeführt wurden und diese sowohl aus Datenschutzgründen als auch aufgrund der Unvollständigkeit der Personalakten infolge der Kriegsschäden nicht anderweitig zu beschaffen waren;
- nicht bei allen ausländischen Vornamen eine eindeutige Geschlechtszuordnung ohne langwierige Recherchen möglich war (z. B. im WS 82/83 (Vorl. Vz. WS 82/83, 78, 89, 95) Vornamen wie Enyeribe, Darab, Lute, Djaja, Nani).

Die erhobenen Einzeldaten werden in zwei Tabellen zusammengefaßt. Diese Zweiteilung wurde gewählt, um einerseits die im Untersuchungszeitraum sich wandelnden Statusbezeichnungen in ihrer jeweiligen Bedeutung angemessen berücksichtigen und andererseits eine fakultative Zuordnung vornehmen zu können.

Tabelle 1: An der Universität Münster in Lehre und Forschung tätige Hochschullehrerinnen und Hochschulmitarbeiterinnen im Zeitraum WS 1907/08 bis WS 1982/83

Tabelle 2: Hochschullehrerinnen und Hochschulmitarbeiterinnen der Universität Münster in fakultativer Zuordnung im Zeitraum WS 1907/08 bis WS 1982/83

Beide Tabellen führen auf der Sekrechten die Semester in chronologischer Folge, auf der Horizontalen die weiblichen Lehrenden/Forschenden – differenziert nach drei Stausgruppen –. Tabelle 2 unterscheidet sich von Tabelle 1 durch eine zusätzliche Zuordnung der drei Statusgruppen zu 8 -teils fiktiven – Fakultäten. Fiktiv deswegen, weil diese Einteilung so in der Geschichte der Universität Münster niemals

Tabelle 1: An der Universität Münster in Lehre und Forschung tätige Hochschullehrerinnen und -mitarbeiterinnen im Zeitraum WS 1907/08 bis WS 1982/83

Semester	Summe	HL G1	MA G2	MAaZ G3	Semester	Summe	HL G1	MA G2	MAaZ G3
WS '07	0	0	0	0	SS '30	3	0	0	3
SS '08	2	0	0	2	WS '30	2	0	0	2
WS '08	0	0	0	0	SS '31	3	0	0	3
SS '09	0	0	0	0	WS '31	8	0	0	8
WS '09	0	0	0	0	SS '32	6	0	0	6
SS '10	0	0	0	0	WS '32	7	0	0	7
WS '10	0	0	0	0	SS '33	8	0	0	8
SS '11	0	0	0	0	WS '33	9	0	0	9
WS '11	0	0	0	0	SS '34	10	0	0	10
SS '12	0	0	0	0	WS '34	10	0	0	10
WS '12	0	0	0	0	SS '35	9	0	0	9
SS '13	0	0	0	0	WS '35	10	0	0	10
WS '13	1	0	0	1	SS '36	10	0	0	10
SS '14	1	0	0	1	WS '36	8	0	0	8
WS '14	0	0	0	0	SS '37	8	0	0	8
SS '15	1	0	0	1	WS '37	9	0	1	8
WS '15	3	0	0	3	SS '38	10	0	1	9
SS '16	5	0	0	5	WS '38	12	0	2	10
WS '16	6	0	0	6	SS '39	8	0	1	7
SS '17	6	0	0	6	WS '39	7	0	0	7
WS '17	4	0	0	4	TM '40	5	0	0	5
SS '18	6	0	0	6	TM '40	12	0	0	12
WS '18	3	0	0	3	TM '40	17	0	2	15
SS '19	5	0	0	5	SS '41	20	0	2	18
WS '19	4	0	0	4	WS '41	25	0	2	23
SS '20	2	0	0	2	SS '42	15	0	2	13
WS '20	2	0	0	2	WS '42		Daten fehlen		
SS '21	3	0	0	3	SS '43	22	1	2	19
WS '21	2	0	1	1	WS '43	22	1	2	19
SS '22	1	0	1	0	SS '44	2	1	1	0
WS '22	1	0	1	0	WS '44	2	1	1	0
SS '23	2	0	1	1	SS '45		Daten fehlen		
WS '23	1	0	1	0	WS '45		Daten fehlen		
SS '24	0	0	0	0	SS '46		Daten fehlen		
WS '24	0	0	0	0	WS '46		Daten fehlen		
SS '25	0	0	0	0	SS '47	5	2	3	0
WS '25	0	0	0	0	WS '47	5	2	3	0
SS '26	1	0	0	1	SS '48	5	2	3	0
WS '26	2	0	0	2	WS '48	8	3	3	2
SS '27	3	0	0	3	SS '49	11	3	3	5
WS '27	5	0	0	5	WS '49	10	3	2	5
SS '28	4	0	0	4	SS '50	13	4	4	5
WS '28	4	0	0	4	WS '50	12	5	5	2
SS '29	2	0	0	2	SS '51	13	5	5	3
WS '29	3	0	0	3	WS '51	13	5	5	3

Tabelle 1: Fortsetzung

Semester	Summe	HL G1	MA G2	MAaZ G3
SS '52	12	5	5	2 G3–G1
WS '52	15	6	5 G2–G1	4
SS '53	14	6	5	3
WS '53	14	6	4	4
SS '54	18	6	4	8
WS '54	18	6	4	8
SS '55	21	6	4	11
WS '55	22	6	4	12
SS '56	23	6	5	12
WS '56	24	6	4	14
SS '57	30	6	3	21
WS '57	37	6	4	27
SS '58	36	6	4	26
WS '58	38	6	3	29
SS '59	36	6	3	27 G3$\overset{2}{-}$G2
WS '59	43	6	5	32
SS '60	43	6	5	32
WS '60	47	6	6	35
SS '61	50	6	7	37 G3$\overset{2}{-}$G1
WS '61	54	7	7	40
SS '62	58	7	7	44
WS '62	74	8	7	59
SS '63	74	8	7	59
WS '63	73	8	8	57 G3–G2
SS '64	84	9	11	64 G3–G2
WS '64	82	10	9 G2–G1	63 G3$\overset{2}{-}$G1
SS '65	86	13	9	64
WS '65	97	13	11	73 G3–G2
SS '66	103	13	15	75 G3–G2; G3–G1
WS '66	103	14	18	71
SS '67	121	14	19	88
WS '67	122	14	18 G2–G1	90
SS '68	122	16	20	86
WS '68	129	15	21	93
SS '69	146	17	23 G2–G1	106 G3$\overset{2}{-}$G2; G3$\overset{2}{-}$G1
WS '69	155	19	27 G2–G1	109 G3$\overset{2}{-}$G1
SS '70	154	21	27	106
WS '70	164	21	33	114 G3–G2
SS '71	187	21	30	136 G3–G1
WS '71	202	22	30 G2–G1	150 G3$\overset{2}{-}$G2
SS '72	216	25	37	154 G3–G2
WS '72	237	25	36	176 G3–G2
SS '73	222	26	37	159 G3$\overset{2}{-}$G2
WS '73	224	26	38	160
SS '74	247	34	40	200 G3–G2

Tabelle 1: Fortsetzung

Semester	Summe	HL G1	MA G2	MAaZ G3
WS '74	251	27	38	186 G3$\overset{2}{-}$G2; G3–G1
SS '75	262	27	41 G2–G1	194 G3$\overset{3}{-}$G1
WS '75	264	31	40 G2–G1	193
SS '76	274	34	40	200 G3–G2
WS '76	269	36	40	193 G3–G2
SS '77	258	36	42	180
WS '77	252	34	39	179
SS '78	264	37 (1)	45	182
WS '78	275	37 (1)	43	196
SS '79	299	36 (1)	44	219
WS '79	300	38 (1)	44	218 G3–G1
SS '80	328	39 (1)	46	243 G3–G1
WS '80	312	40 (1)	44	228
SS '81	376	61 (6)	63 G2–G1; (2)	252 G3$\overset{2}{-}$G2
WS '81	377	62 (6)	64 (2)	251 G3–G1
SS '82	407	64 (6)	63 (2)	280 G3–G1
WS '82	421	62 (6)	57 (2)	302

Legende:

HL (G1) umfaßt: *Ordinarien, H-3/C-3 Professuren Privatdozentinnen, außerplanmäßige und Honorarprofessorinnen*

MA (G2) umfaßt: *Akademische Ober-/Rätinnen, Kustodinnen, Lektorinnen, Ober-/Studienrätinnen im Hochschuldienst, Studienprofessorinnen, Lehrerinnen für besondere Aufgaben*

MAaZ (G3) umfaßt: *Ober-/Assistentinnen, Hochschulassistentinnen, Verwalterinnen e. Assistentenstelle, Hilfsassistentinnen, wiss. Angestellte, Lehrbeauftragte*

G2–G1 bedeutet: *Wechsel aus G2 in G1 durch Beförderung oder Habilitation*

G3–G1 bedeutet: *Wechsel aus G3 in G1 durch Habilitation*

G3–G2 bedeutet: *Wechsel aus G3 in G2 durch Beförderung*

$\overset{2}{-}$ *Die Ziffer auf dem Strich gibt die Anzahl der Wechslerinnen an.*

(3) bedeutet: *bei HL Emeritierung, bei MA Pensionierung. Die Ziffer gibt die Anzahl der Betroffenen je Semester wieder.*

TM bedeutet: *Trimester*

Tabelle 2: Hochschullehrerinnen und -mitarbeiterinnen der Universität Münster in fakultativer Anordnung im Zeitraum WS 1907/08 bis 1982/83

Semester	Hochschullehrerinnen								Hochschulmitarbeiterinnen								Hochschulmitarbeiterinnen auf Zeit							
	1	2	3	4	5	6	7	8	1	2	3	4	5	6	7	8	1	2	3	4	5	6	7	8
WS '07																								
SS '08																				2				
WS '08																				0				
SS '09																				0				
WS '09																				0				
SS '10																				0				
WS '10																				0				
SS '11																				0				
WS '11																				0				
SS '12																				0				
WS '12																				0				
SS '13																				0				
WS '13																				1				
SS '14																				1				
WS '14																				0				
SS '15																				0		1		
WS '15																				1		2		
SS '16																				2		3		
WS '16																				2	1	3		
SS '17																				2	1	3		
WS '17																				2	1	1		
SS '18																				2	1	3		
WS '18																				1	0	2		
SS '19																				3	0	2		
WS '19																				1	0	3		
SS '20																				2	0	0		
WS '20																				1	0	1		
SS '21																				2	0	1		
WS '21													1							1	0	0		
SS '22													1							0	0	0		
WS '22													1							0	0	0		
SS '23													1							1	0	0		
WS '23													1							0	0	0		
SS '24													0							0	0	0		
WS '24													0							0	0	0		
SS '25													0							0	0	0		
WS '25													0							0	0	0		
SS '26													0							1	0	0		
WS '26													0						1	1	0	0		
SS '27													0						0	3	0	0		
WS '27													0						0	5	0	0		
SS '28													0						0	4	0	0		
WS '28													0						0	4	0	0		
SS '29													0						0	2	0	0		
WS '29													0						1	2	0	0		

Tabelle 2: Fortsetzung

Semester	Hochschullehrerinnen								Hochschulmitarbeiterinnen								Hochschulmitarbeiterinnen auf Zeit							
	1	2	3	4	5	6	7	8	1	2	3	4	5	6	7	8	1	2	3	4	5	6	7	8
SS '30													0						0	3	0	0		
WS '30													0						0	2	0	0		
SS '31													0						1	2	0	0		
WS '31													0						1	6	0	0	1	
SS '32													0						1	4	0	0	1	
WS '32													0						2	4	0	0	1	
SS '33													0						3	4	1	0	1	
WS '33													0						3	4	1	0	1	
SS '34													0						4	4	1	0	1	
WS '34													0						3	5	1	0	1	
SS '35													0						3	4	1	0	1	
WS '35													0						3	4	2	0	1	
SS '36													0						3	4	2	0	1	
WS '36													0						2	3	2	0	1	
SS '37													0						2	3	2	0	1	
WS '37													1						2	3	2	0	1	
SS '38													1						2	3	3	0	1	
WS '38													1		1				2	4	3	0	1	
SS '39													1		0				1	4	1	0	1	
WS '39															0				1	4	1	1	0	
TM '40															0				1	3	1	0	0	
TM '40															0				1	8	3	0	0	
TM '40															2				1	10	3	1	0	
SS '41															2				1	11	4	2	0	
WS '41															2				1	15	4	3	0	
SS '42															2				4	5	4	0	0	
WS '42	Die Daten gingen im Krieg verloren, sie liegen dem Archiv nur unvollständig vor																							
SS '43						1									2				8	6	3	2	0	
WS '43						1									2				14	3	2	0	0	
SS '44						1							1		0				0	0	0	0	0	
WS '44						1							1		0				0	0	0	0	0	
SS '45	Verlust der Daten bei/nach Kriegsende; sie liegen im Archiv nur unvollständig vor																							
WS '45	ibid																							
SS '46	ibid																							
WS '46	ibid																							
SS '47					1	1							3		0				0	0	0	0	0	
WS '47					1	1							3		0				0	0	0	0	0	
SS '48					1	1							3		0				0	0	0	0	0	
WS '48					2	1						1	2		0				0	0	0	1	1	
SS '49					2	1						1	2		0				0	2	0	1	1	
WS '49					2	1						0	2		0				0	2	0	2	1	
SS '50					2	2						0	3		1				1	1	0	2	1	
WS '50					2	3						0	4		1				0	1	1	0	0	
SS '51					2	3						0	4		1				0	1	1	1	0	
WS '51					2	3						0	3		2				0	1	1	1		

Tabelle 2: Fortsetzung

Semester	Hochschullehrerinnen								Hochschulmitarbeiterinnen								Hochschulmitarbeiterinnen auf Zeit							
	1	2	3	4	5	6	7	8	1	2	3	4	5	6	7	8	1	2	3	4	5	6	7	8
SS '52					2	3						0	3		2				0	0	1	1		
WS '52					3	3						0	3		2				1	1	1	1		
SS '53					3	3							3		2				1	1	1	0		
WS '53					3	3							3		1				1	2	1	0		
SS '54					3	3							3		1				2	4	1	1		
WS '54					3	3							3		1				3	3	1	1		
SS '55					3	3							3		1				5	3	1	2		
WS '55					3	3							2		1				4	6	1	1		
SS '56					3	3							4		1				4	6	1	1		
WS '56					3	3							4		0				4	9	0	1		
SS '57					3	3							3		0				4	15	1	1		
WS '57					3	3							3		1				5	19	1	2		
SS '58					3	3							3		1				5	18	1	2		
WS '58					3	3							2		1				6	19	2	2		
SS '59					3	3							2		1				4	16	5	2		
WS '59					3	3							4		1				4	16	7	5		
SS '60					3	3							4		1				4	16	6	6		
WS '60					3	3							4	1	1				4	17	8	6		
SS '61					3	3							5	1	1				6	20	5	6		
WS '61					3	4							5	1	1				6	20	8	6		
SS '62					3	4							5	1	1				5	25	8	6		
WS '62					4	4						1	3	2	1				7	33	17	2		
SS '63					4	4						1	3	2	1				7	33	17	2		
WS '63					4	4						1	5	2	0				4	32	20	1		
SS '64				1	4	4						2	6	2	1				4	34	22	3	1	
WS '64				2	4	4						1	8	0	0				2	39	22	0	0	
SS '65				3	6	4						0	9	0	0				4	40	20	0	0	
WS '65				3	6	4				1		0	10	0	0				6	49	18	0	0	
SS '66				3	6	4				1		1	13	0	0				7	50	17	1	0	
WS '66				3	6	5				1		1	15	1	0		1		5	46	17	0	2	
SS '67				3	6	5				1		1	16	1	0		2		6	54	19	4	3	
WS '67				3	6	5				1		1	15	1	0		2		7	63	25	6	2	
SS '68				3	7	5				1		0	19	0			2		7	49	18	8	3	
WS '68				3	6	5				1		1	20				2		7	54	20	8	3	
SS '69				4	6	5				1		2	19		2		2		9	59	28	7	1	
WS '69				4	9	6				1		1	21		3		2		9	61	28	7	2	
SS '70				6	9	6				1		2	22		3		2	1	7	63	25	6	2	
WS '70				6	10	5				1		3	27	2	1		2	1	3	68	31	5	4	
SS '71				6	10	5				1		3	23	2	1		3	1	5	83	33	6	5	
WS '71				6	11	5				1		6	22	2	2		3	1	4	101	34	3	4	
SS '72	1			6	12	6				1		6	25	3	2		3	1	7	97	37	5	4	
WS '72	1			6	12	6				1		7	25	2	2		3	1	11	106	48	5	2	
SS '73	1			6	12	7				1		8	25	1	2		3	2	11	92	42	8	2	
WS '73	1			6	12	7				1		8	25	1	2		2	2	10	101	37	7	2	
SS '74	1			6	12	7				1		9	26	1	2		1	2	13	113	40	10	4	

Tabelle 2: Fortsetzung

Semester	Hochschullehrerinnen								Hochschulmitarbeiterinnen								Hochschulmitarbeiterinnen auf Zeit							
	1	2	3	4	5	6	7	8	1	2	3	4	5	6	7	8	1	2	3	4	5	6	7	8
WS '74	1			7	12	7				1		10	24	1	2		1	4	13	108	48	11	3	
SS '75	1			7	12	7				1		10	24	3	2		1	4	14	119	43	11	3	
WS '75	1			9	13	8				1	1	10	22	3	2		1	4	14	118	43	10	4	
SS '76	1			9	15	9				1	1	11	22	3	2		1	5	14	124	44	10	3	
WS '76	1			9	17	9				1	1	11	22	2	2		1	5	14	121	42	11	0	
SS '77	1			9	17	9				1	2	11	23	2	2		1	3	12	107	46	12	0	
WS '77	1			9	15	9				1	2	11	21	2	2		0	3	13	108	46	9	0	
SS '78	1			12	17	8				1	2	10	25	4	2		1	4	11	106	50	7	3	
WS '78	1			12	17	8				1	2	7	24	4	2		1	5	10	118	51	8	3	
SS '79	1			11	17	8				1	2	7	28	4	2		1	4	14	132	55	10	3	
WS '79	1			13	17	8				1	2	7	28	4	2		1	3	16	132	52	12	2	
SS '80	1			13	18	8				1	2	7	30	4	2		1	5	20	149	51	14	3	
WS '80	1			14	18	8				1	2	7	28	4	2		2	6	19	128	55	15	3	
SS '81	1			14	17	8	1	20		1	2	7	28	4	2	19	4	6	18	133	49	14	3	25
WS '81	1			15	17	8	1	20		1	2	7	29	4	2	19	4	6	17	128	54	15	3	24
SS '82	1			16	17	9	1	20		1	2	7	29	4	2	17	3	7	16	126	58	16	5	49
WS '82	1			15	17	10	2	17		1	1	6	26	6	3	14	4	7	20	134	69	15	7	45

Legende:

Hochschullehrerinnen — vgl. Tabelle 1

Hochschulmitarbeiterinnen — vgl. Tabelle 1

Hochschulmitarbeiterinnen a. Zeit — vgl. Tabelle 1

Stimmen Status und Dienstgrad nicht überein, so wird die Betreffende unter ihrer Statusgruppe geführt.

Abkürzungen:

1 entspricht der Evangelisch-theologischen Fakultät
2 entspricht der Katholisch-theologischen Fakultät
3 entspricht der Rechts-/Sozialwissenschaftlichen Fakultät
4 entspricht der Medizinischen Fakultät
5 entspricht der Philosophischen Fakultät
6 entspricht der Mathematisch-naturwissenschaftlichen Fakultät
7 entspricht dem Institut für Leibeserziehung/Sport bzw. Fachbereich 20
8 entspricht der ehemaligen Pädagogischen Hochschule (Fachbereiche 21–24)

realiter existiert hat. Sie erscheint mir aber, zwecks Vereinfachung über den Erhebungszeitraum der angemessenste Subsumierungsschlüssel zu sein. Alle Veränderungen bis hin zur Integration der ehemaligen Pädagogischen Hochschule Westfalen-Lippe lassen sich relativ problemlos integrieren (vgl. zu den Statusgruppen und fiktiven Fakultäten die Legende der Tabellen).

2. Deutungs- und Interpretationsversuche zur Situation der Wissenschaftlerinnen an der Universität Münster anhand des Datenmaterials

Aufgrund der Spezifizierung und Konkretisierung, die Tabelle 2 für Tabelle 1 liefert, werden beide im Zusammenhang erläutert, gedeutet und interpretiert. Neben den numerischen Daten werden noch Personaldaten hinzugezogen.

Im *SS* 1908 arbeiteten *zwei Frauen* als Mitarbeiterinnen auf Zeit an der Universität Münster; *P. Meyer* als Voluntärassistentin und *C. Blum* als Assistentin in der Zahnmedizin. Letztere kam aus San Francisco und spezialisierte sich in der Röntgenologie. Eine damals sehr junge Disziplin, bedenkt man, daß die X-Strahlen erst 1895 von *W. Röntgen* entdeckt und nachgewiesen wurden und er 1901 für diese Forschungsarbeiten den ersten Nobelpreis für Physik erhielt. Es ist ungewöhnlich, daß schon vor dem offiziellen Erlaß zwei Frauen an der Universität Assistentinnenfunktionen übernahmen.

Im *WS 1921* ging die Universität mit der *ersten Frau in der Lehre* – *F. Klostermann* war Sprachlehrerin für Russisch – ein Arbeitsverhältnis ein. Dieses währte nur 5 Semester, die Gründe dafür blieben im Dunkeln. Es konnte nicht festgestellt werden, ob sie an eine andere Hochschule, eine Höhere Schule oder ins Privatleben überwechselte.

M. a. W: In den ersten *10 Jahren* nach der Zulassung zum Hochschuldienst gelang es *keiner Frau Hochschullehrerin* zu werden und lediglich *einer Frau* eine *feste Anstellung* zu erwirken.

Vom SS 1924 bis zum SS 1937 beschäftigte die Universität Münster Frauen ausschließlich in untergeordneten Positionen und zwar in 13 Jahren nur 28 Frauen. Ihre Verweildauer schwankte zwischen 1 und 13 Semestern. Ihre Dienstgradzuordnung war folgende:

6 plan- und 17 außerplanmäßige Assistentinnen,
1 Verwalterin einer Assistentenstelle,
1 Hilfsassistentin und 2 Hilfswissenschaftlerinnen,
1 außerplanmäßige wissenschaftliche Mitarbeiterin.

Ihre Verteilung auf die Fakultäten ergab folgendes Bild:

6 Rechts-/Sozialwissenschaftliche Fakultät
18 Medizinische Fakultät
3 Philosophische Fakultät
1 Institut für Leibeserziehung.

Die Art der Stellen und Dienstgrade lassen vermuten, daß Frauen zwar Stellen bekamen aber nur untergeordnete, schlecht bezahlte, arbeitsintensive und zum größten Teil außerplanmäßige Stellen.

1938 – 20 Jahre nach der formalrechtlichen Gleichstellung gab es immer noch *keine Hochschullehrerin* (HL), nur *3 Hochschulmitarbeiterinnen* (MA) und *65 Mitarbeiterinnen auf Zeit* (MAaZ) und das, obwohl Frauen zu diesem Zeitpunkt schon 30 Jahre an preußischen Universitäten studieren konnten und die ersten Studentinnen schon in den Fünfzigern waren.

Fakultät	HL	MA	MAaZ
Evang.-theologische Fakultät	0	0	0
Kath.-theologische Fakultät	0	0	0
Rechts-/Sozialwiss. Fakultät	0	0	6
Medizinische Fakultät	0	0	42
Philosophische Fakultät	0	2	6
Mathematisch-naturwiss. Fakultät	0	0	10
Institut für Leibeserziehung	0	1	1

Abbildung: 1 Verteilung der Wissenschaftlerinnen nach Statusgruppen auf die Fakultäten im SS 1937

Erst *1942* wurde die Dozentin Dr. *I. Fischer* auf einen Lehrstuhl der Zoologie berufen. Als erste Lehrende der Universität Münster forschte und lehrte sie hier 30 Jahre bis zu ihrer Emeritierung im SS 1973.

M. a. W.: Erst 25 Jahre nach der Gleichstellung wurde die *erste Frau Hochschullehrerin* an der Universität Münster.

Das nationalsozialistische Regime geriet zunehmend in den Zwiespalt, einerseits die von ihm propagierte Mutterideologie aufrecht zu erhalten und andererseits während des Krieges Frauen als berufliche Reservearmee auszubeuten. In der Universität Münster läßt sich dies nur tendenziell belegen. So wird in dieser Zeit erstmalig eine Frau Hochschullehrerin und zwar in der Zoologie. Die Zahl der MAaZ steigt quantitativ auffällig in der Medizinischen Fakultät in den Jahren 1940/41 und in der Rechts-/Sozialwissenschaftlichen Fakultät im WS 1943. Diese Entwicklung als Erfolg zu verbuchen, erscheint mir angesichts der gesellschaftspolitischen und sozioökonomischen Rahmenbedingungen pervers. Denn der mit Kriegsbeginn 1939 einsetzende Arbeitskräftemangel veranlaßte das nationalsozialistische System zu Erlassen, die den Arbeitseinsatz von Frauen außerhalb der Familie für die ‚Volksgemeinschaft' verordneten (vgl. *Schenk* und *Bruns* in: *Beyer/Lamott/Meyer* 1983, 85f. bzw. 207). Derart niedrige Beweggründe offenbaren nicht nur die tatsächliche Diskriminierung und Abwertung von Frauen zu Menschen zweiter Klasse, sondern auch die Funktionalisierung von Menschen für die Durchsetzung einer menschenverachtenden Ideologie, d.h. ihre Entfremdung und Ausbeutung.

Die nachfolgende Abbildung 2 dokumentiert, wann Frauen *erstmalig* in den verschiedenen Statusgruppen und Fakultäten vertreten waren.

Von den dort aufgeführten Wissenschaftlerinnen arbeiten heute, 1984, noch sechs an der Universität Münster und zwar:

Prof'in Dr. *M. E. Brockhoff* seit 38 Jahren
Prof'in Dr. *M. Bogatzki* seit 21 Jahren
Dr. *M. Kassel* seit 18,5 Jahren
Prof'in Dr. *B. Aland* seit 13 Jahren
Prof'in Dr. *S. Kröner* seit 2,5 Jahren

Diese 6 Frauen waren und sind bis heute Pionierinnen in ihren Fakultäten. Die Wissenschaftlerinnen *Aland* und *Kassel* stehen in ihrer Statusgruppe innerhalb ihrer Fakultät auf ‚einsamem Posten' und ‚halten' die Stellung. Es ist sicherlich weder zufällig noch überraschend, daß es sich um die beiden Theologischen Fakultäten handelt. Bislang gelang es keiner Frau in der Katholisch-theologischen Fakultät und in der Rechts-/Sozialwissenschaftlichen Fakultät als Hochschullehrerin einen Ruf zu erhalten oder anderweitig Fuß zu fassen.

Semester	Fakultät	Hochschullehrerin	Hochschulmitarbeiterin	Hochschulmitarbeiterin a. Zeit
SS 1908	Medizin			*C. Blum; P. Meyer*
SS 1915	Math. Nw.			*Dr. T. Masling*
WS 1916	Philosoph.			*K. Mühlhoff*
WS 1921	Philosoph.		*F. Klostermann*	
WS 1926	Rechts-/WiWi			*Dr. L. Thiel*
WS 1931	I. f. Leibesübg.			*N. Jahr*
WS 1938	I. f. Leibesübg.		*H. Becker; D. Dittrich*	
SS 1943	Math. Nw.	*Dr. I. Fischer* (Doz.)		
SS 1947	Philosoph.	*Dr. M. E. Brockhoff* (Doz.)		
WS 1948	Medizin		*Dr. M. Hammerschmidt*	
WS 1960	Math. Nw.		*Dr. I. M. Obelode*	
SS 1964	Medizin	*Dr. M. Bogatzki; Dr. H. Kersten*		
WS 1965	Kath. Theol.		*M. Kassel*	
WS 1966	Ev.-Theol.			*Dr. B. Ehlers*
SS 1970	Kath. Theol.			*I. Raming*
SS 1972	Ev.-Theol.	*Dr. B. Aland*		
WS 1975	Rechts-/Sowi		*Dr. R. Pohlmann*	
WS 1981	I. f. Sportwiss.	*Dr. S. Kröner*		

Abbildung 2: Eintrittssemester, Fakultät und Name der jeweils ersten wissenschaftlich lehrenden Frau – unterteilt nach Statusgruppen

Verfolgt man in 10-Jahresabständen die Entwicklungen – getrennt nach Statusgruppen –, so ergeben sich die nachfolgenden Abbildungen.

fiktive Fakultät Semester	1 evan.	2 kath.	3 jur.	4 med.	5 phil.	6 mnw.	7 IfL.	8 eh. PH	Summe
WS '48/49					2	1			3
WS '58/59					2	3			5
WS '68/69				4	4	2			10
WS '78/79	1			10	11(+1)*	3			26
WS '82/83				5	3		1	22(−1)*	31(−1)*
	1	0	0	19	23	9	1	21	74

(+ 1) bzw. (− 1)* Es handelt sich um eine Hochschullehrerin, die zunächst der Philosophischen Fakultät angehörte und dann – nach einer Tätigkeitsphase außerhalb – einen Ruf an die ehemalige PH annahm.

Abbildung 3: Verteilung der Hochschullehrerinnen (HL) in 10-Jahresschritten

Die Endsumme von 74 gibt die Gesamtzahl der jemals an der Universität Münster als Hochschullehrerinnen tätigen Frauen wieder.

Ma. W.: *In 65 Jahren* gelingt es *lediglich 74 Frauen, Hochschullehrerin* an der Universität Münster zu werden. In zwei Fakultäten hat es noch *keine* Frau zu einem Lehrstuhl gebracht.

Diese Zahlen geben keinen Anlaß zur Freude, im Gegenteil sie regen zur Nachdenklichkeit an und klagen eine Analyse, die die Ursachen ergründet, ein.

fiktive Fakultät Semester	evan.	kath.	jur.	med.	phil.	mnw.	IfL.	eh. PH	Summe
WS '28/29					1				1
WS '38/39					1				1
WS '48/49				1	3		2		6
WS '58/59					4		2		6
WS '68/69		1		3	21	2			27
WS '78/79			2	14	44	3	4		67
WS '82/83				1	18			19	38
	0	1	2	19	92	5	8	19	146

Abbildung 4: Verteilung der Hochschulmitarbeiterinnen in 10-Jahresschritten an der Universität Münster

In diese Statusgruppe aufzusteigen oder Eintritt zu bekommen, war insgesamt nur 146 Frauen vergönnt, die weitgehend sowohl forschten als auch lehrten.

M.a. W.: In *65 Jahren* gelingt es auch in dieser Statusgruppe *nur 146 Frauen* an der Universität Münster tätig zu sein. In der Evangelisch-theologischen Fakultät hat es bislang *keine* Frau geschafft.

Bei beiden Statusgruppen fällt der – relativ gesehen – stärkere Anstieg zwischen dem WS 1968/69 und dem WS 1978/79 ins Auge. Er könnte sowohl eine Folge der expansiven Bildungs- und Hochschulpolitik dieser Phase als auch der zweiten deutschen Frauenbewegung sein, die dazu beitrug, daß Frauen selbstbewußter und solidarisch ihre Rechte nicht nur verbal einklagten, sondern sich auch aktiver um Hochschulstellen bewarben. Eine Befragung der betroffenen Lehrenden könnte diese Vermutung stützen, verwerfen oder ganz andere Gründe aufzeigen.
Der rapide Rückgang bei der Neueinstellung von Wissenschaftlerinnen als Beamtinnen in den Jahren 1978–1983 muß zwar im Kontext der allgemeinen Sparmaßnahmen im Bildungs- und Hochschulbereich gesehen werden, die auch an der Universität Münster ihre Spuren hinterließen und -lassen. Es darf dabei aber nicht aus dem Auge verloren gehen, daß kaum eine Frau übergeleitet wurde und Frauen vom Abbau der Mittelbaustellen und der geringen Verfügbarkeit von Dauer- und Zeitstellen stärker betroffen sind als ihre männlichen Kollegen, da das Kontingent der Frauen schon vorher äußerst niedrig war (vgl. Memorandum II 1984, 19 ff.).
Der Einfachheit halber blieb bei den Abbildungen 3 und 4 das Faktum unberücksichtigt, daß inzwischen durch die Gründung des Fachbereichs ‚Sportwissenschaft' aus dem Sportinstitut der Universität und der Abteilung Sport der ehemaligen PH eine Verschiebung stattgefunden hat. Zwei Hochschullehrerinnen und eine Akademische Rätin der PH sind Mitglieder dieses Fachbereichs 20.
Die Tabelle 1 gibt auch Auskunft über die *Wechsel* von einer Statusgruppe in eine höhere. Der erste Übergang in die Gruppe 1 (HL) fand im SS 1952 aus der Gruppe 2 (MA) und im WS 1952/53 aus der Gruppe der MAaZ statt. Im gesamten Erhebungszeitraum stiegen nur 53 Frauen die Statusleiter hinauf. Eine genauere Auflistung liefert die Abbildung 5.

neue Statusgruppe alte Statusgruppe	Hochschul-mitarbeiterinnen (MA)	Hochschul-lehrerinnen (HL)
Hochschulmitarbeiterinnen (MA)		20
Hochschulmitarbeiterinnen auf Zeit (MAaZ)	23	10

Abbildung 5: Wechsel zwischen den Statusgruppen

Von 1918 bis zum WS 1982/83 war eine verschwindend kleine Minderheit von 220 Frauen in festen Arbeitsverhältnissen an der Forschung und Lehre der Universität beteiligt. 119 von ihnen sind gegenwärtig noch im aktiven Dienst. Ihre Verteilung im WS 1982/83 ist der Abbildung 6 zu entnehmen.

Fakultät / Statusgruppe		evan.	kath.	jur.	med.	phil.	mnw.	IfS	eh. PH	Summe %-Wert
HL	abs.	1			15	17	10	2	17	62
	%-Wert	0,84			12,61	14,29	8,4	1,68	14,29	52,1
MA	abs.		1	1	6	26	6	3	14	57
	%-Wert		0,84	0,84	5,04	21,85	5,04	2,52	11,77	47,9
HL zu MA		1:0	0:1	0:1	1:0,4	1:1,53	1:0,6	1:1,5	1:0,82	1:0,92

Abbildung 6: Verteilung der lehrenden und forschenden Frauen an der Universität Münster in Lebensstellungen verteilt auf die Fakultäten im WS 1982/83 –
Entsprechungsverhältnis und %-Wert an der Gesamtzahl der weiblichen Lehrenden

Angesichts einer Gesamtzahl von 220 Frauen, die jemals an der Universität Münster in festen Arbeitsverhältnissen für die Lehre und Forschung mitverantwortlich zeichneten, fällt die aktuelle Zahl 119 (mit PH) bzw. 88 (ohne PH) ins Auge und wirft Fragen bzgl. der Steigerungsraten auf. Diese belief sich seit dem WS 1968/69 für die Hochschullehrerinnen auf 321,43% (mit PH 442,86%) für die festen Hochschulmitarbeiterinnen auf 204,76% (mit PH 252,38%) und für die Gesamtgruppe auf 248,57% (mit PH 340%). Die prozentuale Steigerung ist nur scheinbar eine ‚enorme'; denn konkret bedeutet sie doch,

- 119 Frauen stehen im WS 82/83 1580 Männern gegenüber, das sind 7%,
- selbst in den vergangenen 15 Jahren gelang es nur vereinzelt Frauen nicht nur von einer wissenschaftlichen Laufbahn zu träumen, sondern diesen Traum umzusetzen,
- trotz der progressiven Bildungspolitik der 70iger Jahre, der stärkeren Emanzipationsbestrebungen junger Frauen – insbesondere der Frauen, die die Studentenunruhen erlebten oder sich aktiv daran beteiligten – und daraus resultierenden progressiveren Einstellung und Verhaltensmustern, sind die errungenen Erfolge dürftig und ernüchternd.

Frauen machen in der Hochschule ebenso, wenn nicht intensiver die Erfahrung, daß die ihnen formaljuristisch zustehende Gleichberechtigung und Gleichstellung de facto nur im Zeitlupentempo zugestanden wird.
Zur Illustration die Verhältnisdaten in Absolutwerten und Prozenten für das SS 1982 und das WS 1982/83. Die Hochschulmitarbeiter/-in-

nen auf Zeit bleiben unberücksichtigt, da ihre Dienstobliegenheiten uneinheitlich sind und der Teil, der mit Lehraufgaben betreut ist, sich aus dem vorliegenden Material nicht eindeutig herausfiltern läßt. Ich bedauere sehr, die Betrachtung dieser Gruppe auf Zeit hier ausblenden zu müssen, da ich vermute, daß Frauen hier verhältnismäßig noch stärker vertreten sein werden und ohne es zu wissen, Alibifunktionen für die Außenoptik übernehmen.

Semester Lehrende	SS 1982 männlich	 weiblich	WS 1982/83 männlich	 weiblich
Gesamtzahl	1698		1699	
– männlich : weiblich	1571	127	1580	119
– %-Wert	92,53	7,47	93,00	7,00
Gesamtzahl HL	1082		1122	
– männlich : weiblich	1018	64	1060	62
– %-Wert	94,09	5,91	94,47	5,53
Gesamtzahl MA	616		576	
– männlich : weiblich	553	63	519	57
– %-Wert	89,77	10,23	90,10	9,90

Abbildung 7: Frauenanteil am lehrenden wissenschaftlichen Personal im SS '82 und WS '82/83 – absolut und i. v. H. –

Ergebnisse:

1. *25 Jahre* nach der formal-rechtlichen Gleichstellung wird *erstmalig* eine Frau *Hochschullehrerin* an der Universität Münster;
2. im *65ten Jahr* nach der formal-rechtlichen Gleichstellung ist es *insgesamt nur 220 Frauen* – 74 HL und 146 MA – gelungen zum festangestellten wissenschaftlichen Personal der Universität Münster zu gehören;
3. Nur *20 (9,09%)* dieser Frauen machten innerhalb der Universität Münster Karriere, d. h. wechselten in höhere Statusgruppen;
4. 33 Frauen mit zeitbeschränkten Arbeitsverträgen stiegen in eine der nächst höheren Statusgruppe auf, 23 wurden als MA und 10 als HL fest angestellt oder verbeamtet;
5. 46,56% (mit PH 54,1%) dieser Frauen sind noch heute an der Universität Münster beschäftigt;
6. der *weibliche Anteil* am lehrenden wissenschaftlichen Personal *in Dauerstellung* beläuft sich *im WS 1982/83 auf 7%,* innerhalb der *Hochschullehrerfraktion auf 5,53%,* innerhalb des festen *Mittelbaus* auf *9,90%.*

Diese Bilanz ist m. E. nach fast 65 Jahren eine äußerst betrübliche, dokumentiert sie doch, daß es Frauen erschwert wird, eine wissenschaftliche Karriere einzuschlagen und erfolgreich darin zu sein. In der ‚Männerdomäne' Universität konnten Frauen im Lehr-/Forschungsbereich sich nur eine kleine 7%-Nische erobern, d. h. die Gleichstellung der Frau an der Universität Münster befindet sich noch in den ‚Kinderschuhen'.

III. Die Situation der weiblichen Studierenden an der Universität Münster zwischen dem WS '07/08 und WS '82/83

1. Datenmaterial und seine Aufbereitung

Die Daten für die weiblichen Studierenden wurden den jeweiligen Vorlesungs-/Personalverzeichnissen und/oder der Originalmatrikel entnommen und folgendermaßen tabellicrt. Semesterweise fand eine geschlechtsspezifische Auflistung der Hörerzahl, des Hörerstatus, der Zuordnung zu ‚fiktiven' Fakultäten vom WS 1907/08 bis zum WS 1982/83 statt. Fiktiv insofern, da sich die Fakultäten im Laufe der Jahre ausdifferenzierten und eine Kategorisierung gesucht wurde, die die Veränderungen während des Untersuchungszeitraumes sachgerecht einfängt, und gleichzeitig nur ein Raster für die Datenaufbereitung notwendig macht. Angesichts des Umfanges werden diese Tabellen hier nicht wiedergegeben, ihnen jedoch das Datenmaterial für die Interpretationsversuche entnommen. *1945* wurden noch bestehende Studienbeschränkungen für Frauen generell aufgehoben, der 10%-Numerus clausus für Frauen des Hitlerregimes und Frauen konnten nach 1945 katholische Theologie belegen. Die naturwissenschaftlichen Disziplinen und die Mathematik wurden aus der Philosophischen Fakultät ausgegliedert und zu einer eigenen zusammengefaßt. Bis zur Fachbereichsgliederung im WS 1970/71 wurden die Volks-, Betriebswirtschaftslehre und die Soziologie in der Rechts- und Wirtschaftswissenschaftlichen Fakultät geführt. Danach bildeten sich die Fachbereiche ‚Rechtswissenschaften', ‚Wirtschafts- und Sozialwissenschaften' und ‚Soziologie, Publizistik und Erziehungswissenschaft', letzterer ist Teil der Philosophischen Fakultät geworden. Im SS 1980 fand die formale Integration der ehemaligen Pädagogischen Hochschule Westfalen-Lippe, Abteilung Münster, als Fachbereiche 21–24 statt und ein neuer Fachbereich 20 ‚Sportwissenschaft' entstand.

2. Deutungs- und Interpretationsversuche zum Datenmaterial der Situation der weiblichen Studierenden an der Universität Münster im Erhebungszeitraum

Die gebürtige Osnabrückerin *A. Rannenberg* erhielt, als sie sich im WS 1908/09 für Mathematik als erste ordentlich Studierende einschrieb, die Matrikel 1. Sie war damit die erste Studentin der Mathematik und gehörte der Philosophischen Fakultät an. Der Abbildung 8 sind die Erstimmatrikulationen von Frauen in die jeweiligen Fakultäten zu entnehmen.

Zeitpunkt	Fakultät
WS 1908/09	Philosophische Fakultät geisteswissenschaftliche Abtlg.
WS 1908/09	Philosophische Fakultät naturwissenschaftliche Abtlg.
SS 1909	Medizinisch-propädeutische Fakultät
SS 1913	Rechts- und Wirtschaftswissenschaftliche Fakultät
SS 1919	Theologische Fakultät: evangelische Richtung
SS 1946	Theologische Fakultät: katholische Richtung

Abbildung 8: Zeitpunkt der Erstimmatrikulation einer Frau nach Fakultäten

Innerhalb eines Jahrzehnts gab es in allen Fakultäten zumindest eine weibliche Studierende. Die Ausnahme bildet die Katholische Fakultät, da erst nach 1945 Frauen überhaupt regulär katholische Theologie studieren durften.

Die Abbildung 9 gibt die Veränderungen des Studentinnenanteils in Fünfjahresschritten wieder und zwar sowohl absolut als auch prozentual

Studentinnen 5-Jahres-schritte und Gesamtzahl	Anteil an Gesamtzahl		Veränderungen	
	absolut	Prozent	absolut	%-Punkte
WS '08/09 (1854)	30	1,62		
WS '13/14 (2284)	241	10,55	211	+ 703,3
WS '18/19 (4178)	472	11,3	229	+ 95,9
WS '23/24 (3351)	429	12,8	– 43	– 9,1
WS '28/29 (4139)	787	19,01	358	+ 83,5
WS '33/34 (4734)	919	19,41	132	+ 16,8
WS '38/39	wegen Kriegsschäden/-folgen keine Daten vorhanden			
WS '43/44	wegen Kriegsschäden/-folgen keine Daten vorhanden			
WS '48/49 (4540)	1165	25,66	246*	+ 26,8 *
WS '53/54 (5729)	1336	23,22	171	+ 14,7
WS '58/59 (8944)	2079	23,24	743	+ 55,6
WS '63/64 (13751)	3523	25,62	1444	+ 69,5
WS '68/69 (18285)	4933	26,98	1410	+ 40,0
WS '73/74 (24126)	8199	33,96	3266	+ 66,2
WS '78/79 (32059)	12782	38,95	4583	+ 55,9
WS '82/83 (38560)	16241	42,11	3459	+ 27,1 ohne PH
WS '82/83 (42802)	19542	45,66	6760	+ 52,9 mit PH

* diese Werte umfassen nicht eine Fünfjahreseinheit, sondern 3 Fünfjahreseinheiten, da sowohl für das WS '38/39 als auch für das WS '42/43 keine Daten zugänglich waren

Abbildung 9: Veränderungen des Anteils der Studentinnen – ordentlich Studierende, Gast- bzw. Erlaßhöhrer/-innen – vom WS '08/09 bis WS '82/83 in Fünfjahresschritten absolut und in v. H.

Daß innerhalb der ersten 5 Jahre ein Anstieg um 703,3%-Punkte zu verzeichnen ist, ist nicht verwunderlich, da ein Studium aufzunehmen, plötzlich problemlos möglich war. Für den Abfall zwischen dem WS '18/19 und dem WS '23/24 um 105%-Punkte (abs. 43) und den erneuten Anstieg zum WS '28/29 um 92,6%-Punkte die Wirren und Unsicherheiten der Nachkriegszeit als Ursachen zu betrachten, liegt nahe. Da für die hier gewählte Schrittfolge die Daten des faschistischen Hitlerregimes fehlen, entsteht eine Lücke von 10 Jahren. Bekanntlich verordnete das NS-Regime einen 10%-Numerus clausus für weibliche Studierende. Betrug der %-Wert im WS '33/34 noch 19,41% (abs. 919), so sank er bis zum SS '39 auf 12,89% (abs. 259), einen Wert, der im WS '14/15 (abs. 313; 12,78%) ungefähr erreicht war. Bis zum WS '41/42 steigt der Prozentwert wieder langsam auf 17,55% (abs. 561). Leider liegen für die Zeit SS '42 bis WS '45/46 keine Daten vor, so daß über diese Phase keine Aussagen gemacht werden können. Das vorliegende Datenmaterial läßt den Schluß zu, daß solange das NS-Regime noch nicht den II. Weltkrieg anzettelte, es konsequent versucht hat, den 10% Numerus clausus für Frauen zu erreichen und einzuhalten. Daß dieser Abbau des Frauenanteils nur langsam voranging, hängt m. E. damit zusammen, daß die schon immatrikulierten Frauen nicht zwangsexmatrikuliert werden konnten, es sei denn sie waren Jüdinnen, so daß auf sie eine der vielen Willkürverordnungen greifen konnte (,Beamtengesetz' 1933; *Streichers* allg. Judenboykott 1933, Rassengesetze 1935 usw.). So konnte die 10%-Klausel nur über ein Ausbalancieren der Ab- und Zugänge geregelt werden. Der Anstieg während der Kriegszeit ist in keinster Weise als Erfolg zu verbuchen; denn mit hoher Wahrscheinlichkeit geht er zu Lasten der im Krieg gefallenen Männer und/oder deportierten Juden.
Im Zeitraum WS '53–78 beträgt die mittlere Steigerungsrate 57,44%-Punkte, die Abweichungen in Prozentpunkten streuen weit. In der absoluten Zahlenkolonne ist hingegen lediglich zwischen dem WS '63/64 und WS '68/69 ein geringerer Wert (nämlich 1410 statt 1444) festzustellen. Der scheinbare Widerspruch, relative Abnahme bei absoluter Zunahme, löst sich auf, wenn man die korrespondierenden Daten der männlichen Studierenden hinzuzieht. Hier ist ein weit größerer absoluter Zuwachs zu verzeichnen, der zwangsläufig dazu führt, daß der relative Anteil der Studentinnen sinkt. Die enorme Abweichung vom Mittelwert der Steigerungsrate der letzten 25 Jahre zum WS '82/83 um – 30,34%-Punkte, wenn man die PH-Daten ausblendet, läßt sich nicht hinreichend damit erklären, daß der Zwischenraum keine 5, sondern nur 4 Jahre umfaßt. Wahrscheinlich schlagen sich hier schon die Folgen der Rezession, der steigenden Akademikerarbeitslosigkeit, der Bafög- und Stipendienkürzungen bzw. -streichungen nieder. Frauen bzw.

ihre Familien reagieren auf solche Phänomene bekanntlich eher und sensibler, da sie die primär Betroffenen sind.

„Wurde für September 1973 die Gesamtzahl von 5517 arbeitslosen weiblichen und männlichen Hochschulabsolventen ermittelt (4070 Männer und 1447 Frauen), so liegt im September 1982 bereits eine Gesamtzahl von 54494 vor (29918 Männer und 24576 Frauen). Obwohl der absolute Anteil der Hochschulabsolventinnen durchweg unter dem der Männer liegt, stellt sich bei näherer Betrachtung heraus, daß die Vermittlungschancen der Frauen wesentlich geringer sind als die der Männer: ... Die Berechnung des Anstiegs innerhalb der letzten neun Jahre ergibt folgendes Bild: eine Zunahme bei den Männern um gut das 3-fache und bei den Frauen um das 14-fache (vgl. für alle Daten: ANBA 1974 bis 1983)" (Memorandum II, 31).

Zwischen 1972 und 1981 sank die Studierwilligkeit der Abiturientinnen in NRW um 24,5% von 89,4 auf 65%, die der Abiturienten hingegen nur um 16,8% von 91,2 auf 74,4% (vgl. Memorandum II, 18).

Studentinnen-anteil / Semester	%-Wert	5%-Einheiten Aufstieg	5%-Einheiten Abstieg	Ergänzungen/ Kurzkommentare
WS '10/11	8,49	5%		
WS '12/13	11,02	10%		
SS '26	16,48	15%		
WS '30/31	20,94	20%		
WS '33/34	19,41		20%	
WS '37/38	14,64		15%	
STM '40*	18,52	15%		
WTM '40*	20,82	20%		
SS '41	19,96		20%	
SS '42 bis WS '45/46				für diese Zeitspanne liegen keine Daten vor
SS '46	30,27	30%		
SS '49	24,19		25%	
WS '61/62	25,07	25%		1949–1962 Mittelwert 23,37
WS '72/73	30,80	30%		1962–1973 Mittelwert 27,63%
WS '75/76	35,95	35%		
WS '81/82	40,53	40%		ohne die Daten der ehem. PH
SS '82	39,7		40%	ohne die Daten der ehem. PH
WS '82/83	42,11	40%		ohne die Daten der ehem. PH
WS '82/83	45,65	45%		mit den Daten der ehem. PH

* STM bzw. WTM sind die Abkürzungen für Sommer- bzw. Wintertrimester

Abbildung 10: Positive und negative Entwicklung des Prozentanteils der Studentinnen an der Gesamtzahl der Studierenden in 5%-Einheiten

Die Abbildung 10 versucht die Entwicklung des %-Anteils der Studentinnen in 5%-Schritten zu betrachten, um Stagnationen, Auf- und Rückentwicklungen einzufangen. Drei der vier Abweichungen in Ab-

bildung 10 liegen im eng begrenzten Zeitraum WS '33/34 bis SS '41 bis der vorgängige %-Wert 20 wieder erreicht wird. Hier schlägt sich eindeutig der 10%-Numerus Clausus für Frauen nieder. In den ersten Kriegsjahren (SS '39 bis WS '40/41) hat sich die Zahl der weiblichen Studierenden mehr als verdoppelt (abs. von 259 auf 677; d.h. 161,4%), wohingegen die Zahl der Studenten um 44,89% (abs. von 1644 auf 2382) anstieg. Das Verhältnis Studentinnen : Studenten hat sich von 1 : 6,3 auf 1 : 3,6 verschoben. Für diese Entwicklung ist der Kriegszustand verantwortlich. Im WS '41/42 rutscht der %-Anteil der Studentinnen wieder ab. Wegen fehlender Daten können die folgenden Jahre nicht betrachtet werden. Es ist jedoch davon auszugehen, daß mögliche positive Entwicklungen in der Studentinnenzahl nur Scheinentwicklungen sind, da sie einerseits der ‚Mutterideologie' des Dritten Reiches widersprechen und andererseits nur durch die äußerst negativen Rahmenbedingungen erzielt werden konnten, nämlich durch gefallene und/oder kämpfende Männer oder Exmatrikulationen ‚nichtarischer' Kommilitonen und Kommilitoninnen.
Die Werte für die Nachkriegssemester – SS '46, WS '46/47, SS '47 – bewegen sich in der Größenordnung 30%. Sie lassen sich erklären aus der sozioökonomischen und sozialen Situation der Nachkriegs- und Wiederaufbauphase, in der es notwendig wurde, unterbrochene Ausbildungen zu beenden bzw. eine Ausbildung zu beginnen, um den eigenen und familiären Unterhalt baldmöglichst zu sichern. Diese Vermutungen werden durch den Absolutanstieg für beide Geschlechter in dieser Phase gestützt.
Die 30%-Marke wurde nach einem Einbruch in den dazwischenliegenden Jahren erst wieder 25 Jahre später im WS '72/73 erreicht.

Ergebnisse:

1. In den *ersten 20 Jahren* nach der Zulassung von Frauen zum Hochschulstudium steigt ihr *%-Anteil* kontinuierlich auf *20%;*
2. während der *NS-Zeit schwankt* dieser *%-Anteil* aufgrund einer frauenfeindlichen Politik und einseitiger Verordnungen basierend auf der nationalsozialistischen Mutterideologie und einer kriegspolitisch notwendigen Arbeitskraftreserve zwischen *12,89 und 20,82;*
3. aufgrund der enormen Kriegsverluste erreicht der Studentinnenanteil im SS '46 den Wert 30,3% sinkt dann wieder unter 25%;
4. erst *54 Jahre nach* der ersten ordentlichen Immatrikulation einer Frau im WS '61/62 wird die *25%-Marke* seitens der Studentinnen endgültig überschritten;
5. *65 Jahre* nach diesem Stichdatum stellen Frauen *30% der Studierenden* der Universität Münster;
6. *74 Jahre* nach dem preußisch-königlichen Dekret überschreitet der %-Anteil der weiblichen Studierenden die *40%-Marke* und pendelt sich – mit geringen

Abweichungen nach oben und unten – auf diese Marke bis zum Endpunkt der Untersuchung ein.

Die Bildungs- und Hochschulpolitik seit 1961 bis heute scheint – obwohl von unterschiedlich colourierten Regierungen getragen und gestaltet – einen größeren Beitrag für den gleichberechtigten Zugang von Frauen zu Universitäten als Studentinnen und zu einer wissenschaftlichen Laufbahn geleistet zu haben. Angesichts verschuldeter Staatsfinanzen, der desolaten Wirtschafts- und Arbeitsmarktsituation insbesondere für Frauen, überlasteter Hochschulen, Kürzungen bzw. Nichtaufstockung des Bildungsetats, Abbau von Personalstellen im Hochschulbereich und wachsender Rüstungsausgaben verbunden mit einer neuen ‚Heim- und Herd-Ideologie', der Wiederbelebung der sattsam bekannten Mutterideologie und der Diffamierung von ‚sogenannten' Doppelverdienern sind die Befürchtungen von Frauen berechtigt, vom Arbeits- und Bildungsmarkt verdrängt und in ihrem Menschsein auf ihr Ehe-, Hausfrau- und Mutterdasein reduziert zu werden. Diese Entwicklungen, verstärkt durch die patriachalischen Strukturen der Universität laufen einer tatsächlichen Gleichstellung der Frauen, ihrer wissenschaftlichen Förderung und damit ihrer Karriere in und außerhalb der Universität zuwider. Die Einrichtung von Gleichstellungsstellen bei Behörden kann darüber nicht hinwegtäuschen. Ich denke z. B. an die Berichte von Frauen über die geschlechtsspezifische Behandlung bei der Motivierung zur Hochschullaufbahn, bei der Betreuung von Examensarbeiten, bei der Vergabe von Mitarbeiterstellen und an das Fehlen von Modellen und/oder Einrichtungen, die auch Studierenden mit Kindern das Weiterstudium und eine wissenschaftliche Laufbahn ermöglichen (vgl. *Bock/Braszeit/Schmerl* 1983).

3. Vergleich der Verhältnisse zwischen weiblichem wissenschaftlichem Personal und Studentinnen und männlichem wissenschaftlichem Personal und Studenten

45,66% Studentinnen stehen 7% weibliche Lehrende gegenüber (vgl. Abbildungen 7 und 9). Abbildung 11 dokumentiert die Entsprechungsverhältnisse für das WS '82/83. Um der Vermutung Rechnung zu tragen, daß an der ehemaligen PH – jetzt Fachbereiche 21–24 – sowohl der Anteil der studierenden als auch der lehrenden Frauen höher liegen wird, was aus der Geschichte der Pädagogischen Hochschulen leicht erklärbar ist, wird dreikategorial tabelliert für die ehemalige PH, die ‚alte' Universität und die ‚integrierte' Universität Münster.
Die *Entsprechungsverhältnisse* fallen *in allen drei Systemen für Frauen wesentlich schlechter aus als für Männer.* Damit bestätigt diese Untersuchung die Aussagen von *Schmerl/Bock/Braszeit* (1983, 170)

„Bis heute aber ist die scharfe Diskrepanz zwischen dem Anteil studierender Frauen und dem Anteil der an der Hochschule lehrenden und forschenden Frauen ungebrochen erhalten geblieben.“,

und die Vermutung eines günstigeren Entsprechungsverhältnisses an der *ehemaligen PH* – Gesamtverhältnis 1 : 12,51, *Männer 1 : 3,09, Frauen 1 : 97* – und zwar für beide Geschlechter. Hinsichtlich der *Studierenden* entpuppt sich die PH als eine ‚Frauendomäne‘; denn auf eine Studentin kommen nur 0,29 Studenten *(1 : 0,29)*. Im *Lehrkörper* kommen auf eine Lehrende 8,97 Lehrende *(1 : 8,97)*, d. h. die Männer sind hier wieder überrepräsentiert in Beziehung zum Studierendenverhältnis. In den beiden anderen Systemen sieht es für die lehrenden und forschenden Frauen noch viel schlechter aus. An der *‚alten‘ Universität Münster* beträgt das Verhältnis im *Lehrkörper 1 : 15* bei den *Studierenden 1 : 1,37* und zwischen *weiblichen Lehrenden und Studentinnen 1 : 191,07* (Männer 1 : 17,5). Die Integration verfälscht diese Werte entgegen den Befürchtungen nicht gravierend:

Studierendenverhältnis	1 : 1,19	Lehrende : Studentinnen	1 : 164,22
Lehrkörper	1 : 13,23	Lehrende : Studenten	1 : 14,72

System / geschlechtsbezogene Personenverhältnisse	Ehemalige PH (Fb 21–24)	‚alte‘ Uni Münster (Fb 1–19 + I. f. Sportwiss. o. PH)	‚integrierte‘ Uni Münster (Fb 1–24)
Studierende weiblich : männlich	3301 : 941 1 : 0,29	16241 : 22319 1 : 1,37	19542 : 23260 1 : 1,19
Lehrende weiblich : männlich	34 : 305 1 : 8,97	85 : 1275 1 : 15	119 : 1580 1 : 13,23
Männer Lehrer : Studenten	305 : 941 1 : 3,09	1275 : 22319 1 : 17,50	1580 : 23260 1 : 14,72
Frauen Lehrende : Studentinnen	34 : 3301 1 : 97	85 : 16241 1 : 191,07	119 : 19542 1 : 164,22
Gesamtverhältnis Lehrende : Studenten m + w : m + w	339 : 4242 1 : 12,51	1360 : 38560 1 : 28,35	1699 : 42802 1 : 25,19

* Die Lehrenden des neuen Fb Sportwissenschaften, die vormals zur PH gehörten, werden in der Abb. 11 dieser noch zugerechnet, da es wahrscheinlich ist, daß sich das Hauptkontingent ihrer Studierenden sich von dort rekuriert.

Abbildung 11: Geschlechtsbezogene Personenverhältnisse an der ehemaligen PH, der ‚alten‘ und der ‚integrierten‘ Universität Münster im WS ’82/83

Die Umrechnung in prozentuale Abweichung vom Grundverhältnis deckt die Diskrepanz als auch die Diskriminierung von Frauen in Lehre und Forschung der Hochschule vollkommen auf.

System / Geschlecht	ehemalige PH	‚alte' Universität Münster	‚integrierte' Universität Münster
Frauen	– 775,38%	– 673,97%	– 651,93%
Männer	+ 24,70%	+ 61,73%	+ 58,44%

Abbildung 12: Prozentuale Abweichung vom Grundverhältnis Lehrkörper/Studierende an der Universität Münster im WS '82/83

Diese Zahlen sprechen für sich. Betrachtet man zusätzlich die Entsprechungsverhältnisse weibliche Lehrende zu Studentinnen in 10-Jahresschritten, so wird augenfällig, daß das Ergebnis für das WS '82/83 kein Zufallsergebnis darstellt. Die Abb. 13 zeigt, das Entsprechungsverhältnis steigt bis Anfang der sechziger Jahre, fällt dann in den sechziger Jahren um 59,3%, um in den Siebzigern wieder langsam anzusteigen. In den letzten 8 Semestern unterlag es extremen Schwankungen von 1:202 (WS '80/81) bis 1:139 (SS '81 und 82). Bildet man den Mittelwert, so beläuft sich dieser auf 1:161, d.h. das Entsprechungsverhältnis verschlechtert sich oder anders formuliert: die Zahl der Frauen, die die wissenschaftliche Laufbahn einschlagen (dürfen), stagniert bzw. nimmt ab.

Verhältnis / Semester	weibliche Lehrende : Studentinnen
SS '38*	1 : 312
WS '48/49	1 : 194
WS '58/59	1 : 231
WS '68/69	1 : 137
WS '78/79	1 : 153,38
SS '79 bis WS '82/83	∅ 1 : 161
WS '82/83	1 : 164

* das SS '38 wurde gewählt, weil für das WS '38/39 keine Daten für die Studierenden vorliegen

Abbildung 13: Entsprechungsverhältnis weibliche Lehrende zu Studentinnen in 10-Jahresabständen an der Universität Münster

Insgesamt lassen die Ergebnisse dieser Untersuchung keinen Zweifel daran, daß *Frauen als Studentinnen* in der Universität Münster *zunehmend Platz gegriffen haben* (eine Extrauntersuchung über Studienab-

brecher/-innen könnte hier eine kritische Korrektur herausfordern). In der *Lehre und Forschung* hingegen kann man Frauen suchen wie die ‚berühmte Stecknadel im Heuhaufen'; sie sind *stark unterrepräsentiert:* Dafür muß es Gründe geben. Die Ursachen und Zusammenhänge, warum bei einem so hohen Anteil studierender Frauen nur ein verschwindend kleiner Teil in die Forschung und Lehre geht, kann diese Untersuchung nicht inhaltlich belegen. Deshalb sollen im folgenden einige Denkanstöße gegeben werden. Eines läßt sich jedoch schon jetzt sagen:
Es wird Aufgabe der Frauen selbst sein und bleiben, ihre bisherige Position im Bereich der Studierenden zu sichern und zu erhöhen und ihre äußerst schwache Position im Lehrkörper der Universität Münster zu verbessern. Als Frauen sollten wir uns aber vor falschen Solidaritäten oder Gefälligkeiten hüten, wir haben sie nicht nötig; denn wir sind weder leistungsschwächer noch unbegabter oder weniger intelligent als die Männer. Quotierungen bei gleicher Qualifikation erscheint mir ein legitimes formales Mittel der Gleichstellung zu sein, nur wird es schwer sein, seine Einhaltung zu kontrollieren, solange kaum Frauen in Berufungsgremien vertreten sind.

IV. Ausblick: Hintergründige Denkanstöße

Die vorliegende Untersuchung verdeutlicht, daß die formaljuristisch verankerte Gleichstellung der Frau an der Universität Münster de facto nicht realisiert ist. An anderen Universitäten wird es – so vermute ich – nicht gravierend anders aussehen. Die folgenden Anmerkungen dienen einerseits der Andeutung möglicher Hintergründe für den gebremsten bzw. behinderten Gleichstellungsprozeß der Frauen an der Hochschule, in der Wissenschaft, in Forschung und Lehre; andererseits setzen diese Gedankensplitter Impulse auf noch zu Erforschendes an der Universität Münster und anderen bundesrepublikanischen Hochschulen. Die ‚hintergründigen Denkanstöße' möchte ich unter drei Leitfragen stellen.

1. Was hindert junge Frauen daran, die Hochschullaufbahn ebenso selbst-verständ-lich wie Männer einzuschlagen?
(intrapsychische und sozialisatorische Dimension)
2. Welche Hindernisse – gesellschaftlicher oder systemischer Art – stellen sich speziell Frauen in den Weg?
(gesellschaftliche und systemische Dimension)
3. Welche Konsequenzen hat die Entscheidung einer Frau für die Hochschullaufbahn für ihr privates, berufliches und sozial-öffentliches Leben?
(biographische Dimension)

Zur ersten Frage: Meines Erachtens besteht ein enger Zusammenhang zwischen der geschlechtsspezifischen Sozialisation, dem gesellschaftlichen Rollenverständnis der Frau und der Besetzung und Entfremdung von den eigenen Bedürfnissen durch Konsum, Werbung und Erziehung. Gemeinsam verursachen diese drei Mechanismen via Internalisierungen intrapsychische Einschärfungen auf der Einstellungs-, Selbstwert- und Haltungsebene. Dort Verankertes und Festgeschriebenes kann nicht durch rein willentliche Entscheidungen umgehend gelöscht oder rückgängig gemacht werden. Dazu bedarf es zunächst der Aufspürung dieser sich oft verselbständigt habenden Gravuren im Erleben, Empfinden und Fühlen. Diesem Selbst-Entdeckungsprozeß kann sich dann ein ganzheitlicher Umentscheidungsprozeß i.S. der Neuentscheidung und Annulierung sehr früh übernommener Vorstellungen, Werte und Normen einweben. Für eine Hochschullaufbahn hinderliche Einschärfungen könnten sein:

- Frau-Muttersein und Berufstätigkeit sind unvereinbar;
- Frauen sind eher emotional, intellektuelles Arbeiten fällt ihnen schwer und entspricht nicht ihrer ‚Bestimmung';
- Frauen müssen sich für ihren Mann und ihre Kinder aufopfern und das ist zugleich ihre Selbst-Verwirklichung;
- Frauen sind weniger wert als Männer, können nicht denken, nicht leiten, nicht in der Art konkurrieren wie Männer usw. – die vielen Selbstabwertungen gehören auch hierhin –.

Solange in unserer Gesellschaft – derzeit angesichts der steigenden Erwerbslosigkeit, der 3. Industriellen Revolution, des Stellenrückgangs und der morbiden Staatsfinanzen progressiv vertreten – die Rolle und Funktion der Frau von den Herr-schenden vorwiegend als Ehe-, Hausfrau und Mutter definiert und dargestellt, die Berufstätigkeit von Müttern, besonders wenn sie zu den Doppelverdienern gehören, moralisch negativ bewertet und diesen Frauen Vernachlässigung bis Gefährdung ihrer Kinder, ungerechtfertigte Arbeitsplatzbesetzung u.ä.m. vorgeworfen wird und in den Familien sowohl die Gleichstellung der Frau als auch die Arbeitsteilung zwischen Mann und Frau zu wünschen läßt, solange wird es Mädchen und junge Frauen geben, die über ihre Erziehung diese Normen internalisiert haben. Diese Internalisierungen können ihnen zum Bumerang werden, sobald sie sich für ein anderes, diesen Normen widersprechendes Lebenskonzept entscheiden und zwar in Form des sogenannten ‚schlechten Gewissens' und oder eines unterentwickelten Selbstbewußtseins und hoher Selbstunsicherheit. Die Rahmenbedingungen für die berufliche und familiäre Gleichstellung der Frauen sind so schlecht, daß viele Frauen auf ihre Selbstverwirklichung als Frau in Beruf *und* Familie verzichten (müssen) – ob immer bewußt entschieden und reflektiert, mag dahingestellt bleiben – wenn

sie ihren Berufswünschen folgen und sie umsetzen wollen. Halbheiten und das hohe Spannungspotential zwischen den an die Frau herangetragenen Ansprüche im Beruf *und* in der Familie erweisen sich an sich und u. U. aufgrund widersprüchlicher Einschärfungen oft als zu hohe physische und psychische Doppelbelastung. Bei der Datenerhebung ist mir aufgefallen, daß ein großer Teil der weiblichen Lehrenden unverheiratet und ein anderer mit Kollegen verheiratet ist. Dieser Sachverhalt und informelle Gespräche mit Betroffenen legen die Vermutung nahe, daß eine Frau – will sie die wissenschaftliche Laufbahn einschlagen oftmals auf eine verrechtlichte Partnerschaft, die Ehe, verzichtet (verzichten muß) oder sich andererseits einer Zusatzbelastung aussetzt (aussetzen muß), die nur schwer zu verkraften ist. Diese Situation verlangt Frauen eine gehörige Portion an Selbstbewußtsein und Selbstvertrauen, Risikobereitschaft, Bedürfnisbefriedigungsaufschub, Durchsetzungsfähigkeit und Durchhaltevermögen ab; Fähigkeiten und Fertigkeiten, die Mädchen heute noch nicht selbstverständlich in ihrer Erziehung und Sozialisation vermittelt bekommen.
Ich meine, daß es dringend notwendig ist, daß Frauen frühzeitig ihre eigene Geschichte, ihr Geworden- und Gemachtwordensein, gemeinsam u. a. in frauenspezifischen Seminaren aufklären und bearbeiten, damit sie selbst-bewußter, durchsetzungsfähiger, weniger kränk- und verletzbarer ihren Weg in der Hochschule machen.
Zur zweiten Frage: Ausbildung, Studium und Berufstätigkeit haben in den letzten 40 Jahren – nicht zuletzt aufgrund der Nachkriegserfahrungen – für Frauen einen neuen Stellenwert erhalten. Zunächst wurden sie – angesichts der starken wirtschaftlichen Aufwärtsentwicklung und der von *Picht* festgestellten Bildungskatastrophe – einerseits als zusätzliche, meist schlechter bezahlte und in untergeordneten Positionen befindliche Arbeitskräfte dringend benötigt und andererseits als die ‚Begabungsreserve' für Schule und Studium umworben. Frauen haben die qualifizierte Berufstätigkeit als eine wesentliche Dimension ihres Menschseins und einen wichtigen Schritt auf ihrem Weg zur faktischen Gleichberechtigung schätzen gelernt. Die finanzielle Unabhängigkeit eröffnet ihnen Freiräume in der Wahl und Gestaltung ihres Lebenskonzeptes, erschließt ihnen zusätzliche Dimensionen der Selbstverwirklichung in Beruf und Freizeit, ermöglicht ihnen Selbst- statt Fremddefinitionen über den Mann, macht sie zur gleichwertigen potentiellen Partnerin. Die Zahl der Abiturientinnen, Hochschulabsolventinnen, promovierten und habilitierten Frauen belegen, daß Frauen nicht qua Geschlecht für akademische Berufe in und außerhalb der Hochschule weniger gut ausgerüstet und qualifiziert sind als Männer. Sie haben in den verschiedensten Berufsfeldern – soweit man ihnen

nicht den Zugang verwehrte – den Beweis erbracht, daß sie qualitativ den Männern gewachsen sind, ihren ‚Mann' stehen. Zwar erreichen sie seltener als Männer höhere Positionen, weil ihnen unbewiesenermaßen unterstellt wird,

- daß ihnen private und familiäre Bindungen und Beziehungen wichtiger als ihr Beruf seien bzw. sein müßten, was ihre berufliche Mobilität und ihr Engagement einschränke;
- daß sie von ihrer Grundausstattung – was immer das sei – weniger für intellektuelles, wissenschaftlich-abstraktes Arbeiten geeignet seien,
- daß sie weniger kalkulierbar seien bzgl. ihres Arbeitseinsatzes, da sie jederzeit durch Schwangerschaften und Mutterschutz bei Lohn-/Gehaltsfortzahlung ausfallen können.

In solchen Argumentationen verselbständigen sich normierende Gehalte des gesellschaftlichen Rollenverständnisses der Frau und werden diesen dann zum Bumerang. Wie sehr sie sich auch bemühen, entweder sind sie ‚Rabenmütter' oder schlechte Wissenschaftlerinnen. Intrapsychische und soziale Ansprüche und Erwartungen sowohl kompetente Wissenschaftlerin als auch eine gute Partnerin, Mutter und Hausfrau zu sein, scheinen nur schwer, miteinander in Einklang gebracht werden zu können. Das, was für den männlichen Wissenschaftler selbstverständlich, legitim und die Regel ist, die Gleichzeitigkeit und Vereinbarkeit des Berufs Wissenschaftler und der Aufgaben als Partner und Vater, wird den Frauen oft zum Widerspruch, zum Problem und zur Überforderung insbesondere während der Qualifizierungsphasen – Promotion und Habilitation. Die Gründe dafür liegen u. a. darin,

- daß Frauen im Haushalt und in der Erziehung nur bedingt von ihren Partnern entlastet werden,
- daß unsere Gesellschaft für die Sozialisation der Kinder die kontinuierliche acht- oder mehrstündige Abwesenheit eines Vaters für nicht schädigend hält,
- daß es in unserer Gesellschaft nahezu selbstverständlich ist, daß bei einem beruflichen Ortswechsel des Mannes Frau und Kinder mitziehen,
- daß unsere Gesellschaft kaum gemeinnützige Einrichtungen für Kinder während der Berufstätigkeit der Eltern zur Verfügung stellt (vgl. *Bimmer* 1983, 153–169).

Nur zu oft stehen Frauen deshalb vor der Entscheidung Beruf *oder* Familie, *eine Alternative,* die Männern weitgehend *unbekannt* ist. *Die Frau* wird hier – nicht aufgrund mangelnder Begabung, Intellektualität, fehlenden Wissens oder Könnens, sondern aufgrund eines überholten rigiden, das Menschenrecht der Frau auf ganzheitliche Entwicklung und Selbstverwirklichung mit Füßen tretenden, gesellschaftlichen Rollenverständnisses – *eindeutig behindert und benachteiligt.*
Hochschulen sind von Männern geplante, gebaute, verwaltete und belebte patriachalische Institutionen mit hierarchischen Strukturen. Die traditionellen Wissenschaften sind in der Regel in ihren Denk- und

Handlungsweisen, ihren Arbeitsweisen und ihren Sprachcodes männlich-rational präformiert und ihre Vertreter scheuen sich oft, sich mit der weiblichen Rationalität zu konfrontieren und auseinanderzusetzen. Diese Wissenschaften sind für Außenstehende kaum verstehbar, somit geheimnisumwoben und macht-voll. Die inneruniversitären institutionellen Mechanismen und Strukturen benachteiligen Frauen unabhängig von ihrer Qualifikation nicht vorwiegend durch

„bewußte oder gezielte Nicht-Einstellung, Nicht-Förderung von Frauen, sondern (es geht M.S.) mehr um das lückenlose Funktionieren eines Systems, bei dem Frauen nicht vorgesehen sind" *(Metz-Göckel/Bock/Braszeit* 1983, 220).

In steigendem Maße studieren junge Frauen, sie werden in einer Lebensphase, deren zentrale Aufgabe die eigene Identitäts- und Selbstfindung ist, mit dieser ‚männlichen' Institution konfrontiert, auf die sie sozialisatorisch schlecht vorbereitet sind und in der sie nur eine äußerst geringe Zahl von weiblichen Orientierungsmodellen für eine Entscheidung zur wissenschaftlichen Laufbahn vorfinden. Hochschullehrerinnen wird häufig nachgesagt, daß ihre Karriere zu Lasten ihrer Weiblichkeit, besser weiblichen Anteile, ginge. Einige Hochschullehrerinnen – das ist nicht zu bestreiten – haben diesen (zu) hohen Preis für ihre Position bezahlt; sie verhalten sich oft männlicher und patriachalischer als ihre Kollegen. Sie fallen als positive Vorbilder aus. Ihnen aber diese Deformationen ausschließlich persönlich anzulasten oder sie gar noch zu generalisieren, halte ich für ungerechtfertigt. Denn um Ursachen und Wirkung scharf voneinander zu scheiden, bedarf es der seperaten Untersuchung der Strukturen in den Hochschulen, der in ihnen üblichen Interaktions-, Verhaltens-, Einstellungs- und Vorurteilsmustern und ihrer Einflußnahme auf den jeweiligen Persönlichkeitsbildungsprozeß. Dies gilt für Frauen und Männer gleichermaßen. Arbeit in Institutionen hinterläßt im Denken, Reden und Handeln bei den betroffenen Menschen Spuren. Dies ist kein frauenspezifisches Problem. Es rückt Frauen nur oft eher und doppelt in den Blick, weil sie als Frauen in einer ‚männlichen'Institution arbeiten und gesellschaftlich bestimmte Attitüden und Attribute für sie und von ihnen gewünscht werden. Sie reagieren auf die entemotionalisierte Atmosphäre in den Hochschulen sensibler und erspüren seismographisch, daß die ‚verbotenen' Emotionen subtil in den sogenannten Sachdiskussionen um Inhalte, Prozesse oder Personen zum Tragen kommen. Konkurrenz- und Rivalitätskämpfe sind in Hochschulen an der Tagesordnung, wohingegen Solidarität klein geschrieben wird, es sei denn es ginge um Statusgruppenfragen. Frauen erfahren die im universitären Werdegang eingeplanten Abhängigkeiten doppelt und zwar wegen der von ihnen häufiger erlebten Verknüpfung von wissenschaftlicher Förderung und sexuellen Gegenleistungen. Frauen erhalten weniger Anerkennung als Männer – sowohl von Kollegen/-innen als auch von Vorgesetzten –. Es passiert ihnen häufiger, daß – können ihre wissenschaftlichen Leistungen nicht relativiert werden – sie diffamiert werden bis hin zur Unterstellung, sie hätten sich ihre Noten/Positionen ‚erschlafen' (vgl. *Schmerl/Bock/Braszeit* 1983, 191). Für nicht wenige Frauen stellt dieser Bezugsrahmen und seine Interaktionsmuster eine Hürde dar, vor der sie zurückschrecken, weil sie sich die Einnahme der Bastion nicht zutrauen oder weil sie befürchten, zuviel ihrer weiblichen Eigenart aufgeben zu müssen, ihrer selbst verlustig zu gehen, zu ‚vermännlichen' und/oder auf zuviel zulange verzichten zu müssen. Die Möglichkeit und Notwendigkeit der Ergänzung traditionellen wissenschaftlichen Denkens, Arbeitens und Sprechens durch weibliche Rationalität um der Ganzheitlichkeit der Wissenschaft willen wird von den wenigsten Hochschullehrern gesehen, geschweige reflektiert oder diskutiert. Weibliche Elemente in die ‚Männerdomäne' Universität einzubringen, könnte störend und *entschleiernd* wirken und Veränderungen erzwingen.

Bei Bewerbungen um Hochschulstellen treten Frauen seltenst gegen ihresgleichen an, sondern gegen männliche Bewerber. *Bimmer* (1983, 167) berichtet:

„Die erworbene wissenschaftliche Höchstqualifiktation (Habilitation M.S.) führt nur in 42% der Fälle zu einer entsprechenden Dienststellung – interessant wären hier Vergleichszahlen mit männlichen Habilitierten."

Frauen, die es versucht oder geschafft haben, erzählen fast übereinstimmend,

- daß ihre wissenschaftliche Leistungsfähigkeit wegen ihrer Doppelbelastung niedriger eingeschätzt wird,
- daß die Maßstäbe, die an ihre Leistungen angelegt werden, kritischer, komplexer und hochgeschraubter sind,
- daß ihnen oftmals abverlangt wird, gleichzeitig eine attraktive Frau – potentielle Partnerin – und kompetente Wissenschaftlerin zu sein, die leistungsfähiger und produktiver sein soll (vgl. *Schmerl/Bock/Braszeit* 1983, 190 f.),
- daß sie meist bis zur Promotion gleichwertig behandelt wurden bzgl. Kollegialität und Förderung,
- daß sie, als sie begannen, adäquate Positionen zu beanspruchen, wie eine ‚heiße Kartoffel' fallengelassen wurden sowohl von den Hochschullehrern als auch den Kollegen, ihre Unterstützung und Förderung schlagartig aufhörte,
- daß „sie als Frauen . . . ‚doppelt so gut sein' (müßten M. S.), . . . um ihr ‚selbstverständliches Dasein' im Wissenschaftsbetrieb ‚kämpfen (müßten M. S.) . . . weniger ernst genommen und auch nicht als wissenschaftlicher Nachwuchs betrachtet" würden (vgl. *Schmerl/Bock/Braszeit* 1983, 181).

Wer in einem Bewerbungsverfahren von einer ‚männlichen' Berufungskommission bei gleicher Qualifikation der Kandidaten gewählt wird, scheint mir ‚psychologisch' leicht vorstellbar. Die Vernetzung verschiedenster sozialer, psychosozialer und systemimmanenter Faktoren muß für die Unterrepräsentanz von Frauen im Lehrkörper der Hochschulen reflektiert und entschlüsselt werden. Ein wichtiges inneruniversitäres Instrument ist – wie Wissenschaftlerinnen immer wieder feststellen – das Reputationssystem

„. . ., das über bestehende Gruppenbildungen und Kontaktnetze männlicher Wissenschaftler aufrecht erhalten wird, und in das Frauen normalerweise nicht integriert bzw. nicht aufgenommen werden. Dieses gegenseitige Reputationssystem funktioniert durch die wechselseitige Bezugsnahme aufeinander, durch gegenseitige Förderung, wissenschaftliche ‚Zitierkartelle‘ und Schulenbildung, Hausmachten, Kommunikations- und Kontaktnetze und insbesondere durch die Macht, über Stellenvergabe und materielle Forschungsförderung zu entscheiden“ (*Schmerl/Bock/Braszeit* 1983, 172).

So vermittelt man sich gegenseitig Publikations- und Rezensionsmöglichkeiten, Gutachten für Projekte u. ä. m. Die Frauen werden selten in diese Bezüge integriert.

„Wo kein Platz für Frauen vorgesehen ist, können sie auch keinen breiten Platz einnehmen“ (*Metz-Göckel/Bock/Braszeit* 1983, 221).

Und viele der Frauen, die es dann irgendwann einmal geschafft haben, möchten bzw. vergessen schnell oder wollen an den beschwerlichen Weg und die erhaltenen Blessuren nicht erinnert werden. Sie bewerten ihren Minderheitenstatus nicht als problematisch, täten sie es, so würde das erneutes Kämpfen für sich und andere bedeuten und dafür langen die Kräfte oft nicht mehr.
Der Anteil der Frauen in höheren und gesicherten Positionen in der Hochschule ist noch so gering, daß keinesfalls davon gesprochen werden kann, daß Frauen an den wesentlichen inhaltlichen und organisatorischen Entscheidungen gleichgewichtig beteiligt sind.

„Selbst, wenn formal alle Voraussetzungen für gleiche Rechte erfüllt sind, stellt sich die Frage, inwieweit nach Art. 3 GG nicht sogar eine Verpflichtung des Staates besteht, durch positive Förderungsmaßnahmen überhaupt erst die Bedingungen für die Gleichberechtigung von Frauen zu schaffen, etwa durch besondere Frauenförderungsprogramme oder -quoten“ (*Gerhard-Teuscher* 1983, 124).

Frauen in den Universitäten – Studierende und Lehrende – sollten sich zusammentun, ihre Situation mehrperspektivisch reflektieren und sich solidarisieren, ohne zu ‚fraternisieren‘ oder niedrigere ‚weibliche‘ Anforderungen für Frauen zu stellen, sondern um sich gegenseitig zu stärken, zu ermuntern und zu fördern, um bestehende Wissenschaften ‚weiblich‘ zu durchdringen und Frauenstudien und -forschung voranzutreiben.
Zur dritten Frage: Eine m. E. wichtige und lohnenswerte Aufgabe ist die Befragung der im Hochschuldienst tätigen Frauen, um über solche

lebensgeschichtlichen Interviews und aus den Werdegängen dieser Frauen zu lernen und jungen Frauen Modelle anzubieten. Wichtige Fragen sind meiner Meinung nach:

- Wer oder was motivierte, animierte Sie, die Hochschullaufbahn einzuschlagen? (Motivation)
- Haben Sie sich bewußt für die Hochschullaufbahn entschieden oder sind sie ‚hineingerutscht'? Wann und unter welchen Bedingungen fällten Sie die Entscheidung? (Entscheidungsprozeß)
- Wie und durch wen erfuhren Sie für Ihre Entscheidung Unterstützung/Ablehnung? (Umweltreaktionen)
- Wie reagiert/reagierte Ihre nähere Umgebung – Familie, Freunde, Bekannte – auf Ihr Hochschullehrerinnendasein? (Umweltreaktionen)
- Wann, wo und welche Vorurteile begegneten Ihnen gegenüber Ihrer wissenschaftlichen Ausbildung, Ihrer Aufstiegsmotivation und Ihrer Berufstätigkeit (neben der Familie)? (Umweltreaktionen)
- Haben/hatten Sie den Eindruck, daß Sie Ihren männlichen Kollegen nicht nur formal sondern auch real gleichgestellt sind – Ausstattungen, Mitarbeiter etc.? (Gleichstellung, -behandlung)
- Haben/hatten Sie es schwerer als Ihre männlichen Kollegen? Worin lagen/liegen dieses Schwierigkeiten? Wer oder was scheint Ihnen dafür verantwortlich zu sein? (Durchsetzungsvermögen und Gleichbehandlung)
- Wie ist das Verhältnis zu Ihren männlichen und weiblichen Vorgesetzten, Kollegen und Kolleginnen? Gibt es Unterschiede? (Förderung, Kollegialität)
- Wenn es Rivalitäten gibt, wo sind sie Ihrer Erfahrung/Meinung nach stärker und warum – zwischen Frauen und Männern oder zwischen Frauen/Männern untereinander? (Rivalität, Konkurrenz)
- Gibt/gab es Konflikte und/oder Bevorzugungen, die Ihrer Meinung nach mit Ihrem Geschlecht zusammenhängen? (Sexualität/Sexismus)
- Welche Auswirkungen/Folgen hat/hatte Ihre Entscheidung für Ihr privates und öffentliches Leben? (Lebenszusammenhang)
- Was haben Sie gewonnen, was verloren und worauf haben Sie verzichtet? (Kosten-Nutzenrelation)
- Würden Sie – wenn Sie heute zurückblicken und Ihre Erfahrungen einschätzen und bewerten – nochmals diesen Berufsweg wählen? (‚Zufriedenheit')
- Was würden Sie heute auf diesem Weg anders machen und warum? (Erfahrung)
- Würden Sie einer Studentin zu dieser Laufbahn eher/gleich/ weniger intensiv raten wie einem Studenten – bei gleicher Qualifikation? (Nachwuchsförderung)
- Was würden Sie ihr/ihm mit auf den Weg geben?

Ich stelle mir vor, daß eine Klärung dieser und ähnlicher Fragen die Diskussionen über die Diskriminierung von Frauen versachlichen und kreativ befruchten könnte, weil einerseits eine solche Bedingungsanalyse die um ihre Rechte kämpfenden Frauen stärkt und andererseits Frauen aus der Gesamtgeschichte und den Soziobiographien einzelner lernen. Frauen helfen Frauen im Sinne des Sprichtwortes:

„Wenn jemand hungert und du gibst ihm einen Fisch, so wird er für einen Tag satt, lehrst du ihn das Angeln, wird er sein Leben lang satt."

Literatur

Beyer, J./Lamott, F./Meyer, B.: Frauenhandlexikon. Stichworte zur Selbstbestimmung, München 1983

Bimmer, B.: Zum Selbst- und Fremdbild von Wissenschaftlerinnen. Erste Teilergebnisse einer empirischen Studie, in: *Bock/Braszeit/Schmerl* 1983, 153–170

Bock, U./Braszeit, A./Schmerl, Ch. (Hrsg.): Frauen an den Universitäten. Zur Situation von Studentinnen und Hochschullehrerinnen in der männlichen Wissenschaftshierarchie, Frankfurt/Main/New York 1983

Bruns, B.: Nationalsozialismus, in: *Beyer/Lamott/Meyer* 1983, 203–208

Centralblatt für die gesamte Unterrichtsverwaltung in Preussen, Berlin 1908

Gerhard-Teuscher, U.: Gleichberechtigung, in: *Beyer/Lamott/Meyer* 1983, 122–126

Memorandum II des Arbeitskreises der Wissenschaftlerinnen von NRW 1984: Privilegiert – und doch diskriminiert, Dortmund 1984

Metz-Göckel, S./Bock, U./Braszeit, A.: Die neue Frauenbildungsbewegung. Darstellung der Initiativen der letzten Jahre zur Bewußtmachung und Veränderung der Situation der Frauen im Wissenschaftsbetrieb und darüber hinaus, in: *Bock/Braszeit/Schmerl* 1983, 207–229

Rebble, A. (Hrsg.): Zur Geschichte der Höheren Schule, Bad Heilbrunn/Obb. 1974

Schenk, H.: Frauenbewegung, in: *Beyer/Lamott/Meyer* 1983, 85–91

Schmerl, Ch./Bock, U./Braszeit, A.: Innenansichten vom Herrenhaus: Frauen im Gebäude der Wissenschaft, in: *Bock/Braszeit/Schmerl* 1983, 170–207

Verwaltungs- und Matrikelunterlagen des Universitätsarchivs Münster

Vorlesungs- und Fakultätsverzeichnisse/Personalverzeichnisse der Westfälischen Wilhelmsuniversität Münster WS 1907/08 bis WS 1982/83

4. Als wäre es auch unser Ort – zur Situation von Frauen an der Hochschule

Birgit Meyer

Deutschland war das letzte Land in Europa, das Frauen den Zugang zum Hochschulstudium geöffnet hat. Dies geschah zuletzt in Preußen im Jahre 1908. Frauen (und auch Männer) aus der ersten Frauenbewegung haben tatsächlich lange genug für ihr Recht auf Bildung und Ausbildung kämpfen müssen. Dennoch: auch heute, ein dreiviertel Jahrhundert später, ist der Hochschulbereich in der Bundesrepublik Deutschland immer noch fest in männlicher Hand. Dieser Zustand herrscht in den 80er Jahren ohne rechtliche Grundlage, also rechtlos, aber vielen ist er immer noch recht.

Doch auch die Gegenbewegung ist unübersehbar geworden: Frauen innerhalb und außerhalb der Institution Hochschule wehren sich gegen ihren „Minderheitenstatus": gegen Behinderungen, Vorurteile und Verweigerungen, die sie im Wissenschaftsbetrieb erfahren und die sie gern im Zustand des sogenannten „schwachen Geschlechts" halten wollen.

Bevor ich hier zu der Situation von Frauen an der Hochschule einen parteilichen Überblick gebe, muß wohl gesagt werden, daß auch Männer den traurigen Mechanismen des Hochschulbetriebes ausgesetzt sind. Auch sie erfahren die Vereinzelung in der universitären Arbeitssituation, den Leistungsdruck, die Konkurrenz und die Trennung von Hand- und Kopfarbeit, die Abspaltung des Konkreten, des Privaten im wissenschaftlichen Denkschema, auch ihnen begegnet die starre Hierarchie mit ihren starken persönlichen Abhängigkeitsverhältnissen, auch sie haben durch den Studentenstatus keine gesicherten Karriereaussichten mehr, und manche von ihnen leiden sogar.

Es geht hier aber um die spezifischen Erfahrungen von Frauen im Wissenschaftsbetrieb und wie Frauen mit ihnen umgehen. „Es wird auch durchaus keine Exklusivität von Leid reklamiert, nur eine Besonderheit und der Wille, ihr verändernd zu Leibe zu rücken. Das rechtfertigt auch die Perspektive."[1]

Das, was ich hier ansprechen möchte, gliedert sich grob in vier Teile.

Am Anfang steht eine sehr geraffte Situationsanalyse von Frauen an der Hochschule. Hier will ich zuerst auf die Lage der Studentinnen, dann auf die von Dozentinnen eingehen (das geht nicht ganz ohne Zahlenangaben, bei denen ich mich jedoch kurz fassen will). Im zweiten Teil möchte ich Veränderungsmodelle und Forderungen nach qualifizierten Verbesserungen der Ausbildungs- und Berufssituation von Frauen an der Hochschule ansprechen, wie sie bei uns – aber auch z. B. in den USA – entwickelt und z. T. durchgesetzt worden sind. Im dritten Teil geht es darum, was an den Veränderungsmodellen und Forderungen ungenügend ist, und abschließen möchte ich mit Perspektivansätzen, Forderungen und offenen Fragen.

I. Situationsanalyse

1. Die Situation von Studentinnen

Die Ausbildungssituation von Studentinnen an bundesdeutschen Universitäten ist gekennzeichnet durch widersprüchliche Tendenzen: Einerseits stellten Frauen Anfang der 80er Jahre knapp die Hälfte aller Abiturienten; die Zahl von studierenden Frauen an den Hochschulen hat sich von 1960 bis 1980 verfünffacht und ist heute auf ca. 38 Prozent angestiegen. Auch der Anstieg von erfolgreichen Studienabschlüssen nach vergleichsweise kürzerer Studiendauer als bei männlichen Kommilitonen sowie die sich in den letzten Jahren stark verringernde Studienabbruchquote von Studentinnen, stellen gegenüber den 50er und 60er Jahren eine bedeutsame Änderung in der Entwicklung des Frauenstudiums dar. Andererseits lassen sich eine Reihe von gegenläufigen Entwicklungen feststellen: So ging die Studienbereitschaft von Abiturientinnen in den Jahren 1972–1984 von 89 auf 50 Prozent zurück (bei den Abiturienten von 90 auf 67 Prozent). Nach wie vor existiert eine geschlechtsspezifische Fächerwahl: über 70 Prozent der Studentinnen sind in sprach-, geistes- und erziehungswissenschaftlichen Fächern eingeschrieben und qualifizieren sich auch Anfang der 80er Jahre eher für ein Lehramt an den „unteren“ Schulen, besonders für die Grund- und Haupt- bzw. Realschule.

An Fachhochschulen sind Frauen immer noch stark unterrepräsentiert, ebenso in naturwissenschaftlichen und technischen Fächergruppen. (Nur 14,3 Prozent in Mathematik/Naturwissenschaften, nur 4,3 Prozent in Ingenieurwissenschaften).[2]

Die beruflichen Perspektiven, auf die hin Frauen studieren, haben sich in den vergangenen Jahren außerordentlich verschlechtert: so sind

Akademikerinnen seit Beginn der allgemeinen Wirtschaftskrise in der Bundesrepublik um 1973/74 in wesentlich höherem Maße von Arbeitslosigkeit bedroht als Akademiker, bei Männern stieg die Akademikerarbeitslosigkeit in den Jahren 1981–1983 um 14 Prozent, bei Frauen um 39,8 Prozent.

Wenn Frauen sich also heute für ein Studium entscheiden, so tun sie es unter real wesentlich schlechteren Perspektiven als Männer.

Geschlechtsspezifische Unterschiede bestehen nach wie vor in der Weiterqualifikationsbereitschaft von Frauen, die trotz zunehmend erfolgreicher Studienabschlüsse nur 18 Prozent aller Doktorprüflinge stellen.

Ein Grund für die viel geringere Motivation von Frauen, sich im Wissenschaftsbereich weiterzuqualifizieren, mag die Tatsache sein, daß Studentinnen im Vergleich zu ihren männlichen Kommilitonen ihre allgemeinen Studien- und Lebensbedingungen während des Studiums als wesentlich belastender und unbefriedigender empfinden. Daher sind sie auch eher bereit, auf eine Universitätslaufbahn zu verzichten.[3]

Nach der Untersuchung von Brigitte Bauer waren Lehrerstudentinnen gegen Ende ihres Studiums zum einen viel unzufriedener mit Inhalt und Form ihres Hochschulstudiums als ihre Kommilitoninnen am Studienbeginn, und dies äußerte sich zum anderen auch in einer viel kritischeren und ablehnenderen Haltung gegenüber ihrer erziehungswissenschaftlichen Ausbildung, als es noch bei Studentinnen in den Anfangssemestern festgestellt wurde. Demgegenüber unterschieden sich die Stellungnahmen von männlichen Lehrerstudenten der Anfangs- und Endsemester nicht wesentlich im Hinblick auf ihre erziehungswissenschaftliche Ausbildung.[4]

Folgende interne und externe Faktoren für Behinderungen, die Frauen an der Universität erleben, werden in den vorliegenden Untersuchungen und Erfahrungsberichten von Studentinnen selber am häufigsten genannt:

- Anonymität und hierarchischer Aufbau der Universität, Aufstiegsorientiertheit bei Studenten, entfremdete Wissensaneignung, spezifische Leistungs- und Konkurrenzsituation, mangelnde Praxisbezogenheit sowie offensichtliche oder verdeckte Benachteiligungsstrukturen von Studentinnen führen zu dem Eindruck eines als „männlich" definierten Wissenschaftsapparates.
- Der männliche Lehrkörper an den Universitäten bietet keine positive Identifikationsmöglichkeit für Studentinnen. In der Ausbildungszeit benötigen Jugendliche besonders Orientierungen und Identifikationsangebote, die z. B. Studentinnen ermutigen könnten, wissenschaftliche Berufe zu ergreifen.
- Der männliche Lehrkörper diskriminiert Frauen im Studium aus traditioneller Voreingenommenheit. Besonders an deutschen Universitäten herrscht immer noch ein patriarchalischer Geist. So hat ein großer Teil der Professoren ein streng an traditionellen Leitbildern orientiertes Rollenverständnis verin-

nerlicht und lehnt Frauen in der Forschung schlichtweg ab. Zu diesem Ergebnis kam auch die ältere, größere und repräsentative Befragung von Professoren und Universitätspersonal von H. Anger, die allerdings aus dem Jahre 1960 stammt. Eine Professorenmeinung: „Die Frauen sind keine Forscher. Das ist für sie der falscheste Weg. Die Universität it Männersache. Die geistig arbeitende Frau verfehlt die schöpferische Absicht ... Und schauen Sie mal: die besten Professoren nehmen zu Ehefrauen nur Nicht-Akademikerinnen. Blaustrümpfe sind nicht gefragt.“[5]

- Das Verhalten männlicher Kommilitonen: In den Interviews, die *Block/Braszeit/Schmerl* an nordrheinwestfälischen Universitäten mit Studentinnen geführt haben, werden von nahezu allen Befragten Ausgrenzungstendenzen von seiten männlicher Mitstudenten festgestellt.

Nach deren Aussagen besteht offenbar ein besonderes Studienproblem von Frauen darin, im Universitätsalltag immer wieder erleben zu müssen, von Männern in Lehrveranstaltungen, in Diskussionen und Arbeitsgruppen übergangen zu werden. Darüber hinaus teilten die befragten Frauen die Erfahrung mit, daß sich oft männliche Bezugsgruppen bildeten, die automatisch Frauen ausgrenzten. Bei diesem heiklen, schwer nachweisbaren Problem erhielten die Studentinnen nach ihren eigenen Aussagen so gut wie kein Verständnis und keine Hilfe von seiten der vorwiegend männlichen Dozenten.
Andere Untersuchungen, die speziell psycho-dynamische Prozesse innerhalb des Seminargeschehens analysiert haben, stellten *Unterschiede im Sprachverhalten* von Studentinnen und Studenten fest, vor allem aber eine *geschlechtsspezifische Wahrnehmung desselben.*

- Weibliches Sprachverhalten löst bei Zuhörern andere und negativere Assoziationen aus als männliches.
  „... es gibt ... in neueren Forschungen Ergebnisse, daß bei gleichem sprachlichen Verhalten die Beurteilung negativer ist, wenn das Verhalten einer Frau zugeschrieben wird.“[6]
- *Sigrid Metz-Göckel* referiert die Ergebnisse einer Untersuchung:
  „Bei gleichen Sprechzeiten unterbrechen Männer Frauen fünf Mal häufiger. Frauen unterbrechen Männer fast nie, allerdings unterbrechen Frauen andere Frauen. D.h. Frauen werden unterbrochen, vor allem von Männern, aber auch von Frauen.“[7]
  „In einem Experiment konnte gezeigt werden, daß das Geschlecht einen wichtigen Faktor darstellt: Obwohl Studentinnen ebenso gute individuelle Lösungsvorschläge formulierten wie die Studenten, und obwohl sie während der Diskussion nicht signifikant weniger redeten als ihre männlichen Kommilitonen, so hatten sie dennoch signifikant weniger Einfluß auf die Gruppenentscheidung als die Studenten, ihre Vorschläge wurden als qualitativ weitaus schlechter eingeschätzt, sie wurden als signifikant weniger redend wahrgenommen als es dem tatsächlichen Ausmaß ihres Redens entsprach, sie wurden signifikant seltener angesprochen und schließlich waren sie als Partner für eine weitere Zusammenarbeit weniger erwünscht als Männer. Damit wird deutlich, daß zumindest in einer gemischt-geschlechtlichen Gruppe nicht nur das Ausmaß des Redens, sondern auch das Geschlecht des einzelnen Grup-

penmitgliedes seinen Status und damit seinen Einfluß auf die Gruppe wesentlich bestimmt."[8]

Die besondere Qualität von Behinderungen und Unterdrückungsmechanismen in einer patriarchalisch geprägten Gesellschaft zeigt sich dann, wenn externe Behinderungen den internen Blockierungen entsprechen, wenn Frauen selbst die ihnen entgegengebrachten Vorurteile verinnerlicht haben. So stellte *Brigitte Bauer* in ihrer Befragung von Lehrerstudenten fest, daß sich Frauen im Vergleich mit Männern im Hochschulbereich mehr *Inkompetenz* zuschreiben und größere *Unsicherheit* zeigen. Nach *Schuch/Hoffmann* erklären Studentinnen Studienerfolge eher mit äußeren und zeitlich variablen (glücklichen) Umständen oder mit außergewöhnlichem Fleiß, anstatt mit ihren eigenen Fähigkeiten und lasten umgekehrt ihre Mißerfolge eher internalen Ursachen an. Bei Studenten sei dies offensichtlich umgekehrt.
Besonders subtil und schwer zu bewältigen müssen sich heute die *widersprüchlichen* Anforderungen und Erwartungen an Frauen im Hochschulbereich auswirken. Die Studentin soll – im Zeichen scheinbarer Chancengleichheit – in der Öffentlichkeit der Universität nach vordefinierten Regeln „wissenschaftlicher Intellektualität, Abstraktheit, Objektivität und emotionsfreier Sachlichkeit, in einer Atmosphäre von Bluff, Konkurrenz und Anonymität funktionieren – Anforderungen, die ihrer weiblichen Sozialisation und „Weiblichkeit", weiblicher Identität überhaupt widersprechen."[9]
Ihr wird scheinbar Gleiches unter scheinbar gleichen Bedingungen abverlangt, nach dem Motto: „Jeder Mensch, also auch jede Frau, kann, wenn er/sie will, und sich genügend anstrengt, alles erreichen." Durch die Dominanz dieses abstrakten Gleichheitspostulats, die Ideologie vertikaler Mobilität und eines neuen Frauenstereotyps: der aktiven, intellektuell qualifizierten, leistungsstarken „Superfrau", die natürlich nichts von ihrer anziehenden Weiblichkeit verloren hat, und durch die nach wie vor eingeschränkten Handlungsmöglichkeiten von Frauen in unserer Gesellschaft, sind Frauen *strukturell überfordert.*
Die Schwierigkeit, überhaupt subtile Benachteiligungen zu erkennen und die mangelnde Transparenz der strukturellen Ursachen führen besonders bei Frauen dazu, immer wieder die eigene Person verantwortlich zu machen.
Tendenzen der Überanpassung an Leistungsnormen, die Möglichkeit der persönlichen Überforderung durch Überaktivität oder Gefühle des Versagens, des „Das schaffe ich nicht", der „negativen Selbstzuschreibungen" dürften als interne Blockierungen wirken, die die Wahrnehmung und Durchsetzung eigener Bedürfnisse und Interessen lähmen, sie bilden die nicht unwichtige subjektive Seite des Diskriminierungs-

aspekts und müssen ebenso wie die objektiven Behinderungen berücksichtigt werden.
Auffallend war, daß keine der befragten Studentinnen – und hier beziehe ich mich wieder auf die Untersuchung von *Bock* u. a. – auf jene Formen angeblichen weiblichen „Erfolgsvermeidungsverhaltens" einging, die nach klassischer Auffassung von amerikanischen Psychologinnen (*M. Horner* u. a.) als das „Vermeidung-von-Erfolg-Motiv" Studentinnen daran hindere, erfolgreiche Studienleistungen zu erbringen, weil sie dadurch als „unweiblich" gälten.[10]
Dieses sogenannte Erfolgsvermeidungsverhalten, das immer noch als möglicher Erklärungsansatz für Unterschiede in Seminarbeteiligung und Studienerfolg von Studentinnen herbeizitiert wird und seine mögliche Folge, die Leistungsverweigerung, wird partikular und individuell der einzelnen Studentin angelastet, Ursachen gesellschaftlich nicht reflektiert, mögliche positive Implikationen (vielleicht ist es sinnvoll, bestimmte Leistungen/Anforderungen nicht zu erfüllen) nicht bedacht.
Ein wesentlicher, nicht unheikler Bereich sind die Wahrnehmungsmuster sexueller Attraktivität, die Studentinnen als subtile Barriere für eine freiere und gleiche Entfaltung im Studium empfinden. Diesen Punkt möchte ich anschließend in der Situationsanalyse von Dozentinnen ansprechen, da er alle Frauen im Wissenschaftsbetrieb betrifft.

2. Die Situation von Dozentinnen

Immerhin: seit fast 80 Jahren dürfen Frauen nach langen Kämpfen in diesem Land studieren, der Nationalsozialismus mit seinem 10 Prozent Numerus clausus für Studentinnen gehört als unrühmlicher Bruch in der Heimt der Dichter und Denker offiziell der Vergangenheit an, heute gibt es fast 40 Prozent Frauen an den Hochschulen, doch lehren dürfen sie anscheinend immer noch nicht. Sonderbarerweise verschwinden Frauen spurlos nach Studienabschluß aus der Uni. Je höher und abgesicherter der Arbeitsplatz an der Hochschule, desto höher auch die Frauensterberate. Die Tatsache, daß im Jahre 1980 an bundesdeutschen Hochschulen der Frauenanteil am Lehrpersonal nur 3 Prozent (Professorinnen) bzw. 15 Prozent (im Mittelbau) betrug, zeigt, daß Frauen im allgemeinen ihren Schul- und Studienerfolg weder in eine aussichtsreiche Berufsbildung noch in Berufserfolg umsetzen können.
Wurden bei der Darstellung der Situation von Studentinnen an der Hochschule mehr oder weniger sozialpsychologische Erklärungsansätze oder interaktionspsychologische Dimensionen in der Verhaltenseinschätzung vorgestellt, die besonders den Beginn der Auseinandersetzung mit Diskriminierungen des weiblichen Geschlechts an dieser In-

stitution ausmachten, so mündet die Auseinandersetzung mit der Situation von Dozentinnen an der Uni in eine Kritik an der Wissenschaft selber und am Wissenschaftsbetrieb. Das heißt: nicht ein vermeintliches Qualifikationsdefizit, mangelnde Motivation und geringere theoretische Fähigkeiten der Frauen sind die Erklärung für die mangelhafte Repräsentanz der Frauen in der Wissenschaft, sondern die Herstellungs-, Aneignungs- und Kommunikationsstrukturen der Wissenschaft selber.

„Die Wissenschaft" – so *Metz-Göckel* höflich – „ist ein besonders sperriger Arbeitsplatz für Frauen."[11]

Der erste Grund ist in der nach wie vor bestehenden Doppelorientierung bzw. Mehrfachbelastung von Frauen zu suchen und in dem widersprüchlichen weiblichen Lebenszusammenhang, der immer noch – im Zeichen geschlechtsspezifischer Arbeitsteilung – den Frauen die Familienarbeit zuweist und damit gleichzeitig den Männern den Rücken freihält für ihre wissenschaftlichen Ambitionen. Der „normale" Wissenschaftler ist der agile, gesunde, allzeit berufsarbeitsorientierte, Streß und Anpassung nicht scheuende junge Mann, für den im Hintergrund eine Hausfrau sorgt, ob berufstätig oder nicht, ob mit oder ohne Kinder: sie erfüllt meist klaglos die gewichtigen Aufgaben einer „Karrierebegleiterin"[12], an deren Abfallprodukten, Gehalt, Prestige, Reisen sie ja auch dann und wann teilhaben darf.

Der zweite Grund liegt sicherlich bei den innerhochschulischen Mechanismen und Strukturen, die so aussehen, daß Frauen bei Stellenvergaben zurückbleiben und bei ihren Karrierewünschen zurückstecken müssen und es auch tun, egal, welche Qualifikation die vorweisen können.

Besonders *indirekte* Diskriminierungen behindern Frauen bei der Einstellungs- und Beförderungspraxis im Wissenschaftsbereich. Es muß sich dabei nicht um eine bewußte oder gezielte Nicht-Einstellung oder Nicht-Förderung von Frauen handeln, sondern eher um das lückenlose Funktionieren eines Systems, bei dem das weibliche Geschlecht einfach nicht vorgesehen ist.

Der Arbeitskreis der Wissenschaftlerinnen in Nordrhein-Westfalen[13] hat einige dieser diskriminierenden Mechanismen herausgearbeitet. Sie nennen das innerwissenschaftliche Reputationssystem, das über jeweilige männliche Gelehrtengruppen vermittelt wird und das für einen impliziten Ausschluß von Frauen sorgt. Dieses Reputationssystem zeigt sich in der Beziehungsnahme aufeinander, in der gegenseitigen Förderung, in den Zitierkartellen und im wissenschaftlichen Nepotismus.[14] Dies wird in den USA so vielsagend und so treffend das „old-boy-system" genannt.

Männer geben sich gegenseitig Hilfestellungen auf dem Karriereweg nach oben: stellen sich Gutachten aus oder vermitteln Möglichkeiten zur Veröffentlichung in meist von Männern herausgegebenen Publikationsorganen, sie schaffen Kontakte zu Verlagen und führenden Persönlichkeiten und nehmen Einfluß auf Stellenbesetzungen. Ebenso bewirken wissenschaftliche Schulenbildungen und Subkulturen, Hausmachten, Kommunikations- und Machtzentren an den Hochschulen,[15] die jeweils durch männliche Interessen, Perspektiven, Kontaktnetze, Arbeits- und Lebensvorstellungen gebildet und bestimmt werden, einen indirekten Ausschluß von Frauen.

„Diese informellen Subkulturen und die jeweiligen Hausmachten sind zwei Vermittlungsinstanzen für die Karriere, in denen Frauen keine aktive Rolle spielen, sondern allenfalls Mitläufer oder Randfiguren abgeben. Sehr selten sind Frauen im Zentrum dieser Macht oder der Informationsnetze. Nie bilden sie Mehrheiten in Kommissionen, die über Berufungen oder Stellenbesetzungen entscheiden. So wird die Sonderstellung der Frau erst gar nicht zur Kenntnis genommen und ihnen persönlich als Qualifikationsdefizit angelastet."[16]

Eine hochqualifizierte Frau, die an der Universität eine Berufslaufbahn anstrebt, wird sowieso schon als Abweichung von der Norm (der weiblichen Biographie) angesehen. Ihr ausgezeichneter Hochschulabschluß qualifiziert sie nicht etwa für eine entsprechende Position im Lehr- und Forschungsbetrieb, sondern stellt bereits selbst in manchen Augen ein Privileg dar. Auch aus diesem Grund enden viele Frauenlaufbahnen (vor Ablauf von Zeitverträgen) im Mittelbau.
Metz-Göckel betont einen weiteren Aspekt der unterschiedlichen Behandlung von männlichen und weiblichen Wissenschaftlern: Das Privileg, zu Hause von der (Ehe-)Frau unbezahlte Reproduktionsarbeit geleistet zu bekommen, führt zu erheblichen Statusvorteilen allein aufgrund des Geschlechts sowie zu einer unterschiedlichen Bewertung und Ausnutzung des Familienstatus von Männern und Frauen in ein und demselben Kontext: Insbesondere bei Stellenknappheit werden in der Hochschule, wie auch in der übrigen Arbeitswelt, männliche Kollegen als Familienväter gegen Frauen mit oder ohne Familie ausgespielt:

„Wenn es um die Besetzung einer Stelle geht, und es bewirbt sich ein Mann mit zwei Kindern, dann zieht man ihn einer weiblichen Mitbewerberin vor, weil er als Familienvater zwei Kinder zu versorgen hat. Bewirbt sich eine Frau mit zwei Kindern, dann wird sie abgelehnt, weil sie sich mit zwei Kindern angeblich nicht voll um ihren Job kümmern kann."[17]

Mütter in der Wissenschaft haben es besonders schwer. Während man in den USA beispielsweise festgestellt hat, daß Wissenschaftler mit großen Familien auch die besten Karrieren machen, weil sie von den (Ehe-)Frauen bzw. von der ganzen Familie sowohl stimuliert als auch entlastet werden, gilt gerade das Gegenteil bei Wissenschaftlerinnen mit großen Familien. Die wenigsten von ihnen haben eine männliche Hilfe oder einen Hausmann zur Verfügung und Bedienung. Die meisten Frauen streben diesen Zustand der umgekehrten Arbeitsverteilung wohl auch nicht an. Es geht ja nicht um Umkehr, sondern um Aufhebung der geschlechtsspezifischen Arbeitsteilung. „Tatsache bleibt, daß für Frauen die Privilegien in der Wissenschaft mit vielfältigem Verzicht verbunden sind, die sie bei der Überlegung – weitermachen oder aussteigen – einkalkulieren müssen.“[18]

„Es wird den Frauen zunehmend klar, daß für sie in den Wissenschaften nicht die freie Wahl zwischen Alternativen, sondern der Zwang zur Entscheidung besteht, und diese Entscheidung (entweder Familie und Kinder oder Wissenschaft) ist für viele Frauen eine Entscheidung zwischen Verlusten, eine Entscheidung, wie sie in dieser Form für den Mann nie besteht. Diese von Frauen in hochqualifizierten Berufen geforderten Anpassungsleistungen an scheinbar so bewährte Standards werden von den Frauen zwar zunehmend vollzogen aber ebenso hart kritisiert oder auch als nicht nur frauenfeindlich, sondern auch als lebensfeindlich verweigert.“[19]

Fassen wir die Aussagen von Wissenschaftlerinnen zusammen, die in der vorliegenden Literatur gemacht worden sind, so werden folgende Diskriminierungen am häufigsten genannt:

1. Frauen müßten in ihrer wissenschaftlichen Arbeit grundsätzlich besser und überzeugender sein als Männer, um überhaupt Anerkennung zu finden und bei Stellenvergaben berücksichtigt zu werden.
2. Frauen werden allein aufgrund der *Möglichkeit,* Kinder zu bekommen, von wissenschaftlichen Berufsperspektiven ausgeschlossen, weil man annimmt, durch ihr dadurch bedingtes und für selbstverständlich genommenes Ausscheiden aus dem Wissenschaftsbereich sei die Kontinuität von Arbeits- und Forschungszusammenhängen gefährdet.
3. Mütter in der Wissenschaft werden durch die hohen Leistungs- und Legitimationsanforderungen an den Universitäten unter Druck gesetzt, da die Anforderungen des Familienbereichs nur unter zusätzlichen Organisationsleistungen und unter hohen persönlichen Kosten zu bewältigen sind (solange sich an der geschlechtsspezifischen Arbeitsteilung noch nichts verändert hat).
4. Für Frauen gelte immer noch das Vorurteil, sie seien weniger ‚innovativ‘ in der Wissenschaft, sie seien weniger zum wissenschaftlichen Arbeiten geeignet und würden sich lieber mit nicht so abstrakten Gegenständen beschäftigen wie ihre männlichen Kollegen.
5. Die innerwissenschaftliche Bewertungshierarchie orientiert sich mehr an Vorzeigbarem in der Forschung als in der Lehre. Die Menge der Veröffentlichungen, die Anzahl der Kongreßteilnahmen, die Liste der Auftritte in Berufsverbandsgremien werden auf der Reputationsskala höher rangiert als das besonders von weiblichen Hochschullehrern betonte überdurchschnittliche Engagement in den Lehrveranstaltungen.
6. Diskriminierung aus Angstabwehr: Frauen in der Wissenschaft werden natürlich auch als unglaublich stark und bedrohlich wahrgenommen. Die Notwendigkeit höherer Qualifikation und starken Durchsetzungsvermögens, um

überhaupt in den Wissenschaftsbetrieb zu kommen, ist ja auch den männlichen Studenten und Kollegen bekannt. Kompetente Frauen wirken tendenziell bedrohlich. *Herrad Schenk* weist darauf hin, daß Kompetenz nicht nur ein wichtiger Bestandteil des männlichen Stereotyps, sondern auch des männlichen Selbstbewußtseins ist, und daß dieses empfindlich berührt wird, wenn eine Frau einem Mann im Wettbewerb überlegen ist.[20]

7. Frauen werden in der Wissenschaft, wie an anderen Arbeitsplätzen vermutlich auch, mit einem doppelten Maßstab gemessen, indem sie, zum Beispiel in exponierten Situationen vor einem meist männlich besetzten Kollegenkreis, zuerst immer über ihre äußere Erscheinung als Frau, über ihr Aussehen wahrgenommen werden und erst in zweiter Linie als Wissenschaftlerin. In vielen Fällen wurde auch die sexuell-erotische Komponente erwähnt, die in der Beziehung zwischen Dozentinnen und männlichen Kollegen oder Vorgesetzten negativ eine Rolle spielen kann: das Spektrum reicht von anzüglichen Bemerkungen über mehr oder weniger deutliche Annäherungsversuche bis zu der Erwartung von sexuellen Gegenleistungen für die Begutachtung oder Förderung der eigenen wissenschaftlichen Arbeit.[21]

Während auch Studentinnen die Wahrnehmung über ihre äußere Erscheinung und die Beurteilung ihrer sexuellen Attraktivität als beeinträchtigend empfanden, schienen sie darüber keine negativen Konsequenzen für die *fachliche Leistungsbeurteilung* erfahren zu haben. Vielleicht hat man sich heute an die zahlreiche Präsenz von Studentinnen gewöhnt – das Klischee der 50er und 60er Jahre vom „geschlechtslosen Arbeitstier" oder vom „arbeitslosen Geschlechtstier" ist auf dieser Ebene jedenfalls verschwunden.
Bei Dozentinnen andererseits scheint die Komponente der Attraktivität aber viel wahrscheinlicher in berufliche Nachteile umzuschlagen. Dies geschieht dann zumeist in Form von Negativurteilen ihres wissenschaftlichen Niveaus und von direkten Diskriminierungen bei wissenschaftlicher und beruflicher Förderung.

„Dies ist mit ziemlicher Sicherheit auf die heute bestehende Konkurrenz zu männlichen Kollegen um Stellen, aber auch um wissenschaftliche Eigenständigkeit und Originalität zurückzuführen, wie sie bei den Studentinnen aufgrund des dort klaren Statusgefälles zu den meist männlichen Dozenten sich nicht ergibt. Mit Sicherheit spielt hier aber auch die größere Seltenheit von Frauen eine Rolle, d.h. daß sie auf dieser Stufe als „Exoten" stärker auffallen und somit kritischer wahrgenommen werden als die „normalen" männlichen Kollegen."[22]

Arlie Hochschild, amerikanische Historikerin an der Elite-Universität Berkeley, nannte bereits 1972 zwei Hindernisse für Frauen in akademischen Berufen: die „Entprofessionalisierung" („de-professionalisation": „Sie ist so erfolgreich, weil sie so gut aussieht") und die „Entweiblichung" („de-feminization": „Sie schreibt wie ein Mann").[23]
Welche Folgen diese doppelseitige Entwertungsmedaille haben kann, beschreibt *Angelika Wetterer* in ihrem Resümee einer neueren Untersuchung an der Universität Freiburg mit dem vielsagenden Titel: „Nein,

selbst beworben hätte ich mich nie! Zum Sebstverständnis von Wissenschaftlerinnen."[24]
Gegen negative Zuschreibungen müssen alle Frauen im Hochschulbereich angehen, wenn sie Erfolg haben wollen.
Als Voraussetzungen für den Erfolg im Universitätsbetrieb nennen viele Wissenschaftlerinnen selber „eine bestimmte Art von Zielstrebigkeit, Selbstbewußtsein, geradlinige Entschlossenheit, die zumindest teilweise von äußeren Konventionen und traditionellen ‚Weiblichkeits'-Stereotypen sich lösen muß" (Beck–Gernsheim). Darüber hinaus fordern aber immer mehr Frauen die Anerkennung und Einbeziehung von Eigenschaften und Werten, die den „weiblichen Lebenszusammenhang" prägen.

II. Veränderungsmodelle und Veränderungsforderungen

Wenn wir den Zeitraum der letzten zehn Jahre überblicken, so ist nicht zu übersehen, daß Frauen aus dem Wissenschaftsbetrieb, aus dem Umfeld der Frauenbewegung, aus Frauengruppen und -zentren bereits angefangen haben, die Situation ihrer Benachteiligung im Bildungsbereich auf die vielfältigste Art selbst zu verändern. Initiativen und autonome Organisationen wie das Frauenforschungs-, Bildungs- und Informationszentrum in Berlin, Vereine „Frauen lernen gemeinsam", „Frauenstudien" in München, die „Frauenakademien", Frauenbildungs- und ferienhäuser und die Initiative für ein autonomes Frauenforschungsinstitut in Köln sind u. a. entstanden, neben verschiedenen Vereinsgründungen, der Sektion Frauenforschung in der Deutschen Gesellschaft für Soziologie, dem Kölner Verein Sozialwissenschaftliche Forschung und Praxis für Frauen, den Arbeitskreisen von Wissenschaftlerinnen und einer Vielzahl von Frauengruppen.
Im studentischen Bereich gibt es Frauenreferate und den Projektbereich Frauenpolitik im VDS, Ringvorlesungen in verschiedenen Städten, das „Frauenforum im Revier" und vieles andere mehr. Ein Sammelpunkt für Gruppen und Projekte und als inhaltlicher Austausch und Ausdruck der Frauenbewegung ist seit 1976 die Berliner Sommeruni. All diese Aktivitäten bilden im Wissenschaftsbereich die Basis für Frauenstudien und Frauenforschung.
Darüber, wie *Frauenstudien und Frauenforschung* inhaltlich, methodisch und organisatorisch angelegt sein sollten, wird lebhaft diskutiert. Unverkennbar ist, daß es um eine qualitative Veränderung von Lehre und Forschung *an den Hochschulen* selbst gehen soll – und auch muß. Frauenforschung heißt aber auch, die Perspektive des Opfers zu verlas-

sen. Frauen sind eben nicht nur Objekte der gesellschaftlichen Verhältnisse, sondern Subjekte. Sie sind auch Täterinnen und z. B. auch Unterstützerinnen all der Strukturen, die ich für den Wissenschaftsbereich gekennzeichnet habe.[25]

Lehrpläne sollen auf frauendiskriminierende Inhalte überprüft werden, wobei auch das Verschweigen frauenspezifischer Problemlagen als Diskriminierung anzusehen ist. Andere Lehr- und Lernformen sollen die Arbeits- und Lebenserfahrungen von Frauen in den Mittelpunkt rücken.

Frauenforschung hat den Anspruch, und ich glaube, dies kann trotz unterschiedlicher Schwerpunktsetzung als konsensfähig gelten, zum einen alle gesellschaftlich relevanten Themen auch als Frauenthemen zu reformulieren und darüber hinaus im Wissenschaftsprozeß selbst bewußt von der gesellschaftlichen Unterdrückung der Frauen auszugehen und ebenso bewußt und parteilich auf die Abschaffung dieser Unterdrükkung hinzuwirken. Frauen, die Frauenforschung betreiben, sind dabei sowohl Betroffene, „die diese Unterdrückung in irgendeiner Weise selbst erfahren haben, und gleichzeitig Forschende, die sich wissenschaftlich mit dieser Unterdrückung und den Möglichkeiten ihrer Aufhebung befassen“ und dabei bewußt Parteilichkeit praktizieren.[26]

Eine weitere Kategorie für Frauenforschung ist nach *Heide Göttner-Abendroth* „die Rückvermittlung in den sozialen Zusammenhang. Hier werden von vornherein verschiedene Umsetzungsformen von Theorie und Praxis mitgedacht, weil es nicht nur *eine* Praxis der Befreiung von Frauen gibt. Es geht hier um die Entwicklung von Strategien zur politischen Durchsetzung der intuitiv und wissenschaftlich reflektierten Erkenntnis, daß Frauenunterdrückung existiert und abgeschafft werden muß. Dies leisten Praxistheorien, die nun in der Tat nicht in Forschungsinstitutionen entstehen können, sondern in der handelnden Auseinandersetzung mit den unterdrückten Mechanismen selbst.“[27]

Das heißt auch, daß die starren Grenzen zwischen Theorie und Praxis, von Forscherinnen und Beforschten, von Kopf- und Handarbeit, von wissenschaftlich Ausgebildeten und Nicht-ausgebildeten überwunden werden soll.

„Kern und Ausgangspunkt der Frauenforschung war die Erforschung der Erfahrungen und Lebensbedingungen von Frauen durch Frauen. Darin verwurzelt sind die kritische Patriarchatsforschung, zu der auch Männer beitragen, sowie die selbstbewußte Auseinandersetzung von Wissenschaftlerinnen mit ihrem Fach, auch ohne inhaltlichen Bezug auf Frauen. Der doppelte Bezug des Begriffs Frauenforschung auf Subjekt und auf Inhalt ist keine Festlegung sondern Bewegung. Ihr Ziel ist keine „weibliche Wissenschaft“, sondern der Ausbruch aus jenem Diskurs, worin Geschlechterpolarität und die daraus abgeleiteten Gegensatzpaare und Macht-Ohnmacht-Verhältnisse fortgeschrieben werden.“[28]

Die Mehrheit der Frauen, die sich über die Frage der *Institutionalisierung* von Frauenforschung auseinandergesetzt hat, fordert diese Institutionalisierung erstens „im Zusammenhang eines Netzes autonomer Projekte, die als Kooperations- und Diskussionspartner gleichzeitig die Kontrolle über die Anpassung an die vorgegebenen Institutionen übernehmen und *zweitens* weil die bestehenden wissenschaftlichen Institutionen als Machtzentren in ihrem Rahmen auch mit anderen Ansprüchen konfrontiert werden sollen.“[29]

Den Frauen geht es bei der Forderung nach Institutionalisierung von Frauenforschung

- um eine wissenschaftliche und praktische Aufarbeitung und Neubestimmung der Frauenfrage in unserer Gesellschaft und im internationalen Zusammenhang.
- um eine damit verbundene Wissenschaftskritik, die in Theorie und Forschungsmethodologie die Arbeit von Frauen unzureichend bestimmt, ideologisch behandelt und großenteils überhaupt nicht erfaßt hat. „Eine Theorie der Gesellschaft ist falsch, wenn die Arbeit und Probleme der Hälfte dieser Gesellschaft in ihr keinen angemessenen Ausdruck findet“ (*Metz-Göckel*). Ihnen geht es um eine forschungspraktische Konzeption, die in die soziale Bewegung der Frauen eingebunden ist und im Kampf mit den betroffenen Frauen folgenreiche subjektive und objektive Veränderungen einleitet.
- um eine Bereitstellung und Sicherung von bezahlten Arbeitsplätzen für Frauen in autonomen Projekten, in Forschung, Lehre und Weiterbildung und *auch* um Aufstiegsmöglichkeiten von Frauen in die Hochschullehrerränge.

Frauen fordern die Anerkennung der aus der Mutterschaft resultierenden besonderen gesellschaftlichen Arbeitsleistung der Frau und die Freiheit der Entscheidung für Beruf *und* Familie. Dabei spielt die Sehnsucht nach einem weiblichen Leben eine Rolle, wo der Widerspruch zwischen dem weiblichen Lebenszusammenhang und Wissenschaft aufgehoben ist, deshalb aufgehoben ist, „weil ‚Leben erhalten‘ das Grundprinzip aller Lebensäußerungen (sein sollte), damit auch von Wissenschaft und jeder Art menschlicher Arbeit.“[30]

Breit diskutiert wird zur Zeit auch die Forderung nach einer quantitativen Erhöhung des Frauenanteils am wissenschaftlichen Hochschulpersonal, die sogenannte *Quotierungsforderung,* die u.a. vom Arbeitskreis der Wissenschaftlerinnen an den Hochschulen Nordrhein-Westfalens erhoben wird aber auch schon Eingang in Frauenförderpläne gefunden hat (z.B. in Hamburg).

Die *Quotierungsforderung* zielt auf eine geschlechtsparitätische Besetzung aller Positionen an der Hochschule bei gleicher oder ausreichender Qualifikation, das heißt, bei allen Neubesetzungen müßten Frauen vorrangig berücksichtigt werden. Dies wird auch als *positive Diskriminierung* bezeichnet. Unterschiede werden zwischen starren Quoten und Quoten als Zielvorgabe, sowie mit Leistungsbezug gemacht. Gefordert wird ebenfalls, daß bei Nichteinstellung einer Frau die dafür ausschlaggebenden Gründe offen gelegt werden müssen (Gremien- und Berufungskommissionen sollen sowieso grundsätzlich paritätisch besetzt sein), und die Beweislast der Nichtdiskriminierung solle beim Arbeitgeber liegen.[31]

„Zur Sicherung der Durchführung der Forderungen sei an jeder Hochschule eine zentrale Kontrollkommission zu bilden, die in der Majorität mit Frauen zu besetzen ist.

Diese Kommissionen haben u. a. das Recht

- zur Überprüfung der Einhaltung der von den Hochschulen erstellten Aktionsprogramme,
- zur Beratung und ggf. Unterstützung der Frauen, die sich auf Grund des Verdachts der Diskriminierung bei Übernahme- bzw. Berufungsverfahren und Einstellungen an die zentrale Kontrollkommission wenden,
- auf Einblick in Akten bei Berufungs- und Übernahmeverfahren,
- auf Durchführung von Untersuchungen bei Ablehnungen und Unterstützung individueller Klagen (Erhebung von Klage) beim Verdacht der Diskriminierung von Frauen."[32]

Befürworter der Quotenregelung, fortschrittliche Verfassungsrechtler u. a. machen geltend, daß der Staat für die Verwirklichung der Grundrechte, die ja auch *Teilhaberechte* am gesellschaftlichen und staatlichen Leben gewährleisten sollten, Sorge zu tragen habe.

„Bei unterschiedlichen faktischen Ausgangspositionen innerhalb der Bevölkerung bedeutet dies eine *Verpflichtung des Staates,* über positive Förderungsmaßnahmen bisher benachteiligter Gruppen diesen erst einmal faktisch gleiche Partizipationschancen einzuräumen, die es dann erlauben würden, ohne Ansehen der Person resp. des Geschlechtes alle Staatsbürger ‚gleich' zu behandeln" (*Hohmann-Dennhardt*).

Gegen die Quotenforderung werden vor allem juristische – verfassungsrechtliche – Bedenken angeführt: mit Art. 3 II und Art. 12 GG wird auf die daraus resultierende Benachteiligung anderer Arbeitnehmer hingewiesen und mit Art. 2 und 14 GG auf die nicht zulässige Einengung des Aktionsradius der Arbeitgeber sowie die staatliche Verpflichtung auf Art. 33 Abs. 2 GG, beim Zugang zum öffentlichen Dienst nur Eignung und Leistung als Auswahlkriterien anwenden zu dürfen. Vor allem für den Hochschulbereich gilt das Leistungskriterium als bestes Abwehrinstrument der Quotenforderung und impliziert tatsächlich eine Fülle von Problemen.

Die Quotenforderung wird nach ausländischem, besonders amerikanischem Vorbild gestellt, wo seit Ende der 60er Jahre per Gesetz die Benachteiligung von Minderheiten und Frauen verboten ist, und staatlich bezuschußte Institutionen zu sog. „affirmative actions" verpflichtet sind, das heißt, aktiv Förderungsprogramme zu entwickeln und umzu-

setzen, die unter anderem auch Quotenregelungen als Zielvorgaben in der Einstellungs- und Beschäftigungspraxis festlegen.
Der Hinweis auf amerikanische Erfahrungen mit „affirmative action"-Programmen wird gern von hiesigen Gegnern aller Quotenregelungen oder legislativen Förderungsmaßnahmen für Frauen (Antidiskriminierungsgesetz) angeführt, und deshalb erscheint es mir wichtig, an dieser Stelle etwas ausführlicher auf die amerikanischen Auseinandersetzungen einzugehen.
In den USA ist die Diskussion um affirmative action im Moment an einem Punkt angelangt, wo fast alle – selbst ehemalige Befürworter – zweifelnd bis ablehnend geworden sind.
Der Einwand, der die breiteste Unterstützungsfront gefunden hat (und die einflußreichste), wird unter der Formel „reverse discrimination" zusammengefaßt:[33]

1. Der junge weiße, amerikanische Mann aus der Mittelschicht müsse nun schuldlos für jahrhundertelange Diskriminierungen bezahlen, aber nicht die, die aufgrund von Diskriminierungen in ihre Posten gekommen sind, und
2. man bekämpfe Diskriminierungen mit demselben Mittel: mit Diskriminierungen, nur diesmal des weißen Mannes.

Die vielen als skandalös anmutende Parteinahme für mehr Frauen auf Ausbildungs- und Arbeitsplätzen und die Folge, daß bei gleicher Befähigung Männer auch mal unberücksichtigt bleiben, sieht man nicht etwa als längst überfälligen Versuch einer „Wiedergutmachung" oder als Abbau von zugefügten Diskriminierungen oder Defiziten. Im Gegenteil: das liebgewonnene Selbstbild der amerikanischen Mittelklasse spiegelt sich weiter gern die Vision einer Gesellschaft vor, in der alle, wenn sie nur wollen und tüchtig sind, den gelobten Weg vom Tellerwäscher zum Millionär gehen können.
Das vor allem auf Forderungen schwarzer Amerikaner aus der Bürgerrechtsbewegung der 60er Jahre antwortende „affirmative action"-Programm hatte ja zunächst ein sehr bürgerliches Ziel: nämlich die formalen Zugangsmöglichkeiten zur Herstellung von mehr Chancengleichheit (z. B. Zugang zu einer besseren Ausbildung/zu den Gewerkschaften) erst zu verwirklichen.
Wenn man nun, wie konservative Kritiker es tun, bereits die Notwendigkeit einer Herstellung dieser Zugangsmöglichkeiten negiert, weil in einer liberalen Gesellschaft scheinbar alle Menschen bereits gleiche Chancen innehätten, dann scheinen Förderungsmaßnahmen allerdings nicht notwendig zu sein, sie scheinen, im Gegenteil, erst Ungleichheit herzustellen. Bei einem wachsenden Bewußtsein allerdings um die offene – öfter noch verdeckte – Benachteiligung von Frauen sticht dieser Einwand nicht mehr.

Eine vor allem aus dem Hochschulbereich selber kommende Kritik sieht die „Autonomie der Wissenschaft“ und das „Prinzip der Besten“ gefährdet. Dieser Einwand hätte m. E. stets gelten müssen und nicht erst jetzt, wo das „old-boy-system“ angekratzt wird. Also, was man hier befürchtet, nämlich daß außerwissenschaftliche Maßstäbe bei der Einstellung und Beförderung von Wissenschaftlerinnen berücksichtigt werden könnten, war und ist bei uns stets (un-)gute Sitte. – Wer hätte dieses Argument aus demselben Munde bei der Besetzung von Konkordatslehrstühlen je vorgenommen? – Auch in Zeiten des Hochschulrahmengesetzes kann von „autonomer“ Wissenschaft nicht die Rede sein. Nebenbei bemerkt: Mittlerweile gibt es genügend Frauen, die sich durch beste wissenschaftliche Leistungen qualifiziert haben. Das Argument: „Es gibt ja keine habilitierten/promovierten Frauen“ sticht nicht mehr. Man(n) muß sie nur suchen und finden wollen.
Zu anderen Einwänden, z. B. daß Diskriminierungen auf anderen Ebenen („supply“) nicht abgeschafft worden seien (Erziehung, psychologische Ebene: Vorurteile usw.), oder daß man nun zwar nicht mehr so unverhüllt aber dennoch weiter, nur subtiler, Frauen diskriminiere, kann man nur sagen, daß sie teilweise berechtigt sind.
In den USA scheint die Vorstellung verbreitet gewesen zu sein, mit legislativen Mitteln seien alte, tief verwurzelte Mechanismen der Geschlechtshierarchie einfach abschaltbar.[34] Daß dem nicht so ist, und daß quantitative Veränderungen als bloße äußere Eingriffe abgetan werden können, wird langsam auch den ehemaligen Reformern bewußt. Solange Geschlechtsklischees die Erziehung in der Familie oder – um nur das Augenfälligste zu nennen – die Werbung, die gesamte Ausbildungs- und Arbeitswelt prägen, können Gesetze das Problem Diskriminierung kaum grundlegend von heute auf morgen ändern, allenfalls können sie einen Bewußtseinsprozeß in Gang bringen. Und das ist immerhin schon ein Schritt in die richtige Richtung, der getan werden muß.

III. Was an den hiesigen Veränderungsvorstellungen und -forderungen ungenügend ist

Die Gefahr einer Institutionalisierung von Frauenstudien und Frauenforschung kann natürlich darin bestehen, daß sich Arbeitsformen einstellen, die den eigentlichen Forderungen von Frauenforscherinnen zuwiderlaufen. Hierzu zählen: die Entwicklung von fachlichen und arbeitsrechtlichen Hierarchien, Arbeit unter Legitimationszwang, unter Zeit- und Finanzdruck oder die Rechtfertigung vor einer professionalisierten Öffentlichkeit.

Schließlich müssen wir in Rechnung stellen, daß durch die Einführung von Frauenstudien die Frauenthemen leichter von anderen Fachbereichen abgewiesen werden können, in die sogenannte „Frauenecke", oder daß ein Gewöhnungseffekt eintritt und mit Benennung der Probleme auch bereits deren Erledigung geschlußfolgert wird.
Ebenso gefährlich wäre, wenn eine Anpassung an die gegebene Wissenschaftsorganisation mit Klausuren, Examina, Expertinnen, Hierarchien, also eine formale Anpassung, auch eine inhaltliche nach sich zöge.
Auch eine Überlegung wert ist die Frage, ob eine Absolventin mit Abschluß in woman's studies eventuell nicht noch größere Probleme bei der anschließenden Arbeitsplatzsuche haben wird. Die gerade angesprochene Segmentierung und Marginalisierung von Frauenforschung an den Hochschulen und anderen Institutionen der Erwachsenenbildung ist sicher eine große Gefahr. Die Themen der Frauenforschung stehen quer zu den herkömmlichen Fächerabgrenzungen, und daher haben ihre Inhalte, ihre analytischen Zugänge und Methoden aber auch ihre Wissenschaftskritik Anspruch auf Berücksichtigung in jeder Disziplin.
Langfristig hielte ich es auch für einen Fehler, wenn wir in der zukünftigen Entwicklung von Frauenforschung der gegenwärtigen Ausgrenzung von Frauen aus der patriarchalen Wissenschaft den weiteren strengen Ausschluß der Männer aus Frauenforschungskontexten entgegensetzten. Heute sind Vertreterinnen der Frauenbildungsbewegung selbstbewußt und offensiv genug (oder sollten es sein!), um sich Verbündete auch in den Reihen der Männer in Wissenschaft, Kultur und Politik zu schaffen und sie sich zunutze zu machen und sich gegen falsche Vereinnahmungsversuche zur Wehr setzen zu können.

IV. Perspektiven und offene Fragen

In Zeiten des definitiven Endes der sozialdemokratischen Bildungspolitik und des Hochschulausbaus, in Zeiten von Stellenstreichungen sollten wir uns über die Chancen der Forderungen nach paritätischer Präsenz von Wissenschaftlerinnen an den Hochschulen keine Illusionen machen, aber auch nicht blind sein gegenüber realisierbaren Verbesserungen.
Die strukturelle Verengung des Arbeitsmarktes, die Tatsache, daß es immer weniger Erwerbsarbeitsplätze für immer weniger Menschen gibt und geben wird, und die Tatsache, daß der Kampf um Stellen für Akademiker härter geworden ist und Frauen als erste ins Abseits bringt,

kann nur heißen, daß wir Veränderungen *mehrgleisig* fordern und durchsetzen müssen.
Wir können heute von einem neuen Selbstbewußtsein ausgehen: Im Gegensatz zur ersten Frauenbewegung hat die zweite Frauenbewegung ein klassisches Ziel für eine breite weibliche Bevölkerung erreicht: das der Bildung. Heute gibt es keine winzige geistige Frauen-Elite, die verdrängbar wäre, neben einer Masse der Nicht-Gebildeten, sondern Bildung erscheint in unseren Tagen als Bürgerinnen-Gut bereits gesichert und wirkt als Herausforderung an den Staat und an die Gesellschaft zurück.
Die große Zahl hochqualifizierter Frauen schafft einen historischen Druck, dem man nicht mehr ohne weiteres ausweichen kann. Keine Nation wird es sich mehr leisten können, diesen Reichtum weiterhin zu vergeuden. Gewachsene Ansprüche der Beteiligten und gestiegene Anforderungen einer immer komplexer werdenden Umwelt erfordern die volle Ausschöpfung dieses qualitativen Potentials.
In diesem Zusammenhang müssen aber auch Veränderungen in der herkömmlichen Berufs- und Arbeitsplatzstruktur geschaffen werden, um gesamtgesellschaftlich eine angemessene und akzeptablere Verteilung der Arbeit zu erreichen. Möglichkeiten der Arbeitszeitverkürzung, die Frauen *und* Männern Gelegenheit geben, sowohl außerhäuslich erwerbstätig zu sein als auch familienbezogen Arbeit zu Hause zu erledigen, sollten auch für den Hochschulbereich durchsetzbar sein.
Ein nachahmenswertes Modell der Arbeitszeitverkürzung, das gleichzeitig Arbeitsplätze schafft, ist der Verzicht von zwei Berliner Professoren auf je ⅓ ihrer Stellen und die daran gekoppelte Neubesetzung der ⅔-Professorenstelle mit einer Frauenforscherin.
Besonders die völlig überlasteten (und darüber nicht wenig klagenden) Lebenszeit-Professoren sollten und könnten Lehrdeputate abgeben oder Möglichkeiten erhalten wie in den USA, regelmäßig unbezahlte Freisemester (Sabbaticals) zu verbringen gegen befristete Einstellung des wissenschaftlichen Nachwuchses.
Die momentane minimale Repräsentanz von Frauen im Mittelbau ist auch noch dadurch gefährdet, daß die meisten von ihnen auf befristeten Stellen sitzen. Hier geht es vorrangig um die Bewahrung des Erreichten, indem spezielle Förderungen von Frauen und insbesondere von Müttern geschaffen werden, damit die nächsten Studenten- und Studentinnengenerationen sich nicht in einen Herrenclub zurückversetzt fühlen. Zu denken wäre an Verlängerungsmöglichkeiten bzw. an Entfristungen von Zeitverträgen, Freistellung während der Erziehungszeiten von Kindern und vor allem an die Aufhebung von Altersgrenzen bei Einstellungen.

Darüber hinaus ist die Forderung nach Frauenquoten an den Hochschulen – auch wenn wir um deren Probleme wissen – dennoch das zur Zeit wichtigste Instrument zur Durchsetzung der im Grundgesetz garantierten Gleichberechtigung von Mann und Frau. Es werden damit keine Privilegien für Frauen geschaffen, sondern bislang vorenthaltene Rechte endlich eingelöst. Der gute Wille allein reichte dafür bislang nicht aus, und das „Prinzip der Besten" wäre in der Wissenschaft bei qualifikationsbezogenen Quoten keineswegs gefährdet.
Die gegenwärtige Lebensfeindlichkeit des Arbeitsbereichs Hochschule, die berufliche Vereinzelung der Individuen, der harte Konkurrenzkampf um Pfründe und Prestige, die feudalen Strukturen, all das ist auch eine Folge des Ausschlusses von Frauen.
Durch mehr Frauen im Hochschulbetrieb und durch die Anerkennung des weiblichen Lebenszusammenhanges müßten sich Berufe, und dazu gehört auch die Wissenschaft, im Prinzip, in Struktur, im Zeitmaß, in Einstellungsvoraussetzungen, in Entlohnungsprinzipien, Aufstiegschancen grundlegend ändern, damit Männern und Frauen Raum gegeben wird für ein Leben in vielen Bereichen.
Die neue Frauenbildungsbewegung hat zahlreiche unkonventionelle Wege beschritten und in die Richtung gewiesen, wo Erkenntnis und Praxisbezug der Wissenschaft durch die Einbeziehung des „zweiten" Geschlechtes erst die Annäherung an die Maxime wirklicher Universalität erreicht. Das ist eine Hoffnung, die eingelöst werden muß!

Anmerkungen

1 *Braunmühl, C. von:* Frauen im Wissenschaftsbetrieb, Wahrnehmungen und Überlegungen, in: Gesellschaft, Beiträge zur Marxschen Theorie 14, Frankfurt 1981, 188.

2 *Bock, U./Braszeit, A./Schmerl, C.* (Hrsg.): Frauen an den Universitäten. Zur Situation von Studentinnen und Hochschullehrerinnen in der männlichen Wissenschaftshierarchie, Frankfurt/New York 1983.
Bock, U./Braszeit, A./Schmerl, C.: Frauen im Wissenschaftsbetrieb. Dokumentation und Untersuchung der Situation von Studentinnen und Dozentinnen unter besonderer Berücksichtigung der Hochschulen von Nordrhein-Westfalen, Weinheim und Basel 1983. Alle Zahlenangaben sind – falls nicht anders ausgewiesen – dieser Studie entnommen.

3 *Bauer, B.:* Praxisbezug und Berufsvorbereitung im erziehungswissenschaftlichen Grundstudium – Rückmeldungen von Studierenden einer pädagogischen Hochschule, Diss., Dortmund 1977.

4 *Bauer, B.:* Zum „Differentiellen Effekt" des Lehrerstudiums, einige empirische Ergebnisse zur weiblichen Sozialisation an der Hochschule, in: *Metz-Göckel, S.* (Hrsg.): Frauenstudium. Zur alternativen Wissensaneignung von Frauen, Hamburg 1979.

5 Zitat bei *Schmidt-Harzbach, I.:* Studentinnen und Dozentinnen an deutschen Hochschulen, in: Frauen und Wissenschaft, Berlin 1977, 48.
6 *Trömel-Plötz, S.:* Frauensprache in unserer Welt der Männer, Konstanz 1980, 5.
7 *Metz-Göckel, S.:* Feminismus an der Hochschule. Erfahrungen und Überlegungen zur Arbeitsform in Frauenseminaren, in: *Metz-Göckel, S.* (Hrsg.), s. Anm. 4, S. 65.
8 *Sollwedel, A.:* „Du redest wie ein Mann!" Ursachen und konkretes Zustandekommen weiblicher Diskriminierung an der Hochschule, in: *Soden, K. von/Zipfel, G.* (Hrsg.): 70 Jahre Frauenstudium, Frauen in der Wissenschaft, Köln 1979, 128.
9 Psychologinnengruppe München, Spezifische Probleme von Frauen und ein Selbsthilfe-Ansatz, in: *Keupp, H./Zaumseil, M.* (Hrsg.): Die gesellschaftliche Organisierung psychischen Leidens, Frankfurt 1978, 226.
10 *Horner, M. S.:* Sex differences in achivement motivation and performance in competitive and non-competitive situations, Michigan 1968; *Horner, M. S:* The motive to avoid success and changing aspirations of collage woman, Harvard 1970.
11 S. Anm. 7.
12 Vgl. die selbstironische Satire von *Gummert, M.:* Rede einer selbstbewußten Professorenfrau. Ein Dokument, in: Kursbuch 58/1980.
13 S. Memorandum und Dokumentation zur Sitation von Wissenschaftlerinnen an den Hochschulen von NW und Vorschläge zu ihrer Verbesserung.
14 Gute, zusammenfassende Darstellung dieser Mechanismen geben *Bock, U./Braszeit, A./Schmerl, C.* in „Frauen im Wissenschaftsbetrieb" (Anm. 2).
15 Ebenda, vgl. auch den Begriff der „homosozialen Welten", von *Lippmann-Blumen, J.*
16 *Metz-Göckel* zitiert in: *Bock/Braszeit/Schmerl,* a. a. O., 84 f.
17 *Martiny, A.,* in: Frankfurter Rundschau v. 5. 2. 1981.
18 *Metz-Göckel* zitiert in: *Bock/Braszeit/Schmerl,* a. a. O., 35.
19 Ebenda, 86.
20 *Schenk, H.:* Geschlechtsrollenwandel und Sexismus. Zur Sozialpsychologie geschlechtsspezifischen Verhaltens, Weinheim 1979, 115.
21 Interessant hierzu das Projekt von *Schultz, D.:* Sexismus an der Hochschule, in: Sektion Frauenforschung in den Sozialwissenschaften in der DGS, Hrsg., Frauenforschung, Beiträge zum 22. Deutschen Soziologentag Dortmund 1984, Frankfurt 1985, 187–199.
22 *Bock/Braszeit/Schmerl,* a. a. O.
23 *Hochschild, A.:* Making it: Marginality and Obstacles to Minority Conclousness, in: *Kundsin, R. B.* (ed.): Woman and Success, The Anatomy of Achievement, 1974, 194 ff.
24 *Wetterer, A.:* „Nein, selbst beworben hätte ich mich nie!" Zum Selbstverständnis von Wissenschaftlerinnen, in: S. Anm. 21, 116 ff.
25 Zur Mittäterschaft von Frauen s. *Thürmer-Rohr, C.:* Aus der Täuschung in die Ent-täuschung, in: Beiträge zur feministischen Theorie und Praxis, 6. Jg., Heft 8, Köln 1983.
26 *Mies, M.:* Methodische Postulate zur Frauenforschung – dargestellt am Beispiel der Gewalt gegen Frauen –, in: Beiträge zur feministischen Theorie und Praxis Nr. 1, München 1978, 45; neuerdings überarbeitet wieder abgedruckt in: Frauenforschung oder feministische Forschung?, Beiträge zur feministischen Theorie und Praxis, 7. Jg., Heft 11, Köln 1984.

27 *Göttner-Abendroth, H.:* Wissenschaftstheoretische Positionen in der Frauenforschung (Amerika, Frankreich, Deutschland), unv. Manuskript, München.
28 Stichwort „Frauenforschung" v. *Hagemann-White, C.:* in: Frauenhandlexikon. Stichworte zur Selbstbestimmung, München 1983, 92.
29 *Metz-Göckel* zitiert in *Bock/Braszeit/Schmerl,* a. a. O.
30 „Wie wir zusammen gearbeitet haben", Vorwort zu: Mütter in der Wissenschaft, in: Beiträge zur feministischen Theorie und Praxis Nr. 6, München 1982, 5.
31 In der Bundesrepublik Deutschland liegt, im Gegensatz zu anderen Ländern, die Beweislast der Diskriminierung bei den Arbeitssuchenden.
32 Memorandum und Dokumentation . . ., a. a. O., 5.
33 Vgl. *Glazer, N.:* Affirmative Discrimination: Ethnic Inequality and Public Policy, New York 1975 und bes.: Reverse Discrimination, ed. by *Barry R. Cross,* Buffalo, New York 1977.
34 Vgl. auch: *Kramer, H.:* Läßt sich sexistisches Verhalten verbieten? Überlegungen zum Gesetz gegen sexuelle Belästigungen am Arbeitsplatz in den USA, in: Feministische Studien, 2. Jg., Mai 1983, 157 ff.

Über die im Anmerkungsteil genannte Literatur hinaus sind folgende Veröffentlichungen zum Thema zu empfehlen:

Benard, C.: Feministische Sozialwissenschaft, Ansätze zu einer subversiven Pragmatik, in: Feminismus. Inspektion der Herrenkultur. Ein Handbuch, hrsg. von *L. F. Pusch,* Frankfurt 1983, 397 ff.

Benard, C./Schlaffer, E.: Frauenkarrieren an der Universität oder Gibt es *doch* einen weiblichen Masochismus?, in: Feminismus, a. a. O., 408 ff.

Memorandum 2 des Arbeitskreises der Wissenschaftlerinnen von NRW 1984: Privilegiert und doch diskriminiert, Dortmund 1984

Beiträge zur feministischen theorie und praxis, Nr. 11, Frauenforschung oder feministische Forschung?, hrsg. vom Verein Sozialwissenschaftliche Forschung und Praxis für Frauen, Köln 1984

Bock, U./Braszeit, A./Schmerl, C. (Hrsg.): Frauen im Wissenschaftsbetrieb. Dokumentation und Untersuchung der Situation von Studentinnen und Dozentinnen unter besonderer Berücksichtigung von Hochschulen in NRW, Weinheim 1983

Bock, U./Braszeit, A./Schmerl, C.: Frauen an den Universitäten. Zur Situation von Studentinnen und Hochschullehrerinnen in der männlichen Wissenschaftshierarchie, Frankfurt/New York 1983

Duelli-Klein, R./Nerad, M./Metz-Göckel, S. (Hrsg.): Feministische Wissenschaft und Frauenstudium. Ein Reader mit Originaltexten zu Women's Studies, Hamburg 1982

Kasseler Hochschulbund, Hrsg., Spaß am Denken – sparsam denken? Frauenpolitik als Hochschulpolitik, erscheint 1986 bei Stauda

Clemens, B./Metz-Göckel, S./Neusel, A./Port, B. (Hrsg.): Die Sehnsucht nach der Differenz in der Gleichheit – Angleichungs- und Differenzierungsprozesse der Frauen in der Berufs- und Hochschulforschung, erscheint 1986 bei Campus

Österreichische Zeitschrift für Politikwissenschaft, Schwerpunktthema Frauenforschung, Heft 2, 1984

5. Gegenstrategien – Frauenförderung an den Universitäten – das Beispiel des Arbeitskreises Wissenschaftlerinnen NRW

Anne Schlüter

Die Situation von Frauen an den Universitäten ist augenblicklich äußerst kritisch. Mit der Bildungsexpansion in den 60er Jahren stieg nicht nur die Anzahl der weiblichen Studierenden. Auch der Anteil der Akademikerinnen an der Gesamtbevölkerung ist in dem letzten Jahrzehnt gewachsen. Dennoch bilden die Wissenschaftlerinnen, die Positionen mit langfristigen beruflichen Perspektiven innehaben, eine verschwindende Minderheit (*Bock/Braszeit/Schmerl* 1983, 73). Darüber hinaus ist die Zahl der erwerbslosen Akademikerinnen überproportional groß. Und sie wächst ständig.

Es ist nur konsequent, wenn in dieser Situation Akademikerinnen in und außerhalb der Hochschule aktiv werden. Die Frauenakademie München, das Feministische Interdisziplinäre Forschungsinstitut Frankfurt, der Verein Wissenschaft und Frauenbewegung Bochum sind hier beispielhaft zu nennen. Wie sehen aber die Strategien von Frauen aus, die die berufliche Zukunft von Frauen an den Universitäten und in der Wissenschaft sichern wollen?

Die Organisation von Frauen an den Hochschulen ist ein erster Schritt. Als beispielhaft für die Selbstorganisation von Wissenschaftlerinnen kann der Arbeitskreis Wissenschaftlerinnen in NRW gelten, der im Januar 1980 gegründet wurde und sich als autonome Frauenlobby versteht. Hervorgegangen ist er aus einer Veranstaltung über ‚Lehrende und Lernende an den Hochschulen' des Hochschuldidaktischen Zentrums Dortmund, an der ca. 70 Wissenschaftlerinnen aus dem Ruhrgebiet teilnahmen. Er wurde als überregionaler Arbeitskreis eingerichtet. Der Arbeitskreis mischt sich ein, wenn es um Hochschulpolitik geht. In diesem Sinne hat er bei der Novellierung des Hochschulrahmengesetzes seinen Einfluß geltend gemacht (vgl. Anhang). Um der Diskriminierung von Wissenschaftlerinnen an den Hochschulen entgegenzuwirken, entwarf er einen Forderungskatalog, der inzwischen eine entscheidende Grundlage für die Frauenpolitik an den Universitäten in NRW bildet. Dieser Forderungskatalog lautet:

Um die Diskriminierung von Wissenschaftlerinnen an Hochschulen aufzuheben, fordert der Arbeitskreis der Wissenschaftlerinnen in Nordrhein-Westfalen die Verbesserung der Arbeitsbedingungen für Frauen an Hochschulen und anderen wissenschaftlichen Einrichtungen sowie die Erhöhung des Frauenanteils am wissenschaftlichen Personal an den Hochschulen:

I. Allgemeine Forderungen:

1. Die Hälfte aller Arbeitsplätze jeder Statusgruppe in der Wissenschaft sind mit Frauen zu besetzen.
   Jede wissenschaftliche Institution hat ein Programm zu erstellen, wie sie die 50%-Quote sicherstellen kann. Regelmäßig hat dazu jede wissenschaftliche Institution einen Rechenschaftsbericht vorzulegen.
2. Die Stellen von Frauen sind vorrangig zu entfristen, um einen Einstieg für die 50%-Quote zu ermöglichen.
3. Für jede Nichtberücksichtigung einer Bewerberin bei Berufungs- bzw. Übernahmeverfahren muß auf Antrag der Kandidatin ein rechtsfähiger Bescheid unter Angabe der Gründe abgegeben werden. Werden Rechtsmittel eingelegt, liegt die Beweislast der Nichtdiskriminierung beim Arbeitgeber.
4. Besetzungs- und Berufungskommissionen sind grundsätzlich geschlechtsparitätisch, übergangsweise jedoch mindestens zu einem Drittel mit Frauen zu besetzen.
5. Zur Sicherstellung der Durchführung dieser Forderungen ist an jeder wissenschaftlichen Einrichtung die Stelle einer Frauenbeauftragten zu schaffen. Zusätzlich ist eine zentrale Kommission zu bilden, die in der Majorität mit Frauen zu besetzen ist. Diese Kommission hat die Aufgabe
   - die regelmäßigen Rechenschaftsberichte der Institutionen zu prüfen,
   - Frauen zu beraten und ggf. zu unterstützen, die sich aufgrund des Verdachts der Diskriminierung bei Einstellungs- und Berufungsverfahren an sie wenden.

   Die Kommission hat das Recht auf Einblick in die Akten bei Berufungs- und Einstellungsverfahren.

II. Spezielle Forderungen zur besseren Vereinbarkeit von wissenschaftlicher Berufstätigkeit und Familie:

1. Verlängerung der gegenwärtigen üblichen befristeten Arbeitsverhältnisse um die Dauer der allgemein gültigen Mutterschaftsfristen bzw. des in Anspruch genommenen Mutterschafts-(Eltern-)Urlaubs.
2. Anspruch auf Verlängerung von befristeten Arbeitsverhältnissen um eine weitere Frist der Qualifikationsphase.
3. Anspruch auf Beurlaubung bis zu drei Jahren aus befristeten und unbefristeten Arbeitsverhältnissen.

4. Unterstützung von Frauen zur Wiedereingliederung und Wiederaufnahme einer wissenschaftlichen Tätigkeit nach zeitweiligem Ausscheiden aus dem Beruf (Aufhebung der Altersgrenze).
5. Anerkennung der Familienphase und der Kindererziehung als berufsrelevante Praxis (zumindest für einschlägige Ausbildungsgänge).
6. Verpflichtung jeder Hochschule, für die Bereitstellung von Plätzen zur ganztägigen Kinderbetreuung in ausreichender Zahl zu sorgen.

Im Interesse der Auflösung der geschlechtlichen Arbeitsteilung sollen diese Regelungen auch für Väter gelten, die während ihrer Qualifikationsphase nachweislich mindestens 50% der praktischen Betreuung ihrer Kleinkinder übernommen haben.

III. Forderungen zu Forschung und Lehre:

1. An den Hochschulen sind Schwerpunkte für Frauenforschung und Frauenstudien auf- und auszubauen. Dies schließt die Förderung von Frauenforschung außerhalb der Hochschulen nicht aus.
2. Frauenfragen sind schwerpunktmäßig sowohl in einzelnen wissenschaftlichen Disziplinen als auch in interdisziplinären Studiengängen zu behandeln und sollen insbesondere bei der Lehrerausbildung berücksichtigt werden.
3. In den Weiterbildungsprogrammen der Hochschulen sind gezielt Weiterbildungsmöglichkeiten für Frauen bereitzustellen.

Hochschulpolitische Frauenforderungen nehmen vor Ort immer eine spezifische Gestalt an. Dennoch sind sich heute Frauen an den Hochschulen weitgehend einig. Sie fordern, daß statt der ca. 3% Hochschullehrerinnen und der ca. 10–15% der Frauen im Mittelbau an den Hochschulen in der Bundesrepublik die Hälfte aller Arbeitsplätze jeder Statusgruppe in der Wissenschaft mit Frauen zu besetzen sind. Sie fordern, daß an den Hochschulen Schwerpunkte für Frauenforschung und Frauenstudien eingerichtet bzw. aufgebaut werden (vgl. Memorandum 1981, 1984). Diese Forderungen erscheinen Frauen nicht mehr als unangemessen. Im Gegenteil: Angesichts der gegenwärtigen Vertreibung von Frauen aus der Wissenschaft sind sie lebensnotwendig. Erinnern wir uns: Am 23. 5. 1949 trat das Grundgesetz in Kraft. Artikel 3 II GG lautet: „Männer und Frauen sind gleichberechtigt".

Anhang

Arbeitskreis der Wissenschaftlerinnen in NW
HDZ, Rheinlanddamm 199
4600 Dortmund 1

Betr.: Anhörung zum Hochschulrahmengesetz
am 15. und 16. April 1985

Ein vergleichsweise großer Anteil von Frauen strebt danach, Wissenschaft als Beruf zu betreiben. Frauen schließen erfolgreich ihre Studien ab. Fast 40% der Studierenden sind weiblich. Sie promovieren und habilitieren in fast allen Disziplinen, wenn auch noch mit mehrheitlich sozial- und geisteswissenschaftlichen Fachinhalten. Aber immer noch sind Frauen in der Wissenschaft nur auf den untersten Stufen der Hierarchie zu finden (vgl. S. 14–16 des Memorandums II des Arbeitskreises Wissenschaftlerinnen in NW). Bis auf den verschwindend geringen Prozentsatz von ca. 3% Hochschullehrerinnen an den Hochschulen der Bundesrepublik haben Frauen „nur“ Stellen im Mittelbau (10 bis 15%) besetzt, und hier fast alle nur „auf Zeit“.
Frauen werden beim Zugang zu Hochschulstellen mehr oder weniger indirekt diskriminiert, weil sie gegenüber Männern Konkurrenznachteile haben:

- sie können Mütter werden und damit folgenreich belastet sein
- sie haben Kinder, die unter den gegebenen, aber zu verändernden Strukturen der geschlechtlichen Arbeitsteilung für Frauen eine Einschränkung bedeuten
- Frauen haben zum ‚old-boy-network‘ weniger Zugang, sowohl aufgrund ihrer verspäteten Zulassung zur Wissenschaft als auch aufgrund der männerdominierten Strukturen
- Frauen sind hier als das „andere“ Geschlecht verstärktem Erwartungs- und Leistungsdruck ausgesetzt und erfahren eine geringere Unterstützung
- Frauen sind nicht karriereverdächtig und werden nicht als Anwärterinnen für Hochschulkarrieren gefördert
- Frauen sind nicht „Familienernährer“

Die Ursachen der katastrophalen Unterrepräsentanz der Frauen am wissenschaftlichen Personal liegen nicht darin begründet, daß es keine qualifizierten Frauen gäbe. 1982 haben sich bundesweit 72 Frauen habilitiert (davon 29 in Medizin). Sie könnten den Anteil der Professorinnen um 10% erhöhen, wenn sie eine Chance hätten. Die Steigerungsrate habilitierter Frauen beträgt gegenüber 1980 57%. Trotz dieser Qualifikationssteigerung bei den Frauen hat der Anteil der Professorinnen an den Universitäten um 17 abgenommen, während im selben Zeitraum die Anzahl der männlichen Professoren um 368 (gegenüber 1980) bundesweit zugenommen hat.

Der ‚Arbeitskreis Wissenschaftlerinnen in NW' hat bereits 1981 in seinem ersten Memorandum auf die krasse Unterrepräsentanz von Wissenschaftlerinnen an bundesdeutschen Hochschulen und Universitäten hingewiesen.
1985 nun hat sich die Arbeits- und Studiensituation von Frauen an den Hochschulen entscheidend verschlechtert. *Die Vertreibung der Frauen aus der Wissenschaft findet lautlos, aber kontinuierlich statt.*
Folgende Tendenzen lassen sich erkennen:

- der Frauenanteil bei dcn studierwilligen Abiturienten sinkt; das Studium droht wieder eine männliche Domäne zu werden. 50% der weiblichen Abiturientinnen studierten 1984; 67% der männlichen. Die Tendenz ist weiter fallend. Die Ursachen für diese Entwicklung liegen in den deutlich schlechteren Beschäftigungsaussichten für weibliche Hochschulabsolventen.
- Die Mittelkürzungen bzw. -verlagerungen im Hochschulbereich verstärken die Tendenz, Frauen aus der Wissenschaft zu verdrängen. Kaum eine Wissenschaftlerin hat eine unbefristete Stelle. Arbeitsverträge werden am unteren Ende der Hierarchie mit immer kürzeren Laufzeiten abgeschlossen.
  Das akademische Proletariat ist weiblich.
- Wissenschaftlerinnen und Studentinnen, die das Thema ‚Frauen' in die Wissenschaft eingebracht haben und die geschlechtliche Arbeitsteilung kritisch analysieren, werden zunehmend in die Erwerbslosigkeit gedrängt. Frauenforschung und Frauenstudien werden im Vergleich zu anderen Forschungsbereichen minimal ausgestattet.

Die Vertreibung der Frauen aus der Wissenschaft würde, falls der vorliegende HRG-Entwurf Gesetz wird, noch entscheidend verstärkt. Die unverkennbare Absicht des Gesetzentwurfs, eine hierarchisch-patriarchale Neuordnung der Hochschulen voranzutreiben, führt in *einer* Konsequenz dazu, daß Frauen noch weniger als bisher der Zugang zu qualifizierten Stellen im Wissenschaftsbetrieb gewährt werden wird und der Gleichberechtigungsgrundsatz umgangen wird.
Mindestforderungen für eine *andere* Novellierung des HRG sind:

1. Die im Grundgesetz verankerte Gleichberechtigung der Geschlechter im Hochschulbereich zu realisieren, muß als Aufgabe eines HRG genannt und umgesetzt werden.
2. Frauenausschließender und -diskriminierender Sprachgebrauch ist zu korrigieren.
3. Die negativen Entwicklungen in der Personalstruktur der Hochschulen, die nach unseren Untersuchungen Frauen in besonderer Weise treffen, sind durch die Aufnahme von Quotierungsregelungen zu stoppen.
4. Konsequenzen des HRG, die Frauen als Gebärende und Männer und Frauen als Erziehende benachteiligen, sind durch das Gesetz auszuschließen.
5. Eine „Entwicklung von Wissenschaft" ist auch zu begreifen als eine Erweiterung von Forschungs-, Lehr- und Studieninhalten, um die das „andere" Geschlecht und seinen Lebenszusammenhang betreffenden Fragen und Interessen.

ad 1.: Auf eine Gleichstellung der Frauen ist insbesondere in § 3 Abs. 1 zu ver-

weisen, wo es darum geht, daß Länder und Hochschulen sicherzustellen haben, daß die Grundrechte wahrgenommen werden können. Einer Erwähnung bedarf es ebenfalls in § 2 Abs. 2 und eines eigenen Absatzes mit folgendem Wortlaut: Die Hochschulen sind verpflichtet, in ihrem Bereich die Gleichberechtigung von Frauen und Männern zu verwirklichen (Art. 3 Abs. 2 GG).
Einen entsprechenden Bezug gilt es sicherzustellen in §§ 59, 60, die die Rechtsaufsicht, und das Zusammenwirken von Land und Hochschule regeln.
In § 63 ist die Einrichtung eines zentralen Kollegialorgans zur Durchsetzung einer Gleichstellung von Frauen und Männern an den Hochschulen als Nr. 7 sowie das Amt einer Frauenbeauftragten vorzusehen.
ad 2.: Bei Personenbezeichnungen sind durchgängig männliche und weibliche Benennungen zu gebrauchen. Die männliche Form als das vermeintlich Allgemeine ist durch geeignete andere Formulierungen zu ersetzen.
Zur Erläuterung ein Beispiel für den Sprachgebrauch des HRG-Entwurfs: Im Entwurf des Gesetzes über befristete Arbeitsverträge heißt es in dem vorgesehenen § 57c Abs. 4:
„Auf die Dauer eines befristeten Arbeitsvertrages ... sind im Einverständnis mit dem Mitarbeiter nicht anzurechnen Zeiten einer Beurlaubung nach § 8a des Mutterschutzgesetzes."
ad 3.: Eine stärkere Hierarchisierung im Sinne der alten Ordinarienuniversität hat Überordnungsverhältnisse von Männern gegenüber Frauen gefestigt. Der Frauenanteil verhält sich umgekehrt proportional zur Position. Da Frauen, wenn überhaupt, in den unteren Rängen der Hochschule auf befristeten Stellen vertreten sind, wird nach einfachen Hochrechnungen der Frauenanteil in wenigen Jahren auf 3–5% sinken. Dieser katastrophalen Entwicklung ist nur mit Quotierungsregelungen zu begegnen.
Darum sind in § 42 folgende neue Bestimmungen einzufügen:
(2) Die Stellen sind öffentlich auszuschreiben. Der Ausschreibungstext muß Art und Umfang der zu erfüllenden Aufgaben beschreiben.
(3) Alle Stellen sind so zu besetzen, daß in jeder Statusgruppe ein Frauenanteil von 50% erreicht wird. Die Hochschulen stellen Frauenförderpläne auf, in denen festgelegt wird, in welchem Zeitraum und mit welchen Maßnahmen dieses Ziel verwirklicht werden soll.

Im Zusammenhang damit ist zu fordern, daß Personaldaten im Hochschulbereich geschlechtsspezifisch ausgewiesen werden, z.B. §§ 30–33. Ausschreibungen müssen mit dem Zusatz versehen werden, daß Frauen bei gleicher Qualifikation bevorzugt eingestellt werden und Berufungskommissionen geschlechtsparitätisch besetzt sein.
ad 4.: Über die Regelung im HRG-Entwurf hinaus sind Mutterschaft und Zeiten der Kindererziehung zu berücksichtigen bei den Wartezeiten bei der Studienplatzvergabe (§ 32) und Regelstudienzeiten (§ 9). Zu klären ist, in welchem Verhältnis Geburt und Aufzucht von Kindern zu anderen gesellschaftlichen Aufgaben stehen, z. B. zu den zu berücksichtigenden in § 34 genannten „Dienstpflichten". Bei allen Befristungen und der Anrechnung beruflicher Praxis und Ausbildung ist die Erziehungsarbeit von Frauen und Männern zu berücksichtigen.
ad 5.: In § 9, bei den Aufgaben der Studienreform, und in § 22 und 23 bei den Aufgaben von Forschung und Lehre sind Inhalte von Frauenforschung ausdrücklich zu benennen, um die Erkenntnisse in *allen* gesellschaftlichen Bereichen voranzutreiben.

II. Erfahrungen von studierenden und studierten Frauen an der Hochschule

1. „Malende Frauen sind mir ein Greuel!" – Über die Diskriminierung von Frauen an den Kunsthochschulen

Dagmar Filter

I. Fünf Versuche einer Zerstörung

1. Szene: Aufnahme„prüfung"
Ort: Irgendeine Kunsthochschule, weißes Zimmer des Präsidenten

Das „heilige Tor" zum Kunsttempel öffnet sich für ein weibliches Wesen. Die Prüfungskommission konnte sich nicht ohne Einschränkung für die Aufnahme einer Bewerberin entscheiden, also fällt der „Allerhöchste" persönlich das Urteil über die „Menschwerdung" dieser noch naiven jungen Frau.
Erste Begegnung: prüfender Blick durch sein Monokel und – er ist enttäuscht. Demonstrativ läßt er sein Monokel aus der verkniffenen Augenhöhle auf die vorgereckte Brust fallen. Zweimal hintereinander fragt er, ob sie diejenige sei, die... Ihr fällt ein, daß er sie nur von Fotos aus der Prüfungsakte kennt, alte Fotos, ein lieb unschuldig lächelndes Mädchen mit strahlenden Augen, aus einer Kleinstadt entflohen, mit dem Verlangen, Kunst zu studieren. Tiefes Schweigen. Sie will studieren, das Jungmädchengesicht auf dem Foto, das in Wirklichkeit keines mehr ist, soll über ihre Qualifikation zum Studium entscheiden?
Der „Höchste" zieht die Bewerbungsmappe hervor, schlägt sie auf und kommentiert unfreundlich bissig „... das ist doch alles Kuhmist", angewidert wirft er die Bilder wieder zurück, eine Aktzeichnung bewertet er sogar als „Wichsvorlage"! Kalt blättern seine Hände weiter, vernichtende Kritik wechselt ab mit tiefen Blicken in ihre Augen. – Gönnerhaft wird sie später mit den Worten „Wir sehen uns wieder" entlassen. Um welchen Preis? Einwilligung in herrschende männliche Verhaltensnormen und Anpassung, auch „weibliche" Diplomatie genannt, oder um den Preis der Selbstaufgabe?

2. Szene: Tagebuchaufzeichnung Juni 1977

... Heute Mappenkritik. Mir wird ganz schlecht, warum sind die anderen so gelassen? Bilder, die sich mit mir als Frau auseinandersetzen, werden von den Dozenten als zu „flach" empfunden. Ihr Kommentar: „Du kannst nur dann gut malen, wenn du seelisch ganz unten bist." Am Schluß der Hinweis darauf, daß wir ja sowieso nur Lehramtsstudierende sind. Anscheinend *bin ich zu größeren Themen und Leistungen nicht fähig*...

3. Szene: Wochenendseminar
Ort: Irgendwo in „schöner Natur"

Den ganzen Nachmittag über malen die Teilnehmenden Landschaftsstimmungen und fertigen Zeichnungen an. Abends kommen die Dozenten und Professoren, um die Arbeitsergebnisse zu begutachten. Plötzlich stürzt einer der Profes-

soren auf ein fertiges Bild zu, schreit die Frau, die es gemalt hatte, demütigend vor allen Anwesenden an. Ihr Bild sei „lächerlich", „dämliche Landschaftspinselei", „stümperhaft" und „genauso plump wie sie selbst".
Um seine Auffassung von ihren Fähigkeiten noch zu unterstützen, ergreift er einen Pinsel und schmiert selbstherrlich mit wahllosen schwarzen Strichen über ihr Bild. Alle Umstehenden reagieren vor Schreck nicht, keiner erhebt Einspruch oder versucht ihn zu hindern. Die Frau, deren Bild vor ihren Augen zerstört wird, weint in ihrem Zorn und läßt sich lange nicht beruhigen. Nur auf Drängen der Teilnehmenden willigt dieser Professor tags darauf in eine Entschuldigung ein.

4. Szene: Wie frau sich wehrt
Ort: Filmkurs für 16 mm Kamera

Die Bedienungstechnik erklärt ein männlicher Lehrbeauftragter, beziehungsweise er meint zu erklären, wird aber von den Studentinnen offensichtlich nicht verstanden, denn sie fühlen sich von ihm mit ihren Nachfragen nicht erstgenommen. Der Mann gibt sich kaum Mühe, den Frauen die technischen Vorgänge anschaulich und verstehbar zu erklären. Wozu auch? Seiner Auffassung nach sind Frauen sowieso zu schwach, eine schwere 16-mm-Kamera stundenlang auf ihren Schultern zu tragen, bzw. in schwierigen Stellungen mit der Kamera zu filmen. Also gibt er weiter unsensible Antworten auf mehr und mehr verzagt gestellte Fragen.
Als immer mehr Frauen dem Kurs fernbleiben, beginnen sich die Studentinnen über ihr aufkommendes Gefühl, technische Vollidiotinnen zu sein, zu verständigen. Sie kommen zu dem Schluß, daß Frauen sich selbst helfen müssen und stellen sich vor, daß die Hilfe einer Frau, die in der Praxis schon Kameraerfahrung gesammelt hat, ganz natürlich wäre. Sie werden aktiv. Auf ihre Initiative hin wird nach langem hin und her der nächste Lehrauftrag an eine von ihnen vorgeschlagene Kamerafrau vergeben. Zusammen mit ihr erstellen sie daraufhin einen witzigen Lehrfilm über die technischen Tücken der Kamera und ihren eigenen Schwierigkeiten im Umgang mit der Kameratechnik. Kommentar einer Teilnehmerin am Schluß: „Ich hätte nie gedacht, daß es so leicht ist."

5. Szene: Prüfer gesucht
Ort: Zimmer eines Dozenten, Sprechstunde

Die Mappe mit Ideen, Detailstudien und Zeichnungen unter dem Arm, im Kopf den Vorsatz, das Prüfungsthema selbstbewußt bei „ihm" zu vertreten, begibt sie sich in die Sprechstunde eines prüfungsberechtigten Dozenten.
Tür auf – er sitzt am Fenster hinter seinem Schreibtisch, Oberkörper bequem zurückgelehnt, weißer Seidenschal lässig um den Hals geschwungen. Bevor sie den Schreibtisch erreichen kann, um sich zu setzen, muß sie erst eine „Prüfsperre" durchschreiten, den Frauen bestens bekannt als „Männerblick".
Einen gewissen Genuß verbirgt er nicht. Dann gibt er mit der Hand ein lässiges Zeichen, daß sie nun sprechen soll. Nachdem er weiß, worum es geht – zwischendurch läßt er immer wieder wohlgefällige Blicke über den Schreibtisch zu ihr herüberschweifen – redet er lange nicht.
Sie öffnet ihre Mappe, um ihm die Studien zu zeigen, damit er sich einen besseren Einblick in ihre Vorarbeiten verschaffen kann, aber er wehrt höflich mit der Hand ab. „Nicht so schnell! Wir kennen uns ja gar nicht. Zuerst muß ich eine emotionale Beziehung zu Dir herstellen, das mach ich immer so. Es ist doch ei-

ne Zumutung mit Menschen zusammenzuarbeiten, die man nicht mag, oder? Das Weitere ergibt sich dann später sowieso von selbst. Komm doch morgen Nachmittag in mein Studio, dann reden wir ein bißchen, ich fotografiere dich ab und zu, alles ganz locker. Das ist doch eine sehr schöne Möglichkeit, tiefer in dich einzudringen..." – Tür zu.

Diese Beispiele werfen ein Schlaglicht auf offene und verdeckte Frauenunterdrückung an den Kunsthochschulen. Aus den geschilderten persönlichen Erfahrungen lassen sich sicher keine wissenschaftlich abgesicherten Thesen über Diskriminierungsformen und deren soziale und psychische Auswirkungen auf die Studentinnen ableiten.[1]
Dennoch sind folgende Feststellungen erlaubt: Offenbar werden Studentinnen an Kunsthochschulen nicht allein nach ihrer künstlerischen Qualifikation beurteilt, sondern in erster Linie nach „ästhetischen" Gesichtspunkten ihres Geschlechts wahrgenommen und nach der Fähigkeit, sich den von Männern vorgegebenen Verhaltensnormen anzupassen.
Kunsthochschulen stehen traditionell im Ruf „freizügiger" Umgangsformen. Wohl deshalb scheinen einige Dozenten ein sehr direktes, „intimes" Verhältnis zu den Studentinnen zu suchen, wobei sie deren Einverständnis voraussetzen. Gehen Frauen nicht auf die sexuelle „Anmache" ein, handeln sie sich nicht nur den Vorwurf der „Prüderie" ein, sondern erfahren eine geringere Beachtung und Anerkennung seitens der Professoren und Dozenten.
Traditionelle Vorurteile, Frauen seien technisch unbegabt oder (wie in Szene 4) aufgrund ihrer körperlichen Konstitution für Filmarbeit nicht geeignet, tragen dazu bei, daß Studentinnen sich in ihrem ohnehin geringen Selbstwertgefühl aus den Kunsthochschulen zurückziehen, d. h. ihre Ausbildung „privat" organisieren oder in letzter Konsequenz ihr Studium abbrechen.

II. „Verstaubt und vergessen"

Im folgenden soll die „offensichtliche" Mißachtung der Frauen im männlich geprägten Kunstbetrieb verdeutlicht werden. Beginnen wir also mit einem Rundgang durch ein Museum. Bei intensiver Betrachtung der Bilder wird uns vor Augen geführt, mit welchem Blickwinkel Maler über Jahrhunderte hinweg Bildnisse vom Wesen und der Bestimmung der Frauen entworfen haben.[2]
Erstes auffälliges Merkmal: Frauen sind meistens passiv dargestellt. Sie werden ge-liebt, ver-ehrt, be-sungen, be-sessen, ver-lassen, ge-richtet usw. Zweites wesentliches Merkmal: Frauen erscheinen meistens

unter zwei gegensätzlichen Charakterzuschreibungen. Einerseits als madonnenhafte Wesen, das „Schöne", „Reine" und „Heilige" verkörpernd, andererseits als Verführerin, Hure oder Hexe, bedrohlich und anziehend zugleich in ihrer erotisch-sinnlichen Körperhaftigkeit. Dieses Gegensatzdenken findet seinen Ursprung in der kirchlichen Kunst des Mittelalters. Aufklärung und Abschreckung der Gläubigen waren die Ziele dieser Sujets, die um Begriffspaare wie „Todsünde" und „Heilige" um „Ewige Verdammnis" und „Erlösung" kreisten.
Diese Zuschreibungen tradierte die bürgerliche Kunst später unter verweltlichten Vorzeichen. Die Heilige wird zur Dame und die Sünde, im Mittelalter oft nackt dargestellt, entpuppt sich nun als weibliche Aktdarstellung. Der von den Malern oft formulierte Anspruch, die „weibliche Schönheit" zu ergründen bzw. ihr zu dienen, läßt diese Aktdarstellungen auch zum Genuß der männlichen Betrachter immer stärker pornografisch ausfallen.
Auffällig (und 3. Merkmal) ist die geringe Anzahl von ausgestellten Malerinnen. Vereinzelt finden wir bildnerische Zeugnisse von *Angelika Kauffmann, Mary Cassat, Suzanne Valadon, Gabriele Münter, Paula Modersohn-Becker, Frida Kahlo, Valerie Export.* In kunsthistorischen Fachbüchern und Katalogen werden sie oft unterschlagen oder ihre Bedeutung als Künstlerinnen durch Zuschreibungen wie „Schülerin von", „Geliebte von", „Frau von" heruntergespielt. In einem kunsthistorischen Werk des 19. Jahrhunderts bemerkte *Wilhelm Lübke* dazu,

„... dass man die Künstlerinnen aus der Kunstgeschichte streichen könnte, ohne eine empfindliche Lücke im Entwicklungsgange zu erhalten ..., so ist doch nicht minder gewiss, dass die ganze Kunstgeschichte in ein ödes Nichts zusammenbräche, wenn man die Frauen aus ihr entfernte. Ich meine nun nicht die Frauen, welche gemalt haben, sondern die, welche sich haben malen lassen" (vgl. Frauen in der Kunst 1980, Bd. II, 18).

Diese Einschätzung entspricht der heute noch verbreiteten Auffassung, Frauen als Modell, im Höchstfall als Anregerin männlichen künstlerischen Schaffens zu sehen, keinesfalls aber als eigenständig produzierende Künstlerin. Die Frau ist heute immer noch Objekt männlicher Begierden und Blickwinkel. Gerade im Bereich der „Massenkunst" Werbung wird der Objektcharakter der Frau auf die Spitze getrieben, indem die Ware über den nackten Frauenkörper realisiert werden soll.
Solange wir uns als Frauen nicht mit positiven Vorbildern identifizieren können, wird die herrschende männliche Sichtweise weiterhin unseren ästhetischen Geschmack prägen, bis hin zum Empfinden unserer eigenen Schönheitsvorstellungen. Wir können uns kaum ein Bewußtsein über die Alltagserfahrungen, Freuden und Leiden, Stärken und

Schwächen und Kämpfe der Frauen in allen Epochen der Geschichte verschaffen, sondern sind auf das angewiesen, was die männliche Sichtweise uns jahrhundertelang gelehrt hat. Deshalb sind die Versuche von Künstlerinnen und Wissenschaftlerinnen, den „herrschenden" Blick zu korrigieren, für die kunstschaffenden Frauen wie für die Betrachterinnen von großer Bedeutung.
Die Ausbildung an den Kunsthochschulen trägt kaum dazu bei, einen grundsätzlichen Perspektivwechsel in der Rezeption der herrschenden Kunstauffassung (z. B. im Sinne einer Frauenforschung) vorzunehmen. Seminare, die sich mit der Kunstgeschichte wissenschaftlich auseinandersetzen, gehen seit Anfang der 70er Jahre in Ansätzen sogar soweit, die Kunst als ideologisches Herrschaftsinstrument der jeweils herrschenden Klassen zu entlarven, ohne aber die Frau als unterdrücktes Subjekt wahrzunehmen.

1. „Malende Frauen – ein Konstruktionsfehler der Natur?" Der Mythos vom männlichen „Schöpfertum"

Ein wesentlicher Grund dafür, daß weibliche Produktivität nicht zur Kenntnis genommen wird, liegt darin begründet, daß der männlich dominierte Kunstbetrieb diese Fähigkeiten den Frauen einfach abspricht. Zum Beweis dieser Auffassung beschwören Maler, Professoren, Kunsterzieher und -Kritiker stets das Fehlen weiblicher *Leonardos, Grünewalds, Rembrandts* und wie sie alle heißen mögen. Neben der strikten Leugnung bedeutender weiblicher Kunstproduktionen bedienen sie sich auch gern der mythologischen Auffassung vom Ursprung dieser Welt, an dessen Anfang der Mann = Schöpfer = Gott stand. Aus der untergeordneten Stellung der Frau leiten sie ab, daß von ihr keine „genialen" Zeugnisse zu erwarten sind. Auch in der metaphysischen Symbolik glauben „Berufene" das „wahre Wesen" der Frau erkannt zu haben. Sie definieren das menschliche „Schöpfertum" zweigeschlechtlich: in einem „tätigen" männlichen und einem „ruhenden" weiblichen Pol. Der Mann als „Werdender" geht in seiner Schaffenskraft über seine Grenzen hinaus, bildet etwas „Geniales", außer ihm liegende Ordnungen und Gesetze heraus. Die Frau aber, als „Seiende", bleibt aufgrund der ihr zukommenden Funktion als Gebärende, Mutter, Beschützerin und Hüterin in ihrem „natürlichen" Harmoniestreben gefangen.
Noch im 20. Jahrhundert kolportierten einige Kunstkritiker, daß das männliche Kunstschaffen nicht auf „künstlerischen Fähigkeiten" basiere, sondern auf deren „eigentlich künstlerischer Natur".
Auch ein anderer „Glaubenssatz" hat sich bis heute noch nicht über-

lebt: Als Beweis fehlender schöpferischer Gestaltungskraft bei Frauen wird ihre angeblich „passive" Rolle im Geschlechtsleben herangezogen, folglich könnten sie der „zeugenden" Produktionsweise des Mannes nichts entgegensetzen. Logisch immanent wird daraus abgeleitet, daß die Künstlerinnen, gefangen in ihrer geschlechtsspezifischen biologischen Rolle, stets nur Ausführende, Weiterführende, Nachahmende und Interpretierende in der vom Mann vorgezeichneten „Kunstschöpfung" sein kann: „Die Kunst der Frau begleitet die Kunst des Mannes. Sie ist die zweite Stimme im Orchester..., aber sie klingt und lebt von jener" (*Hildebrand* 1928).

Trotz vielfältiger Bemühungen des männlich geprägten Kunstbetriebs, von Konkurrenzdenken und bloßem Neid getrieben, bedeutende Künstlerinnen vergessen zu machen, sind doch einige Namen erhalten, wie u.a. *Angelika Kauffmann, Elisabeth Vignée-Lebrun, Marie Guillemine Benoist.* Sie scheinen die historische Seltenheit weiblichen künstlerischen Schaffens zu bestätigen. Diese Sichtweise negiert aber die gesellschaftlichen Rahmenbedingungen, welche eine Überschreitung der tradierten Rollenzuschreibung nicht zuließen. So nahmen diese Künstlerinnen eine gesellschaftliche Sonderstellung ein und konnten aufgrund ideeller und materieller Hilfe ihrer oft selbst malenden Väter oder Brüder zu hohem Ansehen gelangen – trotz eines generellen Studienverbots für Frauen an Kunstakademien. Entsprechend zwiespältig war die Reaktion der „kunstbeflissenen" Gesellschaft, die zum einen die außergewöhnlichen und unleugbaren Leistungen der Künstlerinnen „zum Ruhme ihres Geschlechts" bewunderte, zum anderen aber die „Exotinnen" in bissigen Karikaturen mit Hohn und Spott bedachte und als Flintenweiber darstellte (vgl. Frauen in der Kunst 1980, Bd. II, 18).

Die Ideologie weiblich künstlerischer Bestimmung und die daraus resultierende Geringschätzung hat sich bis heute, wenn auch nicht in der gleichen Offenheit, an den Kunsthochschulen erhalten.

Sie verstellt Lehrenden und Lernenden den Blick für eine ästhetische Selbstfindung bzw. -bestimmung von Frauen, vor allem im sogenannten „freien" künstlerischen Bereich, wo stets der Anspruch, einer „objektiven", „wahren" Kunst dienen zu wollen, erhoben wird.

Die weiblichen Studierenden erfahren die männlichen Vorurteile konkret als Entmutigung, d.h. Infragestellen ihrer künstlerischen Ausdrucksfähigkeit. Die Herausbildung weiblicher Subjektivität wird folglich weitestgehend verhindert bzw. zerstört. So sollen z.B. Aktstudien von weiblichen Modellen stets den Reiz des „Erotischen", des „Schönen" vermitteln. Versuche, die modellstehenden Frauen mit ihrem individuellen weiblichen Körper- und Lebensspuren, wie Geburtsnarben usw. zu erfassen, werden von einigen Professoren als dem Realismus verhaftete Unfähigkeit abgewertet.

Bemerkenswert ist in diesem Zusammenhang die hohe Abbrecherquote von Studentinnen. An fast allen Kunsthochschulen ist der Anteil weiblicher Studienabbrecher überproportional im Verhältnis zu den Männern (*Rattemeyer* 1980, 29).

Folgende These halte ich daher für gerechtfertigt: Die Hauptursache für einen enttäuschten Rückzug der Frauen aus den Kunsthochschulen ist in der Beschränkung ihrer weiblichen ästhetischen Selbstbestimmung zu suchen. Wichtige Aspekte sind: die mangelnde Identifikationsmöglichkeit der Frauen durch Nichtvermittlung positiver weiblicher Vorbilder, Entmutigung in ihrem künstlerischen Selbstfindungsprozeß und Unterforderung durch ideologisch bedingte Reduzierung auf Künstlerinnen der „2. Wahl".

2. „Konkurrenz oder Kochtopf?" Die Ausbildungssituation und Erwerbsmöglichkeiten

In fast allen europäischen Staaten bestand bis in die 20er Jahre des 20. Jahrhunderts hinein ein generelles Studienverbot für Frauen an den staatlichen Ausbildungsstätten, den Kunstakademien. Erst 1919, nach der Novemberrevolution, wurde es den Frauen im Zuge der Gleichstellungsgesetze gestattet, eine akademische Ausbildung zu beginnen. Die große Anzahl bedeutender Namen aus dieser Zeit ist ein Indiz für die neu erkämpften Ausbildungs- und Schaffensmöglichkeiten von Künstlerinnen.

Käthe Kollwitz, Grethe Jürgens, Gabriele Münther, Alice Lex-Nerlinger, Greta Overbeck-Schenk, Lea Grundig-Langer, Sonja Delaunay und viele mehr. In Ausnahmefällen erstritten studierwillige Frauen schon im 19. Jahrhundert Sondergenehmigungen, mußten sich aber überwiegend mit teuren Meisterateliers und Privatschulen begnügen. Mit dem Eintritt in die Schule erhielten sie aber nicht die gleichen Ausbildungsmöglichkeiten wie ihre männlichen Kollegen. Eine schwerwiegende Behinderung von Künstlerinnen lag in dem Verbot, Studien nach Aktmodellen anzufertigen. Dadurch reduzierte sich das Studienmaterial auf Abbildungen klassischer Vorbilder, wobei bis auf Kopf- und Porträtstudien die Auseinandersetzung mit dem gesamten menschlichen Körper ausgespart blieb. Aber gerade das Aktstudium galt im Bereich der Bildenden Kunst als wesentliche Voraussetzung für die traditionelle Malerei, deren Sujets sich vorwiegend mit „großen" historischen Themen und mythologischen Szenen der Antike und Klassik auseinandersetzten.

Darüber hinaus legten auch gesellschaftliche Konventionen den Malerinnen Steine in ihre sowieso schon verengten Ausbildungswege, da ihnen untersagt war, sich frei zu bewegen, auf Reisen und Wanderschaft zu gehen, „öffentliche Häuser“ wie Tanzlokale, Kneipen, Theater, Cafés u. ä. aufzusuchen. Wie kann sich unter diesen Umständen ein weiblicher *Toulouse-Lautrec* entfalten? Eingesperrt in Akademieklassen, konnten sie nicht, wie ihre männlichen Kollegen, eine entscheidende Umbruchphase in der Kunst, die Entwicklung der impressionistischen Malerei, mitgestalten. Somit ist die Frage nach einem weiblichen *Leonardo, Grünewald,* oder *van Gogh* eher eine abstrakte, die nicht die tatsächlichen Schaffensbedingungen von Künstlerinnen früherer Jahrhunderte einbezieht.
Auf dem kunstgewerblichen Gebiet erfuhren die Frauen an Fachschulen weniger restriktive Einschränkungen. Dies läßt sich mit einer verstärkten Kunstausbildungsbewegung am Ende des 19. Jahrhunderts erklären. Durch den Rückstand des deutschen Kunstgewerbes, spätestens deutlich geworden nach den großen Weltausstellungen 1873 in Wien und 1876 in Philadelphia entstand das Bedürfnis, durch eine verstärkte Produzenten- und Konsumentenerziehung dem Ansehen der gesamten deutschen ästhetischen Kultur auf dem Weltmarkt Geltung zu verschaffen (Kind und Kunst 1972, 19 ff.).
Die künstlerische Erziehung und Kunsterziehung im weitesten Sinne, sollten in den Dienst dieser großen nationalen Aufgabe eingebunden werden. Die expandierende Massenwarenindustrie versprach sich aus der Vorrangstellung auf dem Weltmarkt vermehrten Wohlstand und stärkere politische Einflußmöglichkeiten.
Ein Berufsbereich, der den Frauen vorbehaltlos überlassen wurde, war die „Profession“ der Lehrerin bzw. Zeichenlehrerin oder Gouvernante. Hier hatten die Frauen schon in der Mitte des 19. Jahrhunderts die Möglichkeit, ins Erwerbsleben einzutreten. Mit der Einführung des elementaren Zeichenunterrichts z. B. 1872 in Preußen, stieg auch der Bedarf an Zeichenlehrern/-innen. Aber auch die tendenzielle Einführung der „Mädchenerziehung“ und das steigende freizeitgestaltende Zeichenbedürfnis des gehobenen Bürgertums ließen eine erhöhte Nachfrage an Lehrerinnen entstehen, die in traditionellen Handarbeitsfächern also auch in den künstlerischen Grundtechniken ausgebildet waren.
Dieser Bedarf führte aber nicht etwa zur verstärkten Anstellung von Frauen im staatlichen Schuldienst (diese existenzsichernden Beamtenstellen blieben den Männern überlassen), sondern eröffnete ihnen den überwiegend privaten Bereich. Die für dienstleistende Beschäftigungsverhältnisse typisch schlechte Bezahlung von Frauen und wechselnde Anstellungen machten es den Zeichenlehrerinnen fast unmöglich, mit

ihrem künstlerischen Broterwerb gesellschaftliche Anerkennung zu erlangen.
Die rigide Beschneidung der Ausbildungswege von Frauen, die Reduzierung ihrer beruflichen Tätigkeit auf Dienstleistungen, verhinderte also, daß sich Frauen zu ernsthaften Konkurrentinnen der männlichen Künstler entwickeln konnten.
Diese Tatsache und die Voreingenommenheit gegenüber den künstlerisch-produktiven Fähigkeiten von Frauen haben bis heute das Vorurteil genährt, Frauen wären zum „höheren Kunstschaffen" nicht „berufen".
Noch immer werden studierende Künstlerinnen mit diesen Auffassungen konfrontiert. Sie finden ihren Niederschlag in der Reduzierung des männlichen Ausbildungsbemühens gegenüber studierenden Frauen. Im Verhalten der Professoren wird deutlich, daß sie eine spätere pädagogische Berufspraxis der Frauen unhinterfragt voraussehen. Deshalb verlangen sie nicht mehr als eine durchschnittliche Beherrschung der künstlerischen Techniken und deren phantasievolle Anwendung in der Schulpraxis. Es ist immer wieder zu beobachten, daß Professoren bei größeren Projektvorhaben, die oftmals zur künstlerischen Reputation der Beteiligten beitragen, fast nur männliche Studenten als Mitarbeiter zu gewinnen suchen. Den Studentinnen wird lediglich die Rolle einer Hilfsassistentin überlassen.
Nur ganz selten werden Frauen auch von Professoren gefördert, d.h. er gibt ideelle Unterstützung und Beratung, vermittelt sie in den Kunstmarkt oder führt sie z.B. bei einer Ausstellungseröffnung ein. Innerhalb der üblichen „Gerüchteküche" an den Kunsthochschulen sehen sich diese Frauen schnell Verleumdungen ausgesetzt, indem ihr künstlerischer Aufstieg mit dem Einsatz ihrer körperlichen Reize erklärt wird.
Eine Reflexion in Hinblick auf eine spätere künstlerische Erwerbsarbeit findet in den seltensten Fällen an den Kunsthochschulen statt. Dafür herrscht eine Atmosphäre von Konkurrenz und Neid unter den Studierenden vor, die mit den geringen Erwerbschancen von Kunstschaffenden zu erklären ist. Circa 90% der Absolventen künstlerischer Studiengänge können keine existenzsichernde Berufsfähigkeit als Künstler aufweisen (*Rattemeyer* 1980, 21). Infolge des rigiden Einstellungsstops für den Schuldienst in fast allen Bundesländern drängt nun zusätzlich ein großer Strom von Lehramtsstudierenden auf den immer enger werdenden Arbeitsmarkt. In Zukunft wird es für die Absolventen/-innen immer schwieriger werden, auch in artverwandten Berufen unterzukommen.
Da die meisten Künstlerinnen nicht allein von ihrer künstlerischen Tä-

tigkeit leben können, gehen sie oft unter Einbuße ihrer künstlerischen Produktivität anderen Berufen oder Jobs nach. Nach Abschluß des Studiums stehen sie häufig vor der konfliktreichen Entscheidung zwischen Beruf oder Ehe/Beziehung und Kind sich entscheiden zu müssen, stets vom schlechten Gewissen geplagt, sowohl den familiären Verpflichtungen als auch der künstlerischen Arbeit nicht voll genügen zu können.

Der Kunstmarkt als Warenmarkt entscheidet über die Anerkennung, damit über die Förderung und Existenzsicherung Kunstschaffender und über zu erwartende Verkaufsgewinne ihrer Objekte. Ein für den Kunstmarkt wesentlicher Grund für das Ignorieren weiblicher Malerinnen liegt hier in den Wettbewerbsbedingungen, denn offensichtlich ziehen Sammler Kunstproduktionen männlicher Künstler vor. Wie die Professoren an den Kunsthochschulen, befürchten auch die Sammler, daß Frauen nicht „durchhalten", d. h. ihre künstlerische Schaffensphase durch Mutterschaft unterbrechen und letztlich dann doch hinter dem Kochtopf verschwinden. Dagegen können Maler eine Kontinuität, die für die künstlerische Arbeit unerläßlich ist, leichter herstellen, da sie sich in der Mehrzahl immer noch um die Erziehungsverantwortung drücken und oft genug auch das Geldverdienen den Frauen überlassen. Diese Einschätzungen gegenüber den Schaffensmöglichkeiten von Frauen versprechen den Händlern wie den Sammlern keinen langfristig steigenden Gewinn. Somit entfällt ein wichtiges Motiv für die Ankauf- und Sammeltätigkeit, nämlich das ökonomische.

III. „Frauen sind ihre eigenen Bündnispartner"

Ein Rundgang im Museum diente als Ausgangspunkt für das Aufspüren der ursächlichen Benachteiligung von Frauen an den Kunsthochschulen. Am Schluß soll das Museum selbst Anlaß zur Kritik sein. Verstehen sich die Museen als Spiegel dessen, was gegenwärtig als Kunst und Kunsttendenz zu gelten hat, gibt es für kunstschaffende Frauen keine mutmachenden Initiativen, die es ihnen ermöglichen würde, die gegenwärtigen Kunstmaßstäbe zu durchbrechen. Verstärkte Ankäufe aktueller künstlerischer Zeugnisse malender Frauen und das Entstauben kunsthistorischer, in den Museumsmagazinen „vergessener" Bilder, wären erste Anfänge. Darüber hinaus wären in Zusammenarbeit mit den Kunsthochschulen eine Vielzahl von Themen, Werkschauen und Bildvergleichen vorstellbar, die mit dem Mythos des männlich „genialen Schöpfertums" aufräumen. Durch eine Entlarvung der männlichen Sichtweise und verstärkte Präsentation von kunstschaffenden

Frauen würde bei den Betrachterinnen ein neues Selbstverständnis geschaffen.
An den Kunsthochschulen müssen Frauen selbst initiativ werden, denn „wer seine Rechte zu denken vergißt, wird auch vergessen" (*Louise Otto Peters,* 1848).

Anmerkungen

1 Forschungsergebnisse sind mir in diesem Zusammenhang nicht bekannt. Untersuchungen der statistischen Landesämter, z. B. zur Abbrecherquote, sagen nichts über die Studienerwartungen der Studentinnen aus, ebenso lassen sich keine Ursachen ableiten, die zum Abbruch des Studiums führen. Oftmals sind soche Erhebungen nicht einmal geschlechtsspezifisch aufgelistet. (Vgl. dazu *Rattemeyer,* 1980).

2 Eine wissenschaftliche Aufarbeitung dieses Themenkomplexes ist dank einiger engagierter Kunsthistorikerinnen und Künstlerinnen initiiert worden. Dieser Aufsatz kann nur einige Aspekte herausgreifen, da eine umfassende Darstellung dieser Ergebnisse den gesteckten Rahmen sprengen würde, siehe Literaturliste.

Literatur

Berger, R.: Malerinnen auf dem Weg ins 20. Jahrhundert. Kunstgeschichte als Sozialgeschichte, Köln 1982

Feministische Literaturwissenschaft: Dokumentation der Tagung in Hamburg vom Mai 1983. Herausgegeben von *I. Stephan* und *S. Weigel,* Argument Sonderband AS 120, Berlin 1984 (hier besonders *R. Berger:* Porträt einer Künstlerin, 77)

Frauen in der Kunst: *Nabakowski, G./Sander, H./Gorsen, P.* (Hrsg.), Bd. I und II, Frankfurt/M. 1980

FrauenKunstGeschichte: Zur Korrektur des herrschenden Blicks. Hrsg. v. *C. Bischoff,* u. a., 2. Aufl. Gießen 1985

Frau – Raum – Zeit: *Karl-Hofer-Symposium* 1982. Schriftenreihe der Hochschule der Künste, Berlin, Bd. 5

Greer, G.: Das unterdrückte Talent. Die Rolle der Frau in der bildenden Kunst, Berlin/Frankfurt M./Wien 1980

Hildebrand, H.: Die Frau als Künstlerin, Berlin 1928

Kind und Kunst: Eine Ausstellung zur Geschichte des Zeichen- und Kunstunterrichts. Veranstaltet vom Bund Deutscher Kunsterzieher in Verbindung mit dem Werkbundarchiv und der Arbeitsstelle für historische und vergleichende Kunstpädagogik an der PH Berlin/Berlin (West), 2. Aufl. 1972

Rattemeyer, V.: Weiterentwicklung des Kunststudiums unter Berücksichtigung der beruflichen Möglichkeiten der Künstler, Arbeitspapiere des wissenschaftlichen Zentrums für Berufs- und Hochschulforschung GHS, Nr. 7, Kassel 1980

Wex, M.: „Weibliche" und „Männliche" Körpersprache als Folge patriarchalischer Machtverhältnisse, Berlin 1979

2. Ariane und die Universitätsphilosophie – Schwierigkeiten mit einer Examensarbeit

Astrid Meyer

Es war einmal eine Studentin mit Namen Ariane, welche etwas schüchtern durch das große Tor der Universität mit dem Adjektiv ‚frei' trat. „Wo bin ich?", fragte sie verblüfft, sich plötzlich mit einem Irrgarten von unzähligen Räumen, Gängen, Büchern und Instituten konfrontiert sehend, in denen sich wie Ameisen ebenso unzählige Studenten, Dozenten und Professoren tummelten. „Nein", sagte sie sich, „hier bleibe ich nicht", drehte sich auf dem Absatz um, um sich schleunigst wieder aus dem bürokratischen Staube zu machen – aber nein, sie fand den Ausgang nicht mehr. „Ich bin schon zu weit gegangen", seufzte sie, „was soll nun werden? Wie finde ich mich hier zurecht?"

Aber es finden sich doch immer wieder Menschen, die wissen, wo's langgeht. Sie lassen auch in diesem Fall nicht lange auf sich warten. Vorwiegend (nicht immer) männlichen Geschlechts, wissen sie ihr viel zu ‚erzählen', packen sie voll mit Büchern und nehmen sie mit in Seminare. Ach ja – und die Seminare! „Was soll ich hier?", fragt sich Ariane, überfüllt die Seminare und in jedem einzelnen zwei bis drei Studenten, die monologisieren oder mit Dozenten ‚tiefgehende' Dialoge führen. Der Rest sitzt schweigend da, zweifelt an sich selbst und überlegt – ähnlich der Studentin, welche mit der Zeit sich immer mehr fragt, wer sie sei und was sie eigentlich zu sagen habe, kurz gesagt, an Selbstbewußtsein verliert –, ob in derart ablaufenden Veranstaltungen der Sinn des Studiums zu finden sei.

Ariane, welche sich übrigens als Philosoph fühlt und ursprünglich erkunden wollte, was die Welt denn eigentlich im Innersten zusammenhält, weiß überhaupt nicht, was dies alles mit Philosophie zu tun haben soll. Philosophie, so dachte sie immer, ist doch tiefes, kritisches Denken, ein Denken, das die Kraft hat, sich nicht von der Hektik und Oberflächlichkeit unserer Zeit vereinnahmen zu lassen. Sie sucht im Studium überlegte Fragestellungen, welche ihr *ihren* Weg weisen könnten.

Nun – diese bleiben aus; Ariane macht viele Erfahrungen, vorwiegend negative. Kurz vor der völligen Resignation fällt es ihr jedoch plötzlich wie Schuppen von den Augen: Ich bin kein Philosoph, sondern eine Philosoph*in*.

Noch eben meinend, daß hier des Rätsels Lösung liege, geht nun der Ärger erst richtig los: Bisher als Frau im Bereich des Wissen-Schaffens, der Domäne des Mannes (nur der Mann ‚weiß'), oft übersehen bis toleriert, werden ihr jetzt ganz klar die Grenzen gezeigt. Sie zu überschreiten heißt zwar, als Subjekt wahrgenommen, dafür aber bekämpft zu werden. Frau, so wird ihr gesagt, darf sich e-mann-zipieren, aber wehe sie e-weib-zipiert sich. Frau darf *mit* dem Mann und seinem geschlechtseigenen Denken – aber wehe sie denkt selbst. Dieses ‚Wehe' soll später kurz anhand eines Monologes des Großen Philosophen, eines Mannes, welcher den mächtigen bürokratischen Apparat, der Wissen schafft, sein Zuhause nennt, erläutert werden.

I. Regieanweisung für den/die Leser/in zur Verbildlichung des Geschehens:

Wir stellen uns einen überdimensional großleibigen Menschen, hinter einem überdimensional großen Schreibtisch sitzend, vor. Dieser Mensch ist im wahrsten Sinne des Wortes *verwachsen* mit dem Raum, in welchem er sich befindet, und dem Schreibtisch, hinter dem er sitzt. Wir haben richtig gesehen: Er braucht sich noch nicht einmal an seinem Schreibtisch festzuhalten, für den Fall, daß ihn etwas zu sehr erschrecken und vom Stuhl werfen könnte, nein – und weshalb nicht? Weil er an seinen Möbeln festgewachsen ist! Ja, er selbst ist der unbewegliche Teil eines starren bürokratischen Apparates, welcher, historisch entstanden, sein geschichtlich untermauertes Wissen schafft.

Nun, nachdem wir dieses monströse Werk, in Jahrhunderten erzeugt, lange genug bestaunt haben, tritt vorsichtig eine Studentin ein, um anzufragen, warum der ‚Philosoph' immer noch kein Gutachten für ihre Magisterarbeit geschrieben habe.

Exkurs I: Zentrale Aussagen der Magisterarbeit, von Ariane dem Großen Philosophen vorgelegt. Thema: Das Beispiel der Hexe. Eine philosophische Untersuchung zum Verhältnis von Vernunft und Sinnlichkeit.

- Vernunft, die sich in Abgrenzung zur Sinnlichkeit definiert, ist gerade deren Gefangene.
- Nicht um einen *Wahn* geht es bei den Hexenverbrennungen, sondern um folgerichtige Vorgänge in einer menschlichen = vernünftigen = männlichen

Welt, welche von Wissenschaftlern, sprich Autoritäten auf philosophischem Gebiet, nicht nur unterstützt und bejaht, sondern durch Ausarbeitung logischer Denksysteme auch verursacht wurden.

- Wird der Frau Sinnlichkeit von (Herrn) Vernunft die Verantwortung an dessen bisheriger mißglückten Geschichte zugeschrieben, so vergißt jener, daß er bisher nicht unabhängig von ihr gelebt hat und leben kann.
- Der Hexenbegriff wurde zum Be-greifen und Besiegen subkultureller Elemente durch die herr-schende Vernunft geschaffen. Der Fort-schritt scheint; er ist nicht. Wir erblicken ihn in der Gestalt Gottes, unter dessen Autorität (Herr) Vernunft die Hexe verbrennt und in Form der Cartesianischen Vernunft, dem „Ich denke, also bin ich", welches die ehemalige Hexe in der Figur der Kranken psychiatrisiert.
- Die Gleichsetzung der Frau mit Sinnlichkeit beruht einerseits auf Projektion (die Frau als Gefäß der Sünde); andererseits wird dieses Bild von der Frau als lebendes Wesen, welches sich hier in der Hexe und der Kranken wiederfindet, reproduziert.
- Es wird hierdurch das revolutionäre Moment in den Bildern der Hexe und der Kranken entkräftet, da beide sich doch wieder durch ihre Re-Aktionen anpassen und dadurch das patriarchale Ganze von innen stärken.
- Um diese Theorie vollständig auszuarbeiten, ist eine weitere Analyse des Wesens herschender Vernunft wichtig. Vernunft, die Sinnlichkeit zu ihrem Opfer macht, läßt sich gleichzeitig von ihr in Fesseln legen.
  Wir brauchen eine Theorie, die Sinnlichkeit bejaht und ihr dadurch die Gefährlichkeit nimmt. Dies kann nur geschehen durch Ausarbeitung eines Systems unter frauenspezifischem Aspekt.
- Das weibliche Geschlecht hat eine andere Wirklichkeit als das männliche. Gerade in einer Zeit, in der uns in jedem Bereich eine völlige Ausweglosigkeit vor Augen gehalten wird, ist es notwendig, Tabus im Denken zu überwinden und sich für neue Wege zu öffnen. Hierzu bedarf es eines neuen Bewußtseins, objektiviert in der Sprache der Frau, welche herrschende Vernunft in ihrer Substanz angreift, um sie zu transformieren in eine vernünftige Sinnlichkeit und eine sinnliche Vernunft.

Der nun folgende Monolog des Großen Philosophen wird monoton, leicht krächzend (ob mangelnder Sauerstoffzufuhr sind Lunge und auch Stimme leicht angegriffen und etwas verstaubt), ohne Schwanken, mit außerordentlicher Sicherheit gesprochen. Wir wissen, wie diese Sicherheit zu erklären ist: Es ist die Institution, die diesen Menschen stützt. Er fällt nicht mehr; er weiß Bescheid.

Was Sie hier geschrieben haben ist: Quatsch – Blödsinn – falsch. Es kann den Ruf unserer Universität schädigen. Ich kann ihre Examensarbeit nur be-schlecht-achten. Keine Diskussion. Und schon gar keine Experimente mit der Wissenschaft. Bewegung gehört der Vergangenheit an. Der Ruf dieser Universität ist in den sechziger Jahren geschädigt worden – es ist Zeit, ihn wieder herzustellen. Die Zeiten sind schlechter geworden. Was wir brauchen sind Vernunft, Mäßigkeit, Ruhe – und eine gewisse Uniformität des Denkens. Ich bin kein Unmensch. Rehabilitieren Sie sich. Sie haben Fähigkeiten – nur: Sie ge-

hen in die falsche Richtung. Das Weib ist ehedem aus des Mannes Rippe geschnitten worden – der Mann hat die Frau geboren -, nicht umgekehrt. Als ein Teil von ihm ist sie immer an ihn gebunden. Wissen schafft der Mann; er setzt das Maß, die Norm – ich bin bereit, noch einmal ein Auge zuzudrücken; aber Sie müssen sich schon Mühe geben, d.h. die Grenzen der Freiheit einhalten. Als *Philosoph* bin ich natürlich für das Denken – aber immer mit Maß. Diese Mauern hier (sein im Verhältnis zu dem übergroßen Körper etwas zu klein geratener Kopf wendet sich mühsam ruckartig kurz nach rechts und nach links, mit den Augen auf die sterilen Wände seines Arbeitszimmers deutend) dürfen nicht erschüttert werden. Sie geben uns Halt, sind unser Fundament. Seien Sie vernünftig, passen Sie sich an – oder noch besser: Lachen Sie sich einen Mann an und schenken Sie ihm Kinder, wie es Ihrer Natur entspricht. Ja, tun Sie das; seien Sie eine verantwortungsvolle Staatsbürgerin. Wir brauchen im Moment keine berufstätigen Frauen. Und nochmals: Wissenschaft ist Männersache.
So, nun gehen Sie wieder; machen Sie die Tür von draußen zu – aber bitte leise – ich muß wieder denken ... denke ... denk ... den ... de ... d ... (chrr ... chrr ... chrr ...).

Exkurs II: Stellungnahme* der Studentin Ariane zu zwei Gutachten über ihre Arbeit, vorgelegt dem Rat des ehemals als fortschrittlich geltenden Fachbereichs der Universität, welche sich mit dem Attribut ‚frei' schmückt.

„Anfangen möchte ich mit einer kurzen Darstellung des Werdegangs meiner Arbeit.
Ich begann diese im Sommer 1982 bei einem Professor, welcher nach mehreren Monaten erkrankte, wodurch ich gezwungen war, einen anderen Gutachter zu suchen. (Zu der Zeit hatte ich bereits die Hälfte meiner Arbeit, ca. 45 Seiten, geschrieben, und zwar handelte es sich um den Teil, in welchem Autoritäten wie *Luther, Bodin, Weyer, Paracelsus* behandelt werden.) Ich fand nun Herrn X, der sich bereiterklärte, meine Untersuchung der Hexenproblematik unter *feministischem* Aspekt anzunehmen.
Obgleich ich ursprünglich eine andere Gliederung meiner Arbeit verfolgte (d.h., ich wollte die Fehler herrschender philosophischer Denksysteme bis in *unsere heutige Zeit* herausarbeiten, welche sich in concreto zeigen in dem neuzeitlichen Bild der Hexe und dem ‚modernen' der psychiatrisierten Frau als ehemaliger Hexe; meine Analyse sollte also mit diesen Bildern den patriarchalen Fortschrittsgedanken an dem weiblichen Geschlecht als Opfer kritisieren) und in Erwägung zog, diese als Dissertation abzuschließen, ließ ich mich doch auf einen Kompromiß mit Herrn X ein, der mir riet, erst den historischen Teil auszuarbeiten (und ihn als Magisterarbeit abzugeben), um anschließend in Form einer Promotion meiner ursprünglichen Intention nachzugeben.

---

* Die Stellungnahme ist an wenigen Stellen leicht verändert worden.

Ich möchte somit ausdrücklich betonen, daß Herr X meinen Standpunkt von Anfang an kannte.
Nachdem ich die erste Fassung meiner Arbeit ihm zum Lesen gegeben hatte, teilte er mir nach mehreren Wochen folgendes mit: Er würde mir gerne eine gute Note geben, aber das könne er nicht, da Herr Y für eine schlechtere wäre. (Dies u.a. mit dem Hinweis, ich hätte eine falsche Ausgabe der Werke *Martin Luthers* benutzt.) Weiter sagte Herr X, Herr Y wolle mich gar nicht erst sehen (wenn letzterer in seinem Gutachten schreibt, er habe mich vor der Reinschrift auf... aufmerksam gemacht, so kann ich nur sagen, daß dies nicht der Wahrheit entspricht – es sei denn, Herr Y hat seine eigene Wahrheit) und habe ihm auch noch empfohlen, nicht mehr mit mir zusammenzuarbeiten.
Ich habe die ganze Arbeit überarbeitet, indem ich auf Beanstandungen von seiten der Gutachter einging.
Weder Herr X noch Herr Y sind auf die Argumentation meiner Arbeit eingegangen.
Wenn Herr X einen Mangel an historischer Differenzierung beklagt, mir vorwirft, den sozialpsychologischen Aspekt unberücksichtigt gelassen und durch typologische Festnagelung von Vernunft und Sinnlichkeit auf die Geschlechterproblematik meinen Blick zu sehr eingeengt zu haben, so mag ich dies alles als seine Meinung akzeptieren. Die Hexereiproblematik ist dermaßen umfassend, daß ich sie aus mehreren Blickwinkeln untersuchen kann. Herr X vergißt allerdings, daß mein Gesichtspunkt ein feministischer ist – aber da er es offenbar doch nicht ganz vergessen hat, macht er m.E. auch diesen Aspekt verantwortlich für seine Benotung und sich somit des Sexismus schuldig.
Nun zum Zweitgutachten: Während Herr X einige wenige Teile meiner Theorie verstanden haben mag, läßt sich das von Herrn Y nicht behaupten. Man/frau höre und staune: Da gibt es doch tatsächlich an der FU Berlin einen Professor, der sich um das Ansehen einer Universität sorgt, falls eine dort abgeschlossene Magisterarbeit veröffentlicht werden sollte, die seiner Meinung nach zur Erlangung des Grades eines Magister Artium nicht beitragen kann.
Herr Y hat die Aussage meiner Arbeit nicht verstanden. Ich wolle die Frau zur Vernunft und den Mann zur Sinnlichkeit befreien? Nein, so plump denke ich nicht; so einfach habe ich mir die Sache nicht gemacht!
Zur Bearbeitung eines frühen neuzeitlichen Theoretikers ist folgendes zu sagen: Wenn die offizielle Frist für die Fertigstellung seiner Magisterarbeit vier Monate beträgt, dann ist es nicht selbstverständlich, in dieser Zeit ein weit über 1000-seitiges, nicht übersetztes lateinisches Werk aus dem 16. Jhd. zu lesen.
Ich verbitte mir eine Bagatellisierung meiner Leistung; es handelt sich m.E. bei meiner Arbeit um ein in sich schlüssiges Denkgebäude mit selbständig erarbeiteten Gesichtspunkten, welches insbesondere historische philosophische Systeme an ihren Schwachstellen kritisiert."

Auf diese sehr bestimmte Art und Weise aus dem Philosophenapparat hinauskatapultiert, steht nun, leicht lädiert, Ariane mit einem Magister Artium in der Tasche (erlangt mit jeweils mindestens einem zugedrückten Auge auf unserer Seite, so würden die Herren, wenn sie könnten, noch hinzufügen) vor der großen Tür und läßt sich den Wind um die Nase wehen. Wohin sie sich wenden soll, weiß sie noch nicht so recht. Und das große überdimensionale andere Geschlecht, wie sieht es mit diesem aus?

Wenn es noch nicht so ganz in seinem archivarischen Staub erstickt, noch nicht völlig mit seinem Katheder zusammengewachsen und von seinen abertausenden von Theorien und Büchern (von denen sich die meisten auffallend ähneln) verschlungen worden ist, so schnarcht es noch heute in seinem *scheinbaren* Vogel-Strauß-Schlaf selig vor sich hin.

II. Reflexionen über die Rolle der Frau im philosophischen Bereich

Verglichen mit der in anderen geistes- und sozialwissenschaftlichen Disziplinen ist es um die Stellung der Frau innerhalb der Philosophie mit am schlechtesten bestellt. Dies mag daran liegen, daß man/frau hier historisch und auch noch heute zur Lösung menschlicher Probleme durch den vom Körper getrennten Geist beizutragen versucht. Die Entwertung des eigenen Leibes und des Materiellen überhaupt, als Ursache allen Übels, zieht die Definition eines Geistes nach sich, welche diesen als notwendig vom Körper getrennt sieht. Die philosophiegeschichtliche Gleichsetzung der Frau mit Leib und Natur ist maßgeblich mitverantwortlich für die moderne Ausbeutung der Natur durch die Technik bzw. diejenige des Leibes durch Vernunft.
Als ich meine Arbeit begann, habe ich nicht geahnt, welche Schwierigkeiten mir gemacht werden könnten. Ich glaube, jede/r muß eine solche Erfahrung selbst machen oder gemacht haben, um die Wucht der Machtverhältnisse nachempfinden zu können, die ich zu spüren bekam. Daß es möglich wäre, Macht innerhalb eines Wissenschaftsbetriebes mit derartig primitiven Mitteln auszuüben, hätte ich mir allerdings nie träumen lassen. – Allein das, was mir passiert ist, ist ein Beweis für die in meiner Arbeit ausgearbeitete Problematik! Die Arbeit ist seitens der Dozenten nicht mit Geist begutachtet, sondern mit rein sinnlichen Ängsten abgekanzelt worden. Der Vorfall zeigt das geringe Niveau einer Geisteswissenschaft auf, welche den Anspruch hat, a) als höchstgeistige Wissenschaft über-haupt zu gelten und b) eine Vernunft als oberstes Erkenntnisprinzip zu postulieren, die unabhängig von Leib, Natur und Frauen existieren soll und sich selbst als objektiv darstellt. Es gilt also, eine Objektivität von Vernunft in Frage zu stellen, welche die Frau zum Opfer macht. Eine Änderung der Machtverhältnisse im Wissenschaftsbereich, speziell im Bereich Philosophie, halte ich vorwiegend durch *inhaltliche* Auseinandersetzung mit philosophischen Systemen unter dem Aspekt des anderen, sich selbst bewußten Geschlechtswesens für möglich.

Mein Artikel soll einerseits anderen Frauen eine Warnung sein, welche so ‚naiv' sind, wie ich es damals war, zu glauben, Argumente in der Institution der Wissenschaft würden ausreichen, um männliches Denken anzugreifen und eigenes zu versuchen. Andererseits möchte ich dazu anspornen, es trotz aller dargestellten Schwierigkeiten zu versuchen, eigene Ansätze zu verfolgen – nur sollte frau dies mit dem Bewußtsein machen, daß Wissenschaftler ihre Domäne nicht freiwillig aus der Hand geben, da jene ja ihre Identität ausmacht!
Auch im Bereich der institutionalisierten Philosophie kommt es bei der Eroberung von Stellen nicht nur auf Qualität, sondern auch auf Quantität an: Je mehr Philosophinnen sich als solche selbstbewußt definieren (nicht nur äußerlich sich mit Titeln bekleiden und inhaltlich historisch gewachsene Fehler reproduzieren, weil sie sich nicht zu denken getrauen), desto mehr zwingen sie beamtete ‚Philosophen', über ihre Lage und ihr Selbstverständnis nachzudenken.
Vielleicht haben Philosophiestudentinnen eines Tages die Möglichkeit, zwischen Dozentinnen und Professorinnen für ihre ‚weib-lichen' Magisterarbeiten zu wählen und sogar noch männliche, für ihre gedankliche *Entfaltung* sensibilisierten, Abnehmer zu finden!

3. Eine Verteidigung der Rechte der Musen oder: Die Diskriminierung der Schriftstellerin und Wissenschaftlerin in der Germanistik

Doris Freer

I. Frauendiskurs

1. Frauenforum im Revier[1]
Seminarraum
D., Vereinsfrau[2]

Vereinsfrau: ... und wenn wir an das Frauenbild denken, das etwa Goethe vermittelt. Alles Desiderata der Forschung: eine Analyse der Klassiker unter feministischer Sichtweise, mit Methoden feministischer Forschung.

D. (Zwischenruf): So ein Blödsinn!

Vereinsfrau: Die meisten Lehrstuhlinhaber für Germanistik sind nach wie vor Männer. Welches Interesse aber hätten diese daran, in ihre Wissenschaft frauenspezifische Fragestellungen hineinzutragen, die sie, wenn sie überhaupt in ihren Blickwinkel geraten sollten, als subjektiv und damit unwissenschaftlich abtun. Als Verstoß gegen ihr wissenschaftliches Objektivitätsideal.

D. (Zwischenruf): Ist es doch auch!

Vereinsfrau: Ja, meinst Du denn, deren Forschung wäre objektiv? Hinter ihr steht doch wissenschaftsgeschichtlich gesehen ein Erkenntnisinteresse, das hauptsächlich von Männern geprägt wurde.

D.: Ich halte Deine Ansicht nicht für richtig. Es handelt sich doch gerade in der Germanistik um allgemein interessante Forschungsgebiete, die von der Geschlechtszugehörigkeit unabhängig sind.

Vereinsfrau: Das ist eben der Irrtum!

D.: Dann bring' doch erst 'mal Beweise für Deine Behauptung.

Vereinsfrau: Nimm z. B. die Geschichtsschreibung. Wo tauchen da schon Frauen auf! Die männlichen Historiker haben es doch durch ihre subjektive Art der Geschichtsschreibung hingekriegt, daß wir quasi geschichtslos sind. Sie, jedenfalls die meisten, haben uns einfach ausgelassen. Hier muß die feministische Geschichtsforschung einsetzen. Unsere Spuren suchen. Quellen ausfindig machen. Die Geschichtsbücher gegen den Strich lesen. Die Geschichte neu schreiben.

D.: O.k., o.k., das weiß ich auch. Aber in der Germanistik. Frauenbild bei Goethe! Ist doch ein alter Hut. Kannst Du schon bei den ältesten Germanisten nachlesen. Einfach im Kontext ‚Personencharakteristik'.

Vereinsfrau: Das ist es aber nicht, was wir meinen. Mit der einfachen Wiedergabe und Analyse der Personendarstellung ist uns nicht gedient. Wir müssen vielmehr untersuchen: Welche Frauen werden dargestellt, also Fragen der gesellschaftlichen Schichtzugehörigkeit u. ä.; wie werden sie dargestellt, bei der Hausarbeit etwa?; entspricht ihre Darstellungsweise der gesellschaftlichen Realität? Nein? Warum nicht?; welche Ideologien werden propagiert? Dient nicht die literarische Präsentation bestimmter Frauenbilder in der Regel der Zementierung der Frauenunterdrückung?

D.: Ja gut, ich verstehe jetzt so ungefähr was Du meinst: Die bewußte Veränderung der Sichtweise bei der Literaturanalyse in Richtung auf eine frauenspezifische Fragestellung; Interpretation unter dem Aspekt ihrer Relevanz auch für uns heute. Vorhin hast Du aber auch noch von einer neuen Methode gesprochen. Das scheint mir aber ehrlich absurd.

Vereinsfrau: Warum? Es gibt ja schon die unterschiedlichsten Methoden der Literaturanalyse. Unsere Aufgabe ist es nun, gemeinsam neue Methoden zu entwickeln, die den Fragestellungen und Zielsetzungen der Frauenbewegung entsprechen. Das vermeintlich objektive Methodenideal männlicher Wissenschaftler haben wir als subjektives entlarvt. An seine Stelle setzen wir bewußt ein subjektives Forschungsinteresse: Wir müssen uns selbst in die Forschung einbringen. Unser Interesse, die Frauenbefreiung und die Aufdeckung von Diskriminierungsmechanismen, muß sich in unseren Gegenstandsbereichen der Forschung und deren Methoden widerspiegeln – und dies in der Germanistik wie in jeder anderen Wissenschaft.

II. Germanistik – nur für Männer?

Die Diskriminierung der Frau durch die Germanistik und in der Germanistik ist so alt wie diese Wissenschaftsdisziplin selbst. Sie erfolgt entweder durch Auslassen, Ausschluß oder Desintegration und trifft die Frau als Dichterin und Wissenschaftlerin in gleichem Maße.

1. Literatur- und forschungsimmanente Ebene

Maßstäbe und Regeln der Literaturproduktion wurden seit spätestens dem Barock von Männern aufgestellt. Der Frau konzedierte man bestenfalls den Status einer Nachahmenden, eine Auffassung, an der etwa *Gervinus,* der „Vater der deutschen Literaturgeschichtsschreibung", ungerührt vom starken zahlenmäßigen Anwachsen der Schriftstellerinnen, noch in der Mitte des 19. Jahrhunderts hartnäckig festhält.[3] Bis weit ins 20. Jahrhundert hinein ignorierte die Germanistik den Großteil deutscher Dichterinnen, da sie ihrem Selbstverständnis entsprechend ‚hohe' Literatur[4] als ausschließlichen Gegenstandsbereich der For-

schung betrachtete. Literatur von Frauen wurde, in der Tradition *Goethes* etwa, als „Dilettantismus“[5] angesehen, damit auf der untersten Stufe der literarischen Wertungsskala angesiedelt und darum von vornherein ausgeklammert. Wurden Frauen in einzelnen Fällen in die Literaturgeschichtsschreibung mit einbezogen, geschah dies nicht gleichrangig mit ihren männlichen Kollegen im Kontext von Epochen-, poetologischen oder lokalen Einteilungskriterien, sondern in gesonderten Abschnitten, die allein auf Geschlechtszugehörigkeit basierten.[6] Selbst in dem heute noch für jede/n Germanistikstudenten/in unentbehrlichen Kompendium „Daten Deutscher Dichtung“[7] findet sich für die erste Hälfte des 19. Jahrhunderts unter den Rubriken „Romantik“ und „Junges Deutschland“ im Biographieteil keine Frauenbiographie, unter „Biedermeier“ nur die der *Droste-Hülshoff;* in den entsprechenden Werkteilen sind nur wenige Publikationen von *Bettina Brentano,* von *Rahel Varnhagen von Ense* und von der *Droste* aufgeführt, so daß nach der Lektüre dieses Standardwerks der Eindruck entsteht, als hätte es – was in keiner Weise der Realität entspricht[8] – nur wenige der Romantik[9] und dem Biedermeier[10] zuzuordnenden Dichterinnen gegeben und keine einzige Jungdeutsche.[11]
Besonders in jüngerer Zeit versuchen in erster Linie Frauen diese Forschungsdefizite aufzuarbeiten. Germanistinnen aus den Reihen der Frauenbewegung, der „feministischen Literaturwissenschaft“, geht es um zweierlei: 1. Erarbeitung von Biographien und Werkanalysen der bisher übergangenen Dichterinnen; 2. die germanistisch-feministische Forschung will sämtliche Literatur und sprachliche Manifestationen unterschiedlicher Art[12] mit Hilfe neu entwickelter oder neu zu erarbeitender literatur- und sprachwissenschaftlicher Methoden analysieren, wobei zur Zeit noch von Frauen verfaßte Texte im Vordergrund stehen.[13]

2. Institutionelle Ebene

Bis 1900 (Baden), bzw. 1908/09 (Preußen) besaßen die Frauen in Deutschland kein Immatrikulationsrecht. *Agathe Lasch* und *Luise Berthold*[14] waren die ersten Germanistinnen, denen kurz nach dem 1. Weltkrieg eine Habilitation gelang. Bereits vor ihnen hatten jedoch zahlreiche Frauen literaturgeschichtliche und sprachwissenschaftliche Forschungsarbeiten verfaßt;[15] doch handelte es sich hier um private freiberufliche Unternehmungen, da ihnen seit der Etablierung des Wissenschaftszweiges Germanistik der Zugang zur institutionell gebundenen Forschung und Lehre versperrt war. 1846 hatte man sich mit dem Aufruf zum ersten deutschen Germanistentag nur an „Männer“ gewandt,

„die sich der Pflege des deutschen Rechts, deutscher Geschichte und Sprache ergeben".[16] Der Exklusivitätscharakter dieser Versammlung hatte auf der Ebene der Literaturproduktion sein Pendant darin, daß im gleichen Jahr die „Literatinnen" expressis verbis von der geplanten Schriftstellerversammlung in Weimar ausgeschlossen wurden, ein Skandalon, aus dem die erste deutsche Schriftstellerinnenversammlung hervorging.[17]

Wann und wo liegen die Ursachen für die aufgezeigte Entwicklung? Am Ende des 18. Jahrhunderts war, in erster Linie durch die Bildungsarbeit der Aufklärer/innen, die Anzahl intellektueller Frauen in bisher nie gekanntem Maße gestiegen. Der einzige anspruchsvolle Beruf, der ihnen offenstand, war der der Schriftstellerin. Ich vertrete die Auffassung, daß in dem Moment, als massive Bildungs- und sogar Gleichberechtigungsforderungen bis hin zum Universitätsstudium und Anspruch auf intellektuelle Männerberufe[18] publik wurden, teilweise ausdrücklich verknüpft mit dem Wunsch nach finanzieller Unabhängigkeit vom Mann,[19] eine Welle der Diffamierung und Diskriminierung des „gelehrten Frauenzimmers" einsetzte, als deren Exponentin die Schriftstellerin fungierte. Ein Indikator für diese These findet sich bereits 1788 in *Knigges* vielgelesenem Buch „Über den Umgang mit Menschen", in dem er seine Kritik an der Schriftstellerin, der er u.a. Vernachlässigung häuslicher Pflichten unterstellt, mit der an der gebildeten und gelehrten Frau koppelt, der er besonders das Eindringen in die Männerdomäne der Wissenschaften verübelt:

„... aber sie soll kein Handwerk aus der Literatur machen; sie soll nicht umherschweifen in allen Theilen der Gelehrsamkeit. Es erregt wahrlich, wo nicht Ekel, doch Mitleiden, wenn man hört, wie solche arme Geschöpfe sich erkühnen, über die wichtigsten Gegenstände, die Jahrhunderte hindurch der Vorwurf der mühsamsten Nachforschungen großer Männer gewesen sind und von denen diese dennoch mit Bescheidenheit behauptet haben, sie sähen nicht ganz klar darin; wenn man hört, wie ein eitles Weib am Thee- oder Nachttische in den entscheidensten Ausdrücken Machtsprüche wagt, indeß sie kaum eine klare Vorstellung von der Materie hat, wovon die Rede ist."[20]

Von diesem Zeitpunkt an wurde die Tabuverletzung der Schriftstellerin hart geahndet. Sie wurde Zielscheibe einer Polemik, die vor dem Forum der gesamten literarischen Öffentlichkeit – in erster Linie in Zeitschriften[21] – ausgetragen wurde. Vordergründig wurde ihr eine für die Frau unnatürliche Vernachlässigung von Haus, Mann und Kindern unterstellt,[22] wobei das Naturrecht nur bemüht wurde, um die Unvereinbarkeit von Frau und Wissenschaft wissenschaftlich zu legitimieren, was aus einer Herder-Schrift besonders deutlich hervorgeht:

„Ich bin auf das gelehrte Frauenzimmer vielleicht zu sehr erbittert; aber ich kann nicht dafür; es ist Abneigung der Natur. Eigentliche Gelehrsamkeit ist dem Charakter eines Menschen, eines Mannes schon, so unnatürlich, daß wir ihr nur aus Noth uns unterziehen müssen, und dabey doch schon immer verlieren; in dem Leben, in der Liebe, in dem Mund eines Frauenzimmers aber, die noch die einzigen wahren menschlichen Geschöpfe auf dem politischen Exercier-Platz unserer Welt sind, ist diese Unnatur so tausendmal fühlbarer.... denn alle Sachen, alle Materialien, alle Wissenschaften sind nie für die Weiber, und über viele können sie in ihrem Leben nicht anders als schiefe Urtheile fällen..."[23]

Auffällig an der oben umschriebenen Form der Kritik an der Schriftstellerin ist, daß nicht ihre literarischen Produktionen analysiert wurden, sondern daß an die Stelle der *inhaltlichen* eine *moralische* Kritik trat. Dieser Modus des Umgangs mit Literatur von Frauen ist nicht nur typisch für das 18. und 19. Jahrhundert, sondern er findet sich heute auch in vermeintlich objektiver Forschungsliteratur. Dies soll am Beispiel der *Caroline de la Motte-Fouqué* gezeigt werden:
Beim Versuch, die Lebensdaten der *Caroline de la Motte-Fouqué* zu ermitteln, fällt zunächst auf, daß von ihr, im Gegensatz zu zahlreichen anderen Dicherinnen ihrer Zeit, nur sehr wenige Daten zu finden sind und dies, obwohl sie ein umfangreiches literarisches Werk hinterlassen hat.[24]
Im renommiertesten deutschen biographischen Lexikon, der Allgemeinen Deutschen Biographie, würdigt man sie nicht einmal eines eigenen Artikels, sondern auf sie wird ausschließlich im Kontext der Abhandlung über ihren Ehemann – *Friedrich Heinrich Karl Baron de la Motte Fouqué* – verwiesen.[25] Dieses Verfahren aber impliziert literarische Wertung: Die Dichterin wird zum Appendix ihres Ehemannes degradiert. Dieses Phänomen ist nicht nur in biographischer Literatur zu beobachten, sondern wird selbst in der neueren germanistischen Forschung, nämlich in *Sengles* Standardwerk zur Biedermeierzeit,[26] praktiziert.
Daß die *Fouqué* zu den hervorragenden Dichterinnen-Existenzen ihrer Zeit gehörte,[27] dürfte als unbestreitbar gelten: Neben zahlreichen literarischen Prosatexten verfaßte sie auch Bildungslektüre für Frauen.[28] Daneben gehört sie zu den wenigen Frauen ihrer Zeit, die auch als Herausgeberinnen von Büchern auftraten.[29]
An der *Fouqué* wird besonders deutlich, wie in der Germanistik Frauen und ihre Werke diskriminiert werden: durch Auslassung oder durch Abwertung. Wo aber liegen in diesem speziellen Fall die Ursachen dafür? Intensivere Recherchen ergaben, daß die *Fouqué* von Zeitgenossen und Nachwelt gleichermaßen sowohl auf der Ebene der Literaturwertung als auch in bezug auf Moralität harten Anfeindungen ausgesetzt war: Die geschiedene Frau erlaubt sich als Gattin *Fouqués* einige Liaisons, die *Arno Schmidt* nicht nur exakt nachhält,[30] um sie als „geschäf-

tige Halbweltdame“[31] zu diffamieren, sondern ebenso diskreditiert er ihr literarisches Werk, ohne jegliche weitere Kommentierung, durch folgendes Statement: „Als sie die Technik erlernt hat, verfaßt sie auch selbst Romane und Erzählungen, zierliche Mythologien „Für die Töchter gebildeter Stände“ und Ratgeber „zum Eintritt in die große Welt“.[32] Sein literarisches Urteil erhärtet er nur durch kurze Notizen *E. T. A. Hoffmanns*, den einmal einer ihrer Romane „schändlich ennuyierte und verstimmte“.[33]

Den Schlüssel zur *C. Fouqué* – (Nicht-)Rezeption[34] dürfte wohl das Faktum bieten, daß ihr Leben und ihre Existenz als Dichterin für unweiblich gehalten wurde: Sie war hochgebildet, Schriftstellerin, Herausgeberin, ließ sich nach Gutdünken scheiden, hatte verschiedene Liebschaften, gebar Kinder von wem sie wollte und war – und dies im Gegensatz zu ihrem berühmten Ehemann – finanziell völlig unabhängig.[35] Diese Fakten dürften mit dazu beigetragen haben, daß Varnhagen sie schon 1811 als „männliche(s) Talent“[36] und später ihren ersten Roman „Roderich“ als „rauh und ungelenk“[37] bezeichnet und der berühmte Historiker *Heinrich von Treitschke* sie einer „bedenklich an(zu)wachsenden“ „Schaar der Blaustrümpfe“ zuordnet.[38]

Die oben aufgezeigten Diskriminierungsmodi von Dichterinnen und ihrem literarischen Werk dürfen aber nicht darüber hinwegtäuschen, daß sich gerade in der ersten Hälfte des 19. Jahrhunderts Literatur von Frauen großer Popularität erfreute, wie die Vielzahl der erschienenen Publikationen und die Resonanz auf diese in den zeitgenössischen Zeitschriften[39] zeigt. Warum aber findet dieses Phänomen keinen angemessenen Ausdruck in der Germanistik? Die Ursachen dafür sind moralisch-ideologischer, aber auch ökonomischer Natur. Als Folge eines seit dem späten 18. Jahrhundert nach den Gesetzen einer frühkapitalistischen Marktwirtschaft funktionierenden Buchmarkts[40] hatte sich eine zunehmende Konkurrenz der Autoren als Mitbewerber auf dem literarischen Markt[41] entwickelt. Weibliche Schriftsteller traten massiert erst ca. ein halbes Jahrhundert später als ihre männlichen Kollegen in Erscheinung.[42] Am leichtesten angreifbar war der schwächste Teil der Konkurrenten, nämlich die Frauen, die ihre Existenzberechtigung als Dichterinnen nicht historisch legitimieren konnten. Die ökonomischen Ursachen der Invektiven von Männern gegen Schriftstellerinnen werden auch dann verständlich, wenn man bedenkt, daß gerade Schriftsteller als öffentliche Kritiker auftraten.

Auf diesem Hintergrund rückt eine andere Tatsache in ein ganz neues Licht, nämlich die, daß etwas weniger als die Hälfte der Germanisten der ersten Generation gleichzeitig Dichter waren.[43] Dieses Phänomen dürfte mitverantwortlich dafür sein, daß die Frauen 1846 sowohl vom

Germanisten- als auch vom Schriftstellerkongreß ausgegrenzt wurden. Diese Germanisten setzten die ersten Meilensteine literaturwissenschaftlicher Forschung, und angesichts der oben beschriebenen Praktiken der Diskriminierung schreibender Frauen und ihrer Werke erstaunt es nicht, wenn den Frauen auch im Hinblick auf Einbeziehung in germanistische Fachliteratur mit Auslassung und Absonderung begegnet wurde.

Bis zum Beginn des 20. Jahrhunderts konnte die Frau als institutionell gebundene germanistische Fachwissenschaftlerin nicht als ernstzunehmende Konkurrentin des Mannes im Wissenschaftsbereich auftreten, da sie ja erst 1900 bzw. 1908/9 das Immatrikulationsrecht und damit die Möglichkeit zur Absolvierung eines Hochschulstudiums in Deutschland erhielt. 1918/19 habilitierte sich die erste Frau im Fach Germanistik. Ihr folgten bis heute wenige. Ältere und neuere Literatur von Frauen ist im Fächerkanon von Schule und Hochschule stark unterrepräsentiert. Die Erforschung der Literatur von Frauen und die Erforschung der Literatur durch Frauen geht noch immer über ein Minimum nicht hinaus. Es gibt viel zu tun!

Anmerkungen

1 Diese Veranstaltung war für mich einer der ersten Schritte auf dem Weg, der schließlich zur Abfassung dieses Artikels führte. Es handelt sich hier um die nachträgliche Rekonstruktion einer Gesprächssituation, wie sie sich ähnlich abspielte.

2 Vereinsfrau = Mitglied des „Vereins Sozialwissenschaftliche Forschung und Praxis für Frauen e. V.“. Dieser Verein war neben der Pädagogischen Hochschule Ruhr Träger des „1. Frauenforums im Revier“, das vom 20.–25. 3. 1979 in Dortmund stattfand.

3 Dazu s. *Brinker-Gabler, G.:* Deutsche Dichterinnen vom 16. Jahrhundert bis zur Gegenwart. Gedichte und Lebensläufe, Frankfurt a. M. 1978, 17 f. – Informationen zu Gegenwartsautorinnen bietet neben *Brinker-Gabler: Puknus, H.* (Hrsg.), Neue Literatur der Frauen. Deutschsprachige Autorinnen der Gegenwart. Mit einem einleitenden Essay von *Elisabeth Endres,* München 1980.

4 Hierzu und zum Gesamtkomplex der literarischen Wertung s. *Schulte-Sasse, J.:* Literarische Wertung, 2. Aufl. Stuttgart 1976.

5 Z. B. *Goethe* an *Eckermann* am 18. 1. 1825: „Überhaupt haben die Dilettanten und besonders die Frauen von der Poesie sehr schwache Begriffe“, in: *Eckermann, J. P.:* Gespräche mit Goethe in den letzten Jahren seines Lebens. 1823–1832, 2 Thle., Leipzig 1837, 1. Th., 189.

6 Zu diesem Komplex s. die ausführlichen Ausführungen von *Möhrmann, R.:* Die andere Frau. Emanzipationsansätze deutscher Schriftstellerinnen im Vorfeld der Achtundvierziger-Revolution, Stuttgart 1977, 2 ff.

7 *Frenzel, H. A. und E.:* Daten deutscher Dichtung. Chronologischer Abriß der deutschen Literaturgeschichte, 2 Bde., 6. Auflage München 1970.

8 Schon *Schindel* beziffert 1825 in seinem berühmten biographischen Lexikon die Anzahl der deutschen Autorinnen auf „wenigstens weit über 550"; s. *Schindel, C. W. O. A. von:* Die deutschen Schriftstellerinnen des neunzehnten Jahrhunderts. Drei Teile in einem Band, Hildesheim und New York, Nachdruck der Ausgaben Leipzig 1823–25, T. III, S. VI – S. VII. *Friedrichs* registriert 4000 Schriftstellerinnen für das 18. und allerdings gesamte 19. Jahrhundert, in: *Friedrichs, E.:* Die deutschsprachigen Schriftstellerinnen des 18. und 19. Jahrhunderts. Ein Lexikon, Stuttgart 1981.

9 Hierzu s. z. B. *Lober, V.:* Die Frauen der Romantik im Urteil ihrer Zeit, Diss. Erlangen 1947. – *Frederiksen, E.:* Die Frau als Autorin zur Zeit der Romantik: Anfänge einer weiblichen Tradition, in: Gestaltet und Gestaltend. Frauen in der deutschen Literatur, hrsg. v. *M. Burkhard,* Amsterdam 1980 (Reihe: Amsterdamer Beiträge zur Neueren Germanistik, Bd. 10, 1980).

10 Dem Biedermeier ist der Großteil der bei *Schindel,* s.o., verzeichneten Schriftstellerinnen zuzurechnen. In dieser Phase publizierten fast sämtliche Dichterinnen in Almanachen und literarischen Taschenbüchern – hierzu s. kurze Ausführungen bei *Marwinski, F.:* Sie schrieben und lectürten sehr. Die Almanache und ihr Lesepublikum zwischen 1770 und 1830, in: Marginalien. Zs. f. Buchkunst und Bibliophilie, 53. Heft, 1974, 51–71 –, ein bisher kaum berücksichtigtes Phänomen. Zu 107 Taschenbuchbeiträgerinnen wurde von mir im Rahmen des Sonderforschungsbereichs 119 an der Ruhr-Universität Bochum eine größere Studie erarbeitet, die in absehbarer Zeit erscheinen wird.

11 Hierzu s. z. B. *Gulde, H.:* Studien zum jungdeutschen Frauenroman, Diss. Weinheim 1933. – *Möhrmann* a. a. O.

12 S. z. B. *Trömel-Plötz, S.:* Frauensprache: Sprache der Veränderung, Frankfurt a. M. 1982.

13 Hierzu s. z. B. *Bovenschen, S.:* Die imaginierte Weiblichkeit. Exemplarische Untersuchungen zu kulturgeschichtlichen und literarischen Präsentationsformen des Weiblichen, Frankfurt a. M. 1979. – Die Argument-Sonderbände 92 und 96: Entwürfe von Frauen in der Literatur des 20. Jahrhunderts, hrsg. v. *I. von der Lühe,* Berlin 1982. – Die verborgene Frau. Sechs Beiträge zu einer feministischen Literaturwissenschaft. Mit Beiträgen von *I. Stephan* und *S. Weigel,* Berlin 1983.

14 S. *Schlüter, A.:* Wissenschaft für die Frauen? – Frauen für die Wissenschaft! Zur Geschichte der ersten Generation von Frauen in der Wissenschaft, in: Frauen in der Geschichte IV. „Wissen heißt leben...". Beiträge zur Bildungsgeschichte von Frauen im 18. und 19. Jahrhundert, hrsg. v. *I. Brehmer* u. a., Düsseldorf 1983, 244–261.

15 *Oelsner* hat, auch für die erste Hälfte des 19. Jahrhunderts, zahlreiche Daten von Wissenschaftlerinnen zusammengetragen, die Publikationen in den Bereichen Sprachwissenschaft und Literaturgeschichte aufzuweisen haben; *Oelsner, E.:* Die Leistungen der deutschen Frau in den letzten vierhundert Jahren. Auf wissenschaftlichem Gebiete, Breslau 1894, 119–133 und 161–171.

16 *Müller, J. J.:* Germanistik – eine Form bürgerlicher Opposition, in: Germanistik und deutsche Nation. 1806–1848. Zur Konstitution bürgerlichen Bewußtseins. Hrsg. v. *J. J. Müller.* Literaturwissenschaft und Sozialwissenschaften 2, Stuttgart 1974, 5–112.

17 Hierzu s. *Wolff-Jaffé, S.:* Die erste deutsche Schriftstellerinnenversammlung im Jahre 1846 zu Weimar. Aus einem „aktenmäßigen Bericht" zusammengestellt, in: Centralblatt des Bundes deutscher Frauenvereine, VIII. Jg. 1906, 29 f., Jg. 1907, 37 f.

18 S. *Wollstonecraft, M.:* Verteidigung der Rechte der Frauen, 2 Bde., Übers. v. *B. Pappenheim,* mit einem Vorwort von *B. Rahm,* Zürich 1976 (1. Ausgabe London 1790–92, 1. dt. Übers. *Schnepfenthal* 1793/94), Bd. II, 91. – *Hippel, Th. G. von:* Über die bürgerliche Verbesserung der Weiber, Nachwort von *R.–R. Wuthenow,* Frankfurt 1977 (1. Ausgabe 1793), 151.

19 Zu diesem Kreis von Frauen gehören neben den Romantikerinnen die weniger bekannten Schriftstellerinnen *Ester Bernard, geb. Gad, verst. Domeier; Sophie Mereau, geb. Schubart* und *Marie Norden.* – Zu diesem Themenkomplex s. die unbekannte Schrift von *E. Bernard,* die sie bereits 1798 unter dem Pseudonym E. B** geb. G* publizierte: Einige Aeußerungen über Hrn. Kampe'ns Behauptungen, die weibliche Gelehrsamkeit betreffend, in: Der Kosmopolit, Hrsg. *D. Voß,* Juni 1798, 577–590.

20 *Knigge, Adolph Freiherr von:* Über den Umgang mit Menschen, Herrsching o. J., 192 (T. 2, Kap. 5, § 18).

21 Zu dieser Ansicht gelangte ich durch die Durchsicht zahlreicher zeitgenössischer Zeitschriften; sie muß aber noch durch eine gründliche Forschungsarbeit überprüft werden. Aus Platzgründen nenne ich nur zwei Artikel: *Weisser:* Klagen des Ehemanns einer Dichterin, in: Morgenblatt für gebildete Stände, 11. 1. 1815, 33–35. – *Steuber, I. A. G.:* Ueber weibliche Schriftstellerei. An Emma**, in: Der Freimüthige, Nr. 13, 19. 1. 1815, 49–52.

22 Hierzu s. *Brandes, E.:* Betrachtungen über das weibliche Geschlecht und dessen Ausbildung in dem geselligen Leben, 3 Thle., Hannover 1802, s. besonders Bd. I, 133, Bd. II, 310 ff., 399, 418, Bd. III, 2 ff., 87, 451.

23 *Herders* Ansicht über gelehrte Frauen. (Bruchstück aus der nächsten in der J. G. Cotta'schen Buchhandlung erscheinenden Erinnerungen aus dem Leben. *Joh. Gottfr. von Herder),* in: Morgenblatt für gebildete Stände, Nr. 87, 11. 4. 1820, 350 f.

24 Literaturhinweise zu biographischem Material s. *Friedrichs,* a. a. O., 176. – *Goedeke, K.:* Grundriß zur Geschichte der deutschen Dichtung. Aus den Quellen, 15 Bde., Dresden, später Berlin ^{2}1884–1966, Bd. 6, 131–134, der neben einer kleinen Biographie ein Werkverzeichnis präsentiert.

25 S. Allgemeine Deutsche Biographie, hrsg. durch die Historische Commission bei der Bayrischen Akademie der Wissenschaften, 56 Bde., Leipzig 1875–1912, Bd. 7, 200 f.

26 S. *Sengle, F.:* Biedermeierzeit. Deutsche Literatur im Spannungsfeld zwischen Restauration und Revolution, 3 Bde., Stuttgart 1971–1980, Bd. II, 48 (Herausgeber der Frauentaschenbücher waren „*Fouqué* und seine literarisch begabte Gattin").

27 Hierzu s. die Darstellungen von *Prill, V.:* Caroline de la Motte Fouqué, Berlin 1933. – *Varnhagen von Ense, K. A.:* Biographische Portraits. Aus dem Nachlaß Varnhagen's von Ense, Leipzig 1871.

28 Hierzu s. *Prill,* a. a. O., 24 f.

29 1812 und 1813 gab sie gemeinsam mit *Amalie von Hellwig* zwei Jge. des „Taschenbuch(s) der Sagen und Legenden", 1815 mit *F. de la Motte Fouqué* das „Frauentaschenbuch" heraus.

30 S. *Schmidt, A.:* Fouqué und einige seiner Zeitgenossen. Biographischer Versuch, Frankfurt a. M. 1975, 158. – *Prill,* a. a. O., 21 f.

31 *Schmidt,* a. a. O., 159.

32 Ebenda, 157.

33 Ebenda.

34 Eine Analyse ihrer Werke ist bis heute Desiderat der Forschung.

35 Zu diesen Ausführungen s. die in diesem Kontext zitierten biographischen Artikel und Darstellungen.

36 Zitiert nach *Prill,* a. a. O., 8.

37 *Varnhagen von Ense,* a. a. O., 122.

38 *Treitschke, H. von:* Deutsche Geschichte im Neunzehnten Jahrhundert, 3 Th., 3. Aufl. Leipzig 1889, 683.

39 Dieser Bereich ist noch weitgehend unerforscht. Hier kann nur auf wenige Rezensionen verwiesen werden: *H. Marggraff:* Zur Literatur der Frauenromane, in: Blätter für literarische Unterhaltung, Nr. 290, 17. 10. 1847, 1157–1167. – O. V., Damenalmanach von *Mathilde von Tabouillot,* in: Ebenda, Nr. 31, 31. 1. 1842, 123.

40 *Vogel, M.:* Der literarische Markt und die Entstehung des Verlags- und Urheberrechts bis zum Jahre 1800, in: Rhetorik, Ästhetik, Ideologie. Aspekte einer kritischen Literaturwissenschaft. Mit Beiträgen von *J. Goth* u. a., Stuttgart 1973, 117–136, 131 f. – *Winckler, L.:* Entstehung und Funktion des literarischen Marktes, in: L. W., Kulturwarenproduktion. Aufsätze zur Literatur- und Sprachsoziologie, Frankfurt a. M. 1973.

41 Hierzu s. *Winckler,* a. a. O., 28.

42 *Wieland* registriert 1803 als Gesamtsumme der im 18. Jahrhundert verstorbenen deutschen Schriftstellerinnen zwanzig, *Schindel* schon 1825 „weit über 550", während die Anzahl der männlichen Schriftsteller zwischen 1773 und 1787 von ca. 3000 auf ca. 6000 und bis 1806 auf ca. 11 000 gestiegen war. – Hierzu s. *Wieland, C. M.:* Deutschland's Dichterinnen, in: Der Neue Teutsche Merkur vom Jahr 1803, Weimar 1803, 258–274. – *Schindel,* a. a. O. – *Winckler,* a. a. O., 28. – Die Wincklerschen Zahlenangaben unterscheiden nicht zwischen männlichen und weiblichen Autoren.

43 Vgl. *Müller,* a. a.O., 37 ff.

4. Aber die Qualifikation ist doch nicht relevant: Ein Lehrstück auch für Frauen, die immer noch dran glauben

Christel Neusüß

I. Was soll das überhaupt, die Jammerei über Frauendiskriminierung?

Eigentlich bin ich auch ein bißchen müde. Heute entscheidet das Gericht, ob der Berliner Senator für Wissenschaft und Forschung, *Kewenig,* die Kandidatin für eine Professorenstelle an der Fachhochschule für Wirtschaft noch in das vergleichende Gutachterverfahren einbeziehen muß oder nicht. Aber selbst wenn er das muß, selbst wenn sie von den Gutachtern als ‚Bestqualifizierteste' eingestuft würde – es wird wohl nichts nützen. Er hatte schon, bevor die Berufungskommission richtig mit ihrer Arbeit begonnen hatte, einen bestimmten Herrn für die Stelle im Kopf, der sich nach Aussagen der Springer-Zeitung Berliner Morgenpost vor allem durch seine Auslassungen über die ‚kommunistische Unterwanderung der Gewerkschaften' wissenschaftlich verdient gemacht habe. Und der wird letztendlich wohl auch die Stelle bekommen. Schon vor einem Jahr drang aus Senatskreisen durch, die Berufungskommission könne sich auf den Kopf stellen, der Herr werde die Stelle bekommen. Nun, es lief alles nicht ganz so glatt. Trotzdem.
Eine erfolglose, nun schon über ein Jahr dauernde Auseinandersetzung um die Berufung einer Frau. Warum die Geschichte noch einmal aufrühren? Das ewige Gejammere der Frauen über ihre Diskriminierung bringt doch auch nicht weiter. So winkte eine müde Journalistin ab, als ich sie um Veröffentlichung anging. Nun ja, dies stimmt und stimmt auch wieder nicht. Schließlich geht es nicht darum, zu jammern, sondern um Erkenntnisse über die diversen Mechanismen der Diskriminierung und über Handlungsspielräume für Öffentlichkeit und politischen Druck. Und im Nachhinein: Wie läßt sich im Kampf gegen eine von vornherein nahezu sichere Niederlage trotzdem Terrain gewinnen? Denn das – glaube ich – haben wir geschafft. Bescheidener gesagt: Ich hoffe es.

II. Das Votum der Berufungskommission: „Eine Hochschullehrerin ist geboten“ und Signale aus dem Hause des Senats

Über 30% der Studierenden an der Fachhochschule für Wirtschaft sind Frauen. Als einzige Frau unter 35 Hochschullehrern repräsentiere ich ganze 2,5% (Durchschnitt an Westberliner Hochschulen: 7,7%).
Im September des Jahres 1983 schreibt der Senator für Wissenschaft und Forschung – also nicht, wie üblich, die Hochschule – 10 neue Professorenstellen aus. Natürlich geht es ihm bei solch großzügiger Geste um Politik. Trotz einer durchgreifenden Reinigungsaktion unter den Lehrbeauftragten, der auch viele Frauen zum Opfer fielen, ist ihm die Fachhochschule für Wirtschaft, stadtbekannt durch ihr zähes und als querulant eingeschätztes Festhalten an bestimmten Errungenschaften der Studienreform, immer noch zu ‚links‘. Nach der Bewerberlage und der Zusammensetzung der Berufungskommissionen steht fest, daß allein auf der Stelle ‚Wirtschaftssoziologie, Schwerpunkt Industrielle Arbeitswelt‘ Berufungschancen für eine Frau bestehen. Mitglied der fünfköpfigen Kommission für die Stelle sind u.a. eine Studentin und ich. Unser Votum, daß angesichts der Gesamtlage „eine Hochschullehrerin geboten ist“ und dieser Gesichtspunkt unter „Voraussetzung gleichwertiger ‚Qualität‘ der Bewerber... berücksichtigt werden müsse, wurde einmütig zugestimmt“, wie das Protokoll über eine der ersten Sitzungen festhält. Einstimmig beschließen wir eine Liste von 12 Kandidaten, die zur Probevorlesung eingeladen werden sollen, darunter 3 Frauen. 70 Bewerbungen lagen vor, und wir hatten einvernehmlich beschlossen, nur solche Bewerbungen zu berücksichtigen, die die Stellenausschreibung in eindeutiger Weise erfüllen. Ansonsten durchaus qualifizierte Mitglieder beiderlei Geschlechts schieden unter diesem Gesichtspunkt aus.
Nach Abschluß dieser Verhandlungen tritt das Kommissionsmitglied, welches der sogenannten Mittelfraktion der Professorenschaft angehört, überraschend von der gemeinsamen Arbeit zurück. Begründung:

> „Die Mehrheit der Kommissionsmitglieder“ sei nicht „gewillt gewesen, die Auswahl... so strikt an rein sachlich-wissenschaftlichen Kriterien zu orientieren, daß eine angemessen kleine Zahl von Bewerbern in die engere Wahl kam... die ungenügend strenge Vorauswahl gefährde Transparenz und Eindeutigkeit“ der Verfahren. Er fühle sich „überfordert“, zumal er Mitglied von zwei Kommissionen sei.

Seltsam war schon hier, daß der Betreffende all dies in der Kommission kein einziges Mal geäußert hatte, im Gegenteil, die Arbeit verlief in schöner Einvernehmlichkeit.

Die Kommission legt ihre Einladungsliste im Akademischen Senat der Fachhochschule vor. Der Hauptsprecher der rechten Fraktion, Volkswirtschaftler, will vier zusätzliche Kandidaten eingeladen wissen. Zur Begründung liest der Herr, selbst absolut ahnungslos in Sachen Soziologie, aus einem mitgebrachten Lexikon vor, was da alles unter dem Begriff ‚Wirtschaftssoziologie' steht. Die Einladung eines gewissen Herrn. Dr. W. (Wunschkandidat) lag ihm dabei besonders am Herzen. Sie hätte bedeutet, daß von den 70 Bewerbern noch ca. 20 andere hätten eingeladen werden müssen, um Chancengleichheit und Verfahrenstransparenz zu gewährleisten. Die Mehrheit des Akademischen Senats lehnt in Anlehnung an das Votum der Berufungskommission den Vorschlag ab.
Mitglieder der Kommission erhalten von verschiedenen Seiten Hinweise, im Senat stände fest, man wolle Herrn Dr. W., ‚mann' werde sich seine Mehrheiten im Akademischen Senat der Fachhochschule zu besorgen wissen. Denn in einem Gutachterkrieg gedenke ‚Mann' nicht einzusteigen.
Die Kommission stellt nach Anhörung der Bewerberinnen und Bewerber zwei Listen auf. Mehrheitsliste: 2 Männer, 2 Frauen. Mit Abstand an erster Listenstelle Frau Dr. G. Die beiden Frauen in der Kommission legten ein Minderheitsvotum vor: eine reine Frauenliste. Frau Dr. G. ebenfalls an erster Stelle, Frau Dr. H. an zweiter Stelle: Sie hatte die mit Abstand beste Probevorlesung gehalten. Und Frau Dr. R. an dritter Stelle. Einzig und allein ihr Erscheinen auf einer Liste war strittig. Die beiden anderen Frauen erschienen wegen ihrer jeweils überragenden Qualifikation auch auf der männlichen Mehrheitsliste. Frau Dr. R. ist zwar einschlägig nach allen Kriterien für die Stelle qualifiziert, doch gab es hier männliche Bewerber, die von sich hätten behaupten können, sie seien ‚besser' qualifiziert. Die Studentin und ich begründeten unser Votum mit der Forderung nach Chancengleichheit und Wissenschaftspluralismus und unter Hinweis auf die Beschlüsse des Akademischen Senats der Freien Universität und der gegenwärtigen Berliner Stadtregierung zur Förderung von Frauen in Wissenschaft, Hochschule und öffentlichem Dienst. „Den Glücksfall, daß sich drei hochqualifizierte Frauen auf diese Stelle beworben haben, nehmen wir als Gelegenheit wahr, unser hochschulpolitisches Votum ohne Abstriche deutlich zu machen."
Dem Votum der Kommission und unserem dezidierten Votum waren eine Reihe Auseinandersetzungen vorhergegangen. Der Hochschullinken war die mangelnde weibliche Repräsentanz im Lehrkörper bisher nämlich nicht weiter aufgefallen. Mein eigenes politisches Engagement in Sachen Frauendiskriminierung war auch gerade erstmal an die drei

Jahre alt. Und in dieser Zeit gab es keine neuen Stellen. Nur neue Lehrbeauftragte wurden eingestellt, und als Mitglied der Kommission konnte ich umfassend Erfahrungen über das selbstverständliche Hinwegsehen männlicher Bewerber von Rechts bis Links über das Faktum der Frauendiskriminierung ebenso wie über sämtliche Ergebnisse der Frauenforschung machen. Das gehörte für sie nicht in den pluralistischen Wissenschaftskanon hinein, was sie so natürlich nie sagten, dafür aber praktizierten. Und thematisieren würden sie die Frage – vielleicht – ja, unter Umständen, wenn die Studentinnen danach fragen würden. Diese wiederum – inzwischen hatte sich auch eine Frauen-Arbeitsgruppe gebildet – mußten immer wieder feststellen, daß Kollegen recht sperrig auf Nachfragen nach Hausarbeitsthemen reagierten, in denen sie die Situation ihres Geschlechts zum Gegenstand der Reflexion zu machen gedachten. Und wenn sie schon nicht sperrig waren, so sah es mit ihren Literaturkenntnissen und Beratungskapazitäten in der Regel meist recht traurig aus. Aber innerhalb der Hochschulreform-Linken bot sich bisher keine rechte Gelegenheit, die Sache aufs Tapet zu bringen. Nun war sie da. Es regte sich nämlich Empörung darüber, daß die beiden Frauen unnachgiebig an einem eigenen Listenvorschlag, einer reinen Frauenliste, festzuhalten gedachten. Wie sieht das denn nach außen aus? Das schwächt doch unsere Position. Nur die Qualifikation gilt. Sonst gibt uns der Senat die Liste doch gleich zurück: wegen Männerdiskriminierung. So eine Liste sei womöglich sogar verfassungswidrig. Vor allem aber: Das schöne Bild einer geschlossenen linken Front werde gestört. Auch von frauenpolitisch engagierten Hochschulfrauen wurde uns abgeraten. Auch sie möchten nicht deshalb eine Stelle bekommen, weil sie weiblichen Geschlechts, sondern weil sie eben am besten qualifiziert seien. Und auf solche Aussagen beriefen sich dann wieder männliche Mitstreiter uns gegenüber. Es bot sich also hinreichend Gelegenheit, unsere Gründe für eine reine Frauenliste en Detail in studentischer und linker Hochschulöffentlichkeit darzulegen. Und dabei hätten wir es sogar beinahe geschafft, unser Votum zu verallgemeinern. Immerhin, auch die männlichen Mistreiter in der Berufungskommission konnten sich entschließen, die Kandidatin Frau Dr. G ‚mit Abstand' an die erste Stelle zu setzen und trotz Bedenken wegen geringeren Umfangs der Veröffentlichungsliste die Kandidatin Frau Dr. H. wegen ihrer mit Abstand besten Probevorlesung und ihrer wenn auch quantitativ nicht so, doch qualitativ überzeugenden Veröffentlichungen in die Liste aufzunehmen. Ohne unsere von Beginn an signalisierte Unnachgiebigkeit wäre das wohl auch nicht so glatt verlaufen. Denn schließlich wurden sie damit möglicherweise auch angreifbar, insofern sie das Kirchendogma der ‚Scientific comunity‘ von der Qualifikation durch möglichst lange Veröffentlichungslisten durchbrachen.

III. Die Rechts-Mitte – Professorenfraktion. Oder: „Geschlechtsunterschiede interessieren uns nicht“

Der Hauptsprecher der ‚rechten‘ Professorenfraktion stellt bei der Einbringung der Listen in den Akademischen Senat fest, für ihn gelte nur ein Kriterium, die Qualifikation. Geschlechtsunterschiede interessierten ihn nicht. Frau Dr. H. ist für ihn nicht berufungsfähig, weil sie – entgegen eigens eingeholter Meinung aus dem Senat – keine hinreichende Berufspraxis habe. Während meines Vortrags zur Begründung des Minderheitsvotums stören er und ein anderes Mitglied seiner Fraktion fortwährend durch Zwischenrufe wie „hören Sie doch endlich auf“, „wir wollen hier keine Vorträge hören“, „ich höre gar nicht zu“. Und natürlich auch: verklemmtes Lachen.
Die wenn auch voraussehbare Sensation der Sitzung: Die Professorenmehrheit legt eine eigene Liste vor. An erster Stelle der inzwischen allseits bekannte Kandidat Dr. W., übrigens eindeutig ohne zeitlich hinreichende oder auch nur einschlägige Berufspraxis. An zweiter Stelle ein Wirtschaftshistoriker, an dritter Stelle ein Bewerber, dessen didaktische Qualifikation umstritten war. Und, der Clou: Die Liste wird von dem Kommissionsmitglied begründet, das an Weihnachten so überraschend wegen Arbeitsüberlastung, angeblich mangelnder Transparenz und mangelnder Orientierung an sachlich-wissenschaftlichen Kriterien ausgeschieden war. Die Seltsamkeiten seines Verhaltens im Detail:

- Bei der Durchsicht der Bewerbungsakten zu Beginn der Arbeit der Berufungskommission war dem Herrn der Bewerber Dr. W. überhaupt nicht als berücksichtigenswert ins Blickfeld geraten. In seinem jetzigen Gutachten ist der Betreffende plötzlich „der mit Abstand geeignetste Kandidat für Platz 1 der Berufungsliste“, ohne überhaupt angehört zu sein. Und entgegen dem von Prof. A. (Aussteiger, wie ich ihn in Zukunft nennen möchte) sonst präsentierten Gestus strikt ‚sachlich-wissenschaftlicher‘ Orientierung findet Prof. A es jetzt plötzlich bei dem Kandidaten Dr. W. besonders erfreulich, daß dieser in seinen scharfsinnigen Analysen vor politisch brisanten Schlußfolgerungen nicht zurückschrecke.
- Was den Platz 2 angeht, wo jetzt ein Dr. P. steht, ist die Angelegenheit auch spannend. Da Prof. A (Aussteiger) selbst Sozial-Wirtschaftshistoriker ist, war er in der ersten Kommissionssitzung gefragt worden, ob er die Interessen seiner Zunft für die Stelle vertreten würde, das heißt, an Herrn Dr. P interessiert sei. Durchaus wissenschaftlich-sachlich lehnte er dies damals strikt ab und sagte, die Qualifikation des betreffenden Herrn hätte mit der Stelle nichts oder wenig zu tun. Dr. P. auf der Liste ist auch deshalb eine Überraschung,

weil niemand an keiner Stelle auf die Idee gekommen war, ihn überhaupt einzuladen. – Auf der Liste erscheint keine einzige Frau. Auch dies verblüfft, weil der besagte Herr Prof. A. als Mitglied der Berufungskommission Frau Dr. G. als Spitzenkandidatin eingeschätzt hatte. Zudem hatte er sich engagiert für eine seines – und aller anderen Kommissionsmitglieder – Erachtens hochqualifizierte Wissenschaftlerin verwendet, die allein deshalb nicht eingeladen wurde, weil sie nicht unter das Auswahlkriterium ‚Empirisch-industriesoziologische Forschung' fiel, was im übrigen auch die weiblichen Kommissionsmitglieder schmerzlich ankam.

Natürlich wurde Prof. A. in der Sitzung des Akademischen Senats auf sein vielfältig widersprüchliches und untransparentes Verhalten angesprochen. Zu seinen Antworten darauf vermerkt das Protokoll: Prof. Dr. A. „bringt zum Ausdruck, daß ein Berufungsvorschlag eine Kooptationsentscheidung sei, mit der sich der Lehrkörper ergänze. Als gewünschte Eigenschaften gelten vor allem Phantasie und Intelligenz." Ansonsten ist er immer wieder empört, daß von den Mitgliedern der Berufungskommission sein Verhalten nicht mit freundlich-akademischer Toleranz akzeptiert wird.

Zusammengefaßt: Die Professorenmehrheit im Akademischen Senat geht davon aus, sie könne machen, was sie wolle: Berufungskommissionen, Chancengleichheit der Bewerber, Durchsichtigkeit der Verfahren, Chancengleichheit für Frauen, all das sei Schrott. Unter 70 Bewerbern greift sie sich, fachlich im übrigen inkompetent, drei heraus, die ihr – soweit sie es einschätzen kann – in den Kram passen, jubelt sie zu den spitzenqualifiziertesten hoch, und berücksichtigt dabei in keiner Weise einschlägige Qualifikation für die Stelle, Berufspraxis und didaktische Fähigkeiten. Die Herren halten das politische Votum, eine Hochschullehrerin sei geboten, für so lächerlich und irrelevant, daß sie nicht einmal eine taktische Geste für nötig befinden. Es hätte sie ja nichts gekostet, eine Frau mit auf ihrer Liste aufzuführen.

Die Mehrheit des Akademischen Senats der Fachhochschule lehnt es ab, über den Vorschlag der Professorenmehrheit abzustimmen. Sie stimmt dem Vorschlag der Mehrheit der Berufungskommission zu. Es liegt also keine formell abgesegnete Liste vor.

IV. Ein Untersuchungsausschuß gegen den Senator wegen „Amtsmißbrauch" und „Frauendiskriminierung"

Die ‚nötigen' Mehrheiten hatte sich das Haus des Senats in der Fachhochschule also nicht beschaffen können, die Berufungskommission allerdings auch nicht. Zwei Listen lagen vor, eine Art ‚Privatliste' und

eine mehrheitlich, aber ohne Professorenmehrheit abgesegnete Liste des Akademischen Senats.
Herr *Kewenig,* unser Senator, hielt sich zunächst weiter bedeckt. Eine Klage der Professorenmehrheit, nach welcher der Akademische Senat der Fachhochschule dazu gezwungen werden sollte, über den jenseits aller institutionellen Regelungen und Anstandsnormen zustandegekommenen Listenvorschlag dieser Gruppe zu entscheiden, wurde vom Verwaltungsgericht in zwei Instanzen abgewiesen. Peinlich. Denn damit war der Ball endgültig wieder dort angelangt, von wo er geworfen worden war, und dies sollte doch gerade verhindert werden. Wie der Senator mit demselben hantierte, wird zunächst aus folgendem parlamentarischen Vorgang deutlich:
Der SPD-Abgeordnete Dr. *Kremendahl* macht Anfang Oktober eine mündliche Anfrage „über Manipulationsversuche des Senators für Wissenschaft... vor einer Berufungsentscheidung". Inhalt der Anfrage: Trifft es zu, daß der Senator Gutachten über die Kandidaten der *Wedig*-Liste und der Liste der AS-Mehrheit eingeholt hat, ohne dabei die auf Stelle 1 und 2 der AS-Mehrheitsliste Plazierten überhaupt zu berücksichtigen? „Wenn ja, welche Erklärung hat der Senat für eine derartige Manipulation?" Und welche Antwort hat der Senator denn? Die Sache wird spannend: „Die beiden nicht-berücksichtigten Bewerber... erfüllen ganz offensichtlich die Einstellungsvoraussetzungen für Professoren gem. § 134 Abs. 1 Nr. 4b BerlHG nicht." Dieser Paragraph vermerkt die Notwendigkeit einer dreijährigen außeruniversitären Berufspraxis für Hochschullehrer an Fachhochschulen. Die Antwort nun ist in der Tat *ganz offensichtlich wahrheitswidrig.* Die Frau, die mit Abstand auf Platz 1 der AS-Mehrheitsliste vermerkt ist, hat über 6 Jahre Berufspraxis außerhalb der Universität, während die Kandidaten der Rechts-Mitte-Fraktion, für welche sämtlich Gutachten vom Herrn Senator eingeholt wurden, durch nicht-einschlägige, unzureichende, formal nicht als außeruniversitär abgesegnete oder sogar absolut mangelnde Berufspraxis geradezu glänzen. Der Hinweis auf ihre Habilitation zieht nicht, da nach dem Berliner Hochschulgesetz an Fachhochschulen Berufspraxis wichtiger ist als Habilitation. Das Hinausexpedieren einer Fau aus der Auswahl zu berufender Kandidatinnen/Kandidaten mit offensichtlich wahrheitswidrigen Argumenten steht in allerschönster Harmonie mit der gerade erst veröffentlichten Presseerklärung des Senators, in welcher es heißt:

„Der Wissenschaftssenator betonte... daß er bei gleicher Qualifikation den Ruf auf eine Professur bevorzugt an Frauen erteile. Leider seien Frauen innerhalb der Professorenschaft der Berliner Hochschulen mit derzeit 7,7% noch immer unterrepräsentiert. Senator *Kewenig* forderte die Fachbereiche daher auf, bei ausgeschriebenenen Professuren besonders nach qualifizierten Bewerberinnen Ausschau zu halten."

Gerade das hatte ja die Berufungskommission getan, aber nun war es auch wieder nichts.
Der Fall ist jetzt auf der parlamentarischen Ebene. Im Wissenschaftsausschuß und im Frauenausschuß des Berliner Abgeordnetenhauses, wo SPD- und AL-Abgeordnete dem Senator mit dem Vorwurf wahrheitswidriger Aussagen und Frauendiskriminierung zu Leibe zu rücken suchen, wird von der CDU die Diskussion mit dem Argument abgeblockt, der Datenschutz hindere einen vor öffentlicher Rechenschaftslegung. Wirklich geschickt. Ein Gesetz, gedacht zum Schutze der Bürger vor Staats- und anderer Willkür wird von der Bürokratie zum Schutz ihrer eigenen Willkürakte in Anspruch genommen. Und das zweite Argument: Die FHW habe sich ja schließlich nicht einigen können und demnach könne der Senator jetzt machen was er wolle. Genüßlich hält die CDU der SPD den von ihr ehemals verabschiedeten entsprechenden Paragraphen des Berliner Hochschulgesetzes vor die Nase, nachdem im genannten Fall der Senator das Recht habe, eine ihm geeignete Persönlichkeit zu berufen. Die CDU einschließlich ihrer Frauen hält dem Senat die Stange. Ihre eigenen schönen Erklärungen erscheinen ihr wohl Schnee von gestern.
Die Fachhochschule für Wirtschaft beruft eine Pressekonferenz ein. Der Berliner Tagesspiegel, in dem lange Zeit Hofberichterstattung über das Haus *Kewenig* vorherrschte, beginnt mit einer sanft, dann stärker kritischen Berichterstattung. Schließlich ist für uns eine Journalistin zuständig. Massiv kritische Beiträge kommen im Berliner Rundfunk und in der Frankfurter Rundschau. Schließlich spricht inzwischen auch die Berliner SPD in einer Presseerklärung von einem „Berufungsskandal", von „eindeutiger Benachteiligung von Frauen" und droht, gegebenenfalls eine „schonungslose Aufklärung der für *Kewenig* peinlichen Hintergründe des Berufungsvorgangs" an. Die für Frauen zuständige Referentin des Berliner DGB nimmt für unsere Sache öffentlich Partei. In der SPD wird die Einrichtung eines Untersuchungsausschusses gegen *Kewenig* erwogen. Zögern, hin und her in der Partei, schließlich beantragt die AL den Untersuchungsausschuß gegen *Kewenig* wegen „Verdachts des Amtsmißbrauchs und der Frauendiskriminierung an der Fachhochschule für Wirtschaft". Die Frauenbeauftragte des Senats, gerade in Berlin auf der frisch eingerichteten Stelle eingetroffen, empfindet den Fall als einen Skandal, was sie allerdings trotz eigenständigem Öffentlichkeitsrecht nicht öffentlich kundtut, sondern nur in einem Gespräch, in dem ihr von mir der Fall samt seiner politischen Implikationen vorgetragen wird. Um Stellungnahme auf einer

öffentlichen Veranstaltung an der Fachhochschule für Wirtschaft gebeten, zieht sie sich zurück: Zwar bittet sie den Senator, die Bewerberin in das Gutachterverfahren einzubeziehen, mußtmaßt dann aber weiter, daß es in dem „ausgetragenen Schlagabtausch nicht allen ernsthaft um die Chancen der Bewerberin ginge" und will sich nicht von einer der Hochschulgruppierungen für ihre Zwecke vorführen lassen. Den Studentinnen der Frauen-AG der FHW, die in 10 Tagen über 600 Unterschriften – das sind mehr als die Hälfte der Studierenden und die Sache ist bei der Studentenschaft inzwischen breit diskutiertes Tagesthema – gesammelt hatten, verweigert sie ein Gespräch. Auch mich will sie, trotz mehrfach vorgetragener mündlicher und schriftlicher Bitten, in der Sache nicht mehr anhören. In einer Diskussions- und Fragestunde des SFB, wo sie auf ihr mangelndes Engagement und ihre Einkapselung ins rechte Gesprächsfeld angesprochen wird, ist sie gezwungen, ihren ansonsten verbalradikal-emanzipatorischen Stil zu verlassen, und sich mit windigen Argumenten und Anwürfen an die Fachhochschule für Wirtschaft aus der Affäre herauszuziehen.
Die Rechts-Mitte-Professoren-Crew, aus der noch im Sommer das allseits bekannte pubertäre Gelächter zu hören war, als die Forderung, eine Frau solle die Stelle erhalten, im AS begründet wurde, fände es, wie sie vor versammelter FHW-Belegschaft bekundet, inzwischen auch gut, wenn mehr Kolleginnen da wären. Nur leider eben: Die Kandidatin sei nicht hinreichend qualifiziert. Und: Auch die Frauen, die sich dafür einsetzten, wären scheinheilig, es ginge ihnen nicht um eine Frau, sondern nur um die Verhinderung des Wunschkandidaten des Senators. Für ein Mitglied der männlichen Seite der FHW-Linken war dieser Vorwurf im übrigen auch nicht ganz aus der Luft gegriffen: Er hatte, ohne die weiblichen Mitglieder der Berufungskommission zu benachrichtigen, den Versuch zur Einigung der Fraktionen auf einen männlichen Kandidaten gestartet – und die anderen männlichen Mitglieder der Kommission hatten mich auch nicht benachrichtigt – was ihm nun genüßlich von der Rechten unter die Nase gerieben wird. Der Anwurf an die Frauen allerdings ruft langanhaltendes Gelächter bei der anwesenden Studentenschaft hervor, ebenso übrigens wie die Bemerkung des anwesenden Herrn von der CDU, wenn er eine Frau wäre, wäre es ihm gar nicht recht, nur deshalb berufen zu werden, weil er eine sei. Einen Tag später hat die rechte Crew ihre Meinung geändert. Sie verteilt einen mit „Sehr geehrte Frau Neusüß" betitelten Brief an die Kollegen: Ich solle doch „erkennen", daß ich von den linken „Herren der Schöpfung" verschaukelt würde, die täten nämlich gar nicht für Frauen streiten. Anders gesagt, ich sei ein bißchen blöd, und sie natürlich auch – denn wie wäre sonst eine solche Kehrtwendung zu erklären.

Im Berliner Abgeordnetenhaus gibt es eine erregte bis tumultuarische Diskussion zum Thema ‚Einberufung eines Untersuchungsausschusses mit unklarem Ausgang'. Der Fall ist inzwischen stadt- und parteibekannt. Und natürlich auch in der Wissenschaftsszene: Die Sektion Industriesoziologie und die Sektion Frauenforschung der Deutschen Gesellschaft für Soziologie ebenso wie die Zentraleinheit Frauenstudien und Frauenforschung der Freien Universität haben sich inzwischen mit empörten Briefen an den Senator gewendet. Die Vorsitzende des Frauenausschusses des DGB, Mitglied der CDU, hat uns Unterstützung zugesagt. Doch der Senator bleibt hart: Nicht schlappmachen ist da die Devise! Er läßt seine Mitstreiter öffentlich erklären, er werde nicht über das „Stöckchen" Untersuchungsausschuß springen, anders gesagt: Parlamentarisch-demokratische Bräuche und Selbstverständlichkeiten betrachte er als irrelevant. Einige Tage später kommt der Fachhochschule für Wirtschaft sein Brief mit der Ankündigung der Berufung seines Wunschkandidaten ins Haus. Die darf noch Stellung nehmen. Der Akademische Senat fordert den Senator zur Herausgabe der vergleichenden Gutachten auf. Der Senator ziert sich. Die FHW geht vor Gericht. Das meint, der Senator müsse das Schrifttum schon herausrücken. Derselbe geht in die nächste Instanz. Aber auch das Oberverwaltungsgericht zeigt sich keineswegs gefällig. Es stellt sich dann auch heraus, daß Herr *Kewenig* sich nicht zufällig geziert hat. Die von ihm selbst eingeholten Gutachten fallen 3 : 1 gegen seinen Wunschkandidaten aus. Und das einzige Votum für Herrn Dr. W. enthält viele Wenn und Abers. Es wird im übrigen nachgefragt – die Sache geht schließlich auch in ‚scientific community' als Skandal um – warum denn Frau Dr. G. nicht in das Gutachterverfahren einbezogen worden sei.
Diese hat im übrigen inzwischen Klage gegen den Senator erhoben: Es sei nicht rechtens, sie aus dem Gutachterverfahren auszuschließen.
Und wie sieht es mit dem vieldiskutierten Untersuchungsausschuß aus? Schließlich hatte sich die SPD inzwischen auf Drängen ihrer Frauen und ihres Vertreters im Wissenschaftsausschuß öffentlich zu der Einschätzung entschieden, es handele sich beim Vorgehen des Senators in den Berufungsangelegenheiten der FHW um „Amtsmißbrauch" und „faktische Diskriminierung von Frauen" – und angesichts der Tatsache, daß der Wunschkandidat des Senats gleichzeitig Parteigenosse in der SPD ist, und daß es um ein Zusammengehen mit der AL ging, war diese Entscheidung bestimmt nicht leichtgefallen. Aber die Partei hatte es sich einfach zu lange überlegt. Neuwahlen stehen vor der Tür, die Zeit sei zu knapp. Nach den Wahlen werde sie – so eine öffentliche Erklärung – auf die Vorgänge an der FHW in geeigneter

Form zurückkommen. Auch in diesem Falle kann frau gespannt sein, was letztendlich daraus wird.
Die Frauenbeauftragte bekam allerdings vom Senator angesichts ihrer wenig prägnanten Rolle in unserem Fall einen Bonbon zugeschoben: *Kewenig* überließ es ihr, auf einer eigens einberufenen Pressekonferenz zu verkünden, daß durch ihren Ein- und Fürspruch die ewig anstehende Frauenteilzeitprofessur an der Freien Universität, in deren Zusammenhang der Senator sich im Sommer schon einmal reichlich blamiert hatte, besetzt worden sei. Die betroffene Kandidatin wußte zu diesem Zeitpunkt übrigens noch nichts von ihrem Glück. Unklar bleibt, ob der Senator sich ohne die gesamte Arbeit, die wir uns und ihm gemacht haben, dazu hätte aufraffen können.
Denn eins muß noch einmal klar gesagt werden: Das Ganze hat furchtbar viel Arbeit gemacht, denn von selbst ist gar nichts passiert. Eine vergleichsweise glückliche Konstellation, wo verschiedene Interessen zusammenliefen, hat bewirkt, daß Hochschulleitung und männliche Mitglieder der Berufungskommission mit großem Engagement und Arbeitseinsatz bei der Sache waren. Eine vergleichsweise unglückliche Konstellation, weil gerade deshalb die Frau nicht berufen wurde! Berufen wird? Ich bin mir nicht sicher. Denn ich glaube nicht, daß es Wissenschaftlerinnen, die sich für ihre Geschlechtsgenossinnen engagieren, gleichzeitig gelingt, einem CDU-Senator als Wunschkandidatin ins Auge zu fallen.
Inzwischen hat sich auch das Gericht entschließen können. Nein, die Bewerberin habe keine Ansprüche auf Berücksichtigung beim Gutachterverfahren. Eine obskure Begründung folgt. Der Senator wußte seltsamerweise von dem Urteil früher als die Rechtsanwältin und teilte der FHW postwendend die Berufung seines Wunschkandidaten mit. Ende!?
März 1985

Nein, die Geschichte ging weiter. Das im Detail zu erzählen, habe ich jetzt wirklich keine Lust mehr. Resultat insgesamt: Ob ich nun eine Kollegin bekomme, oder weiterhin die einzige Hochschullehrerin auf weiter Flur sein werde, das ist immer noch in der Schwebe. Mai 1986

5. „Widerstand“ oder „Ergebung“? Arbeitsbedingungen für Architektinnen und Planerinnen an Hochschulen*

Renate Fritz-Haendeler

> „Meinen Wert als Frau hatte ich zu beweisen indem ich einwilligte, ein Mann zu werden. – Ich nahm ein bescheidenes Wesen an, um zu verbergen, daß ich meine absurde Lage begriff“ *Christa Wolf*[1]

Persönliche Betroffenheit

Wendepunkte in der Gegenwart zwingen zum Nachdenken über Lebensansprüche (Zukunft) und Berufserfahrungen (Vergangenheit). Mein Vertrag als wissenschaftliche Assistentin – Beamtin auf Widerruf an einem Städtebaulehrstuhl – läuft demnächst aus. Eine Strophe Eigenverantwortung, eine Gastprofessur für Siedlungsplanung, durfte ich gerade für 2 Semester einüben oder besser vom Blatt singen.
Erste Bemühungen um ein dauerhaftes Hochschulengagement begannen vielversprechend, blieben aber ohne Erfolg. Was nun, was tun? Betroffen wie ich bin, veranlaßte mich eine Frauentagung „Frauen als Handelnde und Betroffene in Architektur, Stadt- und Landschaftsplanung“, meine Analyse der Arbeitsbedingungen von Architektinnen und Planerinnen an den Hochschulen vorzutragen.
Meine Überlegungen und Einschätzungen des Berufsalltags Hochschule gründen sich auf eigene Erfahrungen und Beobachtungen, ergänzt durch eine Vielzahl von Gesprächen mit Kolleginnen aus verschiedenen Hochschulen. Nicht zuletzt öffnete mir ein Studium von kritischer Frauenliteratur[2] die Augen für das Ausmaß an patriarchalischen Strukturen im Hochschulalltag, auf die ich zuvor nur dumpf, kurzatmig aggressiv oder mit individuellen Schuldzuweisungen reagiert hatte. Nicht daß ich mich mit einem abstrakten Sündenbock aus der Verantwortung stehlen will. Aber die objektiven Arbeitsbedingungen für Frauen an den Hochschulen überblenden den subjektiven Faktor.

Von beruflicher Gleichstellung der Frauen in Forschung und Lehre kann man auch bei Architektinnen und Planerinnen nicht reden. Die Frauen-,karrieren' bleiben im Mittelbau-morast stecken. Der patriarchalische Olymp panzert sich bewußt und unbewußt gegen das Aufsteigen von Frauen in die Herrenriege. Eine Abrüstung ist trotz steigender Studentinnenzahlen nicht in Sicht. Vielmehr ist eine Nachrüstung der Vorurteile zu vermuten bei der gegenwärtigen Arbeitsmarktlage und der politischen Polarisierung an den Hochschulen. Unterstützt werden frauenausschließende Tendenzen oftmals durch die wachsenden staatlichen Interventionen einer traditionell von Männern dominierten Ministerialbürokratie in Berufungsverfahren. Nicht nur vor diesen Gremien müssen Frauen mit doppelten Saltos brillieren, um professorabel zu erscheinen.[3] Durch hohe abstrakte Qualifikationsanforderungen, orientiert am Zerrbild der bedrohlichen Superfrau, sichert man(n) sein Wissenschaftsimperium.
Das extraordinäre ,Oevre', d.h. laufende Meter Publikationen, das Architekturvolumen bzw. der Plänestapel werden als meßbare Kriterien vorgeschoben, die sozialen Bedingungen für ,Oevres' (*Meta Hülbusch* 1983)[4] nicht hinterfragt. Der Blendwirkung von Titeln und sonstigen Epauletten können sich auch weibliche Kommissionsmitglieder schwer entziehen. Mir fällt hierbei die exquisite soziale Infrastruktur eines Kollegen ein, der seine Arbeitsfähigkeit seiner Mutter, seiner Ehefrau, der Geliebten und seiner Assistentin verdankt, ein Einzelfall? Wenn Frauen ihrer Sozialisation nach weniger ,objektfixiert' arbeiten und leben (*Margarete Mitscherlich* 1983)[5], dann ist der Maßstab ,Oevre' gewiß ein Kriterium, das Frauen nicht gerecht wird. Wenn aber die „Universität ihrer ursprünglichen Bestimmung nach keine Produktionsstätte ist" (*Walter Weymann-Weyhe,* zitiert nach FR vom 11. 8. 83)[6] sondern vor allem „Urteilsfähigkeit, Kritikfähigkeit, Korrekturfähigkeit, kurz sensible Wachheit gegenüber jeglichen Geltungsansprüchen der Wahrheit" vermitteln soll, dann scheinen mir ganzheitlichere prozeßorientierte Arbeitsprinzipien von Frauen für Lehre und Forschung eher angemessen als allseitig reduzierte geschlechtslose Wissenschaftsmanifestationen.
Meine eigenen Bewerbungserfahrungen („zu jung" – ich bin 39 Jahre alt, „schmales Oevre", „noch zu geringe wissenschaftlich-praktische Erfahrung") machten mich hellhörig für Argumente oder Vorurteile, die andere qualifizierte Frauen bislang von einer Hochschullehrerlaufbahn ferngehalten haben.
Während man(n!) die eine für eine „graue Maus" hielt, wurde die zweite abgelehnt wegen der Kombination „Frau und links", eine im doppelten Sinne machtpolitische Bedrohung. Der dritten billigte man zu, eine

„gute Frau für den 2. Platz“ zu sein. Wenn frau sich aber umschaut, wieviele Professorenstellen mit männlichen „grauen Mäusen“ besetzt sind, die ihren eigenen Königsmacher-Ansprüchen nicht genügen, dann könnte sie zornig werden.
Begriffen habe ich meine „absurde Lage“. Aber soll ich deswegen ein „bescheidenes Wesen“ annehmen, um meinen Bewußtseinsstand zu verbergen? Nein![7]

Anmerkungen

* Dieser Beitrag ist der erste Abschnitt eines Aufsatzes, der in voller Länge in der Kasseler Hochschulzeitung PRISMA Nr. 31, 1983, veröffentlicht wurde.

1 *Wolf, C.:* Selbstversuch, in: Gesammelte Erzählungen. Darmstadt 1981, 166.

2 Vgl. *Prokop, U.:* Weiblicher Lebenszusammenhang. Von der Beschränktheit der Strategien und der Unangemessenheit der Wünsche, Frankfurt 1977. – *Rossanda, R.:* Einmischung, Frankfurt 1981. – *Metz-Göckel, S.* u. a.: Arbeitsplatz Hochschule: Frauen in Forschung und Lehre, in: Das Parlament, Beilage vom 13. 2. 1982. – *Braunmühl, C. von:* Frauen im Wissenschaftsbetrieb. Wahrnehmungen und Überlegungen, in: Gesellschaft, Beiträge zur Marxschen Theorie 14, Frankfurt 1981, 186 ff. – Frauen, Räume, Architektur, Umwelt. Beiträge 4. Hrsg. Sozialwissenschaftliche Forschung und Praxis für Frauen e.V. München 1980. – ARCH + Nr. 60, 1981. Kein Ort nirgends. Auf der Suche nach Frauenräumen. – Freiräume. Streitschrift FOPA e. V. Hrsg. *K. Dorhöfer/U. Terlinden,* Berlin 1983. – Feminismus. Inspektion einer Herrenkultur. Ein Handbuch. Hrsg. *F. Pusch,* Frankfurt 1983. – Erfahrungsbericht der Leitstelle Gleichstellung der Frau. Freie und Hansestadt Hamburg. Senatskanzlei, Hamburg 1982.

3 Nachdem andere Alternativen, wie die akademischen Räte durch die Hochschulreform als Dauerstellen abgeschafft worden sind.

4 *Hülbusch, M.:* Freiraumplanung für Frauen. Vortrag, gehalten am 3. 6. 1983 auf der Tagung: „Frauen als Handelnde und Betroffene in Architektur, Stadt- und Landschaftsplanung“, an der Gesamthochschule Kassel.

5 *Mitscherlich, M.:* Frauen und Aggression. Vortrag, gehalten am 4. 5. 1983 an der Gesamthochschule Kassel.

6 *Weymann-Weyhe, W.:* zitiert nach *Birr, K.:* Die akademische Provinz – eine tote Nebenstrecke?, in: Frankfurter Rundschau vom 11. 8. 1983, 9.

7 Lesen Sie dazu weiter meinen Aufsatz, der unter gleichlautendem Titel in der Zeitschrift der Gesamthochschule Kassel ‚PRISMA‘, GhK November 1983 Nr. 31, 20–24, veröffentlicht worden ist.

III. Frauendiskriminierungen in den Wissenschaften

1. Erziehung und Hausarbeit – oder warum Erziehungswissenschaftler immer wieder an den grundlegenden Problemen vorbeigehen

Monika Oubaid

„Erziehung und Hausarbeit? Ist doch klar, Hausarbeit muß man lernen wie Lesen und Schreiben“, antwortet mein Sohn. An diesen Zusammenhang hatte ich bei der Formulierung des Themas gewiß nicht gedacht. Statt „Lernen von Hausarbeit“ hatte ich im Kopf „Erziehung zur Hausarbeit im Rahmen weiblicher Sozialisation und häusliche Erziehung als Hausarbeit“.

Gut, daß er es so sieht! Es spricht dafür, daß ein Teil meiner Hausarbeit, die private Erziehung von Kindern, nach meinen Zielvorstellungen gelungen ist, nämlich daß ein Mann Hausarbeit neben Lesen und Schreiben als nützliche Tätigkeit betrachtet, die auszuführen er gelernt hat. Gleichzeitig zeigt seine Feststellung aber auch eine männlich reduzierte Sichtweise. Er isoliert Hausarbeit als Tätigkeiten von den Beziehungen, in denen sie erbracht wird. Er sieht sie nicht in erster Linie als Leistungen, die im Zuge der geschlechtlichen Arbeitsteilung in verschiedenen Versorgungszusammenhängen von Frauen abverlangt werden, die Abhängigkeiten, Unterdrückung, Hierarchien herstellen und im Gesamtkontext unserer Ökonomie als unbezahlte Arbeit von Frauen eingebunden sind. Er abstrahiert in seiner Begrifflichkeit von den sozialen Bedingungen dieser Tätigkeiten.

Übrigens, die Tochter habe ich nicht zu fragen gewagt, „Scheißhausarbeit“ hätte sie losgeschimpft und ausgeblendet, daß Kuchenbacken zu ihren Lieblingsbeschäftigungen gehört. An dieser Stelle möchte ich nicht problematisieren, daß Lesen und Schreiben auf der einen Seite und Hausarbeit auf der anderen Seite an verschiedenen Orten gelernt werden, sondern einen ganz anders liegenden Fall darstellen.

Wenn Mütter gefragt werden, wie sie ihre Kinder erziehen, dann erzählen sie von Normen und Lernprozessen, aber nicht von dem täglichen Einkauf oder den hauswirtschaftlichen Tätigkeiten, die zum Beispiel an den banalen Vorgang des Kinderfütterns gekoppelt sind, wie Milch einkaufen, Spülen, Tischwischen, Tischdecken, Stuhl herbeiholen, Kind tragen und heben, Löffel führen, Lätzchen umbinden und hinterher in die Wäsche geben, Tisch abwischen, Abspülen usw. Die Beziehungsarbeit, die das alles begleitet, wird eher als Erziehung angesprochen: das Kind überreden, mit ihm sprechen, mit ihm lachen, streicheln, etwas erklären, etwas zeigen, vorsprechen, beruhigen, den Löffel führen lernen, den Unterschied von sauber und schmutzig zeigen, usw. Doch dies wird auch von ihnen selbst nicht als „Arbeit" angesehen.

Es scheint Widerstände zu geben, die Arbeitsleistungen von Frauen bei der Aufzucht von Kindern zu erkennen. Bestenfalls werden die materiellen Tätigkeiten für Kinder im Rahmen des Haushalts als Kinderpflege benannt, aber die umfassendere Versorgungsleistung und Beziehungsarbeit wird als Mutter-Kind-Beziehung in Liebe aufgelöst.

„Arbeit aus Liebe – Liebe als Arbeit" (*Bock/Duden* 1977) wurde zum sinnfälligen Spruch der Frauenbewegung und zum Ausgangspunkt der Analysen zur Hausarbeit, die diese als integralen Bestandteil unserer Ökonomie, als Kernpunkt der geschlechtlichen Arbeitsteilung und als Mittel zur Unterdrückung von Frauen auswies. Hausarbeit im Sinne der Feministischen Theorie umfaßt die private Reproduktion, die Herstellung und Wiederherstellung von Arbeitskraft. Erziehungsarbeit ist ein nicht unwesentlicher Teil von Hausarbeit. Sie gewährleistet die Aufzucht der kommenden Generation. Erziehungsarbeit findet auch im öffentlichen Bereich, z. B. in der Schule statt, aber im wesentlichen als unentgeltliche Arbeit im privaten Raum von Haushalten.

Erste vage Aussagen von Frauenforscherinnen zum Verhältnis von Familienerziehung und Hausarbeit sind nicht einheitlich. Nach *Bock* und *Duden* (1977) erforderten ökonomische Veränderungen im 18. Jahrhundert die jetzige Form der Hausarbeit, gleichzeitig war eine veränderte Form der Kinderaufzucht nötig, die dann nach der Domestizierung der Frauen in der Familie möglich war. Umgekehrt war über die Propagandierung der Mutterrolle die Domestizierung der Frauen als Hausfrauen durchzusetzen.

Nach *Oakley* (1976) handelt es sich bei Hausarbeit und Kindererziehung um zwei fest miteinander verbundene Bereiche, die aber in sich widersprechende Anforderungen haben. Die kurzfristigen Ziele der hauswirtschaftlichen Tätigkeiten konkurrieren mit den langfristigen der Kindererziehung. Sie unterscheidet die Dienstleistungsfunktion der Hausarbeit und die Produktivität der Erziehung. Kinder sind ein störender Faktor im Hausarbeitsbereich.

Ostner (1979) geht davon aus, daß die in einem technisierten Haushalt notwendigen Arbeiten nicht ausreichen, um den Tag der „Hausfrau" auszufüllen, darum steht im Mittelpunkt deren Interesse das Kind. Gleichwohl beschreibt sie als Schwerpunkt von Hausarbeit den psychischen Bereich gegenüber der materiellen Reproduktion. Die Arbeit am

Kind gilt als Ersatz für die produktiven Arbeiten früherer Zeiten und Kinder können in der Folge auch so etwas wie eine Warenform erreichen (wer hat das schönste Kind?).

Kontos und *Walser* (1979) beschreiben Hausarbeit als eine Einheit von materieller und psychischer Reproduktion, wobei letztere inzwischen dominiert. Sie trennen drei Arbeitsbereiche der Hausfrau: Ehe, Kinder, Haushalt. Nach ihren Aussagen dient ihre Arbeit primär der Reproduktion der Arbeitskraft des Mannes und ihre konkrete Arbeit ist Beziehungsarbeit am Mann. Obwohl die Arbeit an den Kindern ähnlich gesehen wird, besteht ein gravierender Unterschied: die Mutterarbeit wird nach ihren Aussagen gesellschaftlich anerkannt. Darüber hinaus gibt es nicht näher ausgeführte Konflikte zwischen den drei Bereichen.

Nach *Kittler* (1980) geschieht über die zunehmenden Anteile von Kinderarbeit an der Hausarbeit eine ideologische Aufwertung der hausfraulichen Tätigkeiten. Die eigentliche Funktion der Hausarbeit ist der Dienst an der männlichen Arbeitskraft und der Erhalt der Disponiblität weiblicher Arbeitskraft. Sie spricht von einem generellen Anwachsen der psychischen Reproduktionsleistungen und erhöhter Erwartung an subjektive Entfaltungsmöglichkeiten, die in die Zuständigkeit von Frauen versetzt werden.

In einer neueren Arbeit (1983) beschreibt *Rerrich* die Arbeit mit Kindern in der Familie als nicht deckungsgleich mit dem, was bisher als Hausarbeit herausgestellt worden ist. Psychische, materielle und herstellende Hausarbeit ist um die Dimension „Vermittlung zwischen Kind und Umwelt" zu erweitern, um die „alltagspraktische Seite von Sozialisation" – als Arbeit von Eltern.

Die Schwierigkeiten, die auch Frauenforscherinnen mit der Beschreibung von Kindererziehung haben, sind zum Teil darauf zurückzuführen, daß Kindererziehung einfach nicht im Blickpunkt einer Frauenbewegung stand, die sich zunächst dem Kampf gegen den Abtreibungsparagraphen verschrieben hatte. Sie liegen aber auch im Sujet. Die gesellschaftlich unsichtbare Hausarbeit mußte erst als Teil der Gesamtökonomie deutlich gemacht werden und als Ausdruck des Geschlechterverhältnisses entlarvt werden. Die Sache mit den Kindern verlangt eine Binnendifferenzierung von Hausarbeit und die Rückbindung an Gebärfähigkeit, also an Biologie. Von dieser hatten wir uns in der Analyse der Beziehung von Mann und Frau gerade distanziert, wohl wissend, daß Patriarchat auch Kontrolle über unsere Gebärfähigkeit bedeutet, nicht nur Aneignung weiblicher Arbeit.

Auf der Grundlage dieser Ergebnisse ist eine Auseinandersetzung mit der Erziehungswissenschaft an folgenden vier Thesen anzusetzen:

I. Erziehung ist in besonderer Weise der geschlechtlichen Arbeitsteilung unterworfen.
II. Hinter Mütterlichkeit wird patriarchalische Aneignung von weiblicher Arbeit und Gebärfähigkeit verborgen.
III. In den Entwürfen von Kindheit setzt sich die Konstruktion von Weiblichkeit fort und perpetuiert die gesellschaftliche Ungleichheit von Mann und Frau.
IV. Private und öffentliche Erziehung stehen in einem Spannungsverhältnis, das nur mit der geschlechtlichen Arbeits-ver-teilung zu erklären ist.

I. Erziehung als Hausarbeit

Die Entwicklung von Hausarbeit ist gekoppelt an die Verbreitung des bürgerlichen Familienmodells, das zum einen im 19. Jhdt. Frauen in künstlicher Dichotomisierung zum Bild des Mannes auf „Weiblichkeit" festschrieb als den für das Private und die Innerlichkeit zuständigen Teil der Geschlechter und zum anderen Kindheit zum eigenständigen Status erhob und Familie zum Ort der Erziehung (*Aries* 1975). Damit war Gebärtätigkeit und Kinderaufzucht mit der Reproduktion der männlichen Arbeitskraft verschränkt und Familie als Privatbereich im Gegensatz zu Öffentlichkeit ausgegrenzt, d.h. Ehe und Familie werden öffentlich so behandelt, als seien sie privat. Bestenfalls wird ihnen als Konsumeinheit und als Rekreationsort ein ökonomischer Stellenwert zuerkannt. Hinter dem Schleier der Privatheit verschwindet zum einen die Hausarbeit für die männliche Arbeitskraft, zum anderen die Aufzucht der kommenden Generation. Das zweite scheint mir immer vordringlicher zu werden. Als Sinn und Zweck der Ehe und Familie gelten heute in erster Linie die Kinder. Erziehungswissenschaftler sind sich einig, daß die Erziehungsfunktion ihre wichtigste Aufgabe ist. Ob dahinter nicht die private Reproduktion des Mannes ein zweites Mal verschwindet, oder besser verschwinden soll oder ob die immense Arbeit mit den Kindern primär durch eine ideologische Überhöhung gesichert werden soll, ist schwer auszumachen. Ich neige dazu, die bevölkerungspolitische Seite zu betonen – in einer Zeit, in der Frauen verstärkt erwerbstätig sind oder jedenfalls sein wollen. Wenn Männer und Frauen erwerbstätig sind, ist das Bild von der partnerschaftlichen Arbeitsteilung wirkungsvoller als das der hingebungsvollen Gattin, gleichzeitig rückt die Sicherung des Nachwuchses in den Vordergrund. Wir erleben gerade, daß die weibliche „Reservearmee" nicht mehr auf dem Arbeitsmarkt gebraucht wird und das Bild der Frau als Mutter gleichzeitig verstärkt wird, der Mutter, die in der Kindererziehung ganz aufgeht. Wichtig scheint mir, daß in unserer kapitalistischen Produktionsweise

Arbeitsmarktpolitik, private Reproduktion des Mannes und die Aufzucht der kommenden Generation miteinander verschränkt sind und zwar nach dem Gesetz der geschlechtlichen Arbeitsteilung, im Zeichen des Patriarchats.
Die Aufzucht von Kindern unter diesen Voraussetzungen läßt verschwinden, daß sie der Gegenstand von Arbeit sind. Über sie wird das Ausmaß von Hausarbeit und ihr Charakter verdeckt. Kinder motivieren zu Hausarbeit, über sie ist Hausarbeit für den Mann durchsetzbar. Familienerziehung ist also an Hausarbeit gebunden, insofern sie den Sinn abgibt für die Hausarbeitsinstitution Familie. Familienerziehung *ist* Hausarbeit, insofern sie als weibliche, unbezahlte und unsichtbare Arbeit geleistet wird.
Untersuchungen zur Dauer von Hausarbeit beziehen sich nicht auf die Arbeit mit Kindern, sie benennen einzelne hauswirtschaftliche Tätigkeiten, oder sie berechnen die Arbeitsleistungen von Frauen für ihre Kinder (im Dritten Familienbericht von 1979 z. B. mit 4 Stunden für ein Kind, mit 6 Stunden für 2 Kinder) und vergessen die täglich mehrstündige Hausaufgabenbetreuung von Schulkindern. Zugegeben, es ist schwer die Mütter-arbeit nach Art der Fliegenbeine zu messen. Wer registriert schon den Blick aus dem Fenster nach den Kindern im Sandkasten, wenn die Mutter „Freizeitlektüre" betreibt?
Arbeit mit den Kindern verschwindet auch in Haushaltstätigkeiten, die keinen unmittelbaren Bezug zu Kindern haben. Fensterputzen z. B. ist nicht Arbeit am Kind, wenn auch die Pflege der Wohnung dem Kind das Dach über dem Kopf als lebensnotwendiges Mittel erhält. Es können dem aber Tätigkeiten vorausgehen und sie begleiten, die unzweifelhaft erzieherisch sind. Die Überlegungen, wie beschäftige ich mein Kind, die Bereitstellung von Material, die Vermittlung emotionaler Sicherheit (Wenn du mich brauchst, bin ich hier!), die andauernde Aufmerksamkeit, die erklärenden Antworten auf etwaige Fragen etc.
Mutter-Kind-Interaktion heißt dieser Vorgang in der Erziehungswissenschaft, und die Berücksichtigung der Alltagssituation wird von Forschern mit dem Begriff „natürliches setting" als Fortschritt gefeiert gegenüber der bis dato üblichen Forschungssituation in einem Labor z. B. *Schütze* (1982). Was ist daran Natur? Dabei hatte sich dieser Aufsatz gerade zum Ziel gesetzt, die neuesten Forschungen aus vielen Ländern und verschiedenen Disziplinen zu rezipieren, die endlich die Mutter-Kind-Dyade zum familialen System erweitern. Und dann finden sich fort Sätze wie:

„..., daß die Väter, weil sie normalerweise sehr viel weniger Zeit mit den Kindern verbringen als die Mütter, ..." und „Gegen ein immer noch weit verbreitetes biologistisches Vorurteil, daß Väter und Mütter sich gegenüber Kindern unterschiedlich verhalten, ... Unterschiede wurden herausgefunden bezüglich der Häufigkeit von Pflegehandlungen, die öfter von Müttern übernommen werden. Ob diese Häufigkeit nun die Folge einer spezifischen biologischen Verbindung zwischen Mutter und Kind oder durch kulturelle Werte und Normen bedingt ist, kann – so die Forscher – aufgrund der Daten bisher nicht entschieden werden."

Kein Wort von geschlechtlicher Arbeitsteilung, der gegenwärtigen Familienform und Hausarbeit! Durchgehend ist von Eltern-Kind-Beziehung die Rede und belegt wird im nächsten Satz eine bestimmte Qualität oder Reaktion mit dem mütterlichen Verhalten. Dieser Sachverhalt ist durchgängig in erziehungswissenschaftlichen Untersuchungen anzutreffen bis hin zu groben Schnitzern empirischer Art. Beispiel: *Kaufmann* u.a. (1980) untersuchen das Engagement von Eltern in der Kindererziehung und messen u.a. in der Dimension „Häufigkeit der intensiven Beschäftigung der Mutter mit dem Kind". Ich sehe darin eine ungültige Operationalisierung – und eine, die auf Kosten der Anerkennung mütterlicher Arbeit geht. Ärgerlicher noch, wenn wie von *Bertram* (1983) versucht wird, das Problem der geschlechtlichen Arbeitsteilung zu einem „Werteproblem" zu machen, das zudem noch auf einen Irrtum zurückgeführt wird, nämlich den des *Adam Smith,* der im 18. Jahrhundert Haushaltstätigkeiten als minder zu bewertende Arbeiten einstufte. Sein „Plädoyer für einen kritischen Realismus in der Familienpolitik" fordert letztlich die Akzeptanz von Ideologien anstelle ökonomischer Analysen zum Thema Familie, auch wenn er im Gegensatz zu anderen in der Lage ist, diese Erziehungsinstitution nicht entlang eines Prototyps zu behandeln, bestehend aus Familienernährer, Nurhausfrau, ein Sohn, eine Tochter, der nicht der gesellschaftlichen Realität entspricht. Dieser entspricht eine Summe von Einzelhaushalten, Alleinerziehenden und erwerbstätigen Müttern.
Das Mißverhältnis der Reproduktion, die Unsichtbarkeit und Nichtanerkennung weiblicher Arbeit, geht so ein in die Erziehungswissenschaft. Es setzt sich fort, indem folgerichtig weibliche Erfahrungen in der Erziehung keinen Eingang in die Theoriebildung gefunden haben. Die Theorie haben sich Männer vorbehalten und damit eine neue Form der geschlechtlichen Arbeits-ver-teilung kreiert, ein neues Herrschaftsgebäude errichtet. Theorie und Praxis sind so säuberlich getrennt und in eine hierarchische Ordnung gebracht. Erziehungsarbeit ist hauptsächlich Sache der Frauen, Erziehungswissenschaft männlich, d.h. von Männern besetzt und nach ihren Köpfen gemacht. Selbst in dem Zwischenfeld Schule ist das Gefälle deutlich: bis zu 80% der Lehrkräfte in der Grundschule sind Lehrerinnen, die Rektoren fast ausschließlich unter sich.

Die Auswirkungen dieser geschlechtlichen Arbeitsteilung in der Erziehung schlagen sich nieder in Inhalten und Methoden der Erziehungswissenschaft. Ihr Ort ist nicht der Alltag, sondern das Labor, der Forschungsprozeß wird zum Zurichtungsprozeß, das Motiv entwickelt sich als „Verfolgung des Lebendigen" (siehe *Holzkamp/Steppke* 1984). Die zweite, kulturelle Geburt aus Männerphantasien, geboren aus dem Gebärneid! Die „Kolonialisierung" (*Gstettner* 1981) der Kindheit ist zugleich Zugriff auf weibliche Arbeit und Gebärfähigkeit, nicht nur auf das Produkt, das Geborene. Die Grenzen dieses Zugriffs, auch „Verwissenschaftlichung" der Erziehung genannt, liegen in der Privatheit der Familie oder ähnlicher Lebensräume. Denn in ihrer Privatheit erfüllt sie ihre wichtigsten Funktionen: Kostenersparnis, Nachwuchssicherung, scheinbare Gegenwelt, Totalität mütterlicher Erziehungsarbeit (siehe die Thesen zur Lohnerziehermentalität von *Heinsohn* und *Knieper* 1975), Garant der geschlechtlichen Arbeitsteilung, etc.

II. Mütterlichkeit oder die Sache mit der Liebe

Mütterlichkeit ist genau wie Mutterliebe keine Naturkonstante, sondern Ergebnis weiblicher Sozialisation und Professionalisierung und sie verstrickt Frauen in vielfältige Widersprüche.
Von Mütterarbeit ist in der Erziehungswissenschaft nicht die Rede. „Die Mutter bekommt das Kind; dieses erwacht bei ihr zu seinem menschlichen Leben, oder es geht zumindest menschlich, oft aber auch leiblich, zugrunde" (*Groothoff* 1964, Lexikon „Pädagogik"). Die Mutter wird in Passivität behandelt und gleichzeitig wird ihr die totale Verantwortung für Leib und Seele zugeordnet. Dieser Grundwiderspruch zieht sich durch viele Behandlungen des Themas Mutter hindurch. Oder er steht als zwei verschiedene Anforderungen nebeneinander. Auf jeden Fall muß er als Doppelbindung von Frauen verarbeitet werden.

„Nur im besonderen Milieu der Familie und durch die besondere Gefühlsleistung der Mutter wird das Kind, das bei seiner Geburt ein Bündel animalischer Bedürfnisse ist, in die soziale Welt ‚gelockt'. Durch die Regelmäßigkeit und Freundlichkeit der mütterlichen Zuwendung bildet sich im Kind ein Urvertrauen" (*Erikson* 1965, 77),

ohne das es sich bekanntermaßen nicht entwickeln kann (dazu siehe auch *Spitz* 1959). An dem gesellschaftlich verordneten Zwang zur Mutterliebe haben sich Erziehungswissenschaftler maßgeblich beteiligt. Dieser Zwang wirkt wie ein Euphemismus, der die Arbeit mit den Kindern verdecken soll und die Verantwortung in den Gefühlsbereich verlegt. So wird die Aufzucht der Kinder durch die Produktion von Mütterideologien zu einer Sache persönlicher Leistung und Schuld und Mütter zu Dienstleistenden der kommenden Generation. Der Zwang zur Mutterliebe enthält in sich eine neue Doppelbindung. Mutterliebe wird gefordert und diffamiert zugleich. Ihr sollt die Kinder lieben, aber nicht zu viel!

Dazu *Makarenko:*

„Den zweiten Band des ‚Buches für Eltern' widme ich der Frage, warum vernünftige Menschen, die gut zu arbeiten und zu lernen verstehen, die sogar Hochschulbildung genossen haben, das heißt Menschen mit normalem Verstand und mit Fähigkeiten, die in der Öffentlichkeit eine Rolle spielen, die eine ganze Behörde, ein Amt, eine Fabrik oder irgendein anderes Unternehmen zu leiten verstehen, die mit sehr verschiedenen Leuten normale Beziehungen, kameradschaftliche und freundschaftliche und welche sie wollen, unterhalten können – warum diese Menschen, wenn sie es mit ihrem eigenen Sohn zu tun haben, nicht fähig sind, sich in den einfachsten Dingen zurechtzufinden. Weil sie nämlich in diesem Falle den gesunden Menschenverstand, die Lebenserfahrung, die Vernunft, die Weisheit, die sie in ihrem Leben gesammelt haben verlieren. Ihren eigenen Kindern gegenüber verhalten sie sich wie ‚anormale' Menschen, die unfähig sind, sich selbst in den simpelsten Fragen zurechtzufinden. Warum ist das so? Der einzige Grund dafür ist die Liebe zum eigenen Kind... Die Liebe verlangt eine gewisse Dosierung, wie Chinin, wie die Nahrung" (1975, 477).

Mütter stehen also zwischen der Warnung vor „Maternal Deprivation" – im Gefolge der *Spitz* und *Erikson* Rezeption – und dem Verbot „Mütterlicher Überbehütung". Das Bild von der ‚Overprotective Mother" war eine in der erziehungswissenschaftlichen Diskussion der 60er/70er Jahre weit verbreitete Mär, die als Erklärung für viele kindliche Fehlentwicklungen, ja für den desolaten Zustand einer Nation herhalten mußte und vor allem dazu diente, Mütter mit einer neuen moralischen Kategorie zu maßregeln.

Der Begriff Overprotective Mother geht zurück auf *Dr. M. Levy,* der in New York 1957 in 5. Auflage seine Längsschnittuntersuchung an 20 amerikanischen Kindern, von denen er angenommen hatte, daß sie unter überbehütenden Müttern litten, veröffentlichte. *Levy's* Typologie erlebte zunächst in den USA einen ungeheuren Boom und wurde zur Grundlage einer Karikatur amerikanischer Mütter. Es entwickelte sich eine Bewegung, die diesen Wahn weitertrug. Sie gipfelte in einer Veröffentlichung von *E. A. Strecker,* Their Mother's Sons (1951), die zu einem Bestseller wurde. *Strecker* führt die alarmierende psychische Situation amerikanischer Soldaten des Zweiten Weltkrieges zurück auf das Verhalten ihrer „overprotective mothers", der Mütter, die ihre Söhne an „silbernen Ketten" halten und sie hindern „Männer" zu werden.

1963 rezipierte *H. E. Richter* in „Eltern, Kind und Neurose" ausführlich *Levy's* Untersuchung für die Bundesrepublik. Er übersetzte die von *Levy* entwickelten Kriterien für mütterliche Überbehütung folgendermaßen:

„Die Mutter bietet dem Kind exzessiven Kontakt. Sie hält es überdurchschnittlich lange in kleinkindhafter Obhut. Sie versucht, es in besonderer Abhängigkeit zu halten. Viertes Kriterium ist das Maß an Kontrolle" (*Richter* 1969, 42).

Richter macht immerhin dann den „affektiven Hintergrund" für das so beschriebene mütterliche Verhalten zum Gegenstand seiner eigenen Untersuchung.

Ich entsinne mich, daß das Wort von der overprotective mother in der frühen Kinderladendiskussion eine wichtige Rolle spielte und als Schimpfwort aus männlichem Mund immer dann benutzt wurde, wenn Frauen versuchten, die großen Theoretiker der Kinderladenerziehung an irgendwelchen Experimenten mit den Kindern zu hindern. Mir wurde die fatale Wirksamkeit dieses Mutterbildes erst bewußt, als mein Sohn beinahe ertrank, weil es mit diesen spöttischen Worten zwei Freunden eine Weile gelang, mich zu hindern das zu sehen, was ich sah, nämlich daß ein Kind in Not war. Auch sie lernten, in dieser dramatischen Situation die Hilflosigkeit der Kinder besser einzuschätzen. Denn das ist der Maßstab, an denen mütterliches Verhalten zu messen ist: die Hilflosigkeit der Kinder und nicht der absolute männliche Blick, der auf das Subjekt starrt bzw. auf das 2. Objekt von Erziehung, die Mutter. Ihr gilt die Verordnung bzw. das Verbot von Liebe – eigentlich in sich schon Widersprüche und daher verweisend auf andere Absichten.

Damit soll nicht ausgeschlossen sein, daß Überbehütung wirklich existiert. Auch Mütter sind nicht so frei, den Kindern alle Abenteuer und die Lust des Lebens alleweil zu gestatten. Daran hindert sie die Verantwortlichkeit für die Kinder und die eigene moralische Enge. Aber im Vordergrund überbehütenden Verhaltens steht ursächlich die Unsicherheit oder auch Fehleinschätzung, daß das jeweilige Kind den Dingen (noch) nicht gewachsen ist. Und was es zu können hat, bestimmen patriarchalische Entwicklungsnormen und männliche Maßstäbe, die Mütter zu lernen haben.

Neben dem ideologischen Leitbild Mutter, das die Kinderaufzucht privatisiert und die Machtlosigkeit von Frauen fortsetzt, ist die Professionalisierung ein weiterer patriarchalischer Zugriff auf Erziehung.

Mütter werden vielfältig professionalisiert, über weibliche Sozialisation, durch Erziehungsinstitutionen wie Kindergarten und Schule, von Ärzten und Ämtern, von Elternbildungseinrichtungen, über Werbung und Medien und nicht zuletzt über berufliche Arbeit in weiblichen Berufen.

Es wird ihnen gesagt, was Mütterlichkeit ist und was sie zu tun haben. Sie werden von ihren Gefühlen, Bedürfnissen und Erfahrungen entfremdet von „Experten“, die mit Definitionsmacht und unmittelbaren Einflüssen private Kindererziehung „professionalisieren“. Was sich darstellt als Verwissenschaftlichung und Qualifizierung zum Zwecke der Herausbildung vernünftiger Individuen, entpuppt sich als patriarchalische Einmischung in die Mutter-Kind-Beziehung, Aneignung und Überformung weiblicher Erziehungsarbeit und Durchsetzung patriarchalischer Körperfeindlichkeit (siehe *Schön* 1984). Ermöglicht wird der Einfluß durch die Isolation der Generationen und Familien und der daraus resultierenden Hilflosigkeit der Frauen. Die Basis bildet das gesellschaftliche Mutterbild, dessen Anspruch keine gerecht werden kann.

Über Aneignung weiblicher Arbeit im Zusammenhang mit Liebe wurde schon einiges gesagt. Hier wird die Kontrolle und die Beherrschung der Mutter-Kind-Beziehung zum Thema. Liegt es so fern, Gebärneid zu vermuten? Oder Machtgelüste des „Naturbeherrschers“ Mann? Vordergründig und konkret äußern sich in der Beschwörung von Mütterlichkeit und Mütterlichkeitswahn männliche Verlust- und Versorgungsängste. Der Neid auf das Kind, das die Zuwendung und Versorgungskräfte der Frau absorbiert, ist kein schlechtes Motiv. Als Ersatz soll sie wenigstens das von ihm Gezeugte lieben!

Muttermythen sind ein zentraler Punkt bei der patriarchalischen Unterwerfung von Frauen. Sie verordnen ihnen die private Kindererziehung und bedenken sie gleichzeitig mit einer erhöhten Imagination. Sie machen ein Zusammengehen von Erwerbstätigkeit und Kinderaufzucht schwierig. Sie koppeln Kinderaufzucht unter der Feindlichkeit unserer Lebensbedingungen an die Erfahrung von persönlichem Versagen und Ohnmacht der Mütter.

III. Kindheiten

Geschlechtsspezifische Sozialisation gehört durchaus zu den Untersuchungsgegenständen von Erziehungswissenschaftlern. Allerdings zumeist in der Behandlung des weiblichen Geschlechts in der Abweichung von der männlichen Norm und bezogen auf Kindheit. Für Jugendliche beziehen sich die Untersuchungen noch 1980 fast ausschließlich auf Jungen (*Bilden* 1980). Ein für die Bundesregierung erstellter Mädchenbericht wurde 1985 – wahrscheinlich wegen seiner Brisanz angesichts des Gleichheitsgrundsatzes unserer Verfassung – der Öffentlichkeit vorenthalten. Andere Berichte wurden im privatwirtschaftlichen Rahmen und Interesse erstellt (z. B. von der Zeitschrift „Brigitte“ 1982). Ob sich an dieser Forschungslage etwas ändert, wenn sich wie jüngst an der Pädagogischen Fakultät der Universität Bielefeld ein großer Forschungsschwerpunkt Jugendforschung etabliert und sich die Beteiligten in der Uni-Zeitung vom 3. 7. 84 mit 14 Herren auf einem „Gruppenbild ohne Dame“ vorstellen? Die Gleichsetzung von Kind gleich männlich hat in der Pädagogik eine lange und ungebrochene Tradition. Ein beliebiges *Beispiel:*

Rousseau schreibt in Emile 1762: „Die Natur will, daß die Kinder, ehe sie Männer werden, Kinder sein sollen.“ Unkritisch übernommen wird dies als Zitat bei *Schulze* 1970 und interpretiert: „Er unterschied das Kind vom Mann, um es gegen ihn auszuspielen.“ (197).

Die Reihe der Beispiele, in denen das Sample ausschließlich aus Jungen besteht, oft noch besonders „männliche“ Kompetenzen und Verhaltensweisen gemessen werden, aber auf „Kinder“ geschlossen wird, ist endlos – von *Piaget* bis *Heckhausen* (siehe dazu auch *Brehmer* 1983, *Holzkamp/Steppke* 1984). Grundsätzlich wird Mädchenerziehung von Jungenerziehung abgeleitet (*Hagemann-White* 1979) oder spiegelbildlich entworfen wie in der Figur der Sophie bei *Rousseau.* Oder *Makarenko* z. B. redet vor dem Kollektiv einer Frauenzeitschrift über Familienerziehung (1938/1975). Der Text ist für in sexistischem Sprachgebrauch Sensibilisierte unlesbar: Kind ist gleich Sohn, Eltern gleich Vater, die Negativbeispiele sind Mädchen.
Mädchen und Jungen werden nach wie vor unterschiedlich erzogen, zu Hause, auf der Straße, in der Schule (*Belotti* 1975; *Schulz* 1978/79; *Brehmer* 1982). Spätestens im Schulbuch schließt sich der Kreis: „Vater liest und Mutter kocht“ und verstärkt sich in der offenen Frauendiskriminierung durch die Schule (*Brehmer* 1983) und heimlichen Sexismus.

IV. Institutionen

Das Spannungsverhältnis zwischen privater Erziehung in der Familie und in öffentlichen Institutionen ist nur mit der zugrundeliegenden geschlechtlichen Arbeits-verteilung zu erklären. Die latente Hierarchie dieser beiden Bereiche beginnt mit der Zuschreibung eines Defizits an familiale Erziehung (siehe *Schelsky* 1960; *Neidhardt* 1970; *Mollenhauer* 1974; *Milhoffer* 1978; *Bader* 1978). Maßstab ist mehr oder weniger explizit das öffentliche Interesse an so oder so ausgebildeter Arbeitskraft. Nachdem individuelle Interessen an Nachwuchs (Erbe, Alterssicherung, Mitarbeit) historisch-ökonomisch überholt sind, ist die staatlich-öffentliche Sicherung von künftigen Arbeitskräften um so dringlicher. Die verfassungsmäßig garantierte Gleichrangigkeit von elterlicher und öffentlicher Erziehung wird durchbrochen mit einem Klagelied über den Zerfall familialer Erziehungskompetenz, um mit dieser Legitimation Einfluß zu nehmen. Eine Funktionalisierung privater Erziehung wird besonders deutlich in den Konzepten der Elternbildungseinrichtungen. Sie verstehen sich als Ausbildungsinstitutionen, die – nachdem Hilfsbedürftigkeit zugeschrieben und erzeugt worden ist – mit Belehrung, „Professionalisierung", Therapie fast ausschließlich Mütter bearbeiten. Ziele der „Elternbildung" sind, das Bild von der staatstragenden Kleinfamilie und Hausfrauenehe zu erhalten. Der normative Charakter der Konzepte entlarvt sich in den Vorstellungen einer bürgerlichen Familienideologie und den Versuchen von staatspolitischer Erziehung. Private Erziehung soll öffentlichen Einrichtungen angeglichen werden, familiale Erziehung normiert werden. Systematisch wird ausgeblendet, daß es sich um Private Reproduktion handelt, um Hausarbeit im Sinn der Feministischen Theorie. Eine ideologiekritsche Lesart der Konzepte vermittelt, daß es gerade darum geht, private Reproduktion quantitativ und qualitativ zu sichern und Frauen zu domestizieren. „Elternbildung" bereitet auf die sogenannte Mitwirkung in Kindergarten und Schule vor, die dann nahtlos „Elternbildung" weiterführen (siehe *Oubaid* 1983).

Frauen werden als Hausfrauen und Mütter sozialisiert. Bei der Aufzucht von Kindern werden sie zu Expertinnen von Erziehung. Die Schule eignet sich diese Qualifikationen an und setzt sie im Sinne der öffentlichen Leistungsanforderungen ungefragt ein. Das gesellschaftliche Mutterbild wird in seinem allgemeinen Rahmen ausgefüllt mit speziellen Kenntnissen und Fähigkeiten über die Hausaufgaben-Hausarbeit und andere Anforderungen der Schule. Die Mitwirkung, die zunächst so aussieht, als seien dort Eltern als Experten ihrer Kinder gefragt, hat sich zu einem Qualifizierungsinstrument und Aneignungsinstrument für häusliche Erziehung entwickelt. Mütter werden „professionalisiert" und in Dienst genommen.

Die gesetzliche Absicherung der Elternrechte in der Schule bedeutet keineswegs, daß Eltern dort entscheidend zu Worte kommen. Es bleibt im wesentlichen bei einem Anhörungs- und Vorschlagsrecht (*Zubke* 1980), das vor allem eine höhere Effektivität schulischen Lernens garantieren soll. Die Mitwirkung in der Schule, die Eltern sich ursprünglich als demokratisches Recht erstritten haben, schlägt zurück als ein Zugriff auf private Reproduktion. Ihre Ziele sind, die Ergebnisse schulischen Lernens durch Elternbildung und -beratung zu verstärken, die Widersprüche zwischen privater und öffentlicher Erziehung zu mildern und die unterschiedlichen familialen Erziehungsweisen aneinander anzupassen. Darüber hinaus leistet die Schule als staatliche Institution über Mitwirkung ein Stück politischer Legitimation und staatsbürgerlicher Erziehung von Eltern.

Das Verhältnis von Schule und Familie konkretisiert sich nicht nur in der Mitwirkung, sondern bildet sich verstärkt ab in den Hausaufgaben. Die tagtäglichen Hausaufgaben werden beinahe ausnahmslos den Müttern als Teil ihrer Hausarbeit auferlegt und zwar dreifach: über die faktischen alltäglichen Anforderungen der Schule, die als Ansprüche der Kinder übermittelt werden, über die moralische Verantwortung für die Zukunft der Kinder als Teil der Mütterideologie und last not least auch auf gesetzlichem Wege.

In ihrer Untersuchung zu den Hausaufgabenregelungen aller Bundesländer stellt *Enders-Dragässer* (1981) dar, wie Mütter mehr oder weniger explizit verpflichtet werden zu einem täglichen, vielstündigen, spezifischen Umgang mit ihren Kindern. Sie sollen mit Freundlichkeit und Ruhe fördern und motivieren, vor Ablenkung schützen, Konflikte auffangen, Arbeitsplätze bereitstellen, Wissen einbringen und den Unterricht ergänzen. Dieses alles wird nicht etwa als Arbeit für die Schule benannt, sondern heißt „Hilfe der Eltern". Auch das Wort „Eltern" ist eine unzulässige Abstraktion. Faktisch werden den Müttern diese Tätigkeiten abverlangt – auch in der Sprache der Regelungen. Es ist zwar durchgehend von Eltern die Rede, aber in einem Nachsatz heißt es dann: „Auch der Vater...".

Enders-Dragässer beschreibt, wie sich die Schule durch komplizierte Darstellungen ihrer Inhalte und Methoden Respekt verschafft und sich Sanktions- und Definitionsmacht sichert, wie sie sich der Zeit und des Ortes der Mütter bemächtigt und ein normatives Bild vorgibt. Den Schulmüttern werden in zynischer Weise die Verhaltensweisen ihrer Kinder erläutert. Vor ihnen wird ein Mythos von der Schule und der Arbeit ihrer Kinder aufgebaut, der ihnen eine Zehenspitzenhaltung aufdrängt. Wenn die Hausaufgabenregelungen ernst genommen werden, wird eine ständige Bereitschaft der Mütter vom Mittag bis zum Abend vorausgesetzt. Die Hausaufgaben-Zeit ist also ein wichtiger, strukturierender Faktor für das Leben von Schulmüttern. Über den erheblichen Zeitaufwand hinaus, den Schulmütter als Hilfslehrerinnen investieren müssen, ist die inhaltliche Strukturierung der Mutter-Kind-Beziehung vielleicht noch folgenreicher für alle Beteiligten: die Mutter als strafende, drängende, ungeduldige, disziplinierende, bewertende...

Die Hausaufgaben der Kinder sind also die maßgebliche Schularbeit der Mütter – nichtanerkannt, unentlohnt, oft diskriminiert. Ohnmäch-

tig stehen die Mütter den Leistungsanforderungen der Schule gegenüber. Sie können sich nur auf Kosten der Kinder verweigern. Denn diese werden bestraft bei fehlerhaften, fehlenden Hausaufgaben.
Um die erwartete Hausaufgaben-Hausarbeit leisten zu können, sind Mütter gezwungen, sich Schulwissen und spezifische Qualifikationen anzueignen. Jahre nach ihrer eigenen Schulzeit partizipieren sie erneut an schulischem Unterricht. Fortschreitend Stück für Stück vom 1. bis 10. bzw. 13. Schuljahr werden sie durch die Lektionen geführt im Namen der Hilfe für ihr Kind. Hilfestellungen werden ihnen im Rahmen der Mitwirkung gegeben – also auch hier eine spezifische Form der Elternbildung.
Für andere Formen der Mütterarbeit für die Schule sind Frauen qua geschlechts-spezifischer Sozialisation prädestiniert: der Einkauf von Schulmaterialien, die aufbauenden Worte am Frühstückstisch, die Wartezeiten an Sprechtagen, der Bereitschaftsdienst bei plötzlich ausfallendem Unterricht, die Betreuung auf Schulausflügen, das Besänftigen der Lehrer, das Auffangen schulischer Frustrationen am Mittag usw.: Weibliche Arbeit für die Schule! Hausarbeit für die Schule! Hausarbeit.
Was beide, Mütter und Lehrer, grundlegend unterscheidet und immer wieder ein hierarchisches Verhältnis herstellt ist die Form ihrer Arbeit und die Art ihrer Ausbildung. Erziehung in der Schule ist bezahlte Arbeit, gesellschaftlich anerkannte, qualifizierte, berufliche Arbeit im Produktionsbereich. Erziehung in der Familie ist „Hausarbeit", ist unentlohnte, private Reproduktionsarbeit, die im Zuge der geschlechtlichen Arbeitsteilung den Frauen abverlangt wird und für die sie „weiblich" sozialisiert werden.
Solange diese Zusammenhänge in der Analyse des Verhältnisses von Familie und Schule nicht berücksichtigt werden, hat der Begriff „Zusammenarbeit" einen zynischen Unterton – sowohl was das „Zusammen" betrifft als auch die „Arbeit".

Schlußbemerkungen

Ist Erziehungswissenschaft sexistisch?

- solange sich Männer als Wissenschaftler die Theorie vorbehalten
- solange sie das Theorie-Praxis-Gefälle durch eine geschlechtsspezifische Verteilung untermauert
- solange die geschlechtliche Arbeitsteilung in der Erziehung nicht Gegenstand der Forschung ist
- solange sie in Form von Schulbüchern z. B. die Sozialisation von Mädchen zur Hausfrau betreibt

- solange sie in ihrer Begrifflichkeit von den konkreten Tätigkeiten abstrahiert (Eltern, Mütterlichkeit, Mutter-Kind-Beziehung etc.)
- solange private Kindererziehung Sache von Frauen ist.

Literatur

Aries, Ph.: Geschichte der Kindheit, München 1975

Bader, K.: Öffentliche Erziehung, Frankfurt/Main, New York 1978

Belotti, E. G.: Was geschieht mit kleinen Mädchen? München 1975

Bertram, H.: Familisierung oder Bürokratisierung?, in: Z. f. Päd. 3 (1983)

Bilden, H.: Geschlechtsspezifische Sozialisation, in: *Hurrelmann, K/Ulrich, D.*, (Hrsg.): Sozialisationsforschung, Weinheim, Basel 1980

Bock, G./Duden, B.: Arbeit aus Liebe – Liebe als Arbeit, in: Frauen und Wissenschaft, Beiträge zur Berliner Sommeruniversität für Frauen, Berlin 1977

Brehmer, I. (Hrsg.): Sexismus in der Schule. Weinheim und Basel 1982

Brehmer, I.: Was ist feministische Pädagogik?, in: *Pusch, L.* (Hrsg.): Feminismus, Frankfurt am Main 1983

Enders-Dragässer, U.: Die Mütterdressur, Basel 1981

Erikson, E. H.: Kindheit und Gesellschaft, 3. Aufl. Stuttgart 1968

Groothoff, H.-H.: Familie in pädagogischer Sicht, in: Groothoff, H.-H. (Hrsg.): Pädagogik, Frankfurt am Main 1964

Gstettner, P.: Die Eroberung des Kindes durch die Wissenschaft, Reinbek 1981

Hagemann-White, C.: Frauenbewegung und Psychoanalyse, Basel/Frankfurt am Main 1979

Heinsohn, G/Knieper, R.: Theorie des Familienrechts, Frankfurt/Main 1974

Holzkamp, C./Steppke, G.: Erziehung als Wissenschaft und Erziehung als produktive Tätigkeit, in: *Schaeffer-Hegel, B./Wartmann, B.* (Hrsg.): Mythos Frau, Berlin 1984

Kaufmann, F. X./Herlth, A./Strohmeier, K. P.: Sozialpolitik und familiale Sozialisation, Bonn 1980

Kittler, G.: Hausarbeit, München 1980

Kontos, S./Walser, K.: ...weil nur zählt, was Geld einbringt, Gelnhausen, Berlin, Stein/Mfr. 1979

Levy, D. M.: Maternal Overprotection, Columbia University Press, 5. Aufl. New York 1957

Makarenko, A. S.: Familie und Kindererziehung, in: Werke, 4 Bde., Berlin 1975

Milhoffer, P.: Familie und Klasse, Frankfurt/Main 1973

Mollenhauer, K.: Familienerziehung, in: *Wulf, C.:* Wörterbuch der Erziehung, München 1974

Neidhardt, F.: Die Familie in Deutschland, Obladen 1970

Oakley, A.: Soziologie der Hausarbeit, Frankfurt/Main 1978

Ostner, I.: Beruf und Hausarbeit, 2. Aufl. Frankfurt/Main, New York 1979

Oubaid, M.: Zum Verhältnis familialer und öffentlicher Erziehung – am Beispiel von Elternbildung und -mitwirkung, Diss., Universität Bielefeld 1983

Rerrich, M. S.: Veränderte Elternschaft, in: Soziale Welt, 4 (1983)

Richter, H. E.: Eltern, Kind und Neurose, Stuttgart 1963

Schelsky, H.: Wandlungen der deutschen Familie in der Gegenwart, Stuttgart 1960

Schön, B.: Einige Überlegungen zur Professionalisierung der Erziehung, Z. f. Päd. Beiheft 1984

Schütze, Y.: Von der Mutter-Kind-Dyade zum familialen System, in: Z. f. Päd., 2 (1982)
Schultz, D.: Ein Mädchen ist fast so gut wie ein Junge, Bd. 1 u. 2, Berlin 1978/79
Schulze, Th.: Häusliche Szenen und seelische Entwicklung, in: *Bittner, G./ Schmidt-Coras, E.:* Erziehung in früher Kindheit, München 1970
Spitz, R. A.: Die Entstehung der ersten Objektbeziehungen, 2. Aufl. Stuttgart 1959
Strecker, E. A.: Their Mother's Sons. Lippincott Co., 3. Aufl. Philadelphia a. New York 1951
Zubke, F.: Eltern und politische Arbeit, Stuttgart 1980

2. Homo Oeconomicus – oder: warum Frauen in der Wirtschaftswissenschaft nicht vorkommen

Ulla Knapp

I. Der männliche Blick auf die Wirtschaft

Die Männer (und einige wenige Frauen), die in den letzten hundert Jahren in die Wissenschaftsgeschichte der Volkswirtschaftslehre[1] (oder auch der Politischen Ökonomie) eingegangen sind, lassen sich im wesentlichen drei Fraktionen zuordnen:
(a) der neoklassischen,
(b) der keynesianischen,
(c) der marxistischen;
in das politische Alltagsverständnis übersetzt, entsprechen diese Denkkonzepte – grob gesprochen – (a) wirtschaftsliberal-marktwirtschaftlichen, (b) sozialreformerisch-interventionistischen und (c) sozialistisch-planwirtschaftlichen Ansätzen.

Welche Fraktion zu einem bestimmten historischen Zeitpunkt gerade die Oberhand hat, entscheidet sich selten nach „wissenschaftsimmanenten" Kriterien; so ist es kein Zufall, daß Fraktion (a) seit Mitte der 70er Jahre an bundesdeutschen Hochschulen wieder deutlich auf dem Vormarsch ist. Deshalb und weil sie m. E. die typischste Vertreterin ökonomischen Denkens ist, wird die folgende knappe Darstellung der Fraktionsstreitigkeiten entlang der von Neoklassikern vertretenen Wirtschafts-Weltanschauung geführt.
Für Neoklassiker ist die

„... Wirtschaft der gesellschaftliche Bereich, der dem Menschen materielle und immaterielle Güter (Dienste) bereitstellt. Sie sucht die relative *Knappheit der Güter,* der *unbegrenzte Bedürfnisse* gegenüberstehen, zu überwinden... Die für die Bedürfnisbefriedigung jeweils zur Verfügung stehenden Mittel sind *knapp,* deshalb muß fortgesetzt über ihre zweckmäßigste Verwendung entschieden werden. Dieses Wählen zwischen Verwendungsmöglichkeiten mit dem Ziele des Findens der nutzvollsten Güterverwendung ist der eigentliche Inhalt des Wirtschaftens... Vernünftig handelt, wer ein Ziel mit dem geringsten Mitteleinsatz anstrebt. Diese *naturwissenschaftliche* Gesetzmäßigkeit auf die Wirtschaft übertragen, heißt *ökonomisches Prinzip* oder *Rationalprinzip*" (aus einem Lehrbuch der Volkswirtschaftslehre für den Schulgebrauch).

Für neoklassische Wirtschaftswissenschaftler ist jeder Mensch sein ei-

genes Profit-Center. Ausgestattet mit einer schier grenzenlosen Masse an Bedürfnissen, die in der weiteren theoretischen Ausgestaltung freilich unter der Hand in die „natürliche" Gier, möglichst viel materielle Güter besitzen zu wollen, verkehrt wird, versucht jeder für sich, von dem vorhandenen, leider zu kleinen, Ressourcen-Kuchen ein möglichst großes Stück abzubekommen. Die Ökonomen umschreiben dieses Menschenbild, das Müttern als Entwicklungsstufe ihrer Kinder im zarten Alter von zwei bis drei Jahren wohlbekannt sein dürfte („mehr haben!"), mit dem Konzept des „homo oeconomicus"; weniger vornehm, dafür treffender, könnte man es mit den Vertretern der radikalen Politischen Ökonomie als „pig principle" charakterisieren.
Verkannt wird mit diesem Begriff allerdings, daß Schweine ein ausgeprägtes Sozialleben haben, während der homo oeconomicus der Ökonomen mit seinen Nebenmenschen erst einmal nichts zu tun hat. Jedes dieser fensterlosen Lebewesen wirtschaftet und maximiert für sich, trifft – nachdem es die eigenen autonomen Bedürfnisse in einem Prozeß der Selbstbespiegelung erkannt hat – einsame Entscheidungen darüber, ob, wie intensiv und zu welchem Preis es die Ressourcen, über die es verfügt, im Produktionsprozeß einsetzen will und wie es die erzielten „Erträge" verwenden möchte.
Zu diesem abstrusen (und dennoch einflußreichen) Denkmodell fällt Marxisten, vulgärpsychologischem Denken entwachsenen oder soziologisch geschulten Ökonomen und anderen praktisch denkenden Menschen natürlich allerlei Vernichtend-Kritisches ein, z. B.:

- daß der „homo oeconomicus" – ganz im Gegensatz zu neoklassischen Behauptungen – kein universales („naturwissenschaftliches") Konzept des wirtschaftenden Menschen verkörpere, sondern eine unbewußte, unkritische und platte Nachäffung des mit der Neuzeit entstandenen Menschenbildes des „homo clausus", das von dem Faktum der Persönlichkeitsstruktur als lebens- und weltgeschichtlich gewordenen Prozesses nichts mehr weiß;
- daß das „pig-principle" zwar durch die Prinzipien der kapitalistischen Produktionsweise, den stummen Zwang der Konkurrenz, einer bestimmten Klasse von ökonomischen Funktionsträgern, den Kapitaleignern, als Verhaltensmaxime aufgeherrscht werde („akkumuliere, akkumuliere, das ist Moses und die Propheten"), daß damit aber – Stichwort: Solidarität der Arbeiterklasse – nicht die schrankenlose Dominanz des Akkumulationsprinzips in individuellen und gesellschaftlichen Denk- und Verhaltensstrukturen sichergestellt sei;
- daß die „homines oeconomici" nicht in einer naturgegebenen, sondern in je nach den gesellschaftlichen Umständen, insbesondere der Klassenlage, recht unterschiedlichen Entscheidungssituationen stehen, daß Knappheit keine (natürlich begründete) conditio humana, sondern Ergebnis gesellschaftlicher Produktions- und Verteilungsprozesse sei; das Problem des Ressourceneinsatzes und der Einkommensverwendung stellt sich für Otto Normalverbraucher anders als für IBM; in der Situation der Knappheit im Nahrungsmittelsektor befindet sich die Sahel-Zone, nicht die Europäische Gemeinschaft.

Diese abseitigen Überlegungen scheren die Neoklassiker aber zunächst wenig; schließlich handelt es sich dabei um bloße Modifikationen ihrer Grundüberzeugung, daß Wirtschaften in einer Ansammlung individueller, vom Rationalprinzip geleiteter Planungen bestehe. Aufbauend auf dieser Grundüberzeugung interessiert sie viel mehr, durch welche Koordinationsinstrumente die Vielzahl der individuellen Pläne miteinander und mit den vorhandenen Ressourcen in Übereinstimmung gebracht werden können. Anders formuliert: da Ökonomen wissen, daß es vor dem Hintergrund begrenzter Ressourcen Widersprüche zwischen den individuellen Planungen, also Konflikte zwischen den betreffenden Individuen, gibt, suchen sie ein Verfahren, das diese Konflikte im Sinne einer Maximierung des Gemeinwohls zum Ausgleich bringt.

Es würde hier zu weit führen, die komplizierten mathematischen Überlegungen nachzuzeichnen, aufgrund derer sich herausstellt, daß dieses optimale Verfahren im Normalfall natürlich nicht durch zentrale Planung, demokratische Abstimmung, Verhandlungen oder sonstwas verkörpert wird, sondern durch den freien Markt. Durch ihn werden die milliardenfachen Konflikte zwischen den planenden Individuen zu einem gerechten und harmonischen Ausgleich gebracht.

Nehmen wir z. B. den Fall, daß die homines oeconomici, die nur über ihre Arbeitskraft verfügen, in Zeiteinheiten gerechnet, mehr Arbeitsstunden am Markte anbieten, als auf der anderen Seite diejenigen, die über Kapital und damit über Arbeitsplätze verfügen, am Markt nachfragen. Der Marktmechanismus löst diesen Konflikt, indem er den Arbeitnehmern signalisiert, daß sie schließlich nicht alles auf dieser Welt – hohe Einkommen und sichere Arbeitsplätze – haben können, daß, wenn sie Lohnarbeiter bleiben wollen, Lohnverzicht das Gebot der Stunde ist; im Gegenzug motivieren sinkende Löhne die Unternehmen, ihre ursprünglichen Planungen zu revidieren: Die Ware Arbeitskraft wird billiger, folglich lohnt es, mehr davon im Produktionsprozeß einzusetzen. So hat alles wieder seine Ordnung, die Rationalität der Individualhandlungen endet in der Rationalität des Ganzen.

So zumindest die Verkündigung der neoklassischen Ökonomie.

Man fragt sich angesichts dieser Verkündigung allerdings, warum sich die Bundesrepublik in den letzten Jahren trotz nicht unerheblicher Reallohnsenkungen vom Zustand der Vollbeschäftigung immer weiter entfernt hat. Offenbar ist der Marktmechanismus nicht so rational, wie seine neoklassischen Ideologen ihn sich wünschen. Ihren Widersachern, den Keynesianern, ist das schon seit der Weltwirtschaftskrise, die das Ende der Weimarer Republik einläutete, bekannt. Denn die Lohnsenkungen, für die die Arbeitnehmer im neoklassischen Modell mit Vollbeschäftigung belohnt werden, implizieren für die Unternehmen ja nicht nur niedrigere Kosten, sondern auch Nachfrageausfall; weshalb aber sollte ein Unternehmer investieren und dabei neue Arbeitsplätze schaffen, wenn seine Erwartungen bezüglich der zukünftigen Entwicklung der gesamtwirtschaftlichen Nachfrage trübe sind? Folglich, so schließen die Keynesianer, muß der Markt ergänzt werden durch eine gesamtwirtschaftliche Globalsteuerung, die für Preisstabilität, Vollbeschäftigung und Wirtschaftswachstum sorgt.

Marxisten teilen diese Kritik, aber sie ist ihnen nicht gründlich genug. Sie fragen, was vor oder hinter den Marktprozessen geschieht, da falsch oder irrational nicht erst die Marktsteuerung, sondern schon die mit dem kapitalistischen Wirtschaftssystem gesetzten Ziele und die in der Produktion fixierte Macht- und Funktionsverteilung seien, die sich in ungerechten Marktergebnissen nur widerspiegele. Anders formuliert: die „homines oeconomici" treten am Markt nicht als gleichberechtigte Individualplaner auf, sondern ihre jeweiligen Planungsspielräume sind durch den Umfang der Ressourcen, die sie qua Eigentums- und Verfügungsgewalt bewegen können, von vorne herein extrem ungleich. An die Stelle der amorphen Masse der nach dem „pig principle" agierenden Marktteilnehmer tritt daher im marxistischen Denken das Konzept der gesellschaftlichen Klassen, die durch objektive und subjektive Interessengegensätze charakterisiert sind. An die Stelle des neoklassischen Glaubens an die Einheit der Rationalität von einzelwirtschaftlichen Handlungen und gesamtwirtschaftlichen Ergebnissen tritt ein dialektisches Fortschrittskonzept, das den Beitrag des Kapitalismus zur Produktivkraftentwicklung wohl anerkennt, vor dem Hintergrund zunehmender Vernichtung der natürlichen und menschlichen Grundlagen der Produktion, der Armut im nationalen und Weltmaßstab, der Ungleichheit der Macht-, Vermögens- und Einkommensverteilung zwischen den Klassen aber den Prinzipien und Zielen des Systems insgesamt eine destruktive Irrationalität bescheinigt. Denn wenn die Produktivkräfte systematisch so entwickelt werden, daß es sich – individuell gesehen – für den Kapitaleigner rechnet, wird er zwangsläufig möglichst die Ressourcen vernutzen, die – er zumindest – billig oder umsonst bekommt: bestimmte Rohstoffe und Energien, freie Umweltgüter, die physische und psychische Gesundheit der Arbeitenden, bestimmte extrafunktionale Qualifikationen der Beschäftigten, die Überschuß-Menschenproduktion der Ärmeren Welt usw. Die gesellschaftlichen Kosten, die mit der Bereitstellung oder Vernutzung dieser Ressourcen verbunden sind, tragen aufgrund der gegebenen Machtverhältnisse zu einem guten Teil (und zumindest z. Z. noch) andere Klassen und Kasten der Weltgesellschaft – nicht die Kapitaleigner. Für sie als

ökonomische Funktionsträger – schon nicht mehr für sie als Menschen – mag das ganze ökonomisch vernünftig sein. Für den Rest der Welt – so die linken Kritiker der Neoklassik – ist es das nicht.
Unpassende Zwischenfrage:

II. Und die Frauen?

Frauen kommen in der Wirtschaft der Neoklassiker, Keynesianer und Marxisten nicht vor.
An einigen Stellen könnte frau sie vermuten: z. B. wenn die Neoklassiker analysieren, wie der homo oeconomicus, geleitet vom ökonomischen Rationalprinzip, seine Entscheidungen über die Verwendung des Einkommens für verschiedene Konsumgüter oder auch für Spareinlagen trifft (das macht ja z. T. auch die Frau, wenn der Mann es nicht vorzieht, nur die Haus*arbeit* zu delegieren und die Konsum*entscheidungen* selbst zu treffen); oder z. B. wenn es um die Untersuchung von Arbeitslosigkeit und Beschäftigung geht und Frauen das dumpfe Gefühl nicht los werden, daß hier für sie – jenseits von Markt- und Klassenverhältnissen – noch andere Mechanismen und Verhaltensweisen am Werke sind als für Männer.
Zugegeben: Diese Überlegungen erscheinen an dieser Stelle etwas abwegig. Es macht Mühe und erscheint unpassend, die Frauenfrage dem oben dargestellten Diskussionsprozeß der wirtschaftswissenschaftlichen Denkschulen einpassen zu wollen. Sind die Wirtschaftswissenschaften vielleicht gar nicht zuständig für die Frauenfrage, d. h. verlangen wir von dieser Wirtschaft Unzumutbares, wenn wir jetzt auch noch mit unseren Problemen kommen?
Klärung bringt hier vielleicht eine *Gegenfrage:* Zu welchen gesellschaftlichen Problemstellungen müßte denn die Wirtschaftswissenschaft eigentlich Diskussionsbeiträge leisten, und wie betreffen diese Fragen den weiblichen Lebenszusammenhang?
Im Selbstverständnis der Ökonomen ist die Wirtschaft der gesellschaftliche Bereich, der den Menschen materielle und immaterielle Güter (Dienste) bereitstellt. Die Ökonomie müßte demnach darüber aufklären, wie die sozialen Beziehungen, die Menschen zum Zwecke der Bereitstellung materieller und immaterieller Güter eingehen, strukturiert sind, wie die Prozesse des Entstehens und Wandels dieser Strukturen zu beschreiben und zu deuten sind und welches zu einem bestimmten Zeitpunkt ihre Ergebnisse mit Blick auf die Güterbereitstellung sind.
Nun weiß vom Zeitpunkt der ersten bewußten Wahrnehmung seiner Mutter an jeder, daß Frauen am gesellschaftlichen Prozeß der Güterbe-

reitstellung in doppelter Weise beteiligt sind: als Hausfrauen erbringen sie unentgeltliche Be- und Erziehungsarbeits- sowie hauswirtschaftliche Leistungen, die der Produktion und Reproduktion des menschlichen Arbeitsvermögens dienen; als Lohnarbeiterinnen leisten sie entgeltliche Arbeit am weiblichen Arbeitsmarkt, primär in hausarbeitsnahen Tätigkeitsfeldern, die sich gegenüber dem männlichen Arbeitsmarktsegment durch schlechte Bezahlung, niedrige hierarchische Einordnung und hohe Instabilität auszeichnen.

Genuine Aufgabe der Wirtschaftswissenschaften wäre es demnach, aufzuklären über den Prozeß der geschlechtsspezifischen Arbeitsteilung, darüber, wie die sozialen Beziehungen, die Frauen als Hausfrauen und Lohnarbeiterinnen eingehen, strukturiert sind, wie der Wandel dieser Strukturen zu beschreiben und zu deuten ist, wie die Ergebnisse der Arbeitsleistungen von Frauen quantitativ und qualitativ zu beschreiben sind.

Die damit aufgeworfenen Fragen sind alles andere als nebensächlich. Unmittelbar einsichtig ist, daß ohne ihre Klärung politische Antworten auf die Krise der Frauenarbeit kaum möglich sind; wichtige und erst in den letzten Jahren unter dem Druck der Frauenbewegung wahrgenommene Themen sind hier z. B. die Analyse des Zusammenhangs zwischen ökonomischem und technischem Strukturwandel und Frauenerwerbsarbeit im nationalen und internationalen Maßstab, die Untersuchung des *Prozesses* der Diskriminierung von Frauen im Erwerbsleben, die Frage nach dem Zusammenhang zwischen Bevölkerungsentwicklung und dem Strukturwandel der Frauenarbeit.

Angedeutet ist damit vielleicht auch schon, daß der weibliche Blick auf die Wirtschaft, weit über die unmittelbare Betroffenheit von Frauen hinausgehend, zu Fragestellungen anregt, die vor dem Hintergrund der Krise des weltwirtschaftlichen und gesellschaftlichen Systems von weitreichender Bedeutung dafür, wie wir morgen arbeiten und leben werden/wollen, sind.

Erwerbsarbeit ist knapp und vielfach unbefriedigend. Eine gerechte Verteilung der Erwerbsarbeitszeit via Arbeitszeitverkürzung wird ohne eine durchgreifende Umverteilung von Einkommen nicht möglich sein. U. a. vor diesem Hintergrund sind die aktuellen Diskussionen um eine allgemeine erwerbsarbeitsunabhängige Mindestsicherung ebenso wie die Frage danach, ob mehr „Eigenarbeit“ einen sinnvollen Beitrag zur Existenzsicherung und zur humaneren Gestaltung von Arbeits- und Lebensbedingungen leisten könne, entstanden.

Beide Fragen sind für die Diskussion der Männer relativ neu. Nicht so für die der Frauen: In sehr viel realistischerer Form, als sie heute unter Männern abgehandelt werden, sind sie schon vor 10–15 Jahren in der

Frauenbewegung unter den Überschriften „Hausfrauenlohn/Lohn für Hausarbeit" und „Hausarbeit – produktive Leistungen/spezifische Defizite" debattiert worden. In der offiziellen (wirtschafts-)wissenschaftlichen Diskussion wurden diese Beiträge aus der Frauenbewegung weder wahr- noch ernstgenommen. Wissenschaftsfähig wurden beide Probleme unter den Stichworten Mindestsicherung und Eigenarbeit erst, als es angesichts der Krise am Arbeitsmarkt auch den Männern an den Kragen ging und Männer die „neuen" Erkenntnisse in den Wissenschaftsprozeß transportierten.

Freilich taten sie dies, ohne überhaupt auch nur zu merken, daß hier die Lebenswirklichkeit, die Arbeit und die Interessen von Frauen im Kern betroffen sind. Bei Eigenarbeit dachten und denken sie an die 35-Stunden-Woche-Arbeitnehmer, die sich zu Hause mit allerlei Heimwerkeleien befassen, nicht aber an deren Hausfrauen, die schon immer in „Eigenarbeit" Haushalt, Kinder und Mann versorgt haben. Bei Mindestsicherung dachte und denkt man an das Knüpfen eines neuen sozialen Netzes, nachdem das alte, dessen Ansprüche sich entweder aus der Teilnahme am Erwerbsleben oder aus dem Bedürftigkeitsprinzip herleiteten, auch für eine ganze Reihe (gewerkschaftlich organisierter) Männer rissig geworden war; daß da 52% der Bevölkerung, obwohl zu Hause arbeitend, schon seit mindestens 100 Jahren ohne jeglichen Anspruch auf eigenständige Existenzsicherung dastehen, fällt (forschenden) Männern nicht auf, und wenn, dann nur, wenn ihre an Männerproblemen ansetzenden Fragestellungen sie zwangsläufig zur Situation der Hausfrau führen, die es dann möglichst schnell wieder zu verdrängen gilt.

Beispiel: Im Rahmen der Diskussion um die Mindestsicherung wird überlegt, die unwürdige Bedürftigkeitsprüfung, wie sie etwa die Zahlung von Sozial- und Arbeitslosenhilfeleistungen voraussetzt, abzuschaffen. Durch diese Forderung landet man allerdings zwangsläufig beim Hausfrauen„lohn", da die Hausfrau i. d. R. ja nur durch die Unterhaltspflicht des Ehegatten, also ihre ökonomische Abhängigkeit von ihm, vom Sozialhilfebezug ausgeschlossen wird. Entdecken Männer diese logische Implikation ihrer ursprünglichen Forderung, so reagieren sie abwehrend, verschreckt, typisch männlich: nur nicht die Fehler bei sich selbst suchen, nur nicht den Standpunkt und die Perspektive des Eigeninteresses überschreiten und sich forschend mit der Situation von (Haus-)Frauen, der geschlechtsspezifischen Arbeitsteilung und Ungleichheit, auseinandersetzen, sondern: die Frauenfrage mit der Klassenfrage totschlagen – „Sollen unter den Voraussetzungen der Massenarbeitslosigkeit und Neuer Armut etwa auch noch Millionärsgattinnen aus öffentlichen Mitteln alimentiert werden??" Wie es kommt, daß forschende Männer erst heute und indirekt zur Frage des Hausfrauenlohns kommen, wieso sie sich ihm unter dem Etikett „Sozialleistung" nähern, obwohl ihm doch die Hausarbeit als produktive Leistung der Frau gegenübersteht, welche Schlußfolgerungen aus der Analyse des Hausfrauenlohns" hinsichtlich der Umverteilungsnotwendigkeiten und einer effizienteren Organisation der Hausarbeit (was die Frage danach, ob die herrschende geschlechtsspezifische Arbeitsteilung eine Vergeudung gesellschaftlichen Reichtums darstellt, einschließt) gezogen werden müßten – das alles weigern sich die forschenden Männer, beantworten zu wollen.

Fazit: Die Wirtschaftswissenschaft ist eine männliche Wissenschaft für Männerprobleme und von Männern gemacht. Sie unterschlägt für Frauen wesentliche Problembereiche und Problemlösungsansätze, nimmt Frauenfragen allenfalls ideologisch verzerrt wahr. Darüber hinaus zeichnet sie sich durch eine erstaunliche Lernunfähigkeit aus: Das innovatorische Potential, das die aus der Kritik an der traditionell männerdominierten Forschung entstandene Frauenforschung zur für Männer und Frauen fruchtbaren Erweiterung des Horizonts der Fachdisziplin bietet, hat sie nicht zu nutzen vermocht.

Woher rührt dieses Versagen?

Das Statistische Jahrbuch 1984, 374, lehrt uns, daß von den 1897 bundesdeutschen Professoren der Wirtschaftswissenschaft 52 (2,7%) Frauen sind. Angesichts dieser Zahl bietet sich eine verschwörungstheoretische Deutung des männlichen Charakters der Wirtschaftswissenschaften geradezu an (zumal ja seit der Flick-Affäre solche Ansätze nicht mehr ganz so einfach wie früher als bloß vulgärökonomische denunziert werden können). Wirtschaftswissenschaft wäre demnach eine männliche Wissenschaft, weil sie von Männern gemacht wird (vgl. dazu die Tabelle im Anhang).

Andererseits hat aber gerade die oben angerissene Fragestellung, wo denn in der fachwissenschaftlichen Kontroverse frau ihre Probleme einbringen könnte, gezeigt, daß – obwohl Frauenfragen eigentlich ein wichtiger Forschungsgegenstand der Ökonomie sein müßten – diese im vorgegebenen Kategoriensystem der Ökonomie keinen Platz finden, immanent nicht angemessen behandelt werden können. Eben dies ist ja auch der tiefere Grund für die Unfähigkeit der Wirtschaftswissenschaftler, das, was in der Frauenforschung diskutiert wird, als für die eigene Fachwissenschaft relevant zu verstehen. Frauenforschung und Wirtschaftswissenschaft sprechen unterschiedliche Sprachen, denken in unterschiedlichen Systemen.

Meiner Meinung nach wird der weibliche Lebenszusammenhang als Gegenstand wirtschaftswissenschaftlicher Forschung also nicht einfach deshalb unterschlagen oder bloß ideologisch verzerrt in den Blick genommen, weil die Subjekte der Forschung in aller Regel männlichen Geschlechts sind. Der Zusammenhang zwischen Erkenntnis und Interesse gestaltet sich komplizierter, resultiert aus den Traditionen wirtschaftswissenschaftlicher Theoriebildung, ihres gesellschaftstheoretischen Vorverständnisses selbst: „Wissenschaftliche Kategorien sind durchweg so konstruiert, daß sie nur die eine Hälfte der Realität erfassen, die wesentlichen Interessen, Tätigkeitsbereiche und Lebensbedingungen von Frauen aber, die ‚unsichtbaren' Sphären sozialen Lebens und sozialer Organisation und den Zusammenhang zwischen beiden von den allgemeinen Analysebegriffen weder beschrieben noch erklärt werden" (Rahmenplan 1982, 4). Diese „Einäugigkeit" resultiert aus der, nicht zuletzt mangelndem kritischen Interesse geschuldeten, Unfähigkeit, die Arbeit der Frau als geschichtlich gewordene, zusammenhängende Lebenspraxis zu erklären und zu verstehen. Sie zu thematisieren, setzt erstens die Überwindung des traditionell-wirtschaftswissenschaftlichen *Arbeitsbegriffs* voraus, der den Prozeß der Frauenarbeit und folglich *das Geschlecht als zentrale Kategorie sozialer Ungleichheit* unsichtbar macht. Zweitens erfordert der Blick auf den weiblichen Lebenszusammenhang eine *grundlegende Kritik des traditionell-forschungsleitenden Menschen-, Gesellschafts- und Geschichtsbildes,* dem der menschliche (also: nicht nur der weibliche) Lebenszusammenhang, die „Einheit von Dichotomien ... noch gar nicht oder nicht mehr" (*Metz-Göckel* 1983, 11) denkbar erscheint.
Vom Entstehungszeitpunkt der Disziplin an war der wirtschaftswissenschaftliche *Arbeitsbegriff* auf die in der Erwerbssphäre geleistete Art beschränkt. Die moderne Nationalökonomie gewann ihre Begriffe an der Sphäre des Marktverkehrs:

„... der Begriff des Ökonomischen selbst, der bis ins 17. Jahrhundert an den Aufgabenkreis des Oikodespoten, des pater familias, des Hausvaters(!), gebunden war, gewinnt jetzt erst an der Praxis des nach Grundsätzen der Rentabilität kalkulierenden Geschäftsbetriebes seine moderne Bedeutung ... Die moderne Ökonomie orientiert sich nicht mehr am Oikos, an die Stelle des Hauses ist der Marktverkehr getreten; sie wird zur ‚Kommerzienwirtschaft'" (*Habermas* 1971, 34).

Die Nationalökonomie befaßt sich folglich nicht allgemein mit der Dynamik der Prozesse, in denen die Menschen in der Auseinandersetzung mit der Natur die Produktion ihres Lebens gesellschaftlich organisieren, sondern mit einer spezifischen Form dieser Organisation: der des privaten, akkumulationsorientierten Marktverkehrs. Folglich erscheint

ihr als Arbeit nur das, was am kapitalistischen Arbeitsmarkt als Ware auftritt. Arbeit wird reduziert auf warenproduzierende, beruflich organisierte, außerhäusliche Tätigkeit. Im Hause entdeckt der Ökonom nicht etwa die arbeitende Frau, sondern den nutzenoptimale Faktorangebots- und Konsumentscheidungen treffenden „homo oeconomicus". Der Haushalt wird nur „...insoweit als Erkenntnisobjekt ökonomischer Fragestellungen angesehen, wie er sich in einer ‚formalisierten' Beziehung zum Markt befindet" (*Kettschau* o.J., 18).
Die Ausblendung des Hausarbeitsalltags der Frau aus der wirtschaftswissenschaftlichen Theoriebildung beruht auf einem spezifisch männlichen, nicht auf Wissenschaftler beschränkten, Dünkel: Ebenso wie im herrschenden allgemeinen Bewußtsein wird Hausarbeit von Wirtschaftswissenschaftlern offensichtlich als wertlose, weil ökonomisch rückständige, Institution perzipiert, Fossil einer vorindustriellen bedarfsorientierten Wirtschaftsweise, die unter dem Konkurrenzdruck der am Markt angebotenen Waren der Auflösung anheimfällt, ein „cultural lag", der sich den ökonomischen Tatsachen früher oder später wird beugen müssen. Wenn aber Hausarbeit als Relikt vorindustrieller Lebensformen, der ständischen Gesellschaft mit ihren hauswirtschaftlich organisierten Produktionsprozessen konzipiert wird, wenn die hausintegrierte Arbeit der Frau mit einer gewissen zeitlichen Verzögerung den gleichen sozialökonomischen Wandlungsprozessen unterliegt wie die des fortgeschritteneren Mannes, dann ist die Konzentration politökonomischen Denkens auf die Marktsphäre nichts anderes als Ausdruck des Blicks für das Neue, Wesentliche.
Die Logik dieser Argumentation ist einwandfrei – nur ihre Voraussetzung, die These vom Untergang der Hausarbeit, trifft nicht zu. Vermutlich gehört auch dies zur Hybris des weißen Mannes, daß seine Eitelkeit und seine Allmachtsphantasien das Wissen um die Abhängigkeit der männlich-abendländischen Form der Naturbeherrschung von anderen, nicht marktförmig organisierten Formen der (Wieder-)Herstellung der natürlichen und menschlichen Grundlagen der Marktproduktion, nicht zulassen.
Wie dem auch sei – für Frauen jedenfalls hat die herrschende Begriffsbildung zur Folge, daß mit der Ausblendung der Hausarbeit und der darauf beruhenden patriarchalischen gesellschaftlichen Strukturen auch die wissenschaftliche Analyse anderer Aspekte des weiblichen Lebenszusammenhangs und der in ihm beschlossenen Ungleichheit zwischen Mann und Frau wesentlich beeinträchtigt, wenn nicht unmöglich wird.
So verhinderte und verzerrte der männliche Arbeits- und *Fortschrittsbegriff* bis in die jüngste Vergangenheit auch die Erforschung der ande-

ren, der beruflichen Seite des weiblichen Lebenszusammenhangs. Wird Hausarbeit als „cultural lag" konzipiert, so liegt nahe zu unterstellen, daß das weibliche Geschlecht mit einer gewissen zeitlichen Verzögerung die Erwerbsarbeitserfahrungen des fortgeschritteneren männlichen bloß nachvollzieht. Kapitalismus und Frauenemanzipation erscheinen dann als zusammengehörige Prozesse: Ihr Inhalt ist die Angleichung der Frau an das männliche Rollenmodell, die im modernen Gewande der Partnerschaftsehe und der gleichberechtigten Konkurrenz der Geschlechter am Arbeitsmarkt oder auch im „alten" Bild der Frau als Kampfgenossin im Klassenkonflikt auftritt; als Motto der Egalisierung gilt die zunehmende und zunehmend gleichberechtigte Berufstätigkeit der Frau.
Lange Zeit hat sich die bundesdeutsche ökonomische Forschung den Fragen des Strukturwandels der Frauenerwerbsarbeit und der Institutionalisierung des weiblichen Arbeitsmarktes aufgrund der oben geschilderten (interessierten) Vorurteile überhaupt nicht gewidmet. Dies änderte sich tendenziell erst im Laufe der 70er Jahre, als vor dem Hintergrund hoher Arbeitslosenzahlen und der mit dem technologischen und ökonomischen Strukturwandel verbundenen Gefahr der Spaltung und Entsolidarisierung der Gesellschaft die arbeitsmarktbedingte Fraktionierung der Arbeiterklasse wieder ins Blickfeld arbeitsmarkttheoretischer und -politischer Überlegungen rückte. Aber auch hier konzentrierte sich das Interesse männlicher Forschung zunächst nahezu ausschließlich auf die Fraktionierung der männlichen Industriearbeiterschaft. Diese Ausblendung des Faktums der geschlechtsspezifischen Teilung des Arbeitsmarktes und seine bloß ideologisch verzerrte Bearbeitung in dem späteren Versuch, die Frauenerwerbsarbeit den vorhandenen arbeitsmarktstrukturtheoretischen Kategoriensystemen zu subsumieren, lassen sich gleichermaßen darauf zurückführen, daß der Zusammenhang von Haus- und Erwerbsarbeit und die Tatsache, daß die Ungleichheit zwischen den Geschlechtern quer zu allen anderen Kategorien sozialer Ungleichheit liegt, von den Ökonomen nicht mitgedacht wurde. Die meisten von ihnen verfielen den alten Defizitansätzen: Frauen seien nicht qualifiziert genug – so die Neoklassiker –, und überhaupt würde sich ihre Qualifizierung ja ohnehin nicht lohnen, da sie nicht lebenslänglich erwerbstätig sein würden. Frauen hätten bloß eine diskontinuierliche Erwerbsbiografie – so die Keynesianer – und deshalb hätten die Unternehmer kein Interesse daran, ihnen Qualifizierungschancen und Aufstiegsmöglichkeiten zu eröffnen.
Kaum je untersucht wurde demgegenüber, ob diese „Defizite" tatsächlich bestehen oder ob sie nicht nur von interessierter Seite als solche dargestellt werden, ob nicht z. B. die These vom Qualifikationsdefizit

nur darauf beruht, daß ein Teil weiblicher Qualifikation auch im Erwerbsleben nicht als solcher wahrgenommen und entgolten wird, und warum man das mit Frauen machen kann. Nicht gefragt wurde, ob die Diskontinuität der weiblichen Erwerbsbiografie nicht auch ein Produkt der in der beruflichen Ausbildung und in der Erwerbstätigkeit von jungen Frauen erfahrenen Diskriminierung sei. Selten gefragt wurde, wie die männlichen Interessenten – Unternehmer und Arbeitnehmer mit ihren Organisationen und der Staat – im Prozeß der geschlechtsspezifischen Spaltung des Arbeitsmarktes zusammenwirken und welche Spielräume die Arbeit am weiblichen Arbeitsmarkt Frauen für die Ausbildung eines widerspenstigen Verhaltens und Bewußtseins läßt. Nicht untersucht wurde, welcher Teil der männlichen Leistung im Berufsleben auf die unbezahlte Arbeit der Frau im Hintergrund zurückgeht. Unberechnet blieben die volks- und betriebswirtschaftlichen Verluste, die entstehen, wenn Qualifikations- und Kreativitätspotentiale von Frauen erzwungenermaßen brachliegen.
Jede dieser Fragestellungen verweist auf die Notwendigkeit, die Analyse des (weiblichen) Arbeitsmarktes in die des (weiblichen) Lebenszusammenhangs zu integrieren: die subjektiven Fähigkeiten und Orientierungen, die Frauen in ihre berufliche Arbeit einbringen und die am Arbeitsmarkt diskriminierend genutzt werden, sind Elemente spezifisch weiblicher, an der nur für Frauen typischen Bindung an Hausarbeit ausgebildeter, Arbeitsvermögen und Lebensplanung; die männlichen Interessen, die die Stabilität der Arbeitsmarktspaltung verbürgen, sind durchsetzbar auf der Basis der Hausfrauenrolle des weiblichen Geschlechts und beziehen sich auf die Nutzung der Frau als Lohn- und Hausarbeiterin; die Art und Weise, wie Frauen ihre am Arbeitsmarkt gemachten Erfahrungen verarbeiten, hängt davon ab, wie jene sich ihnen im Kontext ihrer Hausarbeitserfahrungen darstellen.
Die moderne *arbeitsteilig-disziplinär organisierte Sozialwissenschaft* läßt eine solche ganzheitliche, am Lebenszusammenhang der Betroffenen ansetzende Forschung allerdings nicht zu. Entstanden auf der Grundlage der Ausdifferenzierung von Politik und Gesellschaft und – innerhalb dieser – der Scheidung des kleinfamilialen Binnenraums von der Marktsphäre, trennt sie im Denken, was in der Praxis der Menschen, den alltäglichen und lebensgeschichtlichen Erfahrungen von Männern und Frauen, einen identitätsstiftenden Zusammenhang bildet: ihre Arbeit, ihre Erziehung, ihre persönlichen Beziehungen, ihr politisches Engagement. Indem sie die Zerissenheit der „zivilisierten" Gesellschaft, die scheinbare Autonomie verselbständigter gesellschaftlicher Institutionen und die funktionsteilige Zergliederung der Individuen in Rollenträger/Charaktermasken, bloß widerspiegelt, negiert sie

die Dialektik von alltags- und weltgeschichtlicher Erfahrung, von individuellem Handeln und gesellschaftlichen Institutionen von Sein und Bewußtsein, von Forschungsobjekt und Forschungssubjekt.

In dieser Dichotomisierung sozialwissenschaftlichen Denkens, gerät mit der (Haus-)Arbeit von Frauen auch ihr Arbeitsvermögen und der für sie spezifische Prozeß der Persönlichkeitsentwicklung aus dem Blick.

Im *Menschenbild der Ökonomie* werden „Individuum" und „Gesellschaft" als zwei getrennt voneinander existierende Zustände gedacht. Das Individuum erscheint als in sich abgeschlossene Menge von Eigenschaften, so daß die Analyse faktisch ablaufender welt- und lebensgeschichtlicher Prozesse der Ausbildung von Persönlichkeits- und Gesellschaftsstrukturen überflüssig erscheint und methodisch unmöglich wird. Dieser Mangel an Analyse freilich wird ersetzt durch die unreflektierten Vorurteile des Forschers: Das leere Konzept des homo oeconomicus füllt sich mit dem, was der männliche Wirtschaftstheoretiker für das Abstraktum des Menschen an sich hält.

Oben wurde bereits gezeigt, daß jener homo oeconomicus der Funktion des Unternehmers auf den Leib geschneidert ist. Wie nicht anders zu erwarten, ist jenes Menschenbild aber nicht nur ein klassenspezifisches, sondern auch ein geschlechtsspezifisches Konstrukt: Der homo oeconomicus ist ein Mann.

Frauen sind anders. Das Funktionieren im Sinne des ökonomischen Prinzips erlernt man im Beruf, und zwar eher auf den oberen Etagen, wo es um affektiv-neutrale Aufgabenbewältigung geht, um Leistungs- und Aufstiegsorientierung, um die Fähigkeit und Bereitschaft, mit Hierarchien, Arbeitsteilung und Konkurrenz umzugehen, bzw. sie zu ertragen. Der homo oeconomicus ist ein idealtypisches Konstrukt, das aus den Anforderungen, die die arbeitsteilig-zeitökonomisch organisierte Berufswelt an das Arbeitsvermögen der Männschen stellt, destilliert wurde. Weibliches Arbeitsvermögen bildet sich demgegenüber stärker an Hausarbeitsprozessen, in denen unmittelbar an menschliche Bedürfnisse, an natürliche Zeitrhythmen gebundene Tätigkeiten, ein besonderes Verantwortungsbewußtsein, Einfühlungsvermögen, stabile, kontinuierliche und ganzheitliche Interaktionen abverlangt werden. Für den Erfolg dieser Arbeitsprozesse, die an konkreten Alltagsbedürfnissen orientiert sind, auf ganzheitlichen zwischenmenschlichen Beziehungen beruhen, Intuition und Empathie erfordern, ist das kosten- und zeitökonomische Kalkül des „homo oeconomicus" fehl am Platze.

III. Über die Macht des Faktischen

Frauen bleiben in der Wirtschaftswissenschaft nicht aufgrund böswilliger Männerverschwörungen im allgemeinen oder männlicher Wirtschaftswissenschaftler im besonderen ausgespart, sondern weil Wirtschaft aus einer androzentristischen Perspektive betrachtet wird. Die grundlegenden Kategorien dieser Wissenschaft sind so angelegt, daß Frauen in ihr nicht vorkommen können: der homo oeconomicus ist ein Mann, Arbeit meint marktintegrierte Erwerbsarbeit, soziale Ungleichheit kommt entweder nicht oder in Form schicht- und klassenspezifischer Unterschiede vor, Fortschritt ist, wenn die Hausarbeit durch die Akkumulationsdynamik – wobei indirekt allenfalls die Revolution der beherrschten Männer mitgedacht wird – niederkonkurriert wird und die Frauen notgedrungen den Männern hinterher-eifern.

Andererseits: Warum sollte Wissenschaft weniger opportunistisch sein als andere Stützen der Gesellschaft? Im Grunde genommen spiegelt die Ökonomie – etwas abstrakt vielleicht – ja nur das wider, was ist – im Sinne von: was sich durchsetzt. Die Frauen machen zwar die Arbeit (so ungefähr ⅔ des gesellschaftlichen Reichtums werden von uns produziert), aber die Entscheidungen darüber, zu welchen Zwecken, was und wie produziert wird, wie Arbeit verteilt wird, wie Arbeitsvermögen, Qualifikationen und Verhaltensweisen bewertet und eingesetzt werden, werden ja schließlich immer noch von Männern getroffen. Die Wirtschaftswissenschaft kann also auch als ein Abbild dessen, was sich in der real existierenden Wirtschaft als dominant erweist, interpretiert werden, während das Ohnmächtigere zum Zwecke einer selektiv-interessierten Vereinfachung weggelassen wird. Denn natürlich trifft zu, daß Hausarbeit unter der Ägide der Akkumulationsdynamik weniger ein aktives, als ein passives, sich anpassendes, Element in der gesellschaftlichen Entwicklung darstellt; daß diejenigen, die sich dem ökonomischen Prinzip entsprechend verhalten, – mögen sie auch zu gefühlsdürren Knotenmännern mit Magengeschwür und Herzinfarkt werden (die Hausfrauen und Krankenschwestern dann bereitwillig pflegen) – immer noch die wesentlichen politik-, wirtschafts- und gesellschaftsgestaltenden Entscheidungen treffen; daß die Klassenfrage die Geschlechterfrage insofern dominiert, als sie unter den gegebenen strukturellen Bedingungen des Politikmachens ein höheres Maß an Organisations- und Konfliktfähigkeit und damit auch an politischem Einfluß mobilisiert als die Frauenfrage (bisher zumindest).

Diese Tatbestände rechtfertigen die Einäugigkeit der männlichen Wissenschaft nicht, aber sie machen Einäugigkeit zu einem durchsetzbaren und im übrigen einer wissenschaftlichen Karriere durchaus förderlichen Prinzip. Änderungen sind möglich, wenn Frauen sich wehren: wenn sie wirtschaftswissenschaftliche Forschung aus ihrer Perspektive entwickeln und dieser Perspektive im Wissenschaftsbetrieb und in der öffentlichen und politischen Diskussion Gehör zu verschaffen vermögen. Deshalb gehören Frauenbewegung, Frauenforschung und der Einbruch in die Herrenclubs von Wissenschaft, Wirtschaft und Politik zusammen. Als Vereinzelte werden Frauen auf Dauer die Entwicklung eigenständiger Denk- und Verhaltensmuster nicht durchhalten können. Eine Chance für die Durchsetzbarkeit eines „frauenfreundlichen" Perspektivenwechsels in der ökonomischen Wissenschaft (und ihrem Gegenstandsbereich) liegt darüber hinaus auch in der grundlegenden Krise der männlichen Konzepte von Ökonomie und ökonomischer Wissenschaft. In der Not wendet Mann sich wieder dem zu, was er schon totgesagt hatte, dem, was außerhalb der Lohnarbeit und jenseits des ökonomischen Prinzips liegt. Gesucht werden neue Arbeits- und Lebensformen und eine neue Moral des Arbeitens und Wirtschaftens. Diese Suche impliziert nicht zwangsläufig – wie die Diskussion um die Eigenarbeit zeigt – ein Aufgeben der männlichen Perspektive; aber sie führt immerhin zu Bereichen gesellschaftlicher Arbeit und gesellschaftlichen Arbeitsvermögens, in denen Frauen Erfahrungsvorsprünge haben.

Tabelle: Frauen in wirtschaftswissenschaftlichen Fachbereichen bundesdeutscher Hochschulen

Frauenanteile (in Prozent)	Wirtschaftswissenschaften	Insgesamt
Studienanfänger/innen (nur Deutsche, WS 1982/83)	29,4	38,6
bestandene Diplomprüfungen (nur Deutsche, 1982)	21,9	30,0
bestandene Doktorprüfungen (nur Deutsche, 1982)	11,2	21,1
Lehrkräfte für besondere Aufgaben	19,1	23,7
wiss. und künstl. Mitarbeiter/innen	12,0	16,8
Hochschulassistenten/innen	5,8	10,0
Professoren/innen	2,7	5,2

Quelle: Statistisches Jahrbuch der Bundesrepublik Deutschland 1984, 369 ff.

Anmerkung

1 Die folgenden Ausführungen beschränken sich im wesentlichen auf die *Volks*wirtschaftslehre. Notwendig und wünschenswert wäre darüber hinaus – obwohl es einige paradigmatische Verwandtschaften zwischen Betriebs- und Volkswirtschaftslehre gibt – eine *eigenständige* kritische Analyse der *Betriebs*wirtschaftslehre aus der Perspektive von Frauen. Die hohe frauenpolitische Relevanz betriebswirtschaftlicher Forschung folgt aus der aktiven Rolle, die öffentliche und private Betriebe im Prozeß der Diskriminierung von Frauen spielen; bislang hat die Funktion der Betriebswirtschaftslehre dabei nahezu ausschließlich darin bestanden, – falls erforderlich – die Begründungen für sexistische Strukturen im Betrieb zu liefern (z. B. Legitimation von Lohndiskriminierung durch arbeitswissenschaftliche Forschungen; Aussparung oder diskriminierende Behandlung von Frauen in der Organisations- und Führungslehre; frauenfeindliche Werbung). Eine zentrale Forderung von Frauenforschung und Frauenbewegung muß daher lauten, die Untersuchung der Situation von Frauen im Betrieb, die Frage nach betrieblichen Diskriminierungen und die Entwicklung aktiver betrieblicher (personalpolitischer, organisatorischer, absatzpolitischer...) Aktionen zugunsten von Frauen in das Studienangebot und die Forschungsperspektive der Betriebswirtschaftslehre aufzunehmen. Dies gilt auch dann noch, wenn die herrschende Praxis, betriebswirtschaftliche Forschung allein unter der Zielsetzung der Rentabilitätssicherung zu betreiben, als gegeben unterstellt wird: Was berechtigt eigentlich Männer, Frauen als rentabilitätsschädigend hinzustellen und alles das, was den Betrieben an Erträgen entgeht, weil Frauen klein gehalten und unterqualifiziert eingesetzt werden, zu verschweigen?

Literatur

Habermas, J.: Strukturwandel und Öffentlichkeit, Neuwied/Berlin 1971

Kettschau, J.: Wieviel Arbeit macht ein Familienhaushalt? Diss., Dortmund o. J.

Knapp, U.: Frauenarbeit in Deutschland, Bd. 1 und 2, München 1984 (Die dem hier vorliegenden Aufsatz zugrundeliegenden Thesen habe ich zu wesentlichen Teilen im Rahmen dieses Buches anhand der Darstellung der Geschichte der Haus- und Erwerbsarbeit von Frauen in Deutschland im einzelnen abgeleitet; vgl. dazu insbes. die Einleitung und Kap. II. 4.3 [zur Arbeitsmarkttheorie])

Metz-Göckel, S.: „Frauenforschung" ist nicht bloß Frauenforschung. Feministische Wissenschaft und Frauenstudien, in: *Gebhardt-Benischke/Knapp* (Hrsg.): Was Frauen tun können, um die Hochschule zu verändern, Darmstadt 1984

Vorläufiger Rahmenplan der AG Frauenforschung Bielefeld, verfaßt von der Interdisziplinären Forschungsgruppe Frauenforschung an der Universität Bielefeld, 1982

3. Kinder, Küche – Kopfarbeit. Umstrittene Wissenschaft vom Haushalt

Barbara Methfessel / Maria Thiele-Wittig

Weit verbreitet ist die Auffassung, daß die Haushaltswissenschaft sich wie kein anderer Zweig der Wissenschaft am Leitbild der Frau als der „guten Hausfrau, Gattin und Mutter" orientiere. Eine Auseinandersetzung damit lohnt, denn Diskriminierungen finden mehrfach, auf verschiedenen Ebenen statt:

- zu der beabsichtigten und unbeabsichtigten Festlegung der Frau auf bestimmte Geschlechtsrollen
- kommt die Geringschätzung des Faches im Rahmen der gesamten universitären Wissenschaften und
- nicht zuletzt auch die abwertende Haltung gegenüber den Frauen in der Wissenschaft, denn traditionell sind es die Frauen, die dieses Fach vertreten.

Zwischen diesen Ebenen besteht ein innerer Zusammenhang, der in der Geschichte unterschiedlich ausgeprägt war, je nachdem welche Bedeutung und gesellschaftliche Wertschätzung die Frauenarbeit im Haushalt erfuhr.

Als formal institutionalisierter Wissenschaftszweig ist die Haushaltswissenschaft noch relativ jung. In der Bundesrepublik wurde der erste Lehrstuhl erst 1962/63 eingerichtet.

Dabei ist sie eine der ältesten Wissensbereiche selbst. Vor der Entwicklung der Arbeitsteilung durch die Industrialisierung war wirtschaftliche Tätigkeit eng mit dem Haushalt verbunden. Haushaltslehre war insofern wesentlicher Bestandteil der Begründung von menschlichem Handeln, die Lehre von der Hauswirtschaft – die über lange Zeit landwirtschaftliche und handwerkliche Produktion einschloß – gehörte seit der Antike bis zum späteren Mittelalter zur Ethik. Moralische Normen wurden gesetzt und gleichfalls konkrete, verbindliche Hinweise zur Bewältigung des Alltags gegeben.

Mit der zentralen Rolle, die der Frau in der Hauswirtschaft zumeist zukam, fand jeweils gleichzeitig auch eine Auseinandersetzung mit der Rolle und Arbeit der Frau statt. Diese Lehren galten bis zur Mitte des

19. Jahrhunderts vor allem für die reichen und gebildeten Stände, wurden von diesen aber indirekt über ihre Vorbildfunktion oder Weisungsbefugnis weitergegeben. Erst mit der Industrialisierung in der 2. Hälfte des 19. Jahrhunderts veränderten sich ihre Form und ihre Inhalte. Die (damals aufkommende) Mädchenbildung setzte gewandelte gesellschaftliche Maßstäbe.
Mit der Institutionalisierung der hauswirtschaftlichen Bildung wuchs der Bedarf an entsprechend qualifizierten Lehrkräften. Damit aber wurde der Haushalt wieder zum Gegenstand wissenschaftlicher Tätigkeit, wenn auch zunächst das Verständnis von Haushaltswissenschaft gegenüber dem klassischen Ansatz andere Inhalte bekam: Die Tradition der Mädchenbildung, der starke Praxisbezug – Haushaltswissenschaft als Handlungslehre – und die Orientierung an der traditionellen Frauenrolle prägten die Einschätzung des Faches bei Außenstehenden – aber lange auch bei den eigenen Vertretern(innen).

I. Die ‚Last der Geschichte'

Die vorindustriellen Lehren vom Haus, die uns heute zugänglich sind, haben ihre Wurzeln in der altgriechischen Ökonomik.

Die Lehre vom Haus – ein Teil der Ethik

Die Lehren vom Hauswesen in der Antike hatten ihre Bedeutung in der Vermittlung der Grundlagen für ein ‚freies Mannesleben'. Erst die zweckmäßige Regelung der häuslichen Angelegenheiten schaffte die materiellen Güter, die notwendig waren, um das ‚eigentliche (politische) Leben' des griechischen Polisbürgers führen zu können, das sich außerhalb des Hauses abspielte.
Die Arbeit für das tägliche Leben und Überleben dagegen wurde zwar als eine Notwendigkeit betrachtet und als solche auf Sklaven und Frauen übertragen. Die Wahl der Frau und ihre Ausbildung zur Hausherrin war daher eine vordringliche Aufgabe für den Mann, um selbst unbesorgt das Haus verlassen und das ‚eigentliche Leben' führen zu können.
Betont wurde in diesen Lehren daher, daß die Ordnung des Hauses von drei grundlegenden Verhältnissen bestimmt wird: vom Verhältnis Mann zur Frau, vom Vater (Eltern) zum Kind, vom Herrn zum Sklaven/Diener. Dabei wurde die Ausbildung der Frau meist als entscheidend für den Erfolg der weiteren Aufgaben angesehen.[1]
Die Geringschätzung der häuslichen Arbeiten in der Antike (und nicht

nur damals) – wobei gleichzeitig ihre gesellschaftliche Notwendigkeit anerkannt wurde – kann darauf zurückgeführt werden, daß sie das ‚Alltägliche', das ‚bloße Tätigsein um des Lebens willen' ist und keine Geschichte macht. Bedeutsam ist weiterhin, daß

„sie nichts objektiv Greifbares hinterläßt, daß das Resultat ihrer Mühen gleich wieder verzehrt wird und sie nur um ein sehr geringes überdauert."[2]

Ob die darin zum Ausdruck kommende minderwertige Rolle der Frau eine Folge der Geringschätzung ihrer Arbeit ist oder umgekehrt, soll dahingestellt bleiben. Festzustellen ist jedoch, daß eine Wechselbeziehung vorliegt und daß die Arbeit der einen um das tägliche Brot erst die Freistellung der anderen davon ermöglicht. Dabei galt diese wechselseitige Abhängigkeit nicht nur für Männer und Frauen, sondern auch für das Verhältnis von Hausherren/in zu Sklaven/Dienern. Die Gewährleistung dieser Arbeitsteilung und Hierarchie und die eindeutige Zuordnung der Arbeitsbereiche waren ein wichtiges Ziel der Lehren über den Haushalt.

So wie diese Verhältnisse erstmals von Aristoteles beschrieben worden sind, tauchen sie später auch in den Schriften der römischen Agrarlehre und den christlichen Haustafeln (Apostelbriefe) auf und bestimmen schließlich auch die Hausväterliteratur, die seit dem 17. Jahrhundert zuerst in protestantischen und dann auch katholischen Kreisen in Deutschland entwickelt und verbreitet wurde.[3]

Arbeit, auch körperliche Arbeit, wurde durch das Christentum und besonders durch den Protestantismus in Deutschland aufgewertet. Die ländlich feudalen Strukturen und die ländlichen Hauswirtschaften, die auch die Haushalte von Handel und Handwerk prägten, erforderten die gemeinsame Arbeit von Männern und Frauen. Die Bedeutung beider Geschlechter für die eigene Wirtschaft wie für die ihrer Grundherren war allgemein anerkannt.

Das führte zwar dazu, daß die *Arbeit* der Frauen geschätzt wurde, die *Frauen selbst* aber infolge der Frauenfeindlichkeit des späteren Mittelalters (Hexenverbrennung) als geistig und moralisch schwach, unfertig und dem Manne unterlegen, als ein ‚schwaches Werkzeug ohne inneren Halt' eingestuft wurden.[4]

Die Anfang des 17. Jahrhunderts in Deutschland aufkommende Hausväterliteratur, die sich an den Mann als Hausvater richtete, widmete sich deshalb neben den konkreten Anweisungen für Land- und Hauswirtschaft ausführlich dem Verhältnis von Mann und Frau: Der Mann sollte Leitung und Kontrolle der gesamten Wirtschaft innehaben. Die Frau sollte unter seiner Leitung, als seine Stellvertreterin, die ihr zugeordneten hauswirtschaftlichen Bereiche selbständig führen. Teilweise beinhaltete die Literatur sogar eine Anleitung für die ‚Hausmutter'.[5]

Ihre Tugenden sollten Fleiß, Sparsamkeit, Ordnung, Sauberkeit und Häuslichkeit sein.
Daß dennoch die Herrschaft des Mannes nicht selbstverständlich war, wird daraus ersichtlich, daß die Hausväterliteratur häufig auch Ratschläge gab, wie der Mann seine Autorität gewinnen und verteidigen könne und wie er seine Frau zu erziehen und zu disziplinieren habe. Dies ging bis zur Empfehlung, darauf zu achten, eine körperlich unterlegene Frau zu wählen, um seine Herrschaftsansprüche notfalls mit Gewalt durchsetzen zu können. Schon aus dem 15. Jahrhundert sind Ratschläge an den Mann überliefert, zur Festigung seiner Autorität

„eine wesentlich jüngere Frau zu nehmen, weil sie leichter zu lenken sei, auch sollte sie nicht aus besseren Vermögensverhältnissen oder einer höheren sozialen Stellung stammen als der Hausvater, weil das dessen Autorität beeinträchtigen konnte. Aus dem gleichen Grunde ... wird die Liebesheirat durchweg abgelehnt“[6] (Vorstellungen, die z. T. heute noch die Partnerwahl entscheidend beeinflussen).

Ordnung, Fleiß und Sauberkeit – der Weg zur Selbstkontrolle der Frau

Mit der Industrialisierung zerbrachen viele Werte und Strukturen. Die Aufspaltung von Erwerbsarbeit und Hausarbeit sowie von Erwerbsarbeit und Wohnen trennten die Arbeitsbereiche von Männern und Frauen und schrieben sie neu fest.
Die neuen Strukturen der industrialisierten Arbeit verlangten gleichzeitig einen neuen Haushalt! Dieser mußte

- den Mann von der Sorge um seine tägliche Regeneration freistellen,
- über die Hauswirtschaft hinaus ein ‚häusliches Glück‘ bieten, um den Mann und den Kindern ein stabiles Familienleben zu sichern,
- mit den Schwierigkeiten, die aus dem Verlust eines großen Teils der Eigenproduktion, der Abhängigkeit von einem (niedrigen) Lohn und den (elenden) städtischen Lebensbedingungen resultierten, fertig werden.[7]

Die zwar aufgeteilte aber sich ergänzende Arbeit und Verantwortung beider für die Hauswirtschaft und die Familie wurde nun zur *alleinigen Verantwortung der Frau*. Dem Mann wurde gesellschaftlich die Aufgabe der Einkommensbeschaffung zugewiesen. Die hauswirtschaftliche Bildung richtete sich nun direkt an die Frau. Die Kontrolle durch den Mann mußte durch die Selbstkontrolle der Frau ersetzt werden. *Rousseau, Kant, Pestalozzi, Fichte, Campe* u. a. gaben den geistigen Hintergrund für die ‚rechten Tugenden der Frau im Haus‘, wobei getrennt wurde nach Anforderungen, die an bürgerliche und an Arbeiterfrauen gestellt wurde.[8]
Dabei ging es bis zur Mitte des 19. Jahrhunderts vor allem um die

Durchsetzung des Bildes vom ‚natürlichen Wesen' der Frau im Bürgertum (gefühls- statt vernunftbetont, mütterlich häuslich, entsagungsvoll...). Ihre Arbeit wurde auf den Haushalt beschränkt und zur ‚weiblichen Natur' verklärt. Hausarbeit galt hinfort nicht mehr als Arbeit im eigentlichen Sinne. Die häuslichen Tugenden, ‚Ordnung, Fleiß und Sauberkeit...' blieben weiterhin eine wesentliche Vorbedingung für das ‚häusliche Glück', mit der Industrialisierung aber bekamen sie neue Inhalte und Qualitäten. Waren sie in der Hausväterliteratur vor allem *funktional* für die gemeinsame Wirtschaft bestimmt, so bekamen sie nun eine zusätzliche Bedeutung: Sie sollten als *weibliche Wesensmerkmale* die Gestaltung des Leitbildes der bürgerlichen Familienidylle gewährleisten. Die Tugenden wurden zu Wesensmerkmalen erklärt, d.h. der Frau qua Geschlecht zugesprochen, denn so nur konnte die Kontrolle durch den Mann durch die Selbstkontrolle der Frau abgelöst werden.[9]

Die elenden Lebensbedingungen der Arbeiter führten vor allem in der zweiten Hälfte des 19. Jahrhunderts zu zahlreichen Initiativen für eine hauswirtschaftliche Bildung von Arbeiterfrauen und Mädchen. Der vaterländische Frauenverein, Fabrikherren und -herrinnen, bürgerliche, christliche und sozialistische (Frauen-)Verbände brachten allgemeines und konkretes Wissen über den Haushalt durch Bücher, Zeitschriften und Kurse an die Basis.[10]

So hieß es dann z.B. im „Häuslichen Glück" (einem Lehrbuch des katholischen Verbandes ‚Arbeiterwohl' zum „... Haushaltungsunterricht nebst Anleitung zum Kochen für Arbeiterfrauen", 1882)

„... selbstlos die eigenen Wünsche unterdrücken, um des Mannes Wünsche zu erfüllen, selber auf Bequemlichkeit verzichten, um sie dem Manne zu verschaffen, selber immer gern entbehren, um dem Mann Freude zu machen...
Befleißige dich in allem der Sparsamkeit! Sollte dein Mann je arbeitsscheu werden und sich dem Müßiggang hingeben, dann müßt ihr beide hungern. Der Fleiß des Mannes ist die Voraussetzung für Deine Arbeit..."[11]

Diesen Ermahnungen folgten zahlreiche, wichtige, konkrete Ratschläge, zur Haushaltsführung, wie z.B. ‚Mahlzeiten bei dürftigem Einkommen...' Waren auch Tugendlehre und Zielsetzung solcher Schriften ideologisch geprägt, die konkreten Ratschläge und Handlungsanweisungen, die in diesem und ähnlichen Werken zu finden sind, waren als Hilfestellung für die oft elende Situation, in der sich viele Haushalte im letzten Jahrhundert befanden, nicht zu unterschätzen. So finden sich dann auch fast die gleichen Rezepte, Anweisungen, Ratschläge, die in katholischen Lehrbüchern zu finden sind, in der Beilage „Für unsere Mütter und Hausfrauen" der sozialdemokratischen Zeitung „Gleichheit".
Auch die Sozialdemokraten sahen die Notwendigkeit der konkreten

Lebenshilfe. Aber es ging ihnen nicht nur um konkrete Ratschläge. Auch die Durchsetzung des Leitbildes der Hausfrau, Gattin und Mutter wurde von allen Kräften betrieben. Trotz der prinzipiellen Kritik der sozialistischen Theoretiker *Marx* und *Engels* an der bürgerlichen Kleinfamilie wurde diese in der Politik der Sozialdemokraten nicht in Frage gestellt.

„... es darf auch unmöglich die Aufgabe der sozialistischen Frauenagitation sein, die proletarische Frau ihren Pflichten als Mutter und Gattin zu entfremden; im Gegenteil, sie muß darauf wirken, daß sie diese Aufgabe besser erfüllt als bisher und das im Interesse der Befreiung des Proletariats. Je besser die Verhältnisse in der Familie, die Wirksamkeit in ihrem Heim, um so kampffähiger wird sie ..."[13]

Das Interesse der Arbeitgeber an einem von der Sorge um die tägliche Regeneration für die Lohnarbeit freigestellten Mann deckte sich mit dem Interesse der Sozialdemokratie an einem für die Politik freigestellten Mann, bzw. mit dem Interesse des Mannes selbst, die häuslichen Pflichten ganz der – oft auch erwerbstätigen – Ehefrau zu überlassen. Den gleichen Frauen, denen von der sozialistischen Frauenbewegung gesagt wurde, ihre Emanzipation sei nicht durch den Kampf gegen den Mann, sondern gegen das System zu erreichen, wurden Tips für den Haushalt gegeben; den gleichen Frauen, denen gegenüber Diskussionen über ihre häusliche Situation als rückwärtsweisend und – im Verhältnis zum Kampf um eine neue Gesellschaft – als unpolitisch gebrandmarkt wurden, wurde das Bild der Ehefrau, Hausfrau und Mutter vermittelt.
So gab es keine relevante Kraft, die die Verfestigung der Teilung der Arbeit und die damit verbundene Trennung der Lebensbereiche aufgehalten hätte. Die alleinige Zuständigkeit und Verantwortung für einen geordneten Haushalt und das Wohl der Familie wurde der Frau zugeordnet.[14] Bereitschaft und Fähigkeit zur Übernahme dieser Verantwortung forderten eine umfassendere und tiefergehende Ausbildung. Ein wesentlicher Anstoß dafür war letztlich wohl auch die Überzeugung, daß

„der Mangel einer genügenden häuslichen Ausbildung der Arbeiterinnen eine der hervorragenden Ursachen für die ungünstige Lage so vieler Arbeiterfamilien bilde" (Amtliche Mitteilungen 1887).[15]

So folgte um die Jahrhundertwende die Institutionalisierung des hauswirtschaftlichen Unterrichts in den allgemeinbildenden Schulen – erst als zusätzliche Ausbildung für Mädchen, später an Stelle anderer, meist naturwissenschaftlicher Fächer. (Diese sah man durch den hauswirtschaftlichen Unterricht in angewandter Form abgedeckt.) Denn die Vernachlässigung der Mädchenbildung, so führte *Kerschensteiner* 1908 aus,

„führt zu unzähligen Störungen des öffentlichen Lebens, füllt unsere Strafanstalten und Krankenhäuser und verdirbt allmählich die Rasse in dem Maße, als der Kampf ums Leben mit der Überbevölkerung steigt. Sie geht alle an, genau ebenso wie die Angelegenheit der allgemeinen Volksschul- und der allgemeinen Wehrpflicht. Jedem von uns ist es höchst gleichgültig, ob ein Dienstmädchen, das mit Umsicht, Sorgfalt und Geschicklichkeit seinen Dienst versieht, zwei oder drei orthographische Fehler mehr oder weniger macht in ihren Küchenbuchaufzeichnungen, ob sie den Nil in Afrika oder Amerika sucht, ob sie Karl den Großen dem 8. oder dem 12. Jahrhundert zuweist. Nicht gleichgültig aber ist es, ob es durch sein Beispiel unsere Kinder ungünstig beeinflußt, ob es Pflicht- und Verantwortlichkeitsgefühl hat, ob es denkend oder oberflächlich und mechanisch arbeitet ... Sorgen wir dafür, daß der rechte hauswirtschaftliche und hausmütterliche Geist in unsere Mädchenschulen einzieht, der, wenn er nur richtig genährt ist, so viel zu denken und zu lernen gibt, daß alle Buchweisheit sich vor ihm verkriechen muß".[16]

Waren auch die Motive der Initiatorinnen der hauswirtschaftlichen Bildung vielfältig, oft caritativer Natur, zeichneten sich viele Lehrerinnen durch großes fachliches und soziales Engagement aus, war dieser Unterricht auch oft eine wesentliche Hilfe zur Linderung der täglichen Not, so wurde doch für die Frau eine wesentliche Entwicklung festgeschrieben: Mit Erziehung und Bildung im Hinblick auf eine ‚dem Arbeitslohn angemessene Lebensführung' wurde die Armut und die damit verbundenen Probleme eine Frage haushaltsinterner Organisation. Der Bestand der Familie, die Gesundheit ihrer Mitglieder war nicht mehr abhängig von schlechten Arbeits-, Wohn- und Ernährungsbedingungen, sondern von den Fähigkeiten der Frau,

- dem Mann am Feierabend ein geordnetes Heim zu bieten,
- ein harmonisches Familienleben zu schaffen,
- eine ausreichende Ernährung, z. B. mit preiswerten Eiweißträgern zu sichern,
- Säuglinge und Kinder vor dem frühen Tod zu bewahren und zu ordentlichen Menschen zu erziehen. (Dabei ist es nicht ohne makabren Beigeschmack, daß die Säuglings- und Kindersterblichkeit noch Ende des 19. Jahrhunderts als ‚natürliche Auslese' galt. Erst 1916, vor dem Hintergrund der großen Verluste des 1. Weltkrieges, sollte durch Unterricht Abhilfe geschaffen werden.)[17]

(Fast) losgelöst von den äußeren Bedingungen wurde jetzt die Haushaltsführung der Frau verantwortlich für Wohl und Wehe des Mannes, der Kinder, der Wirtschaft und des Staates. Dies kommt in den Ausführungen *Campes* deutlich zum Ausdruck, der als einer der Väter der Mädchenbildung gilt. Die hier entwickelten Vorstellungen setzten sich – wenn auch in abgeschwächter Form und schichtspezifisch unterschiedlich – als Leitbild durch:

„Fasse diese hohe und würdige Bestimmung deines Geschlechts doch ja recht fest ins Auge, mein Kind; und siehe, wie das Wohl der ganzen menschlichen Gesellschaft am Ende lediglich davon abhängt, wie gut oder wie schlecht ihr dazu vorbereitet werdet. Denn nicht bloß das häusliche Familienglück, sondern auch – was dem ersten Gehör nach unglaublich klingt – das öffentliche Wohl des Staates steht großentheils in eurer Hand, hängt großentheils, um nicht zu sagen ganz, von der Art und Weise ab, wie das weibliche Geschlecht seine natürliche und bügerliche Bestimmung erfüllt.

...

... also auch wie das häusliche Leben der Menschen, so ihr öffentliches; wie das häusliche Familienglück, so das öffentliche Staatswohlergehn. Nun ist aber das erstere größtentheils, um nicht zu sagen ganz, das Werk des Weibes; mithin auch das letztere.

...

Allgewaltiges, obgleich schwaches Geschlecht, was vermag nicht alles dein, zwar unmerklicher, aber sicherer Einfluß auf den Mann und durch den Mann auf jede öffentliche Angelegenheit, auf den gesammten Flor und das Wohlergehen der bürgerlichen Gesellschaft!“[18]

Damit wurde allerdings nicht so sehr ein Bewußtsein der Leistungen der Frauen geschaffen, vielmehr wurden bei Nichterfüllung dieser Aufgaben Schuldzuweisungen ermöglicht. Dies wirkt auch heute noch fort. So erreichte die häusliche Arbeit der Frau eine Wertschätzung, eine spezifische Wertschätzung, die nicht dazu im Widerspruch stand, daß mit dieser Zuordnung für die Frau keinerlei politischer, sozialer oder ökonomischer Machtzuwachs verbunden war. Verbunden mit dieser Wertschätzung war vielmehr die öffentliche Nichtanerkennung. Fand diese Arbeit doch in dem Bereich statt, der zum Privat-, zum Freizeitbereich geworden war, in dem sie zur sorgenden Liebe umdefiniert wurde. Und schließlich wurde hier das ‚Geld ausgegeben und nicht verdient‘.

Mit dieser „Last der Geschichte“ kämpft der hauswirtschaftliche Unterricht heute noch, auch wenn die Aufgaben heute unter Begriffen, wie z. B. gemeinsame Bedarfsdeckung, Lebenshaltung und Lebensgestaltung, Regenerations-, Reproduktions- und Sozialisationsaufgaben beschrieben und (geschlechts-)neutral als Funktionen dargestellt werden.[19]

II. Hauswirtschaft und Frauenfrage

Die Verantwortlichkeit der Frauen für den häuslichen Bereich wurde zu Beginn des 20. Jahrhunderts zu einem zentralen Diskussionspunkt der bürgerlichen Frauenbewegung.

Während die sozialistische Frauenbewegung allein den politischen Kampf um eine andere Gesellschaft als Aufgabe für die Frauenemanzipation sah, ging die bürgerliche Frauenbewegung davon aus, daß die Frauenfrage nur zu lösen ist unter Einbeziehung der Stellung der Frau in Haushalt und Familie. Sie kämpften um Möglichkeiten und Formen gesellschaftlicher Anerkennung und Gleichberechtigung.

„Der bürgerlichen Dualität von Körper und Geist verhaftet, setzten sie dem „Mütterinstinkt" die „geistige" Mütterlichkeit als selbstbestimmte Kulturleistung von Frauen entgegen. Unter Vermeidung offener, direkter Konkurrenz mit Männern, aber gegen die direkte patriarchale Herrschaft der Mädchenschulpädagogen und Frauenärzte gewandt, begannen sie die Professionalisierung der weiblichen Kulturleistungen. Sie kritisierten damit zum einen die geschlechtsspezifische Arbeitsteilung und die Ausgrenzung von Frauen aus vielen Berufen, setzten aber im Kampf um Gesellschaftsveränderung und Partizipation ihr inzwischen entwickeltes geschlechtsspezifisches Arbeitsvermögen ein."[20]

Sie setzten sich ein für die Gleichberechtigung in der Familie, Recht auf Berufstätigkeit und Anerkennung der Arbeit in Familie und Haushalt. Die Forderungen der einzelnen Strömungen der bürgerlichen Frauenbewegung reichten von der ideellen Anerkennung der Hausarbeit über Lohn für Hausarbeit bis zu deren gemeinschaftlicher oder zentralisierter Erledigung. Eine Reihe hervorragender Frauen engagierten sich für die Entwicklung von konkreten Konzepten, wie z. B. *Marianne Weber* für die rechtliche Gleichstellung der Frau, *Gertrud Bäumer* für Bildung und Ausbildung der Frauen und – als eine der wenigen und nicht typischen Sozialdemokratinnen – *Lily Braun* für das ‚Einküchenhaus'.[21] Die Verwissenschaftlichung und Verberuflichung der Hausarbeit wurde ein zentrales Kettenglied: zum einen für die stärkere Anerkennung der Frauenarbeit in Haushalt und Familie und zum anderen für eine schnellere, bessere und qualifiziertere und damit für die Frauen befriedigendere Erledigung der Hausarbeit.
Ohne auf die Zwiespältigkeit dieser Forderungen und ihrer Konsequenzen näher einzugehen, ist aber hervorzuheben, daß mit der Gründung der Deutschen Frauenakademie 1925 durch die *Arbeit der Frauenbewegung ein Grundstein für die Institutionalisierung der Hauswirtschaftslehre als Wissenschaft* gelegt wurde. Denn kurz darauf wurde hier die „Zentrale für Hauswirtschaftswissenschaft" eingerichtet, aus der 1928 das Institut für Hauswirtschaftswissenschaft wurde (und dann im Zuständigkeitsbereich des Preußischen Landwirtschaftsministeriums war).[22]
Die neue Wissenschaft war damit nicht frei von den vorher beschriebenen ideologischen und politischen Tendenzen, es fand aber eine Auseinandersetzung darum statt, wie die gesellschaftlich notwendige Arbeit im Haushalt aktiv, selbstbestimmt, ökonomisch und sozial abgesichert geleistet werden kann, welche gesellschaftlichen Einflußmöglichkeiten für (Haus-)Frauen bestehen. So gab es z. B. Auseinandersetzungen darüber, ob die Rationalisierung der Hausarbeit analog dem Taylorismus sinnvoll ist oder der Besonderheit der Hausarbeit als personenbezogener Arbeit entgegensteht, wieweit eine Rationalisierung und Professionalisierung der Hausarbeit eine Erleichterung für Frauen be-

deutet oder nur Zeit für neu hinzukommende Aufgaben in Haushalt und Familie oder für Erwerbsarbeit schaffen soll und damit eine Intensivierung der Arbeit und Mehrbelastung bedeutet.[23]
Alle diese Diskussionen sind heute noch genauso aktuell. Sie wurden aber mit Beginn des Faschismus nicht weitergeführt. *M. Silberkuhl-Schulte,* die erste Leiterin der „Zentrale für Hauswirtschaftswissenschaft", weigerte sich z. B., unter der Herrschaft der Nationalsozialisten weiterzuarbeiten.[24] Sie hatte zwar nach 1945 weiter Lehraufträge an der Universität Bonn, ihre und die Arbeit anderer Frauen wurde aber erst einmal nicht aufgegriffen und weitergeführt.

Die Last der Geschichte ... und ihr Fortwirken

Die gerade erst institutionalisierte Wissenschaft wurde mit dem Nationalsozialismus aufgelöst und die hauswirtschaftliche Bildung weitgehend unter seine Ziele gestellt.
Die erst in den 60er Jahren erfolgte Einrichtung des Diplom-Studienganges für Ernährungs- und Haushaltswissenschaft (Ökotrophologie) brachte einen neuen Anfang, zeigte jedoch zugleich auch auf vielen Ebenen das Weiterwirken des historischen Erbes.

III. Zur Geringschätzung der Wissenschaft

Die wissenschaftliche Beschäftigung mit dem Haushalt ruft oft erstaunte Blicke hervor, führt zu abfälligen Bemerkungen oder ironischem Grinsen. Dabei ist dies nicht ein Ergebnis der Wertschätzung der wissenschaftlichen Arbeit in diesem Bereich, es geht vielmehr um die Frage nach dem Sinn und der Berechtigung dieser Disziplin als Wissenschaft *überhaupt.*
Die Interdisziplinarität dieses Faches führt die Vertreter von Nachbar- oder Bezugsfächern (Wirtschafts-, Sozial- und Naturwissenschaften, Technik etc.) oft zu der Annahme, sie könnten von ihrem Fach aus wesentliche Fragen der Haushaltswissenschaft beantworten. Dieser Annahme wird leider manchmal auch durch eine Konzeption der Haushaltswissenschaft Vorschub geleistet, die eher auf einer Addition der Bezugwissenschaften aufbaut, als auf der Entwicklung eines eigenständigen Ansatzes.
Die ökonomischen, sozialen, technischen, naturwissenschaftlichen und medizinischen Probleme des Haushalts bekommen aber durch ihr *Zusammenwirken im Haushalt* eine *andere Qualität.* Um diese zu erfassen, muß die wissenschaftliche Arbeit einen Ansatz entwickeln, der vom

Haushalt ausgeht und wieder auf ihn zurückführt. Da dies vom Blickwinkel anderer Wissenschaften aus nicht geschieht, entsprechen die Ergebnisse oft auch nicht der Haushaltsrealität, verpuffen Konzeptionen wirkungslos. Dies ist das Problem interdisziplinärer Wissenschaften, hier geht es aber um mehr.

Von ihrer Geschichte her ist die Haushaltslehre stark praxisorientiert gewesen. Die Frage nach dem „Wie“ und „Mit welchen Mitteln“ stand vor der (wissenschaftlichen) Frage das „Warum“, „Unter welchen Wechselbeziehungen“, „Unter welchen Voraussetzungen“. Dieses Image einer Praxisorientierung, die noch nicht die (Abstraktions-)Ebene wissenschaftlicher Untersuchung erreicht, hängt der Haushaltswissenschaft immer noch nach; ein Problem, das die Betriebswirtschaftslehre auch kennt.

Daß hier, wie auch bei der Frage nach dem eigenen Ansatz, nicht die Frage nach der Qualität der Wissenschaft gestellt wird, sondern die wissenschaftliche Arbeit über diesen Bereich überhaupt in Frage gestellt wird, muß am Wissenschaftsgegenstand, dem Haushalt, liegen. Dieser Begriff steht für das Alltägliche, ist damit für viele auch das Gegenteil von dem, was wissenschaftlich reflexionswürdig wäre. Daran hat weder die Alltagstheorie der 70er Jahre noch die neue Diskussion um den informellen Sektor viel geändert. Beide behandeln ihre Fragestellungen mit sorgfältiger Distanz zum häuslichen Alltag. Die brennenden Fragestellungen werden nur ‚herausgenommen‘, der Bezug zum Haushalt wird zumeist nicht hergestellt. Der Haushalt scheint für viele eine spezifische Selbstverständlichkeit zu haben, die die Frage nach einer wissenschaftlichen Arbeit nicht aufkommen läßt. *Über* den Haushalt arbeitet man nicht, man arbeitet *darin;* man, d. h. immer noch die Frau, als Naturressource. Dies scheint genauso selbstverständlich wie die Krisenpufferfunktion der Haushalte u. v. a. m. Die Verbesserung dieser Funktionen durch (Frauen-)bildung mag noch angehen, aber die wissenschaftliche Arbeit über den Haushalt könnte die Selbstverständlichkeit in Frage stellen. Sie könnte auch Relationen verschieben: Die Bedeutung anderer Bereiche und ihrer Träger vermindern, Machtverhältnisse verdeutlichen/in Frage stellen. Nicht, daß die Haushaltswissenschaft schon Revolution bedeutet, wirklich nicht. Aber es würde ein ungeschriebenes gesellschaftliches Übereinkommen berührt, das bestimmt, was diskussionswürdig ist und was eben nur notwendig ist: der Pakt zwischen den Nutznießern?

Wenn es sich um das Alltägliche handelt, kann jeder mitreden. Expertenwissen ist nicht gefragt, jedermann fühlt sich als Experte.

Zumindest ergibt sich ein Zusammenwirken, das ausreicht, um im Konkurrenzkampf um Gremien, Forschungsmittel, Stellen und Bera-

tungspositionen das Fach bei der Zuordnung auf die letzte und bei der Streichung auf die erste Stelle zu setzen.
Dementsprechend erfolgen zur Behauptung als Wissenschaft und als Wissenschaftler/in in diesem Umfeld auch Reaktionen, wie beispielsweise der Rückgriff auf das Instrumentarium „anerkannter" Disziplinen (z. B. der Ökonomie) oder ein Ausweichen auf einen Abstraktionsgrad, der mit seiner Entfernung von der Haushaltsrealität die Vermutung nahelegt, daß man sich der Beschäftigung mit dem Haushalt schäme bzw. schämen muß.
Frauen wirken daran mit, nicht zuletzt, weil sie sich damit eine Distanz zur Frauenrolle erhoffen – erkaufen? Gleichzeitig hat jedoch die Frauenforschung der Haushaltswissenschaft wertvolle Unterstützung und Initiativen geboten. Daß Frauenarbeit nicht unsichtbar bleiben darf, daß Frauenalltag forschungswürdig ist und daß beides mit anderen als im Erwerbsleben gültigen Kriterien erfaßt werden kann und muß, unterstützt den eigenständigen Ansatz der Haushaltswissenschaft. Vor allem aber stellt sie gesellschaftliche Selbstverständlichkeiten in Frage, was eine Aussparung von gesellschaftlich wesentlichen Bereichen nicht mehr zuläßt.

IV. Die „akademische Hausfrau" – zur Geringschätzung der Vertreterinnen des Faches

Für Frauen in der Haushaltswissenschaft vollzieht sich dementsprechend vielfach eine doppelte Diskriminierung

- über das „Kochfach" und
- als „akademische Hausfrau",

d. h. über die mangelnde Anerkennung der Disziplin (s. o.) potenziert um das Problem der Anerkennung der Frauen in der Wissenschaft. Durchsetzungsvermögen, Bewußtsein, Qualifikation brauchen so Frauen in der Haushaltswissenschaft doppelt – als Frauen und als Vertreterinnen ihres (Frauen-)bereiches. Verblüffend häufig betonen Männer in höheren Funktionen bei der beruflichen Begegnung mit einer Haushaltswissenschaftlerin die hervorragenden Qualitäten ihrer Ehefrau, die jene, wohlgemerkt, auch ohne entsprechende Ausbildung habe. Ein kaum verblümter Hinweis auf eine vermeintliche Überflüssikeit des Faches, der *so* wohl kaum einem entsprechenden männlichen Gesprächspartner geboten würde.
Frauen stehen immer wieder unter Rechtfertigungszwang. Sie fallen allerdings auch doppelt auf, wenn etwas negativ interpretiert werden kann. Für eine Diskriminierung als Kollegin dient das ‚Kochfach' oft als Vehikel. Der Vorwurf mangelnden akademischen Niveaus wird

schnell am ‚Kochlöffel' festgemacht, und er findet (erstaunliche?!) Resonanz, wie sich beispielsweise am folgenden Gespräch bei einer Dekanatsübergabe zeigt: Zwei Professoren, aus dem Fachbereich, dem die Haushaltswissenschaft eingegliedert ist: „Ist Frau Kollegin ... nicht da?" „Frau ... ist in Westafrika auf einem internationalen Seminar." „Na da probiert sie bestimmt afrikanische Kochrezepte aus, hi, hi."
Ridikülisierung läßt sich angesichts der vorherrschenden Vorstellungen zum Fach bei vielen Kollegen und Außenstehenden relativ leicht erzielen. In der Konkurrenz um Mittel und Positionen ist das ein Hebel, der durchaus eingesetzt wird ... und wirkt. Er wird gegenüber Wissenschaftler*innen* eingesetzt, kaum gegenüber Männern. Da läßt sich das ‚Kochbild' nicht ohne weiteres übertragen, zumal, wenn die männlichen Wissenschaftler, was ein relativ häufiges Muster ist, aus der vergleichsweise ‚anerkannten' Nachbardisziplin der Wirtschaftswissenschaft kommen. Verbunden mit dem männlichen Geschlecht scheint auch die „Neutralisierung" des „Frauenfaches" durch das Herausnehmen einzelner Fragestellungen zu wirken und damit ist die Berechtigung für die wissenschaftliche Behandlung gegeben.
Die Bedingungen der Erfolgsmessung im Wissenschafts- und Forschungsbetrieb fördern, mittelfristig gesehen, tendenziell eher die Behandlung eingegrenzter Problemstellungen, die aus der Komplexität von Haushalt und Alltag in Wechselwirkung mit Natur und Gesellschaft nur eng umgrenzte Teilbereiche herausgreifen. Darüber hinaus führt das Arbeiten mit dem bereits vorliegenden Instrumentarium einer Nachbardisziplin schneller zu Ergebnissen und Veröffentlichungen, einschlägig ist hier beispielsweise dasjenige der Ökonomie oder der Soziologie oder der Naturwissenschaften.[25] Die eigenständige Entwicklung der Disziplin der Haushaltswissenschaft liegt nicht unbedingt auf dieser Linie, wohl aber eindrucksvolle Veröffentlichungslisten, die der eigenen wissenschaftlichen Reputation dienen. Die Sozialisationsprozesse haben bei Männern tendenziell eher in dieser Richtung gewirkt. In den höheren Positionen zeigt sich eine tendenzielle Verdrängung der traditionell mit diesem Fach assoziierten Frauen durch Männer. Zu den Gründen, die dazu führen, gehören, daß dieses attraktive Positionen sind, die bei männlichen Stelleninhabern nicht zu einer ähnlich intensiven Bespöttelung führen, wie oft bei weiblichen. Dazu gehört auch, daß den Berufungskommissionen zumeist in der Mehrzahl fachfremde Kommissionsmitglieder angehören (da es bei diesem ‚kleinen Fach' am Ort zumeist gar nicht so viele Fachmitglieder gibt), die wiederum eher dazu neigen, formale Kriterien (Zeugnisse, Zahl der Veröffentlichungen etc.) hoch zu bewerten, weil sie die fachliche Eignung inhaltlich kaum bewerten können. In bezug auf formale Kriterien haben

vielfach Männer aus Nachbardisziplinen, besonders häufig aus der Ökonomie, einen deutlichen Vorsprung. Wie weit der Einzug der männlichen Kollegen zum Abbau der Geringschätzung beiträgt, muß sich noch erweisen.

V. „Die gute Hausfrau" – immer noch!?

Die Konstituierung der Haushaltswissenschaft in den 60er Jahren erfolgte in Abgrenzung zur überlebten Frauenbildung und handwerklich orientierten Haushaltslehre. Um die Ebene der Betonung von Arbeitsanleitungen zu verlassen, erfolgte zunächst eine Abwendung vom Arbeitsbegriff und eine Hinwendung zu Abstraktionsebenen und Begrifflichkeiten, die die Komplexität des Haushalts erfassen sollten. Da ein beachtlicher Teil des Instrumentariums von den Wirtschaftswissenschaften und Naturwissenschaften entliehen bzw. übernommen wurde, verband sich damit eine sich immanent vergrößernde Distanz zu damit nicht erfaßten Aspekten des häuslichen Alltags. (Das gilt für die verschiedenen Vertreter/innen der jungen Wissenschaft in sehr unterschiedlichem Maße.)
Gegenwärtig, vor dem Hintergrund der Ergebnisse der Frauenforschung, stellt sich die Frage, welche Wirkung die in der Haushaltswissenschaft bisher weitgehend über die oben beschriebene Abstraktion vorgenommene geschlechtsneutrale wissenschaftliche Behandlung von Fragen hat.
Funktionen des Haushalts, Lebensstandard und Lebenshaltung, Kosten, Versorgung, Vergabe usw. sind wichtige Begriffe der Wissenschaft. Nicht immer wird explizit gemacht, wer im Haushalt diese Funktionen wahrnimmt, wer versorgt und wer versorgt wird. Die neutrale, versachlichte Behandlung der Probleme des Haushalts kann so zugleich Frauenarbeit und Frauenleben unsichtbar machen und unhinterfragt lassen.
Umstritten ist der Geltungsbereich der „ökonomischen Rationalität im Haushalt". Bei weiter Auslegung dieses Geltungsbereichs wird die Andersartigkeit und Gegensätzlichkeit der Hausarbeit und die im Hinblick darauf erbrachte Leistung negiert bzw. ignoriert. Damit wird auch gleichzeitig das Bild einer nicht-rationalen, hinter dem gesellschaftlichen Fortschritt herhinkenden, defizitären Hausfrau, die man erst einmal rationelles Handeln im Haushalt lehren muß, vermittelt.
Wohlgemerkt, es geht nicht gegen Abstraktion im allgemeinen, nicht gegen Spezifizieren, sondern dagegen, daß die Ergebnisse *ohne Rückbezug* nicht weniger frauendiskriminierend wirken können. Denn, nicht

nur, daß die Gefahr besteht, daß diese Wirkung außer acht bleibt, so wundert es auch nicht, wenn z. B. bei Ausführungen zum Lebensstandard – bewußt oder unbewußt – wenn es konkret wird, wieder auf das alte Rollenbild zurückgegriffen wird:

„Der Lebensstandard erscheint somit als ein dynamischer Gleichgewichtszustand, der ständig neu verwirklicht werden muß. ... Eventuell muß *die Frau* die Erwerbstätigkeit aufgeben und in Zukunft stärker im Bereich der hauswirtschaftlichen Produktion tätig sein..."[26]

Ist das Frauenbild in den wissenschaftlichen Büchern und Artikeln oft der neutralen Form, der Formel der ‚haushaltsführenden Person' gewichen, so taucht es in Lehrplänen und Schulbüchern oft genug wieder auf.[27] Die Notwendigkeit, in der Schule anhand konkreter Beispiele den Stoff zu vermitteln, deckt auf, daß die alten Rollenbilder doch eine erstaunliche Resistenz bewiesen haben. Aber auch da, wo neuere Entwicklungen aufgenommen sind, lassen sie die Zuständigkeit der Frauen für den Haushalt weitgehend unberührt: Wenn z. B. im Schulbuch das Interesse einer Mutter an Erwerbsarbeit behandelt wird, dann unter der Voraussetzung, wie sie die Doppelarbeit schafft; der Mann wird zur Mithilfe herangezogen. Konflikte, die daraus erwachsen, werden nicht thematisiert, die Rolle des Mannes als vollzeitarbeitender Familienvorstand auch nicht, wie überhaupt die Bedeutung patriarchalischer Strukturen kaum ein Thema für den Haushaltsunterricht ist.
Die gesellschaftliche Realität wird aufgegriffen, die Art des Aufgreifens ist eher geeignet sie wiederum zu verfestigen.
Nähe zur Realität bedeutet nur zu oft ein Ausweichen bzw. ein Rückgriff auf Handfestes und eine Affinität zum traditionellen Rollenbild. Haushaltsaufgaben und ihre Durchführung werden zu oft noch im Hinblick auf ihre beste Erledigung untersucht, viel zu selten z. B. auf Art und Inhalt ihrer Zielstellung, die damit verbundenen kulturellen und ökologischen Auswirkungen sowie auf Aspekte der geschlechtsspezifischen Erledigung hin. Und so wird das billigste, schnellste und wirksamste Waschverfahren ermittelt, ohne zusätzlich zu fragen, woher unsere Standards zur Sauberkeit, Hygiene, Ordnung usw. kommen, daß nicht die Waschmaschine alleine wäscht, sondern (meist) die Frau, daß die Großzügigkeit beim Wäscheverbrauch vielleicht verstärkt wird, weil Mann und Kinder von dieser Arbeit verschont bleiben.
Für den Beitrag der Haushaltswissenschaft zum Abbau der Diskriminierung der Frau ist daher wesentlich – über die Loslösung der Aufgabenzuschreibung hinaus – Struktur und Konsequenzen gesellschaftlicher Arbeitsteilung auf den Haushalt bezogen zu thematisieren.
Die im folgenden aufgeführte, für die Schule formulierte, These gilt im erweiterten Sinne auch für die Wissenschaft:

„Haushaltslehre kann nicht auf die ‚Funktionen der Haushalte' und die Tätigkeiten der ‚Haushaltsangehörigen' hin konzipiert werden. Sie geht dann am Erleben der Schülerinnen/Schüler vorbei. (Wie auch an der gesellschaftlichen Realität)
Indem im Unterricht getan wird, als seien Mädchen und Jungen gleich, erreichen wir keinen emanzipatorischen Effekt. Mädchen und Jungen werden den Unterricht unterschiedlich wahrnehmen: Mädchen als Vorbereitung auf eine Arbeits-, Jungen als Vorbereitung auf ein Freizeitrolle."[28]

Anmerkungen

1 *Hoffmann, J.:* Die „Hausväterliteratur" und die „Predigten über den christlichen Hausstand", Weinheim, Berlin 1959, 7 ff.

2 *Ostner, I./Schmidt-Waldherr, H.:* Arbeit und weiblicher Lebenszusammenhang, in: *Mayer, C./Krüger, H.* u. a.: Mädchen und Frauen, Beruf und Biographie, DJI Materialien, Genf 1983, 221 f; *Ostner* und *Schmidt-Waldherr* stützen sich hier auf *H. Arendt:* vita activa, München 1981.

3 *Tornieporth, G.:* Studien zur Frauenbildung. Ein Beitrag zur historischen Analyse lebensorientierter Bildungskonzeptionen, Weinheim/Basel 1979, 11 ff.

4 *Tornieporth,* a. a. O., 19.

5 *Tornieporth,* ebenda, 13.

6 *Tornieporth,* ebenda, 19.

7 Vgl. *Tornieporth,* a. a. O., 87. *Bock, G./Duden, B.:* Arbeit aus Liebe, Liebe als Arbeit, in: Frauen und Wissenschaft. Beiträge zur Berliner Sommeruniversität, Berlin 1977; *Ostner, I./Schmidt-Waldherr, H.:* a. a. O., 223 ff.; *Rosenbaum, H.* (Hrsg.): Familie und Gesellschaftsstruktur, Frankfurt/M. 1978.

8 Vgl. *Tornieporth,* ebenda, 41 ff. *Simmel, M.:* Erziehung zum Weibe, Frankfurt/M. 1981.

9 *Schmidt-Waldherr, H.:* Pervertierte Emanzipation und die Organisation von weiblicher Öffentlichkeit im Nationalsozialismus, in: *Schaeffer-Hegel, B.* (Hrsg.): Frauen und Macht. Der alltägliche Beitrag der Frauen zur Politik des Patriarchats, Berlin 1984. *Bock, G./Duden, B.,* a. a. O., Berlin 1977.

10 *Tornieporth,* a. a. O., 95 ff.

11 *Blank, R.* (Hrsg.): Das häusliche Glück, Nachdruck München 1975, 5 f.

12 *Tornieporth, G.,* a. a. O., 221 ff.

13 *Zetkin, C.:* Bericht über Frauenagitation. Rede auf dem Parteitag 1896, in: Protokoll über die Verhandlungen des Parteitages der SPD, Berlin, Vorwärts 1896, zitiert nach *Tornieporth, G.,* ebenda, 25.

14 Vgl. *Tornieporth, G.,* ebenda, 221 ff.; *Wolf-Graaf, A.:* Frauenarbeit im Abseits, München 1981; *Langer-El Sayed, S.:* Familienpolitik. Tendenzen, Chancen, Notwendigkeiten, Frankfurt/M. 1980.

15 *Tornieporth, G.,* a. a. O., 123 ff.

16 *Kerschensteiner, G.:* Ausbau und Organisation der hauswirtschaftlichen Unterweisung, in: Schriften der Zentralstelle für Volkswohlfahrt, Heft 2 der neuen Folge, Berlin 1908, 271–285, zitiert nach *Tornieporth, G.,* ebenda, 142.

17 *Tornieporth, G.,* a. a. O., 290 ff.

18 *Campe, J. H.:* Über die allgemeine und besondere Bestimmung des Weibes,

aus: Väterlicher Rath für meine Tochter, Braunschweig 1789, 5–24, 128–191, in: *Gerhard, U.:* Verhältnisse und Verhinderungen. Frauenarbeit, Familie und Rechte der Frauen im 19. Jahrhundert, Frankfurt 1981, 369 ff.

19 Zentrale Schriften der Haushaltslehre sind heute z. B. *Egner, E.:* Hauswirtschaft und Lebenserhaltung, Berlin 1974; *Egner, E.:* Der Haushalt, 2. umgearbeitete Auflage Berlin 1978; *Schweitzer, R. v.:* Haushalte private. Handbuch der Wirtschaftswissenschaften, Stuttgart 1977. *Schweitzer, R. v.:* Der Funktionswandel des Familienhaushaltes im Zuge veränderter kollektiver Leistungen für die Versorgung. Hausw. Wiss. 26 (1978) 5, 219–224; *Schweitzer, R. v.* (Hrsg.): Leitbilder für Familie und Familienpolitik. Berlin, München 1981; *Schmucker, H.:* Der Haushalt als sozioökonomische und als betriebliche Einheit. Hausw. Wiss. 12 (1964) 3, 12–18; *Tschammer-Osten, B.:* Haushaltswissenschaft, Stuttgart 1979; *Blosser-Reisen, L.:* Grundlagen der Haushaltsführung, Baltmannsweiler 1975.

20 *Schmidt-Waldherr, H.:* 1984 a. a. O., 23.

21 *Schmidt-Waldherr, H.:* Die Kämpfe um die „neue Frau“ – Frauenpolitik der liberalbürgerlichen Frauen der ersten bürgerlichen Frauenbewegung und ihrer Gegner in der Weimarer Republik, Frankfurt 1986.

22 Deutsche Gesellschaft für Hauswirtschaft (Hrsg.): Hauswirtschaftliche Jahrbücher. Reprint aus Hauswirtschaftlichen Jahrbüchern 1928–30, München 1978, 5 f.

23 DGH (Hrsg.): a. a. O. *Schmidt-Waldherr, H.:* 1985 a. a. O.

24 DGH: ebenda, 6.

25 Vgl. die letzten Jahrgänge der Zeitschrift „Hauswirtschaft und Wissenschaft“.

26 *Tschammer-Osten, B.:* Haushaltswissenschaft, Stuttgart, New York 1979, 56.

27 Vgl. z. B. *Busse, B.:* Leben im Haushalt. Für den hauswirtschaftlichen Unterricht des 7.–10. Schuljahres, Hamburg 1979.

28 *Kettschau, I.:* Arbeit als didaktische Kategorie in der Haushaltslehre. Vortrag auf der Tagung der Bundesfachgruppe Haushaltswissenschaft und Fachdidaktik, Februar 1985 (Bisher unveröffentlichtes Manuskript, erhältlich bei *Dr. Irmhild Kettschau,* Universität Dortmund, Postfach, 4600 Dortmund).

4. Die Diskriminierung von Frauen in der Theologie

Sigrid Reihs-Kirsch

Die Frage nach diskriminierenden Tendenzen für Frauen innerhalb der theologischen Wissenschaft berührt eine Reihe von Problemkomplexen, die vermutlich damit zusammenhängen, daß das Recht dieser Disziplin, sich als Wissenschaft zu verstehen, auch unter „ihren hervorragendsten" Fachvertretern nicht unproblematisch ist. Das Faktum theologischer Fakultäten an den Universitäten eines weitgehend säkularen Staates ist nur scheinbar eine Antwort auf die gestellte Frage. Vielmehr trägt es der Tatsache Rechnung, daß die Religionsgemeinschaften ein unübersehbarer gesellschaftlicher Faktor sind.
Gegenwärtig vorherrschend innerhalb der evangelischen Theologie ist ein Verständnis von Theologie als Wissenschaft, das erwachsen ist aus der Diskussion um Sinn und Unsinn von Religion und Theologie in einem sich ausdrücklich „religionsneutral" verstehenden Staat, der Weimarer Republik. Im Vordergrund steht dabei das Verständnis als „kirchliche" Wissenschaft, als Funktion der Kirche (*Diem* 1951–63 I, 24 f.). Verständlich ist, daß diese Selbstdefinition in Auseinandersetzung mit anderen Wissenschaften nicht konfliktfrei war und ist, woraus dann das Bedürfnis gefolgert wurde, durch die Art und Weise des Redens und Schreibens über theologische Probleme deutlich zu machen, daß es in einer wissenschaftlich exakten, objektiven und logisch überprüfbaren Weise geschehen kann und geschieht, wobei das Phänomen des persönlichen Glaubens historisch gesehen immer mehr aus den Mauern der Universität und der Arbeitszimmer verdrängt wurde (vgl. *Pannenberg* 1973). Dieser vermeintlich objektive Zugang zur Theologie läßt vergessen, daß Frauen unter Umständen ein eigenes Verständnis von Wahrheit entwickeln können, oder er wird zur Waffe schon gegen die Bereitstellung der Möglichkeit zur Beteiligung am wissenschaftlichen Diskurs für Frauen. „Das wissenschaftliche Analysieren theologischer Probleme, sei es in der Dogmatik oder in der historischen Forschung, liegt der weiblichen Begabung fern" (*Kirchhoff* 1897, VIII.). Obwohl diese Äußerung von einem theologischen Hochschullehrer aus

dem vergangenen Jahrhundert stammt, als die Frage der grundsätzlichen Beteiligung von Frauen an Wissenschaft noch eher zurückhaltend diskutiert wurde, hat aber die Immatrikulationsgenehmigung für Frauen auch in Preußen vom August 1908 an der tatsächlichen Einstellung besonders zum Theologiestudium kaum etwas geändert.

In einer Studie aus dem Jahre 1960 zu „Problemen der deutschen Universität" weist *H. P. Anger* nach, daß „die allgemeine Tendenz zur vorwiegend negativen Beurteilung des Frauenstudiums... bei den Vertretern der Theologie... eher noch etwas stärker ausgeprägt (ist) als beim Durchschnitt der Befragten (*Senghaas-Knobloch,* 1969, 11).

Und zum Schluß ist noch hinzuweisen auf das jüngste Memorandum zur Situation von Wissenschaftlerinnen, in dem eine einzige Habilitation von einer Frau in Theologie nachgewiesen wird, und das bei einem Anteil von mittlerweile 50% Frauen bei den Studierenden (Memorandum II 1984, 17). Obgleich nicht die These aufgestellt werden soll, alleinige Ursache für diesen Tatbestand seien die aus dem Wesen der Disziplin hervorgehenden Schwierigkeiten, kann doch nicht bestritten werden, daß dieses Phänomen auf inhärente Strukturen hinweist, die nicht übersehen werden dürfen.
Da alle theologische Wissenschaft ausgeht von der Bibel als ihrem Ursprungsort und auch unter dem Anspruch steht, wieder auf sie zurückzuführen, haben sich die Versuche feministischer Theologinnen zur Herausarbeitung eines anderen Umgangs und Denkens vorwiegend auf die biblischen Traditionen bezogen.
Diesem Zugang liegt die Erfahrung und Beobachtung zugrunde, daß das Frauenbild, das in unserer Kultur und Gesellschaft herrscht, zum großen Teil mitbestimmt ist durch ein diskriminierendes Frauenbild, das in der christlichen Lehre überwiegend herrscht und immer weiter unreflektiert tradiert wird. Die beiden entscheidenden Stellen für diese rein androzentrische Wirklichkeitssicht sind Gen. 2.3 und 1. Tim. 2,14 f. Bei der ersten Stelle handelt es sich um die Paradiesgeschichte mit dem sog. Sündenfall, während die zweite Stelle den in der Urgeschichte erzählte Mythos aufgreift zur Stabilisierung bestehender Herrschaftsverhältnisse bzw. zur Abkehr von Eingriffen in eine traditionell patriarchalische Hierarchie in Gesellschaft und Gemeinde. Es heißt dort:

„Und nicht Adam ließ sich verführen, sondern das Weib ließ sich betrügen und kam zu Fall. Sie soll zum Heile gelangen durch Kindergebären, sofern sie in Glaube und in Liebe und in Heiligkeit besonnen verharrt."

Ein Versuch, die in diesen Texten enthaltene Legitimation der Unterwerfung der Frau unter den Mann zu bestreiten, wird nur wenig Erfolg haben, es sei denn, frau entscheidet sich für einen gewaltsamen

Bruch mit den Texten bzw. für eine gewaltsame Interpretation, was allerdings einen möglichen wissenschaftlichen Diskurs wieder in Frage stellt.

Ich will in diesem Zusammenhang aufzeigen, inwieweit gegenwärtige Unterdrückungs- und Diskriminierungsmechanismen bereits in den biblischen Texten zu entdecken sind, d.h. inwieweit die schon zu Buchstaben geronnenen Erfahrungen und Träume der vorliterarischen Phase der biblischen Überlieferung Rechenschaft ablegen über die realen Machtverhältnisse in der Gesellschaft, aus der sie hervorgegangen sind und die aufgrund ihrer grundsätzlichen Übereinstimmung mit gegenwärtigen Machtverhältnissen gern übernommen werden.

Mit der Entwicklung der historisch-kritischen Methode für die Arbeit auch an biblischen Texten wurden sprachliche Phänomene, die der hebräische bzw. griechische Urtext der Bibel aufweist, stärker berücksichtigt und Brüche und Widersprüche im Text selbst wahrgenommen. Bei einem Blick auf die gegenwärtig meist gebrauchten Kommentare z. B. zur Urgeschichte zeigt sich allerdings, daß diese Zugehensweise nicht, wie ihre ursprüngliche Absicht gewesen war, ungerechte Herrschaftsverhältnisse aufbricht, sondern durchaus dazu dienen kann, gegenwärtige Verhältnisse zu legitimieren.

Gunkel kommentiert die Erschaffung des ersten Menschenpaares in seinem Genesis-Kommentar folgendermaßen: „vielmehr ist das Weib nur die Hülfe des Mannes und der Mann ist der Mensch“ (*Gunkel* 1964, 13). Diese Darstellung geht fraglos davon aus, daß nach der Aussage des Textes Mensch und Mann identisch sind, was aber der eigenen Sprache des Textes nicht entspricht. Dort wird nämlich von einem Menschen gesprochen, aus dem dann Mann und Frau werden. Aus einem Teil des Menschen wird die Frau und erst der dann noch zurückbleibende Teil wird als Mann bezeichnet. Die Erzählung in ihrem Verlauf zwingt also nicht zu den Konsequenzen des Kommentars. Vielmehr scheint die herrschende Machtverteilung unter den Geschlechtern diese Interpretation einzutragen. Obgleich *Gunkels* Kommentar schon aus dem Jahre 1910 stammt, gilt er auch heute noch als unentbehrlich für die Arbeit am 1. Buch Mose.

Aus eben diesem Grunde hat sich wohl auch seine Überschrift für diese Erzählung durchgesetzt bzw. wird immer wieder gebraucht. „Mythus von der Entstehung des Weibes“ (ebd., 13). Schon dieser Titel weist darauf hin, daß die Frau als komplementäres Wesen von *Gunkel* verstanden wird, die zu dem Mann hinzukommt, der natürlich als Erstling der Schöpfung vorausgesetzt wird. Diese Interpretation beweist ihre stark sexistischen Voraussetzungen auch dadurch, daß er im Vergleich mit der Schöpfungsgeschichte in Gen. 1 formuliert: „anders J., wo das Weib nicht mit dem Manne zusammen erschaffen, sondern erst nachträglich aus seiner Rippe gebildet wurde" (ebd., 112 f.).

„In keiner Weise aber ist mit der Vorstellung von einem Urpaare der Gedanke gegeben, daß alle Menschen darum vor Gott gleich seien" (ebd., 113).

Obwohl vom Text her für diese Feststellung kein Anhalt geboten wird, begründet *Gunkel* hier seine These mit dem Gedanken, daß nicht sein kann, was nicht sein darf. Die Notwendigkeit einer hierarchischen Gesellschaftsstruktur scheint hier die Voraussetzung der Interpretation zu sein. Ein weiterer Beleg für die Tatsache, daß in sog. objektiven Wissenschaftswerken auch sexistische Kategorien miteinfließen, ist folgende Textpassage, die sich auch in einem Genesis-Kommentar von *Gerhard von Rad* findet:

„Merkwürdigerweise deckt sich das Wort von dem Verlassen von Vater und Mutter nicht ganz mit den patriarchalischen altisraelitischen Familienverhältnissen, denn vielmehr als der Mann löst sich die Frau nach der Verehelichung von ihrer Familie. Vielleicht hat sich in diesem sentenzartigen Satz eine Prägung aus einer Zeit mit einer mutterrechtlichen Kultur erhalten? Man muß aber auch betonen, daß es in unserer Erzählung nicht um eine Rechtssitte, sondern um eine Naturgewalt geht" (*von Rad* 1976, 68).

Diese Interpretation verweist zwar auf den möglichen Ursprung aus einer mutterrechtlichen Kultur, läßt diesen Gedanken aber sofort wieder fallen, da es ja nicht um eine „Rechtssitte" sondern um eine „Naturgewalt" geht. *Von Rad* verschwendet nicht eine Zeile auf den Gedanken, daß in diesem Satz von einer möglichen Wirklichkeit der Geschlechterbeziehung die Rede ist, die gegenwärtige Praxis durchaus kritisch in Frage stellt. Auch der Gedanke zu fragen, was es bedeutet, wenn denn in einer solch eindeutig patriarchalisch organisierten Gesellschaft wie der altisraelitischen der Ursprung des Verhältnisses von Mann und Frau so unpatriarchalisch gezeichnet wird, kommt ihm nicht in den Sinn. Der Hinweis auf eine evtl. vorhandene mutterrechtliche Kultur muß da genügen. Doch dieser Hinweis fehlt z. B. in dem neuesten Kommentarwerk zur Stelle von *Claus Westermann* aus dem Jahre 1974 völlig. Von ihm wird vielmehr eine individualistische Interpretation angeboten, die jeden Zusammenhang mit einer möglichen gesellschaftlichen Realität abwehrt.

„. . ., d. h. die Menschen, die ihm bisher am nächsten standen, um seinen Hausstand zu gründen, und er ‚hängt' nun an seiner Frau, d. h. er tritt in eine feste Lebensgemeinschaft mit ihr ein aufgrund seiner Liebe zu ihr. Das meint einen ganz persönlichen Vorgang, die Neigung, die Anhänglichkeit, das Hingezogensein, es bezeichnet nicht eine soziale Stellung" (*Westermann* 1979, 318).

Bei der Lektüre drängt sich der Eindruck auf, daß diese anstößige Textstelle durch diese Interpretation entschärft werden soll; sie beschreibt offensichtlich eine andere Linie der Tradition, die aber nicht zur herrschenden geworden ist. Der offenbare Widerspruch darf nicht als solcher stehenbleiben, sondern muß mit Hilfe des Hinweises auf den „persönlichen Vorgang" in die herrschende Traditionslinie integriert werden.

Trotz eingehender sprachlicher Analysen in allen erwähnten Kommentaren fehlt ein Hinweis darauf, daß der Text Gen. 2,21–24 einen Widerspruch aufweist, was die Logik der Erzählung und die Logik der Grammatik angeht. Die Bezeichnung, die die Frau erhält, bei *M. Luther* als „Männin" übersetzt, ist eine Ableitung von der maskulinen Form Mann. Diese Abhängigkeit, die die Sprache hier vorzeichnet, fehlt aber im Gang der Erzählung. Vielmehr scheint die Grammatik widerzuspiegeln, wie die Machtverhältnisse zwischen Mann und Frau organisiert waren schon zur Zeit der Abfassung des Textes bzw. ihre Langzeitwirkung besteht darin, diese Herrschaftsverhältnisse als naturgegebene zu begründen (vgl.: *Ebach,* 57). Der auch heute weitgehend fehlende Hinweis auf diese Differenz zeigt deutlich, wie stark sich diese Absicht durchsetzen konnte.

Ein weiteres Beispiel für das Verdrängen des weiblichen Elementes aus theologischer Sprache und für die damit einhergehende Veränderung von Wirklichkeit ist der Weg, den der Begriff des Geistes Gottes von der Ruach Jahwe über Pneuma Theou zu Spiritus Sanctus genommen hat. Die Auswirkungen auf das Gottesbild sind recht bedeutsam.

Die feminine Ruach hat im Hebräischen eine große Nähe zu „dynamischer Kraft" und meint in erster Linie konkret die Tatsache der Bewegung. Dieses Wort hat konstitutiv etwas mit Leben schaffender Kraft zu tun, mit zum Leben bringen. Indem grundsätzlich die Dynamik in der ursprünglichen Bedeutung dieses Begriffes betont ist, wird hierin allgemein auch die weibliche Dimension im Sein Jahwes erkannt. Erst in späterer Zeit wird dieses Element zugunsten einer statischen abstrakten Vorstellung aufgegeben, die Ruach in die Nähe des Segens rückt (vgl.: *Albertz/Westermann,* 726–753, bes. 749 f.). Dennoch zeigt sich hier neben den überwiegend männlichen Metaphern für Gott eine weibliche Zuordnung, die sowohl für das Gottesverhältnis der Menschen als auch für die Gottesvorstellung bedeutsam ist. Diese Dimension geht jedoch im ‚normalen' Umgang mit den Texten verloren, weil sich offensichtlich die späte Interpretationslinie durchgesetzt hat, die sich dann auch in der griechischen Übersetzung mit Pneuma – einem Neutrum – ausdrückt. Diesem griechischen Wort fehlen im Unterschied zu der Ruach die dynamischen Elemente, die auf Konkretionen aus sind. Pneuma ist schon so mit Abstraktionen aufgeladen, die von philosophischen und weltanschaulichen Theorien des Hellenismus herkommen. Der Zusammenhang mit einer elementaren Natur- und Lebenskraft tritt zurück zugunsten eines Prinzips des Lebens. Als letzter Schritt auf dem Weg ist festzustellen, daß die ursprünglich weibliche Ruach mittlerweile im Westen durch das männliche Spiritus ganz in die patriarchalische Interpretation eingeflossen ist. Als ein Element der Dreifaltigkeit Gottes birgt es in dieser grammatikalischen Zuordnung nicht einmal mehr den Hinweis auf das Weibliche in sich, sondern ist den beiden anderen Personen Vater und Sohn geschlechtsmäßig angeglichen. Das Ergebnis ist, daß Gott, trotz der Beteuerung seiner Asexualität, sprachlich und damit auch vorstellungsmäßig eindeutig maskulin ist.

An dieser Stelle wird ein weiteres Problem im Rahmen unserer Fragestellung deutlich. Obgleich in allen Dogmatiken und Nachschlagewerken betont wird, daß Gott weder Mann noch Frau ist, gibt es eine eindeutige Vorliebe, ihn mit männlichen Metaphern wie Vater, König, Richter, Patriarch, Gatte, Herrscher usw. zu beschreiben. Demgegenüber muß der Satz von Papst *Johannes Paul I.,* daß Gott mindestens ebenso Vater wie Mutter ist, geradezu revolutionär wirken.

In Frage gestellt wird damit auch die allgemein unreflektiert hingenommene erste Bitte des *einen* christlichen Gebetes „Vater unser". In den Auslegungen zu diesem Text wird großer Wert auf die mit dieser Anrede verbundene Allmacht Gottes gelegt.

„..., daß er jetzt um die Unendlichkeit des Weltalls weiß, in dem nicht nur er, sondern seine ganze Erde nur ein Stäubchen ist... Gerade weil heute die Vateranrede weithin abgewertet ist, ist das Anliegen der Gemeinde, die auf sein Sein ‚im Himmel' hinweist, besonders dringlich aufzunehmen" (*Schweizer* 1973, 93). „Erst der Name läßt Gott für uns wirklich Gott werden, d. h. aus einer geheimnisvollen, unbekannten Macht zu dem werden, der helfend und fordernd etwas für unser Leben bedeutet" (ebd., 94).

Der Betonung der durch die Namensgebung erzielten möglichen Nähe zu Gott liegt die Vorstellung zugrunde, daß nun eine reale Identifikation möglich ist. Dabei ist deutlich, daß der Verfasser mit „für uns" in erster Linie seine Geschlechtsgenossen meint, die dieses Attribut, das einer männlichen Erfahrungswelt entnommen ist, ohne Probleme für sich reklamieren können. Diese Konzentration auf ein patriarchalisches Gottesbild erschwert Frauen jedoch von vorneherein die Möglichkeit der Identifikation. Es gibt für sie keinen unmittelbaren Zugang zu Gott, sondern nur einen entfremdeten.

Hier zeigt sich wieder, daß die bestehenden Machtverhältnisse unter den Geschlechtern die Wirkungsgeschichte und Praxis der Symbole stark beeinflußt und auch die traditionelle Wissenschaft nicht in der Lage ist oder kein Interesse daran hat, auch die mütterlichen Metaphern, die für Gott existieren, zu betonen. Es finden sich Attribute wie „Brunnquell aller Gü-

ter..., lebendiger Wind, Wasser des Lebens." Obgleich Gott überall als transsexuell definiert wird, erregt die Anrede als „sie" großes Aufsehen und wird in die Nähe der Ketzerei gerückt. Der Grund dafür dürfte darin zu suchen sein, daß schon in altisraelitischer Zeit feminine Züge im Gottesbild vernachlässigt wurden. *R. Radford-Ruether* vermutet die Ursache dafür in dem Entstehen der Jahwe-Religion in einer nomadischen Gesellschaft, die dazu tendierte, eine weibliche Führungsrolle zu vernachlässigen und ein Bild von Gott zu zeichnen, daß ihn als Himmelsherrscher darstellt (*Radford-Ruether* 1983, 53). Diese Nomadengesellschaft stand in einer lang andauernden Auseinandersetzung mit den seßhaften bäuerlichen und städtischen Gesellschaften der kanaanäischen Zeit und deren Gottesverehrung, die eher Züge der Natur in sich barg und darin auch mütterliche Elemente enthielt. Im Kampf um den Existenzraum für die israelitischen Nomaden und um die Vormachtstellung ihres Gottes wurden wahrscheinlich die femininen Züge im Gottesbild vernachlässigt, weil sie eine zu große Nähe zu den feindlichen Göttern aufwiesen, die in Kanaan verehrt wurden. Und als dann die Zeit der Kämpfe vorüber war und das Volk Israel seßhaft geworden war, wurde dieses um eine Hälfte entblößte Gottesbild zur Norm gegenüber allen Versuchen, einzelne feminine Elemente zurückzugewinnen.
Obgleich diese Vermutung nicht als völlig haltlos abqualifiziert werden kann, sondern durchaus eine überlegenswerte Reflexion aufweist, die dann einmündet in den Wunsch nach Wiedergewinnung femininer Symbole und Elemente in das Gottesbild und darin ihren Ausdruck findet, die Texte des Alten und Neuen Testaments auf diesem Hintergrund neu zu lesen, um zu anderen als den traditionell sanktionierten wissenschaftlichen Ergebnissen zu kommen, zeigt sich gerade wieder hier das Verhältnis von gesellschaftlicher Macht und Ohnmacht. Als im Jahr 1982 ein Themenheft der Zeitschrift „Evangelische Theologie" erschien und einen Aufsatz enthielt, der mit einem positiven Vorzeichen die Gestalt der heidnischen Göttin im Buch Hosea untersuchte, so führte dies im Herausgeberkreis der Zeitschrift, der nicht eine Frau angehört, zu so heftigen Auseinandersetzungen, daß das Team auseinanderbrach und auch bis heute sich nicht wieder gefunden hat bzw. neu zusammengesetzt werden konnte. Auch das Versprechen aus dem Vorwort dieses Heftes, in Zukunft öfter auf das Phänomen der Feministischen Theologie einzugehen, ist bis heute nicht eingelöst worden (*Moltmann-Wendel* 1982, 1 f.).
Gerade für die traditionelle Identifikation von wahrem und gutem Handeln mit der männlichen Position, während das weibliche schon per se das Element des Versagens in sich trägt, ist der Umgang mit dem Text des Buches Hosea in der Wissenschaft ein Beispiel:

„Für das Versinken Israels in der kanaanäischen Naturreligion hat Hosea den Begriff des ‚Hurens', des ‚Weghurens von Jahwe' geprägt, in dem sich gleicherweise die Vorstellung von der Unlöslichkeit des Jahwebundes wie der Abscheu vor den Fruchtbarkeitsriten und der sakralen Prostitution des Baalskult ausspricht" (*von Rad,* 148).

Sprachlich wird hier das im Text gebrauchte Bild vom Verfasser nicht nur als Symbol aufgegriffen, sondern unkritisch in sein patriarchalisches Denken eingefügt, daß neben der Analyse des prophetischen Textes die Desavouierung des weiblichen Lebens mitgeleistet wird. Gott wird hier vorgestellt als „Ehemann, Vater, Arzt, Jäger" (*Wolff* 1982, 30), was deutlich macht, daß es in dem Bild um den verliebten und betrogenen Mann geht:

„von Hosea wird das Unerhörte verlangt: eine Prostituierte heiraten! – ein Frauenzimmer, das für eine Ehe extrem ungeeignet, ja widerlich ist. Aber es ist fraglich, ob von Hosea gefordert wird, sich mit irgend einer Nutte fest zu binden, die sich für Geld schon einem nach dem anderen an den Hals geworfen hat. Wahrscheinlich ist hier nicht irgend ein landläufiges Strichmädchen gemeint" (ebd., 25).

Bei der Lektüre dieser Interpretation drängt sich unwillkürlich die Frage auf, ob ein derart entwürdigendes Bild der Frau, das durch die gebrauchte Sprache gezeichnet wird, nötig ist. Hierin spiegelt sich nicht nur der Versuch wider, dem Impetus des Textes gerecht zu werden, sondern auch sämtliche emotionalen Vorurteile einer männlichen Machtposition gegenüber einer weiblichen Existenzweise, die die Folge einer doppelten Moral ist, die Frauen verdammt, wenn sie sich den Bedingungen der Männer beugen, ohne deren Lebenspraxis zu kritisieren.

Bisher ist in der wissenschaftlichen Diskussion viel zu wenig Wert darauf gelegt worden, auch zu beachten, welche Einschätzungen und Vorurteile durch die Sprache der Interpretation mitgeliefert werden, die nicht zu größerem Verstehen führen sondern eher zu größerem Mißverstehen. Die einseitig männliche Erfahrungswelt, die den Text hervorgebracht hat, wird noch gestärkt durch eine Interpretation aus derselben Erfahrungswelt, so daß Frauen gar keine Chance bekommen, sich mit diesem Gott zu identifizieren, sondern immer schon auf der Seite der Ermahnten zu finden sind.

Manuel Alcala hat in einem Aufsatz mit dem Titel: „Die Frauenemanzipation: Ihre Herausforderung an die Theologie und an die Reform der Kirche" gefordert, dem Einfluß nachzugehen, den die Auseinandersetzungen mit dem Polytheismus, dem Fruchtbarkeitskult und der sakralen Prostitution auf die mosaische Religion hatte. Er geht dabei davon aus, daß es sich um einen negativen Einfluß handelt, der dazu führt, den Mann zu verherrlichen, da die antifeministische Geisteshaltung die Texte in der heute vorliegenden Weise hervorgebracht hat (*Alcala* 1980, 283 f.).

In der traditionellen Theologie wird ein unaufhebbarer Widerspruch zwischen Natur bzw. den natürlichen Dimensionen des Lebens und dem Geist behauptet. Ein Gottesbild, in dem feminine Elemente integriert wären, würde diesen Dualismus aufheben zugunsten einer Ganzheitlichkeit, die zwar ständig eingefordert wird, aber nicht erreicht werden kann. Erst diese Ganzheitlichkeit würde auch Frauen die unentfremdete Identifikation mit Gott ermöglichen und sie nicht nur in Hilfsfunktionen sehen.

Mit diesem Gesichtspunkt kommen wir zu einem weiteren Gedanken im Rahmen dieser Betrachtung. Es geht nun um die Frage, welches Frauenbild wird durch die vorherrschende theologische Wissenschaft transportiert und immer wieder festgeschrieben?

Als Voraussetzung all dessen, was wir sehen werden, muß darauf hingewiesen werden, daß die Erzählung von der Schöpfung des Menschen Gen. 1 konstitutiv den Gedanken der Gottebenbildlichkeit von Mann *und* Frau enthält als dem eigentlichen Willen Gottes mit den Menschen. Der Begriff der Gottebenbildlichkeit darf aus diesem Grunde als ein emanzipatorischer begriffen werden.

Mit dem Hinweis auf zwei recht unterschiedliche theologische Systementwürfe – dem Offenbarungstheologen *Karl Barth* und dem Lutheraner *Helmut Thielicke* – will ich zeigen, wie wenig diese kritisch emanzipatorische Kraft der Gottebenbildlichkeit bisher aufgegriffen worden ist.

Karl Barth behauptet die „strukturelle und funktionelle Unterscheidung" zwischen Mann und Frau von der Schöpfung her. Ihre Gleichheit besteht vor Gott, während in der Welt ihre Unterschiedenheit, was ihre Aufgaben und ihre Wesensmerkmale angeht, festzuhalten ist. Aufgrund dieser Unterschiedenheit muß allerdings auch das Problem der Ordnung der Geschlechter zueinander gelöst werden.

Beide sind zwar in ihrer „gegenseitigen Bezogenheit zu verstehen und zu realisieren", „so sind sie einander auch nicht einfach gleich zu setzen, ist ihr Verhältnis also auch nicht umzukehren" (*Barth* 1951, 129). „Mann und Frau sind nicht ein A und ein anderes A, deren Wesen und Beziehung man in der Weise beschreiben könnte, in der man das Wesen der beiden Hälften einer Sanduhr beschreiben kann." (ebd., 188). „Mann und Frau sind ein A und ein B" (ebd., 189) und da Ordnung für *Barth* zwangsläufig Folge bedeutet, formuliert er zusammenfassend: „A geht vor B, B kommt nach A. Ordnung heißt Vorordnung und Nachordnung, Überordnung und Unterordnung." (*Barth,* 189). Völlig klar ist für ihn bei diesen Überlegungen, daß A mit dem Mann zu identifizieren ist, während B der Frau zugewiesen wird. Das Wesen des Mannes besteht darin, „daß er der Frau in der Zuordnung, Zugehörigkeit und Zuwendung zu ihr vorangeht, daß er in diesem ihm und ihr gemeinsamen Sein und Tun Anreger, Führer, Erwecker, ist, die Initiative ergreift" (ebd., 189).

Der Gehorsame Mann ist der „starke Mann", der der Frau faktisch überlegen ist, in seiner Sorge für die Ordnung die Frau diese Überlegenheit aber nicht spüren läßt. Die gehorsame Frau ist die mündige Frau, die ihren Ort in der Ordnung akzeptiert. Rebellion und Hörigkeit sind ihre Formen des Ungehorsams.

Für *Barth* ist die Frau-Mann-Beziehung schon von ihrer Schöpfung, also schon vor ihrer natürlichen Ausformung in einer hierarchischen Ordnung repräsentiert. Sie ist komplementär zu ihm, in dem sie im Unterschied zu ihm wesensmäßig passiv ist. Dieses Pochen auf den Spezifika von Mann und Frau soll zwar nicht absichtsvoll einen herrschenden status quo festschreiben, aber gerade in der Aufnahme traditioneller Rollenzuweisungen wird die antiemanzipatorische Tendenz dieser Überlegungen deutlich. Die Verhältnisbestimmung ist geprägt durch den Gedanken der Ergänzung, wobei deutlich ist, daß die Frau als die den Mann Ergänzende hinzukommt. Obwohl *Karl Barth* sich mit einigen beschwörenden Gebärden bemüht, nicht als Verfechter einer antiemanzipatorischen Linie verstanden zu werden, zeigen die angeführten Textbeispiele deutlich, wie stark sein Denken in den bestehenden Ordnungen verhaftet ist. Obgleich er betont, daß die Gleichwertigkeit beider Geschlechter vor Gott gilt, wird ihm dies nicht zum Antrieb gegen ungerechte Herrschaftsverhältnisse in der Welt anzugehen, sondern er projeziert vielmehr die herrschende Machtverteilung in den Schöpfungswillen Gottes hinein, um dann auch noch mögliche Versuche der Befreiung daraus als gotteslästerlich abzuqualifizieren. Der Idealtyp der Frau entspricht bei ihm seinem, also einem von einem Mann entworfenen Leitbild.

Ein anderer theologisch-ethischer Entwurf, der aus einer anderen theologischen Schule stammt, soll nun noch betrachtet werden. *Helmut Thielicke,* der als ausgeprägter Lutheraner gilt, und eher von einem Ordnungsdenken herkommt, macht in der Beschreibung der Geschlechterbeziehung ebenfalls die Unterscheidung zwischen den beiden Ebenen: vor Gott und vor der Welt. Frau und Mann sind beide unmittelbar und ohne Rangunterschiede von Gott geschaffen und unmittelbar zu ihm. In dieser Dimension sind beide „gleichbegnadet" (*Thielicke,* 510). Gleichwohl läßt sich diese Gleichheit mit einer hierarchischen Geschlechterbeziehung in der Welt vereinbaren. Ausgegangen werden muß dabei von dem „ontologischen Fundament", daß die Frau die schwächere ist und der Mann der stärkere. Aus diesem Grunde ist die Frau in besonderer Weise schutzbedürftig (ebd. 666). Konkret bedeutet dies z. B. für ihn, daß die Frau z. B. im Blick auf die eigene Berufstätigkeit ihre Entscheidung nicht ohne den Mann treffen darf, denn „ihre primäre Pflicht" besteht darin, Ehefrau und Mutter zu sein, die

auf keinen Fall verletzt werden darf (ebd. 668). Diese Aufgabenzuweisung hängt damit zusammen, daß er von der biologischen Verschiedenheit her die gesellschaftlichen Einflußmöglichkeiten der Frau bestimmt bzw. ihr ihren Platz in der Gesellschaft zuweist.
Obgleich er die Unterwerfung der Frau unter den Mann nicht als Schöpfungswillen Gottes klassifiziert, sondern als Ergebnis des Verlustes des Paradieses, gewinnt diese Rollenfixierung bei ihm offenbarungsmächtige Qualität. Mit dieser Rollenfestlegung vollzieht sich ein Akt der Domestizierung der Frau, den er nicht kritisch als zu überwindenden Sündenstand behandelt, der immer wieder daran erinnert, daß der bestehende gesellschaftliche Zustand zu verändern ist, sondern er hält ihn fest, um darin eine gottgewollte Ordnung zu installieren, in der der Mann das Haupt der Frau ist.
Wir müssen außerdem bedenken, daß beide, *Barth* und *Thielicke* mit ihren Entwürfen das theologische Denken der jüngsten Vergangenheit bestimmt haben und in der Gegenwart noch immer bestimmen. Die latent sich in fast alle theologischen Lehrbücher einschleichende diskriminierende Tendenz besteht wohl darin, daß das eigene Geschlecht für die Verfasser mit all seinen erworbenen Privilegien nicht kritisch thematisiert wird.
Viele Nuancierungen und Defizite im Gottesbild kommen erst zu Bewußtsein, seitdem Frauen fragen, wie sie eigentlich in dieser Theologie vorkommen und welche Identifikationsmöglichkeiten sich für sie bieten. Das Wissen und Festhalten daran, daß es nicht nur einen Gott der Väter, *Abrahams, Isaaks* und *Jakobs* gibt, sondern in gleicher Weise einen der Mütter *Sarah, Rebekka* und *Rachel,* ist ein Indiz dafür. Im Augenblick wird an deutschen Hochschulen und in deutschsprachiger theologischer Literatur noch vorwiegend der patriarchalische Gott in einer patriarchalischen Gesellschaft zelebriert. Doch je mehr Frauen es wagen, auch Wissenschaft als einen Ort ihrer Lebensmöglichkeit und Veränderungsmöglichkeit zu betrachten und anzunehmen, desto mehr wird sich auch an einem traditionellen Theologieverständnis ändern, das die Hälfte der Menschheit ausschließt.

Literatur

Albertz, R./Westermann, C.: Art.: ruach, in: Theologisches Wörterbuch zum Alten Testament II, München/Zürich 1976
Alcala, M.: Die Frauenemanzipation: Ihre Herausforderung an die Theologie und die Reform der Kirche, in: Concilium 1980
Diem, H.: Theologie als kirchliche Wissenschaft 1951–1963, I, München 1951
Ebach, J.: Liebe und Paradies, in: Anstöße 30 (1983)

Barth, K.: Kirchliche Dogmatik, Bd. III/4, Zürich 1954
Gunkel, H.: Genesis, 6. Aufl. Göttingen 1964
Kirchhoff, A. (Hrsg.): Die akademische Frau, Berlin 1897
Memorandum II des Arbeitskreises der Wissenschaftlerinnen von NRW, 1984
Moltmann-Wendel, E.: Zu diesem Heft, in: Evangelische Theologie 42 (1982) 1 f.
Pannenberg, W.: Wissenschaftstheorie und Theologie, Frankfurt 1973
von Rad, G.: Das erste Buch Mose. Genesis, 6. Aufl. Göttingen 1961
von Rad, G.: Theologie des Alten Testaments II, 5. Aufl. München 1968
Radford-Ruether, R.: Sexism and God-Talk, Boston 1984
Schweizer, E.: Das Evangelium nach Matthäus, 13. Aufl. Göttingen 1973
Senghaas-Knobloch, E.: Die Theologin im Beruf, München 1969
Thielicke, H.: Theologische Ethik, Bd. III, Tübingen 1964
Westermann, C.: Genesis, I. Teilband, Neukirchen 1974
Wolff, H. W.: Prophetische Alternativen, München 1982

5. Die Diskriminierung von Frauen in der Medizin

Johanna Geyer-Kordesch

Der Eintritt der Frauen in die Medizin wurde von starken und herausragenden Persönlichkeiten getragen. Sie zeigten, daß Frauen sich gegen das herrschende Bild der „Weiblichkeit", das die menschliche Fülle an kreativen Kräften beeinträchtigte, durchzusetzen verstanden.

Mit der Promotion von *Elizabeth Blackwell* am Geneva Medical College in New York State im Jahre 1849 wurde eine entscheidende Weiche gestellt. Nicht nur für die Medizin als Fach hatte diese Bewährungsprobe Bedeutung – sie beeinflußte vielmehr die ganze Diskussion um die Ansprüche der Frauen in hochqualifizierte „Männer"-Berufe einzusteigen. *Elizabeth Blackwell* besaß das notwendige Stehvermögen: sie erzielte nicht nur für sich persönlich einen Durchbruch, sondern fügte die entscheidende politische Dimension hinzu: sie gründete eine Ausbildungsstätte für Ärztinnen. Da Universitäten nur zögernd und Krankenhäuser gar nicht dabei halfen (Frauen wurde der Zutritt zur klinischen Ausbildung verweigert), Frauen in diesem Beruf zu etablieren, war es eine nicht hoch genug zu würdigende Tat, mit dem Women's Medical College der New Yorker Infirmary for Women and Children (1865) Ausbildung und Berufspraxis für Frauen zu institutionalisieren. *Elizabeth Blackwell* sammelte Ärztinnen um sich und die Konsequenzen davon können vor allem für die Debatte um die ‚weibliche' Rolle, die ‚natürliche' Zuweisung der Frauen als revolutionär gelten – eben als umstürzend. Spöttisch, tadelnd oder larmoyant wurde den Ärztinnen vorgehalten, sie besäßen kein echtes Empfinden für ihre Weiblichkeit; sie seien nicht keusch, denn in Studium und Beruf müßten sie ein Wissen erlangen, das über die Grenze weiblicher Schamhaftigkeit hinausgehe; ferner seien sie auch nicht bereit, sich der Bestimmung ihres Geschlechts zu fügen, das heißt Mutter und Ehefrau zu werden. Eine Frau, die Medizin praktizieren wollte, müßte jedoch auch wißbegierig, diszipliniert, logisch und selbständig sein. Diese Eigenschaften galten seit zwei Jahrhunderten nicht mehr als „weiblich" – sie mußten gerade von den Ärztinnen bewußt gefördert werden.

Dieser Prozeß der Entgrenzung des Geschlechtsbildes und der Auflösung der weiblichen Rollenidentität waren äußerst konfliktreich. Die neue Berufsrolle scheint im persönlichen Bereich die Verleugnung der eigenen Sexualität und im Kampf um professionelle Autorität die Preisgabe weiblicher Toleranz und Nachgiebigkeit vorausgesetzt zu haben. Eingrenzungs- und Einschüchterungsversuche wie etwa Prophezeiungen, Frauen würden sowieso keine Patienten bekommen, mußten abgewehrt und neue Vorbilder, die andere Identifikationen für Frauen beinhalteten, bewußt aufgebaut werden. *Henry Blackwell* hat kurz vor der Promotion seiner Schwester nach Hause geschrieben: „Unserem energischen und tollkühnen Zweifüßler geht es gut." Dieser Scherz erhält dadurch Bedeutung, daß er das Wort „Frau" vermeidet und damit den Kern des Konflikts offenbart. Mit dem „Zweifüßlertum" wird sowohl die psychische Schwierigkeit der einzelnen Frau, ihre Identität zu bestimmen, wie auch das Fehlen eines gesellschaftlichen Rollenbildes für die professionelle Medizinerin prägnant zum Ausdruck gebracht. Mediziner werden hieß im 19. Jahrhundert, einen Expertenberuf zu erlernen und dessen Autorität nach außen zu vertreten. Die Attribute der traditionellen Frauenrolle wie Röcke, Haarbänder und Locken, deren psychologische Bedeutung die Zierlichkeit, die physischen Reize und die passive Haltung der Frau unterstreichen sollte, konnten mit den Rollenprojektionen des ärztlichen Standes nicht vereinbart werden (*J. Geyer-Kordesch* 1983, 36). Erst als Frauen ihre Praxen und ihre Krankenhäuser etablierten, verblich das Klischee von der nervenschwachen, intellektueller Leistung nicht gewachsenen und unselbständigen Frau. Die ersten Medizinerinnen hatten aber noch mehr geleistet, als den Frauen den Zugang zum medizinischen Beruf zu ermöglichen: sie hatten sich solidarisch gezeigt mit den großen Reformbewegungen ihrer Zeit. Sie hatten mitgewirkt in der Opposition gegen das abscheuliche Übel der Sklavenhaltung. Sie hatten es nicht versäumt, sich gegen die Verelendung der Armen in den Großstädten einzusetzen. Sie haben sich alle ausgesprochen politisch betätigt, von der Bildungsreform bis hin zu sozial brennenden Fragen, wie die Gestaltung des Gesundheitswesens und des legislativen Falles des „Contagious Diseases Act", bei dem die Prostituierte und nicht der sie benützende Mann der Gesundheitskontrolle polizeilich unterzogen wurde. Sie haben wesentlich zu der Einsicht beigetragen, daß die Funktion der Frauen nicht nur in der Familie zu suchen war, sondern daß Frauen einen Eigenwert besaßen, der sich schließlich im selbständigen Wahlrecht ausdrückte. Sie haben die „Sphäre der Frau" derartig entgrenzt, daß dieser Fortschritt nicht mehr rückgängig gemacht werden konnte (ebd., 42).

Dennoch: Diskriminierungen sind geblieben. An erster Stelle ist die

Diskriminierung der Frau durch den in der Medizin vorherrschenden Biologismus zu nennen.

I. „Biologismus" in der heutigen Medizin

Der Biologismus sah und sieht noch für die Frau in erster Linie die „heiligen" Aufgaben der Geburt und der Mutterschaft vor. Gegen eine selbstgewählte Mutterschaft ist nichts zu sagen, aber der Fixierung eines ganzen Geschlechtes *allein* auf diese Rollenerwartung ist viel zu entgegnen. Denn der ‚Kindersegen' bleibt auch heute staatlichen, gesetzlichen und sozialdiskriminierenden Sanktionen unterworfen. Der Vorwurf einer „Vermännlichung" durch Bildung, Berufskompetenz und gesundem Durchsetzungsvermögen bleibt bestehen.
In der modernen Medizin ist der Konflikt berufsinteressierter Frauen besonders deutlich. Der alte Biologismus ist nach wie vor lebendig, erscheint aber in neuem Gewande. Weil Mädchen das Gymnasium offensichtlich mit besseren Noten als Knaben abschließen, sieht man/frau in ihnen immer mehr die künftigen Medizinstudentinnen. Die Zahlen nähern sich der Gleichberechtigungsquote von 50%. Danach ändert sich das Bild allerdings schlagartig: sehr groß ist ihre Arbeitslosigkeit, sehr groß ihre fehlende Fachausbildung, sehr gering die Möglichkeit, „später" im Beruf wieder tätig zu werden (vgl. entsprechende Zahlen des Marburger Bundes weiter unten). Die landläufige Begründung lautet, daß vor allem Frauen Kinder haben wollen, und da sie alle „von Natur aus" gute Mütter seien, wüßten sie am besten, was ihren Kindern gut täte! Sie bleiben zu Hause. Verschwiegen, verdrängt, übergangen werden dabei folgende Gesichtspunkte:

1. Wie „heil" und dauerhaft ist „die Familie" bei einer heutigen Scheidungsrate in akademischen Schichten von etwa einer Ehe aus drei?
2. Wie wirkt sich die Frustration einer hochqualifizierten Frau in einer Familie aus, in der sie allein die „Verzicht" fördernde Aufgabe der Kinderbetreuung übernimmt? Wenn der Mann beruflich ehrgeizig ist, tut sich hier ein Abgrund auf. Die Einstellung zur Mutterschaft ist nur scheinbar „natürlich" vorgegeben. *Ann Oakley* (zum Beispiel) zeigte, daß Schwangerschaft auch mit Depressionen verbunden ist, insbesondere dort, wo das Bewußtsein aus dem Beruf ausscheiden zu müssen die Frauen belastet. Dies gilt für alle sozialen Schichten (*Oakley* 1979).
3. Wie wäre es, wenn sogenannter „Mutterschutz" in der Praxis nicht als Instrument der Ausgrenzung und Disqualifizierung (besonders in Krankenhäusern) benutzt würde, sondern wenn ernsthaft daran gearbeitet würde, Arbeitsverhältnisse herbeizuführen, die Frauen die Doppelbelastung von Beruf und Familie erleichterten? Sexistische Diskriminierung besteht nämlich darin, nur männliche Bedürfnisse als Richtschnur in einem Beruf zu nehmen. Frauen sollten ruhig danach fragen, warum sie *wegen* ihrer Mutterschaft nicht mehr

den erlernten Beruf ausüben dürfen. Männer haben auch Kinder, oder etwa nicht? Oder perpetuiert das Medizinstudium doch eine Lebenslüge: studieren dürfen Frauen zwar, aber den Beruf ausüben dürfen nur Männer? – Dürfen nur solche Menschen einen Beruf ausüben, die keinen Haushalt führen und keine Kinder versorgen?

So mußte noch 1977 eine später sehr erfolgreiche Chirurgin die nicht unüblichen Demütigungen geschlechtsbezogener Diskriminierung über sich ergehen lassen. Der Arzt, bei dem sie hochspezialisierte Eingriffe lernen wollte, ließ nur männliche Kollegen operieren; sie durfte einspringen, wenn diese fehlten. Als sie voll ausgebildete plastische Chirurgin (für „reconstructive plastic surgery") war und dieses Fach im Lehrbereich vertrat, mußte sie noch die Frage beantworten, warum sie nie geheiratet und keine Kinder hätte. Die Vorstellung, daß sie Chirurgin sein *wollte,* scheint nach wie vor ein Umdenken vorauszusetzen. Schließlich:
Wie wäre es, wenn Frauen ihre Sozialisation als aufopfernde „Hilfskräfte" nun wirklich ablegen würden und eine angemessene Behandlung als intellektuell fähige, selbständige Persönlichkeiten (auch was Bezahlung betrifft) mit Nachdruck forderten?
Vielleicht würde die Trivialisierung der Busenschau, das „Achten auf die Figur" und somit die Verdümmlichung endlich aufhören. Eine Medizinstudentin erzählte mir, ein Professor verzichtete nie darauf zu betonen, daß Frauen die „harte" Chirurgie nicht durchhalten könnten, bis eines Tages in einem seiner Spezialseminare für besonders Begabte eine Mehrzahl von Frauen saß. In einem Interview las ich, daß eine tüchtige Ärztin nach dem Tod eines Patienten, um den sie sich besonders bemüht hatte, in Tränen ausbrach (*In Her Own Words* 1982). Das verachten Männer – es verletzt das Klischee vom „harten Mann". Aber: ist eine Ärztin weniger geschickt, weniger klug, weiß sie weniger, weil sie Gefühle hat, die sie zeigt?

II. Der Körper und die Seele

Seit kurzem liegt auf Deutsch ein Buch von *Edward Shorter* vor: *Der weibliche Körper als Schicksal* (München, 1984). Der englische Titel hieß, recht anmaßend, *The History of Women's Bodies.* Die These *Shorters* lautet, daß „die" Medizin durch ihre naturwissenschaftlichen Errungenschaften „den" Frauen großes Leiden und frühen Tod erspart habe. Die Heilkunde der bloßen ‚Empirie' (insbesondere der Hebammen) sei „vorwissenschaftlich" gewesen, nur die ‚moderne' Medizin erweise sich als therapeutisch effektiv. Das ist ein oft vorgebrachtes Argument, das scheinbar schlüssig klingt, weil es Erkenntnisse reduktiv behandelt. Die post-cartesianische Trennung von Leib und Seele, die den naturwissenschaftlich ausgerichteten Zweig der medizinischen Heilkunst sozusagen ermöglicht hat, war denen willkommen, die sich ‚den Fakten' widmen wollten. Ein Triumph dieser Richtung stellen dann auch die Anatomie, Chirurgie, Bakteriologie oder Virologie mit ihren therapeutischen Erfolgen dar. Diese Form der Medizin ist auf ihre Art effektiv. Der Preis dafür war und ist die Ausgrenzung ‚seelischer' Leiden, diffuser Krankheitsbilder („Hysterie", „vegetative Dystonie") sozialer Faktoren (‚Hausfrauensyndrom' z. B.). Ihr Umgang mit dem Körper ist weitgehend entpersonifiziert, er wird ein ‚Objekt' der chirurgischen, gynäkologischen oder medikamentösen Behandlung. In der Konsequenz dieser Auffassung liegen manche weitverbreitete Praktiken der Medizin heute, z. B. denjenigen Frauen über vierzig bei *Verdacht* auf Krebs den Uterus operativ zu entfernen oder die uns von den technologischen Möglichkeiten der Medizin her beherrschenden, ebenfalls finanzträchtigen Praktiken des „Samenspenders", der „Leihmütter" oder der Gen-Technologie. Obwohl die Entwicklungslinie zwischen einer am somatischen Substrat und dessen Erkrankungen orientierten Medizin und der Gentechnologie, mit ihrer radikaleren und vorwiegend von Feministen kritiserten (siehe *Rita Arditti, Renate Duelli Klein* und *Shelley Minden, Retortenmütter, Frauen in den Labors der Menschenzüchter,* Reinbek bei Hamburg 1985) ‚Zerstückelung' des Leibes in manipulierbare Teile, gezogen werden kann, ist hier wohl auch ein qualitativer Sprung zu sehen. Die klinische Medizin sieht die Kritik sehr oft als Attacke, vergißt aber, daß sie selbst nicht zurechtkommt mit Überlegungen, die sich über ihr Denkschema hinaus ergeben. Diese Überlegungen stammen aus den Bereichen psychologischer und gesellschaftsbezogener Lebenserfahrung. Frauen haben – eben wegen ihrer geschlechtsspezifischen biologischen ‚Natur' – eine Sonderstellung. Auch deswegen muß der somatische Eingriff, z. B. bei der Geburt, nicht nur mit Technologie, sondern auch mit Erfahrungsrichtlinien in Zusammenhang gebracht werden. Ein gutes Beispiel ist die Kritik an der „programmierten Geburt". Es hat sich herausgestellt, daß künstliche Wehenmittel ungleich heftiger wirken als das vom Kind selbst in Gang gesetzte Oxytocin. Bei der künstlich hervorgerufenen Wehe kommt auch die Mutter nicht ohne Schmerzmittel aus, die ihrerseits massiv auf das Kind wirken, weil sie die Placenta-Schranke passieren („Die ‚Programmierte Geburt' ist auf dem Rückzug", *Frankfurter Rundschau,* 4. 5. 1985). Auch dieses Beispiel zeigt, daß die Behandlungsmöglichkeiten der klinischen Medizin mit anderen Vorstellungen verglichen werden müssen. In dem Artikel der *Frankfurter Rundschau* heißt es:

„daß die Grenzen der Selbstbestimmung bei der werdenden Mutter in dem Moment erreicht seien, wo sie die Klinik betritt und sich deren Routine unterwirft, wo also aus der gesunden Frau eine Patientin wird. Auch in den Kliniken verlaufen 80% aller Geburten ohne jede Komplikation, nicht mehr und nicht weniger, als bei den Steinzeit-Stämmen in Neuguinea oder am Amazonas."

Die Diskriminierung des Körpers als Reparatur-Objekt führt zur Mißachtung kreativer und persönlichkeitsbildender Möglichkeiten. Es ist etwas Unwürdiges an einer Überantwortung des Körpers an die Medizin, wenn er funktionalisiert wird und nicht mehr im Lebenskontext des Individuums seine Würde und seine Rolle hat. Die geschlechtliche Diskriminierung und eine ‚verobjektivierte' Medizin decken sich hier auf erstaunliche Weise. Der Feminismus stellt sich diesen Entwicklungen quer, mit Recht. So die oft belächelte Debatte über den vaginalen versus den klitoralen Orgasmus. Wer hier „naturwissenschaftlich" Recht hat (*Masters* und *Johnson* haben die Labormessungen dazu veröffentlicht), ist weniger wichtig als der Anspruch, der von Frauen gestellt wurde, auch ohne Penetration des Penis sexuelle Befriedigung erreichen zu können. Die auffallende Abneigung, die in Kreisen der Frauenbewegung gegen *Sigmund Freuds* These vom Penis-Neid besteht, hat ähnliche Wurzeln: im kulturellen, geistigen und medizinischen Bereich möchten Frauen nicht mehr als Adams Rippe betrachtet werden. Wie immer das vis-à-vis der Diskriminierung aussieht, es ist besser das Leiden wahrzunehmen, als sich in der vermeintlichen Sicherheit einer Illusion zu wiegen.

III. Die Situation der angehenden Ärztinnen heute

Die heutige Situation ist wieder deprimierend, besonders für junge Frauen, die Medizin als Beruf ausüben möchten. In jüngster Zeit hat sich der Marburger Bund, der ‚Verband der angestellten und beamteten Ärzte Deutschlands', dem Problem der zunehmenden Benachteiligung von Ärztinnen auf dem Arbeitsmarkt und in der Berufsausübung angenommen. Aus den Daten und Ergebnissen der Umfrage des Marburger Bundes ergeben sich folgende Zahlen:

- 37% aller Medizinstudenten sind weiblich,
- 27% aller approbierten Ärzte sind weiblich,
- 23% aller berufstätigen Ärzte sind weiblich,
- 18% aller Gebietsarztanerkennungen eines Jahres werden an Ärztinnen vergeben (dieser Wert ist seit Jahren nahezu konstant),
- 35% aller Stellenausschreibungen für Ärzte richten sich ausschließlich an Männer,
- 48% aller arbeitslos gemeldeten Ärzte sind weiblich,
- 59% aller Ärztinnen sind ohne Gebietsbezeichnungen.

(*„Ärztinnen", Marburger Bund* 1986)

Die Zahlen sprechen für sich und kennzeichnen meiner Meinung nach sehr treffend die Situation der Ärztinnen in der Bundesrepublik. Gespräche mit Medizinstudentinnen zeigen, daß sie sich dieser Lage bewußt sind, gegen die Diskriminierung aber wenig unternehmen können. Das ist nicht erstaunlich angesichts der Art dieser Diskriminierung. Der Erfahrungsaustausch läßt erkennen,

„daß Krankenhausträger, vor allem aber Chefärzte, aus der Befürchtung vor einer möglichlichen Schwangerschaft und den sich daraus ergebenden Problemen der Arbeitsorganisation innerhalb einer Abteilung in zunehmendem Maße Frauen als Mitarbeiterinnen ablehnen. Junge Ärztinnen erhalten ebenso – in stärkerem Maße als ihre männlichen Kollegen – nicht einmal die Chance, mit der Berufsausübung zu beginnen und entsprechende Erfahrungen zu sammeln. Darüber hinaus bestehen nahezu keine Möglichkeiten einer Teilzeitbeschäftigung, die es Ärztinnen mit Kindern gestatten würde, den Beruf auszuüben und insbesondere eine abgeschlossene Weiterbildung zu erlangen."
(Arbeitskreis der Ärztinnen des Marburger Bundes)

Aus Gesprächen mit angehenden Ärztinnen ist mir die Verzweiflung bekannt, die nach vielfachen Bewerbungen ohne irgendeinen Bescheid einsetzt. Im breiteren Rahmen des sozialen Gefüges kann daraus nur auf eine bewußte Disqualifizierung hochbegabter Frauen geschlossen werden. Eine einzelne Medizinerin kann strukturelle Barrieren nicht überwinden, denkt frau an die oben erwähnten Praktiken der Anstellungen in Krankenhäusern, die außerdem ihre unmenschlichen Anforderungen an Höchstleistungen auf Kosten von Frauen und Familien austragen. Unlängst stand in einer Tageszeitung, daß eine Kostensenkung im Gesundheitsbereich nur dann erreicht werden wird, wenn sich die sogenannte „Ärzteschwemme" eindämmen ließe. Prophetin braucht frau nicht zu sein, um zu erkennen, daß eine solche Bedarfsorientierung hauptsächlich auf dem Rücken von jungen Ärztinnen ausgetragen werden wird.
Diskriminierung muß hautnah empfunden werden, wenn sie zu wirksamen Gegenmaßnahmen führen soll. Am Anfang des Eintritts von Frauen in die professionalisierte Medizin standen Kampf und Autonomie und Solidarität mit anderen Frauen. Das kann auch in Zukunft wegweisend sein. Es setzt aber voraus, daß Frauen nicht andere für sich handeln lassen. Als absolutes Negativbild, für den Fall, daß frau in Bedrängung kommt, ihre eigene, wenn auch dornenreich gewonnene Autonomie zu verleugnen, empfehle ich folgende Zeitungsanzeige auf den Spiegel zu kleben:

„Junge Ärztin 33/168 in Trennung lebend – eine gefühlsbetonte, bildhübsche junge Frau, blond mit schlanker Figur, musisch, zärtlich und anlehnungsbedürftig, hat nie selbst praktiziert, sondern immer ihrem Mann geholfen und wünscht sich nun einen liebevollen neuen Lebensgefährten, treu und verläßlich für ein neues glückliches Für- und Miteinander... ein ganzes langes Leben lang!"
(*Freiburger Wochenbericht,* 11. April 1985)

IV. Kurzer Blick in die Zukunft

Ein maßgebendes Ziel der Frauenbewegung heute ist, gesellschaftskritisch zu wirken, und zwar im Hinblick auf eine konsequente Berücksichtigung der Belange von Frauen. Ich habe drei Themen angeschnitten, die Bezüge zwischen Frauen und Medizin durchleuchten. Das sind Ansätze. Aber sie geben Perspektiven frei, und zwar die folgenden:

1. Die geschichtliche Prägung der Frauenrolle und des Frauenbildes im 19. Jahrhundert hat deutlich mit unserer Gegenwart zu tun, insbesondere mit den beruflichen Ansprüchen der Frauen. Darin spielte der Eintritt der Frauen in die Medizin eine bedeutende Rolle. Nur ein Studium dieser historischen Situation ermöglicht es, bei einer Identitätsbildung der Frauen in beruflicher Hinsicht wieder an Erfahrungen anzuknüpfen.
   Die Durchleuchtung der *Frauengeschichte* ermöglicht es uns, den geschlechtsneutralen Übergang in eine vom männlichen Geschlecht verformte berufliche Rolle zu vermeiden.
2. Eine Neuorientierung der ‚Schulmedizin' müßte erfolgen, die intensiver den Umgang mit dem Körper der Frau reflektiert. Erfahrungsbereiche, Lebensinhalte, Gefühle müßten ernst genommen werden. Diese kritische Sicht stößt nicht immer auf Gegenliebe, aber nur im Durchdenken der ‚Verobjektivierung' des Körpers können Maßstäbe gesetzt werden, die es Frauen ermöglicht, ihre eigene körperliche und seelische Lage als ‚Patientinnen' zu erfassen.
3. Die jetzige Generation von Ärztinnen ist beruflich diskriminiert. Diese Situation bietet aber auch die Möglichkeit, anders zu agieren als bei der Generation von Ärztinnen, die sich der Priorität der ‚Schulmedizin' einfach untergeordnet haben. Es ist nicht leicht, eigene Ziele zu formulieren, insbesondere da, wo die Diskussion um die Inhalte ‚feministischen Handelns' noch offen ist. Meines Erachtens dürfen aber Frauen gerade hier nicht müde werden, denn die Utopie und ihre zu formulierenden Richtlinien haben sehr wohl gestaltgebenden Charakter. Neues entsteht nicht aus der geradlinigen und unkritischen Verlängerung von alten Umgangsformen.

Unsere Utopien fordern uns heraus – und ich meine, es ist unerläßlich, daß im Ausbildungsbereich, in Form von Seminaren und Diskussionen, die ich selbst – und nicht, weil die medizinische Fakultät sie angeregt hätte – schon seit 1980 durchführe, Frauen *geschlechtsspezifisch* berücksichtigt werden. Nicht ‚die Natur' prägt die Identität, sondern die Auseinandersetzung mit Geschichte, mit gesellschaftlichen Strukturen, mit Diskriminierung.

Literatur

Frankenthal, K.: Der dreifache Fluch Jüdin, Intellektuelle, Sozialistin, Lebenserinnerungen einer Ärztin in Deutschland und im Exil, Frankfurt 1981

Geyer-Kordesch, J.: „Vorkämpferinnen im Ärzteberuf, Der Einstieg angelsächsi-

scher Frauen in die professionalisierte Medizin des 19. Jahrhunderts", in: Feministische Studien, November 1983, 24–45 (Dort auch Bibliographie)
Joest, M./Nieswandt, M.: „Das Lehrerinnenzölibat im Deutschen Kaiserreich", in: *B. Bechtel* et al.: Die ungeschriebene Geschichte, Historische Frauenforschung, Wien 1984
Morantz, M./Cynthia, R./Pomerleau, S./Fenichel, C. H. (Hrsg.): In Her Own Words, Oral Histories of Women Physicians, London 1982
Oakley, A.: „Normal Motherhood: an Exercise in Self-control?, in: *B. Hutter* und *G. Williams,* Controlling Women, The Normal and the Deviant, London 1981, 79–107
Oakley, A.: Subject Women, London 1981
Oakley, A.: The Captured Womb, A History of the Medical Care of Pregnant Women, Oxford 1984
Pape-Siebert, S.: Genug gejammert! Oder verraten die Frauen den Feminismus, Eine Streitschrift, Berlin 1984
Renthe-Fink, B. von: So alt wie das Jahrhundert, Lebensbericht einer Berliner Ärztin, Frankfurt 1982
Ärztinnen: Dokumentation zum Workshop: Ärztinnen ins berufliche Abseits gedrängt?, Hrsg.: Marburger Bund. Diese Broschüre zur beruflichen Situation der Ärztin kann beim Marburger Bund, Riehler Straße 6, 5000 Köln 1, angefordert werden.

6. Die Verdrängung der Frauen aus Naturwissenschaften und Technik[1]

Margarete Maurer

Ein internationaler Biochemiker-Kongreß in England gibt uns den Stoff der Handlung. Deren Akteure: Wissenschaftler aus mehreren Ländern, und – wie es bei solchen eher lockeren Treffen üblich ist – einige der Gemahlinnen. Manche von ihnen haben ihre Männer schon öfter begleitet und sind daher etwas über die verhandelten Themen informiert, so daß sie sich ab und an wenigstens mit einigen Bemerkungen ins Gespräch mengen können. Gerade erläutert eine Dame in scharfsinniger Form eine der angeschnittenen Fragen. Sagt ein Herr zu ihrem Ehemann: „Sie haben Ihre Frau aber gut trainiert!" – worauf ihn ein anderer Gast aufklärt: „She 's not a lady, she is a scientist! Sie ist keine Dame, sie ist eine Wissenschaftlerin!"
So geschehen vor nicht allzu langer Zeit, also nicht etwa im „dunklen Mittelalter", sondern im angeblich so aufgeklärten 20. Jahrhundert.

Die Szene macht deutlich: Längst nicht alle Männer haben sich an die Existenz von Naturwissenschaftlerinnen gewöhnt – und an die Existenz von Technikerinnen anscheinend noch überhaupt nicht. So erzählten mir mehrere Ingenieurstudentinnen: Wenn eine Frau verspätet zur Vorlesung kommt, kann sie an vielen technischen Hochschulen ein Pfeifkonzert erleben, oder sie muß sich freche bis anzügliche Bemerkungen anhören, und zwar nicht etwas nur von seiten der Studienkollegen, sondern auch von seiten der Dozenten (die ja eigentlich dazu da sind, sie in ihrem technischen Interesse zu fördern anstatt zu entmutigen) (Maurer 1979). – Immer noch müssen Frauen mit Schwierigkeiten rechnen und sich mühevoll durchkämpfen, wenn sie es wagen, in das von Männern beherrschte Feld der Technik und Naturwissenschaft einzudringen. Der Anteil der Frauen in naturwissenschaftlich-technischen Studienfächern und Berufsfeldern entspricht keineswegs ihrem Anteil an der Bevölkerung, weder in Österreich noch in der Bundesrepublik und auch nicht in England, Frankreich oder Schweden. In Schweden wurden zwar wichtige gesetzliche Verbesserungen und Voraussetzungen geschaffen, doch wirken sich tiefeingewurzelte geschlechtsspezifische Motivationsmuster derzeit noch negativ auf die Studien- und Berufswahl aus (*Vestin* 1981, 36–52).
In den USA sehen die Zahlen etwas besser aus, doch ist dies weniger

der „women's lib"-Bewegung zu danken, als dem (von der militärischen Aufrüstung her motivierten) Interesse an naturwissenschaftlich-technischen Fachkräften, die allein aus der männlichen Bevölkerung nicht mehr rekrutiert werden konnten. In der UdSSR ist das Ziel angemessener weiblicher Beteiligung zumindest quantitativ fast erreicht (so sind etwa 40% der Ingenieur-e/innen Frauen), dies allerdings vor allem aufgrund der ökonomischen Notwendigkeit, alle Kräfte zu mobilisieren, und nicht etwa aus purer Frauenfreundlichkeit. Auch die DDR-Statistik 1979 zeigt vorzeigenswerte Ergebnisse: 27% Frauen, die Technikwissenschaften studieren, und etwa 45% Frauen, die Mathmatik/Naturwissenschaften studieren (*Ratzsch* 1981, 53–62).

Bei uns steigt die Zahl der Technikerinnen und Naturwissenschaftlerinnen sehr langsam und zäh an. Daß diese Frauen nicht beim Nullpunkt anfangen müssen, sondern an die Erfolge einer ganzen Reihe von Vorgängerinnen anknüpfen können, ist kaum bekannt. Es hat nämlich im Verlauf der gesamten abendländischen Wissenschafts- und Technikentwicklung immer wieder Frauen gegeben, denen es gelang, die Schranken des herrschenden Systems zu durchbrechen und ihren mathematischen, naturwissenschaftlichen und technischen Interessen nachzugehen. Doch werden ihre Leistungen in den entsprechenden Nachschlagewerken, Handbüchern und biographischen Lexika[2] häufig überhaupt nicht erwähnt, besser gesagt: Sie werden systematisch totgeschwiegen.

Selbst wo Autoren wissenschafts- und technikgeschichtlicher Werke nicht darum herum kamen, einige wenige Frauen, ihrer überdurchschnittlichen Erfolge wegen, wenigstens zu nennen, da werden sie nur in den seltensten Fällen wirklich angemessen gewürdigt. In der Mehrzahl auch dieser Fälle wird ihre Bedeutung von den Autoren zu gering bewertet, sie wird unterschätzt oder gar abqualifiziert.

Die propagandistisch-politische Bedeutung solcher Techniken liegt darin, daß auf ihrer Basis behauptet werden kann, Frauen seien ja ohnehin für Technik und Naturwissenschaft unbegabt, nicht geeignet, die Geschichte beweise es: „Wo sind denn die großen weiblichen Leistungen?" kann so gefragt werden. Daher will ich hier zunächst, im Teil I, die These belegen, daß der gebildeten Öffentlichkeit allgemein und den Wissenschaftler/innen im besonderen über die Frauen in Technik und Naturwissenschaft wesentlich weniger bekannt ist, als es der realen Geschichte entspricht. Es kann anhand der angeführten Beispiele jede/r den diesbezüglichen öffentlichen Kenntnisstand an sich selbst testen.

Aus verschiedenen naturwissenschaftlichen und technischen Disziplinen werden hier insgesamt jeweils ein bis drei Frauen vorgestellt: aus

Naturgeschichte, Chemie, Medizin; aus den sogenannten ‚harten' Fächern Mathematik, Physik und Astronomie, sowie aus den angeblich noch um vieles unweiblicheren technischen Gebieten Montanistik, Apparatebau und angewandte Entomologie. Damit wird zum einen gezeigt, auf wieviel unterschiedlichen Gebieten und in welch vielfältiger Weise Frauen sich in verschiedenen Geschichtsepochen und Gesellschaften, trotz aller Hindernisse durch die ganze Geschichte, an der Entwicklung von Technik und Naturwissenschaft beteiligt haben; zum anderen wird deutlich, daß sie es dabei auch zu herausragenden und außerordentlichen Leistungen bringen konnten, und daß die Wissenschafts- und Technikgeschichte neu zu interpretieren ist. Denn ihre Spuren sind noch nicht total verwischt: Wer sich die Mühe macht, in Bibliotheken und Archiven gründlich nachzuforschen, wird nach längerem Suchen doch einige Informationen über die Rolle der Frauen in der Entwicklung von Naturwissenschaft und Technik finden. Vieles läßt sich dem sehr materialreichen Werk „Woman in Science" von *H. J. Mozans* entnehmen, das 1913 zum ersten Mal erschien und 1974 vom Massachusetts Institute of Technology neu herausgegeben worden ist.

I. Weitgehend unbekannt: Frauen in Naturwissenschaft und Technik – einige Beispiele

Wenn die Methoden der Destillation und Extraktion zum Kern dessen gehören, was die abendländische Chemie ausmacht, dann lagen deren Anfänge in der Hand von Frauen! Denn es waren babylonische Parfümherstellerinnen und Alchimistinnen der ersten nachchristlichen Jahrhunderte, die diese Techniken in erster Linie entwickelt haben (*Levey* 1961, 2–6).

Die moderne Chemie, die an diese Arbeiten anschloß, wurde zwar im wesentlichen von Männern beherrscht, doch haben auch in ihr Frauen in einem größeren Ausmaß mitgewirkt, als allgemein bekannt ist. So war *Marie-Anne-Pierrette Lavoisier* (1758–1836), die Ehefrau des berühmten Chemikers *Antoine-Laurent Lavoisier* an der Entstehung seines für die heutige Chemie grundlegenden Werkes „Traité Élémentaire de Chimie" (1789) wesentlich beteiligt. Sie arbeitete praktisch im Labor mit, sie protokollierte die Ergebnisse der Experimente, und *ihr* sind die Illustrationen des „Traité" zu danken. Auch war sie es, die Englisch und Latein lernte, um die für die gemeinsame Arbeit unentbehrliche fremdsprachige Fachliteratur ins Französische zu übersetzen. Nach dem Tode ihres Mannes publizierte sie die noch von ihm projektierten

„Memoirs de Chimie“, und in ihrem Haus trafen sich auch weiterhin die angesehensten Wissenschaftler ihrer Zeit. Doch in keinem wissenschaftsgeschichtlichen Werk wird sie erwähnt. Und *Mozans,* der sie rehabilitieren möchte, zitiert sie nur als *„Mme. Lavoisier“* und nicht mit ihrem eigenen (Vor-)Namen.[3]

Zur Medizin und Biologie: Es war eine Frau, nämlich *Anna Morandi Manzolini* (1716–1774), die die berühmten anatomischen Wachsmodelle entwickelte, die den Ursprung der heute in jeder Schule und Hochschule gebräuchlichen biologischen und anatomischen Modelle darstellen. *Anna Morandi Manzolini* hatte an der Universität zu Bologna einen Lehrstuhl für Anatomie inne. Eine ganze Reihe wichtiger Entdeckungen dieser damals noch jungen Wissenschaft sind ihr zu danken. Aus ganz Italien erreichten sie Bitten um Exemplare ihrer Wachsmodelle, und aus vielen Städten Europas, darunter London und Petersburg, erhielt sie ehrenvolle Einladungen (*Università degli Studi di Bologna/Accademia delle Scienze* 1981; *Mozans,* 236–238).

Hildegard von Bingen (1098–1179) entwickelte bereits im 12. Jahrhundert Ansätze eines heliozentrischen Weltbildes. Die Sonne, so war ihre Ansicht, stehe im Zentrum des Firmaments und sie halte die Sterne, die um sie kreisen, in derselben Weise fest, wie die Erde ihre Lebewesen anzieht, die auf ihr leben. Diese Ansicht ist sehr bemerkenswert, denn im 12. Jahrhundert galt allgemein das geozentrische Weltbild, und die universelle Gravitation war in der Wissenschaft dieser Zeit unbekannt, da ja erst *Newton* sie formulierte. *Hildegard von Bingen* verfügte über ein enzyklopädisches Wissen und verfaßte eine ganze Reihe wichtiger naturgeschichtlicher und medizinischer Werke, sowie drei große theologische Schriften. Sie war aber nicht nur Physikerin, Naturforscherin und Ärztin, als Äbtissin des Benediktiner-Konvikts von Bingen am Rhein hatte sie auch bedeutenden Einfluß auf die Gelehrten und die Politiker ihrer Zeit, und sie wurde als Dichterin geehrt. (*Jonas* 1979; *Mozans* 1974.) Als solche ist sie immerhin teilweise bekannt. Trotzdem wird ihr Name in keinem der wissenschaftsgeschichtlichen Standardwerke genannt, zum Beispiel weder in der „Geschichte der Biologie“ von *I. Asimov* (1968) oder in der „Kleinen Weltgeschichte der Philosophie“ von *H. J. Störig* (1965).

Zur heute harten Männerdomäne der sogenannten reinen *Physik:* Es war ebenfalls eine Frau, nämlich *Emilie-Gabrielle de Breteuil* (1706–1749), die *Newtons* Hauptwerk „Philosophiae Naturalis Principia Mathematica“ ins Französische übersetzte und mit einem Kommentar versah (*Mozans* 1974). Das Werk hatte in der Wissenschaftsgeschichte eine nicht geringe Bedeutung und ist noch heute die einzige französiche Übersetzung. *Emilie de Breteuil* hatte sich in ihrem Schloß

Abbildung 1: Die Marquise du Châtelet
(aus: Wechselwirkung 8, 1981, 17)
Beispielhaft zeigt dieses Titelbild eines Buches, das Voltaire über Newton schrieb, was das Schicksal unserer „Vorbilder" war.
Die hier abgebildete Marquise du Châtelet (1706–1749) war eine erfolgreiche Naturwissenschaftlerin, die unter anderem ein Physik-Lehrbuch und eine Übersetzung von Newtons Hauptwerk schrieb.
Im Lexikon finden wir sie jedoch als die „hochbegabte Freundin und Geliebte" des Philosophen Voltaire, der zehn Jahre auf ihrem Schloß lebte und mit ihr gemeinsam naturwissenschaftliche Studien betrieb.
Das ist das Bild, das von ihr übrigbleibt: die Muse, die Mittlerin, die die Strahlen des genialen Newton über einen Spiegel auf den nicht weniger genialen Voltaire leitet.

in Cirey ein eigenes physikalisches Labor eingerichtet. Ihre erste naturwissenschaftliche Arbeit, eine Abhandlung über die Natur der Wärme, wurde von ihr als Lösung einer Preisaufgabe der französichen Akademie der Wissenschaften eingereicht. Sie gewann zwar nicht den ausgeschriebenen Preis, ihre Arbeit wurde aber dennoch sehr gelobt und von der Akademie veröffentlicht. Außerdem schrieb sie für ihren Sohn ein Lehrbuch der Physik mit dem Titel „Institution de Physique", dem sie *Leibniz'* Theorie der lebendigen Kräfte zugrundelegte. Über dieses Werk urteilte *Voltaire,* daß sie darin „eine Methode und eine Klarheit" entwickelt habe, „die *Leibniz* selbst nie besaß und deren seine Gedanken bedürfen, sei es, daß man sie verstehen will, sei es, daß man sie widerlegen will" (*Mozans* 1974). *Emilie de Breteuil* dürfte in diesem Lehrbuch einige spätere Schlußfolgerungen über die Natur der Energie vorweggenommen haben. Der eben genannte Philosoph war ihr Freund und Geliebter, der zu ihr nach Cirey zog, so daß sie in der Literatur immer nur als die *„Marquise du Châtelet,* die Geliebte des *Voltaire"* erwähnt wird. Als solche ist sie relativ bekannt, ihre Bedeutung als Physikerin wird im allgemeinen unterschlagen.

Wie *Emilie de Breteuil* wurde deren Zeitgenossin *Laura Bassi* (1711–1778), eine damals in ganz Europa bekannte Mathematikerin, Physikerin und Philosophin, aus dem öffentlichen Gedächtnis verdrängt. Im Alter von 21 Jahren hat sie in Bologna vor sieben Professoren und zwei Kardinälen mit größtem Erfolg und in elegantestem Latein ihre philosophische Dissertation verteidigt. Im selben Jahr erhielt sie an der Universität zu Bologna einen Lehrstuhl für Philosophie. Sie lehrte Algebra, Geometrie und Experimentalphysik und zog außerdem noch 12 Kinder groß. Erst durch ihre Vermittlung konnte *Voltaire* Mitglied der Akademie werden (vgl. *Mozans* 1974, 203–212; Lexikon der Frau I 1953, 338; Lexikon der Frau II 1954, 716).

Weiter zur Mathematik: Laura Bassis Landsfrau *Maria Gaetana Agnesi* aus Mailand (1718–1799) fand bereits als Vierzehnjährige für einige Probleme der Ballistik und der analytischen Geometrie neue originelle Lösungen und korrespondierte darüber mit angesehenen Mathematikern ihrer Zeit. Sie wurde 1748 durch ein umfangreiches Lehrbuch der Analysis, das die französische Academie des Sciences ins Französische überletzen ließ, in ganz Europa berühmt und erntete Anerkennung und Begeisterung sowohl von bekannten Mathematiker(inne)n und wissenschaftlichen Gesellschaften, als auch von Fürsten und Regenten. Doch wurde ihr die größte Ehre durch Papst *Benedikt XIV.* zuteil, der ihr – selbst mathematisch gebildet – einen Lehrstuhl für Höhere Mathematik an der Universität zu Bologna anbot. Erschüttert durch den Tod ihres Vaters schlug sie dieses Angebot jedoch aus und widmete ihr weiteres

Leben den unterdrückten Schichten ihres Volkes (vgl. *Mozans* 1974, 78, 143; *May* 1973; Lexikon der Frau I 1953, 55; Lexikon der Frau II 1954, 716).

Vielleicht noch erstaunlicher ist die Tatsache, daß auch der erste große *Bergbauingenieur* Frankreichs eine Frau war (jedenfalls nach *Mozans* 1974, 246–252), nämlich die *Baronesse de Beausoleil* (17. Jahrhundert). Sie war nicht nur versiert in Mineralogie, Chemie, Geometrie, Mechanik und Hydraulik, sondern verfügte auch über großen politischen Weitblick. In ihrer ersten, 1632 erschienenen Schrift, bewies sie dem König von Frankreich, wie er durch die Nutzung der reichen Bodenschätze seines Landes sich und Frankreich vom Ausland unabhängig machen könne. Die zweite Schrift mit dem Titel „La Restitution de Pluton" erschien 1640, war an Cardinal *Richelieu* gerichtet und sollte zeigen, wie der König mittels der Nutzung der Bodenschätze der reichste aller christlichen Fürsten werden und sein Volk glücklich machen könne. Die *Baronesse de Beausoleil* nennt in ihren Schriften die Qualifikationen, die ein/e Bergbauingenieur/in braucht: sie behandelt die Wissenschaft des Bergbaus, die verschiedenen Arten von Minen, den Metallgehalt von Erzen, die Möglichkeiten der Methoden des Schmelzens, sowie die allgemeinen Prinzipien der Metallurgie auf dem damaligen Stand der Wissenschaft (*Mozans* 1974, ebd.).

Als weiteres Test-Beispiel will ich eine englische Naturforscherin des 19. Jahrhunderts präsentieren. Es ist Miss *Eleanor Ormerod,* die als Insektenforscherin und erster großer *„economic entomologist"* internationales Ansehen gewann (*Mozans* 1974). Ihre gesamte Arbeit hat sie der wirtschaftlich so wichtigen Schädlingsbekämpfung gewidmet. Als Spezialistin auf diesem Gebiet führte sie viele Forschungen durch und gab den Landwirten und Gärtnern aus ihrer Gegend praktische Anleitungen. Von 1877 bis 1898 publizierte sie jährlich einen Bericht über ihre neuesten Forschungsergebnisse. Darüber hinaus verfaßte sie mehrere Handbücher und Textbücher über Getreide-, Wald- und Obstschädlinge. Führende Insektenforscher aus aller Welt, Landwirte, ausländische Botschaften und Regierungsbeamte ersuchten sie in täglich Dutzenden von Briefen um Rat oder spezielle Informationen. *Huxley* sagte von *Eleanor Ormerod* bezüglich einer Arbeit, die sie als Mitglied eines speziellen Komitees verfaßt hatte, „sie wisse mehr übers Geschäft als alle anderen zusammen" (*Mozans* 1974, 251). Miss *Ormerod* war Mitglied mehrerer wissenschaftlicher Gesellschaften, doch wurde sie als Frau nie geadelt, welche Ehre einem männlichen Wissenschaftler ihrer Leistung und Bedeutung wahrscheinlich zuteil geworden wäre. Doch wurde ihr immerhin, in Anerkennung ihrer Leistungen, von der Universität Edinburgh der Doktortitel verliehen – womit sich diese konservativ-altehrwürdige Institution zum ersten Mal dazu durchrang, eine Frau in einer solchen Weise zu ehren.

II. Geschichtsschreibung als Verdrängung

Die Unterbewertung dieser Leistungen von Frauen kommt in den Texten der wissenschafts- und technikgeschichtlichen Werke auf unterschiedliche Weise zum Ausdruck. Anders gesagt: Es gibt verschiedene Möglichkeiten der Verdrängung, die sich meines Erachtens am treffendsten psychoanalytisch als „Techniken der Verdrängung" kennzeichnen lassen. Die politische Funktion des Verdrängungsprozesses ist klar: Totschweigen war schon immer ein probates Mittel der Herrschaftssicherung; Frauen stellen bei uns die unterworfene Hälfte der Gesellschaft dar (auch wenn ihre Herren selbst nicht frei sind) und Technik und Wissenschaft gehören (via Naturbeherrschung) zu den Medien der Machtausübung; die Verdrängung der Frauen aus deren Geschichtsschreibung hat die reale Vertreibung der Frauen aus diesem Terrain zum Hintergrund.

1. Totales Totschweigen

Die einfachste Möglichkeit, die Geschichte der Frauen zu unterdrükken, besteht darin, ihre Namen oder ihre Leistungen ganz und gar wegzulassen – oder gleich beides in Kombination – daß man(n) sie also durch Schweigen tötet. So macht es zum Beispiel *H. J. Störig* in seiner „Kleinen Weltgeschichte der Philosophie (1965). In *Störigs* immerhin 550 Seiten starkem Werk kommen Frauen praktisch nicht vor, die einzige im Personenregister angeführte Frau ist Königin *Christine von Schweden*. Und sie wird nur deshalb und nur insofern erwähnt, als sie *Descartes* zu sich nach Schweden eingeladen hat.

2. Degradierung zum bloßen Attribut eines Mannes: „Frausein erlaubt – Wissenschaft verboten"

Einige weitere Ausnahmen von Frauen, die sich im Text *Störigs* selbst entdecken lassen, erscheinen ebenfalls nur als bloßes Attribut eines männlichen Philosophen, nicht aber selbständig als Wissenschaftlerinnen/Philosophinnen. Das heißt zum einen: sie werden zwar erwähnt, aber in einer anderen, vom Mann her definierten Funktion: als Gespielin, Ehefrau, Freundin, eventuell auch als Gehilfin, als anregende Muse, als Mäzenin. Zum anderen können so ihre selbständigen Leistungen in den Hintergrund gedrängt bzw. negiert werden.

Dies geschieht selbst der oben genannten Übersetzerin und Kommentatorin von *Newtons* Hauptwerk, der *Marquise du Châtelet,* die von *Störig* lediglich in ihrer Funktion als „Geliebte des *Voltaire*“ für erwähnenswert gehalten wird.

3. Partielles Totschweigen

Eine etwas abgewächte Form des Totschweigens besteht darin, daß man(n) nicht prinzipiell alle Frauen totschweigt, sondern lediglich eine oder einige Frauen nennt, dabei alle anderen Wissenschaftlerinnen aber wegläßt. Zum Beispiel enthält praktisch jede Geschichte der Chemie oder der Naturwissenschaften zumindest eine Erwähnung der *Marie Curie,* die 1903 zusammen mit ihrem Mann *Pierre Curie* und *Henry Becquerel* für ihre Forschungen über Radioaktivität den Nobelpreis für Physik und 1911 zusätzlich alleine den Nobelpreis für Chemie erhielt.
Weitere Frauen, die auf diese Weise in wissenschaftsgeschichtlichen Büchern recht häufig vorkommen sind *Hypatia von Alexandria, Irène Joliot-Curie, Lise Meitner* und *Maria Göppert-Meyer,* teilweise auch *Caroline Herschel.* Doch damit hört die weibliche Geschichte dann im allgemeinen auch schon auf. Dies gilt für die große „Biographische Enzyklopädie der Naturwissenschaften und Technik“ von *Isaac Asimov* (Herder 1973), für das Buch von *Armin Hermann:* „Große Physiker. Vom Werden des neuen Weltbildes“ (Stuttgart 1959) und für *H. J. Störigs* „Kleine Weltgeschichte der Wissenschaft“ (2 Bände, Fischer 1954/1970). Selbst das ansonsten so gründliche und umfassende vierbändige Werk: „Wissenschaft. Science in History“ des Physikers *J. D. Bernal* (Rowohlt 1970), entspricht diesem Schema. Die beiden letztgenannten Autoren halten noch nicht einmal *Maria Göppert-Meyer* und *Irène Joliot-Curie* für erwähnenswert.
Eine gewisse Ausnahme dieser Art von Geschichtsdokumentation bildet das umfangreiche mathematikgeschichtliche Nachschlagewerk „Bibliography and Resarch Manual of the History of Mathematics“ von *Kenneth O. May* (1973). Dieser Herausgeber führt viele wichtige Mathematikerinnen auf wie z. B. *Hypatia, Maria Gaetana Agnesi, Sonya Vasilevna Kovalevskaya* (1850–1891), *Mary Somerville* (1780–1872), *Sophie Germain* (1776–1831).

4. Herabsetzung/Abwertung

Eine subtile Form der Verdrängung von Frauen aus der Wissenschafts- und Technikgeschichte ist die, daß zwar ihr Name und ihre Leistungen erwähnt werden, diese Leistungen aber unterbewertet, falsch eingeschätzt oder gar herabgewürdigt werden. Dies zum Teil noch in Kombination mit einer der oben genannten Technik der Degradierung ähnlichen Methode, nämlich der, eine Wissenschaftlerin sozusagen als bloßen *„Satelliten"* eines berühmten Mannes erscheinen zu lassen. Ihre Leistung wird dann nicht total verschwiegen (wie bei der Herabwürdigung zum *Attribut* eines Mannes), aber sie wird unterbewertet bzw. abgewertet. Dies geschieht häufig bei Frauen, die mit ihrem Mann oder einem anderen männlichen Verwandten zusammengearbeitet haben, was jedoch oft die einzige Möglichkeit war, überhaupt wissenschaftlich zu arbeiten. In der Regel werden dabei die Leistungen der Frau abgewertet, und/oder die des Mannes aufgewertet. Ein typisches Beispiel hierfür ist *Caroline Lucrezia Herschel* (1750–1848), die mit ihrem Bruder zusammenarbeitete, aber selbständig 8 Kometen entdeckt und mehrere astronomische Schriften veröffentlicht hat (*Mozans* 1974, 182–190). Sie wird oft nur als Gehilfin ihres Bruders genannt oder ihre Leistungen werden gegenüber seinen nicht angemessen gewürdigt. Sie selbst gab diesen Darstellungen Vorschub, zum Beispiel sagte sie über sich, wenn sie bewundert wurde, sie habe nichts anderes (für ihren Bruder) getan, als was „ein gut abgerichtetes Hündchen getan hätte, d.h. ich tat, was er mir befahl" (*Feyl* 1981, 69). Und dies, obwohl ihr von *Alexander von Humboldt* in Anerkennung der bedeutenden Dienste, welche sie der Astronomie durch Entdeckungen, Beobachtungen und schwierige Berechnungen geleistet hatte, im Auftrag des Königs von Preußen die Goldene Medaille für Wissenschaft verliehen worden war. Um sich wissenschaftlich zu verwirklichen, hat sie die frauenfeindlichen Haltungen der Wissenschaft und Gesellschaft selbst verinnerlicht. Welchem Zwang muß sie indirekt unterworfen gewesen sein, und welche Selbstverleugnung stellt dies dar!

Aber auch die Bedeutung und Leistung von Frauen, die allein gearbeitet haben, wird oft völlig verzerrt dargestellt und herabgewürdigt. Als erstes Beispiel für diese Verdrängungstechnik sei hier die Geschichtsschreibung zu *Hypatia aus Alexandria* (370–415) genannt (zum Beispiel Marias, der Jüdin, s.u., in III.). *Hypatia* gilt vielen als die berühmteste Gelehrte der Antike. Sie war ein Universalgenie von großem Wissen und lehrte in Alexandria Philosophie, Algebra, Geometrie, Mechanik und Astronomie. Sie verfaßte mehrere mathematische Schriften und einen Kommentar zum „Astronomischen Kanon" des *Ptolemäus,* der Tafeln über die Bewegungen der Himmelskörper enthielt. Außerdem entwickelte sie zwei wichtige astronomische Instrumente sowie ein Areometer. Wie *Plotin* berichtet, galt *Hypatia* bald als die fähigste und klügste Vertreterin der platonischen und aristotelischen Philosophie ihrer Zeit, so daß aus allen Gegenden der hellenistischen Welt Schüler zu ihren Vorlesungen strömten (*Mozans* 1974, 199–201). Als Repräsentantin der Platonischen Philosophie mit politischem Einfluß geriet sie in die Machtkämpfe zwischen dem Patriarchen von Alexandria, *Cyril*, und dem römischen Präfekten Ägyptens, *Orestes*. Als *Cyril* eine Verfolgungskampagne gegen die „Häretiker“ an der Universität begann, wurde sie von fanatischen christlichen Mönchen auf bestialische Art ermordet. (Nach *Alic* 1981, 311, wurde ihr mit scharfkantigen Muscheln Haut und Fleisch heruntergerissen, bis sie starb; andere Autoren geben an, sie sei gesteinigt worden, z. B. *Bernal* 1970, 218).

Hypatia verdient ihren Platz in der Wissenschaftsgeschichte sowohl der Astronomie, der Physik, der Mathematik, als auch in der der Naturgeschichte und Philosophie. Wie wird diese hervorragende Frau jedoch in wissenschaftsgeschichtlichen Werken dargestellt? Als Beispiel sei hier die Beschreibung *I. Asimovs* aus seiner „Biographischen Enzyklopädie der Naturwissenschaften und Technik“ wiedergegeben:

„Berichte rühmen ihre Schönheit und Tugend, ihr Wissen und die Beliebtheit ihrer Vorlesungen, so daß spätere Zeiten ihre Gestalt in einem verklärten Lichte sahen. Sie brachte nichts Eigenständiges in die Wissenschaft ein, verfaßte aber sehr nützliche Kommentare über so frühe Gelehrte wie *Ptolemäus* und *Diophantes*“. (*Asimov* 1973, 48/49).

Aus folgenden Gründen ist diese Darstellung verzerrend und abwertend:

Erstens: welcher überragende Wissenschaftler wird zu späterer Zeit nicht „in verklärtem Lichte“ gesehen? *Zweitens* stellt die Entwicklung von Instrumenten eine sehr eigenständige Leistung dar – *Asimovs* Darstellung ist also schlichtweg falsch. *Drittens* bleibt unerfindlich, wieso *I. Asimov* sogar *Hypatias* „sehr nützliche Kommentare“ nicht als etwas „Eigenständiges“ anerkennen will.

Die Darstellung *Asimovs* zu *Hypatia* ist trotz allem noch etwas positiver zu bewerten als die von *J. D. Bernal: Bernal* schreibt nämlich gar nichts über sie, außer über ihren tragischen Tod (*Bernal* 1970, 218, 227, 239). Muß eine Frau erst ermordet werden, um in ein wissenschaftsgeschichtliches Werk aufgenommen zu werden?

Die Verdrängungstechniken in der Geschichtsschreibung können auch als Hilfsmittel bei der realen Vertreibung von Frauen aus dem heutigen Wissenschaftsbetrieb eingesetzt werden – sei dies nun bewußt oder unbewußt. So wurde im Jahr 1978 bei einer Sitzung über die Besetzung eines Lehrstuhls für Genetik an einer bekannten deutschen Universität vom Vorsitzenden der Berufungskommission just das oben genannte „Argument“ Asimovs gegen eine weibliche Bewerberin eingewendet: sie habe „nichts Eigenständiges“ vorzuweisen, denn sie stehe nicht allein auf ihren Veröffentlichungen – ein absurder Vorwurf, denn Teamwork ist heute bei naturwissenschaftlichen Publikationen die Regel.

5. Sprachliche Mechanismen

Wird in den Geschichtswerken von „Wissenschaftlern", „Forschern", „Ärzten", „Technikern" gesprochen, so ist damit allgemein klar: es kann sich eigentlich nur um Männer handeln. Nichts weist darauf hin, daß hierunter auch Frauen zu denken sind. Die Aufmerksamkeit der Leser/innen wird androzentrisch misogyn umgelenkt. Denn die Worte „Wissenschaftler", „Forscher", „Ärzte" und „Techniker" wurden im Lauf der Entwicklung der bürgerlichen Gesellschaft im Deutschen mit einer eindeutig männlichen Bedeutung belegt (*Trömel-Plötz* (Hrsg.) 1984; *Pusch* 1984, 46–48). Daß auf Wissenschaftler-„innen", Forscher-„innen", Ärzt-„innen", Techniker-„innen" daher extra hingewiesen werden muß (und Aufsätze wie dieser notwendig sind), ist ein Effekt dieses Gewalt-durch-Sprache-Zusammenhangs.

III. Die Anfänge der Chemie – Babylonische Hausfrauen und Alchimistinnen der frühchristlichen Zeit

Warum habe ich anfangs behaupten können, daß die Ursprünge der abendländischen Chemie in der Hand von Frauen lagen? Weil die ersten Chemiker/innen, die in der Geschichtsschreibung erwähnt sind, babylonische Parfümherstellerinnen waren. Trotzdem habe ich nur in einem der vielen wissenschaftsgeschichtlichen Nachschlagewerke, Bücher und Lexika etwas über diese babylonischen Chemikerinnen gefunden (*Levey* 1961, 2–6). Ihre Namen befinden sich auf zwei Keilschrift-Tafeln des alten Mesopotamiens, die sich auf die Zeit zwischen 1256 und 1209 vor unserer Zeitrechnung datieren lassen. Der erste der beiden Namen lautet: *„Tapputi-Belatekallin, die Parfümherstellerin"*, der zweite Name ist nur zu einem Teil erhalten: *„... ninu, die Parfümherstellerin"*. Aus dem zweiten Teil des ersten Namens geht hervor, daß *Tapputi, die Parfümherstellerin,* der Vorstand eines Haushalts war – eine Hausfrau also. Die beiden Tafeln wurden zusammen mit fünf anderen gefunden und behandeln allesamt die technologischen Aspekte der Parfümherstellung. Aus ihnen gehen viele interessante Einzelheiten hervor. Die Herstellung von Parfümprodukten unterstand offensichtlich Hausfrauen, die für die einzelnen Produktionsschritte eigene Methoden entwickelt hatten. Dabei müssen sie durchweg empirisch vorgegangen sein, und zwar so, daß sie von der Kombination normaler Küchenoperationen fortschritten zur Fortentwicklung und Weiterbildung von Haushaltsgeräten, und weiter zu immer mehr spezialisierten Methoden, zu den Prozessen der Destillation, Extraktion und Sublimation. Zur Extraktion, zum Beispiel, schrieben sie vor, den Extraktionsvorgang je nach Fall 20 bis 40 mal zu wiederholen – ein Gedanke, der durch die gesamte Geschichte der späteren Alchimie hindurch weitergelehrt und aufbewahrt wurde. Zur Destillation und Sublimation wurde von den Babylonierinnen ein sogenannter „diqaru"-Topf benutzt; das ist ein Topf aus Metall, der mit einem Deckel versehen ist und über lange Zeit erhitzt werden kann. Der diqaru-Topf ist als Fortentwicklung eines normalen Küchentopfes zu betrachten und stellt die Urform der Destillationsgeräte dar, wie sie später von den Ägyptern, von den Alchimist(inn)en der ersten nachchristlichen Jahrhunderte und von den islamischen Chemiker(inne)n des 8. bis 11. Jahrhunderts benutzt wurden.

Die frühe Geschichte der abendländischen Chemie ist babylonischen Hausfrauen zu danken, die vor über 3000 Jahren in Mesopotamien Parfüm herstellten. Bedeutende Frauen führten ihre Arbeit in den ersten nachchristlichen Jahrhunderten fort, so zum Beispiel die Alchimistinnen *Paphnutia, die Jungfrau,* und *Kleopatra, die Alchimistin.* Besonders eine aber ragte unter allen Alchimist(inn)en dieser Zeit heraus: *Maria, die Jüdin* (vgl. *Wininger,* o.J.; *Alic* 1981, 305–312).

Maria war eine reiche Frau und von Priestern, die ihre Begabung erkannt hatten, in die geheime Kunst der Alchimie eingeweiht worden. *Maria* wird in der späteren alchimistischen Literatur sehr häufig zitiert. Ihr wird die Entwicklung zahlreicher technischer Apparate der Chemie zugeschrieben, wie zum Beispiel verschiedener Öfen, und die Entwicklung von Koch- und Destilliergefäßen aus Metall, Ton und Glas, Geräte, ohne die auch die heutige Chemie nicht auskommt. Als Verbindungsmittel benutzte *Maria* einen „Tonerdekitt der Philosophen". Einige ihrer Erfindungen tragen ihren Namen und sind in der Alchimie vielfach zitiert. *Maria* ist die Erfinderin des Wasserbads, des Sand- und des Ölbads, also von Techniken, die heute jeder Chemiestudent zu erlernen hat. Alle diese Tatsachen und deren große Bedeutung für die Geschichte der Chemie hätten eigentlich dazu führen müssen, daß *Maria,* ebenso wie ihre babylonischen Vorgängerinnen, in der Wissenschaftsgeschichtsschreibung einen angemessenen Platz erhalten hätte(n).

Doch nichts dergleichen. Statt *Maria* und den Babylonierinnen wird in den meisten wissenschaftsgeschichtlichen Werken die Herausbildung der Destillation und der Alchimie einem Mann, nämlich einem *Zosimos* aus Panopolis, zugeschrieben, der gegen Ende des 4. und Anfang des 5. Jahrhunderts n. Chr. (später als *Maria*), in Alexandria lehrte. So zum Beispiel in dem genannten vierbändigen Werk von *J. D. Bernal*

(1970). Die „Biographische Enzyklopädie“ *Asimovs* (1973) enthält eine Beschreibung des *Zosimos,* aber keine der *Maria* (Technik des totalen Totschweigens). Auch „Das Buch der großen Chemiker“, von *Günther Bugge* herausgegeben (2 Bände, 1929/30; Nachdruck 1974), beginnt mit einem Artikel über *Zosimos* (Bd. 1, 1–17), und enthält keinen eigenen über die Babylonierinnen oder wenigstens über *Maria.* Dies ist hier besonders erstaunlich, da deren Bedeutung dem Autor des Artikels über *Zosimos, J. Ruska* keineswegs verborgen war: er weist selbst auf die babylonische Keilschrift-Tafeln hin, in denen die Parfümherstellerinnen *Tapputi-Bellatekallin* und ... *ninu* genannt sind, und in den von ihm zitierten Texten des *Zosimos* wird oftmals nicht nur auf *Maria* und ihre Leistungen direkt Bezug genommen, *J. Ruska* schreibt sogar selbst:

„Große Fortschritte in der Konstruktion und Anwendung von Apparaten verdankt die Alchemie offenbar einer Frau, der Ägypterin *Maria,* die der Zeit des *Zosimos* ziemlich nahe stehen muß“ (a.a.O., 16) und zu *Zosimos* (ebd.):
„Viel eigene Erfahrungen scheint er nicht gehabt zu haben,“ sondern er habe „mehr durch die Sammlung und Erklärung älterer Schriften als durch die Entdeckung neuer chemischer Tatsachen ... auf die Alchemie ... gewirkt.“ (a.a.O., 17).

Würde man hier, wie *Asimov,* die Bedeutung eines/einer Wissenschaftlers/in danach einschätzen, ob sie/er etwas Eigenständiges in die Wissenschaft eingebracht hat, dann wäre diesen Zeilen zufolge *Maria* die bedeutendere, die „größere“ Chemikerin, denn auf sie gehen ja die genannten älteren Schriften zurück. „Das Buch der großen Chemiker“ müßte also mit einem Artikel über *Maria, die Jüdin,* einsetzen, anstatt mit einem über *Zosimos.* Obwohl es im Text selbst richtig angedeutet wird, wird durch diesen Buchaufbau der falsche Eindruck erweckt, *Zosimos* sei gegenüber *Maria* der „größere Chemiker“ gewesen. Wieso kommt Maria statt allein nur in einem Artikel über einen Anderen vor, nur als Vorläuferin des *Zosimos,* also nur als Begleiterscheinung, als Attribut eines Mannes?! Und warum heißt das Buch „Das Buch der großen Chemiker“ und nicht „Das Buch der großen Chemiker/innen“??! Welcher Gedanke liegt näher als der, daß hier wissenschaftliche Leistungen deshalb nicht angemessen herausgestellt werden, weil sie von Frauen erbracht worden sind, und nicht von einem Mann. Dieser Verdacht wird erhärtet durch die einleitenden Sätze des Artikels über *Zosimos.* In ihnen geht der Schreiber offensichtlich davon aus, daß nur Männer zu technischen und wissenschaftlichen Neuerungen fähig sind. Denn dort steht, unter Bezug auf die Erfindungen der Steinzeit, die Entwicklung der Keramik, die Entwicklung der Pflanzenkultivierung, des Hausbaus und weiterer technischer Errungenschaften:

„...keine Inschrift nennt den Namen eines Mannes, dem ein Fortschritt in technischen Dingen zu verdanken ist", und: „Kein Denkmal kündet uns den Ruhm des Mannes, der das erste Metall erschmolzen, den ersten Krug im Feuer gebrannt hat" (*Ruska* 1974, 1).
Aber, so schrieb zur gleichen Zeit auch ein Mann:
„Im Widerspruch zu der unter heutigen Männern herrschenden Ansicht, daß der Mann ‚von Natur' größere technische Begabung als die Frau besitze und die technische Entwicklung der Menschheit deshalb allein das Werk der Männer sei, stellt es sich immer mehr heraus, daß gerade diejenigen Werkzeuge der Vorzeit, auf denen sich Jahrtausende später das industrielle Zeitalter aufbauen sollte, Erfindungen der Frauen waren. Wir haben bereits vom Grabstock und der Hacke gesprochen... Aber auch Spinnwirtel, Spinnrad und Webstuhl, auf denen sich die ganze spätere Textilindustrie aufbaut, sind weibliche Erfindungen, genau wie die Rohstoffe der Textilproduktion, vor allem Flachs und Baumwolle, zuerst von Frauen kultiviert und angepflanzt worden sind. Der Mann hat später vieles verbessert, aber der intellektuelle Durchbruch, die schöpferische Leistung, die eigentliche Kreativität kam niemals vom Mann, sondern von der Urproduzentin: der Frau." (*Bornemann* 1975, 72–73).

Abbildung 2 (aus: Wechselwirkung 4, 1980, 5)

IV. Bemerkungen zur weiteren Arbeit: Frauenpolitik und kritische Geschichtsschreibung der Naturwissenschaften und Technik

Eine angemessene Wissenschafts- und Technikgeschichte hätte verschiedene Epochen und Gesellschaftsformationen nach ihren jeweiligen Formen von Technik und Natur-Wissen, in Zusammenhang mit deren gesellschaftlicher Funktion, mit Arbeitsteilung und Hierarchie, zu untersuchen, und nicht nur die „großen Taten/Erfindungen/Werke" berühmter Männer und Frauen herauszustellen. Dabei wären geschlechtsspezifische Arbeitsteilungen und patriarchalische Dominierung weiblicher Produktivität zu berücksichtigen.

1. Kritik des Technik- und des Wissenschaftsbegriffs

Es fällt auf, daß in der üblichen Betrachtungsweise Techniken, wenn sie in den (Haus-)Aufgabenbereich von Frauen fallen, nicht mehr unter „Technik" subsumiert werden, wie im Falle der zu Hause bzw. in privater Einzelarbeit durchgeführten Textilerzeugungstechniken des Strikkens und Häkelns. Auch allgemein wird weibliche Produktivität aus der Technik-Geschichtsschreibung ausgegrenzt oder unsichtbar gemacht. Hingegen werden die industrialisierten Formen der Textilerzeugung von der Geschichtsschreibung, als Geschichte der Entwicklung bestimmter Maschinen, thematisiert. „Wie den Frauen der Faden aus der Hand genommen wurde. Die Spindel der Notwendigkeit" heißt dementsprechend ein Buch von *Treusch-Dieter* (1983) zur Industrialisierung des Spinnens.
Auch auf die Wissenschaft bezogen, stehen die Frauen-Verdrängungstechniken in Zusammenhang mit einer einschränkenden Begriffsbestimmung. Denn die vorherrschende Definition, wie sie implizit aus den von mir untersuchten Büchern hervorgeht, besagt:

„Wissenschaft" beginnt da, wo schriftliche und systematische Aufzeichnungen (und eventuell die Suche nach Theorie, nach „Erklärung") vorliegen. „Naturwissenschaft" beginnt mit dem Erzeugen, der experimentellen und systematischen Konstruktion, von (wissenschaftlicher) „Erfahrung", nach den Prinzipien und Regeln der „experimentellen Philosophie" (*Böhme/Van den Daele/Krohn* 1977), im Anschluß an *Descartes, Galileo Galilei, Newton.* Alle andere Erfahrung zählt nicht, ist unwissenschaftlich – bestenfalls vor-wissenschaftlich.

Diese Bestimmungen stellen typische Ausgrenzungs-Definitionen aus der Sicht einer Sieger-Geschichte (bzw. -Geschichtsschreibung) dar, denn dies entspricht dem Entwurf, der schließlich durchgesetzt wurde. Mündlich überliefertes Alltags-Wissen, oder auch das Natur-Wissen der heilkundigen Frauen des 15. Jahrhunderts, gelten nach diesen Definitionen nie als Wissenschaft, allenfalls als vor-wissenschaftlich.
Daher ist es von Interesse, die Funktion dieser Ausgrenzungs-Definitionen für den Ausschluß der Frauen aus der Medizin, und deren Umformung zu einer an Akademien/Universitäten zu studierenden naturwissenschaftsorientierten Männer-Disziplin, zu untersuchen (vgl. hierzu *Hodge* 1981, 77–83). – Die feministische *Medizingeschichtsschreibung* kann hier zum Leitfaden weiterer Untersuchungsfragestellungen

einer kritischen *Naturwissenschaftsgeschichtsschreibung* werden, denn die Vertreibung der Frauen aus der Medizin ist relativ gut untersucht (*Kaupen-Haas* 1983, 226–231; *Becker/Bovenschen/Brackert* u.a. 1981; *Böhme* 1980, 445–463; *Ehrenreich/English* 1975; *Birkelbach/Eifert/Luecken* 1981, 83–98). Im Prozeß der Herausbildung der bürgerlichen Gesellschaft und der neuzeitlichen Naturwissenschaft scheinen Frauenbeherrschung und Naturbeherrschung in engem Zusammenhang miteinander zu stehen (*Merchant* 1980). Entsprechend lösen seit dem 18./19. Jahrhundert die Begriffe „Natur" und „Frau" (Weib) in der bürgerlichen Kultur ähnliche Assoziationen aus (vgl. u.a. *Keen/Griffith* 1981, 22–29).

Eine angemessene Wissenschaftsgeschichtsschreibung ist aus diesen Gründen auch als Geschichte der Veränderung des Erfahrungs-/Wissensbegriffes zu fassen, wobei die gesellschaftliche/soziale Funktion des Wissens und die in ihm zum Tragen kommenden (sozialen) Interessen als grundlegend zu berücksichtigen wären. Es würde dann die Geschichte des menschlichen Wissens beziehungsweise der menschlichen Wissenschaft wesentlich früher beginnen, und die sogenannte „neuzeitliche", „moderne Naturwissenschaft", die „experimentelle Philosophie", würde als ein Fall unter anderen, als ein Entwurf unter anderen, erscheinen, wenn auch als ein sehr wichtiger, wie man(n) sagt, „geschichtsmächtig" gewordener Fall.

2. Zur frauenpolitischen Notwendigkeit einer feministischen Naturwissenschafts- und Technikgeschichtsschreibung

Weder in der Frauenbewegung noch in der öffentlichen Diskussion von Frauenfragen hat die Thematik „Frauen in Naturwissenschaften und Technik" bisher den ihr gebührenden Platz. Eine kritische bzw. feministische Geschichtsschreibung dieses Bereichs hat daher mehrere Aufgaben zu erfüllen bzw. ist aus mehreren Gründen von (frauen)politischer Relevanz:

Erstens könnte sie allen Frauen *mehr Verständnis* für Naturwissenschaftlerinnen und Technikerinnen vermitteln und so bestehende Gegensätze in der Frauenbewegung abbauen helfen.

Zweitens bedeutet Geschichtsforschung in diesem Bereich *Identitätsforschung* für Naturwissenschaftlerinnen und Technikerinnen, sowie wissenschaftlich tätige Medizinerinnen, da sie in diesen Männerdomänen einen Minderheiten-Status haben, insbesondere in den sogenannten „harten" Gebieten (Technik, Physik), wie die nebenstehende Tabelle zeigt.

Tabelle 1: Frauen in naturwissenschaftlichen und technischen Studien
Studierende an Hochschulen der Bundesrepublik (WS 1977/78)
(aus: *Sessar-Karpp* 1984, 27)

	Insgesamt	Frauenanteil abs.	Frauenanteil in %	Frauenanteil in den entsprechenden Berufsgruppen
Naturwissenschaften	148 855	49 848	33,5	
Mathematik	36 365	12 796	35,2	19%
Informatik	9 760	1 790	18,3	
Physik, Astronomie	20 156	1 848	9,2	8%
Chemie	28 241	7 942	28,1	12%
Pharmazie	9 062	4 797	52,9	49%
Biologie	25 916	13 808	53,2	34%
Geowissenschaften	8 511	1 896	22,2	
Ingenieurwissenschaften	172 020	13 643	7,9	2%
Maschinenbau, Verfahrenstechnik	63 983	3 074	4,8	4%
Elektrotechnik	48 306	846	1,7	
Architektur, Innenarchitektur	24 268	7 100	29,2	15%
Bauingenieurwesen	23 950	1 626	6,7	5%
Vermessungswesen	4 810	395	8,2	3%

Wo Frauen einen relativ hohen Anteil stellen, wie als berufstätige Biologinnen und Pharmazeutinnen, befinden sie sich zum Großteil nicht in Führungspositionen, sondern in als „weiblich" geltenden Bereichen (Lehrerin) oder in der Position untergeordneter oder Teilzeitkräfte. Die naturwissenschaftlich-technisch-medizinischen Assistenzberufe, die kein akademisches Studium erfordern, sind zu fast reinen Frauenberufen geworden. Dort werden sie von den Männern gern gesehen – als leitende Angestellte, mit hoher Dotierung und in Entscheidungspositionen, hingegen nicht. Wenn Frauen solche Stellen anstreben und wenn sie, im allgemeinen mit besonders hoher Motivation und Qualifikation, ihr Studium beginnen, so werden sie deshalb im weiteren Studien- und Berufsverlauf speziellen Behinderungen, Entmutigungen und Verunsicherungen ausgesetzt (vgl. Maurer 1982 und 1985).
Eine feministische Wissenschaftssicht ist drittens notwendig, um zu studieren, unter welchen Umständen, mit welchen Strategien, Zielen und Wünschen – und unter welchen Opfern – Frauen zu bestimmten Zeiten ihre naturwissenschaftlichen/technischen Interessen und Fähigkeiten dennoch durchsetzen konnten (und bis zu welchem Grad). Dies macht die eigene Situation nicht nur klarer, sondern hilft auch, die zunächst oft als persönliches Versagen erscheinenden Probleme als gesellschaftlich bedingt zu erkennen, entsprechend zu relativieren und realistische *Handlungsmöglichkeiten* zu entwickeln.

Viertens: Für die gesamte Frauenbewegung ist der Bereich Naturwissenschaften/Technik ein Bereich, der nicht weiter vernachlässigt werden darf, wenn sie die Unterprivilegierung und Beherrschung von Frauen, sowie die Ausbeutung weiblichen Arbeitsvermögens und die fortgesetzte militärische Aufrüstung, bekämpfen will.

3. Zur Frage einer „weiblichen" Naturwissenschaft und Technik

In diesem Zusammenhang wird oft die Frage gestellt, ob Frauen einen anderen Zugang zu Technik und Naturwissenschaft haben als Männer, ob sie andere Ziele, andere Methoden und andere Arbeitsformen anstreben oder vielleicht gar zu früheren Zeiten oder unter anderen gesellschaftlichen Bedingungen solche schon praktiziert haben. Die Frage nach einer „weiblichen Technik" gehört in diesen Zusammenhang (vgl. den hervorragenden Aufsatz von *Cockburn* 1983, 199–209).

In Teilen der Frauenbewegung wird dazu die Meinung vertreten, die Männer hätten mit ihrer Art der Technik und der Naturwissenschaft, die vorwiegend aus militärischen Interessen und/oder solchen der Profitmaximierung vorangetrieben worden sei, nur Menschen und Natur/Umwelt – also *alles* – kaputtgemacht, die Frauen hingegen repräsentierten eine harmonische, eine partnerschaftliche, kooperative Hinwendung zur Natur, ein auf Erhaltung statt auf Zerstörung gerichtetes Naturbild; hätten *sie* statt der Männer das Sagen gehabt, wäre daher auch alles anders und besser gekommen! Diese Meinungen müssen meines Erachtens differenziert werden, und zwar mit Hilfe mindestens der folgenden (Leit-)Fragen:

- Welchen Anteil hatten die Frauen tatsächlich an welchen Entwicklungen, Entdeckungen, Erfindungen, an Technik und Natur-Wissen ihrer Sozietät?
- Wo und ab wann fangen die zerstörerischen Impulse und Implikationen von Technik/Naturwissenschaft an? Vor der Vertreibung der Frauen aus diesen Bereichen, gleichzeitig, hinterher? Wo, in welchen Bereichen geschieht dies? Gibt es (weibliche) Bereiche, die sich nicht oder zumindest weniger zerstörerisch auswirken? Wenn ja, folgen sie einer anderen Logik oder anderen Art der Natur-Aneignung?
- Was ist eigentlich unter „Wissenschaft" und unter „Technik" zu verstehen (siehe oben)? Welchen historischen Wandel gab es darin und wie hängt dieser mit der Herausbildung des heutigen Weltsystems zusammen?

Die Untersuchung der Frage nach einer möglichen „anderen" Technik und Naturwissenschaft in den Händen von Frauen ist dabei nur im Rahmen der sogenannten „konstitutionstheoretischen Ansätze" der Wissenschaftstheorie möglich, die davon ausgehen, daß soziale Struktur und Interessen in einer Gesellschaft sich nicht nur auf die Organisationsform von Wissenschaft und auf die Verwertung und Anwendung wissenschaftlichen Wissens auswirken, sondern auch auf die Ziele, die Methoden und die inhaltlichen Konzepte, einschließlich der Begriffe und Denkstrukturen, die konstitutionstheoretischen Ansätzen zufolge bestimmte Anwendungen und Verwertungen erst möglich machen (*Maurer* 1985, 233–264).

4. Zur fachwissenschaftlichen Bedeutung dieser Thematik

Solche Fragen wie die nach einer „anderen" Technik und Naturwissenschaft werden im deutschen Sprachraum auch von männlichen Wissenschaftlern gestellt, von der Theorie der Naturwissenschaften, der Technik-Philosophie und vor allem von der Technik- und Naturwissenschaftskritik her (vgl. *Maurer,* 1982 und 1985). Dabei werden auch die bisher ausgegrenzten „Anderen", die Wissenschaftlerinnen/Technikerinnen nach neuen Ansätzen gefragt; selbst einigen Männern ist je länger je mehr das Patriarchat unheimlich geworden. Nach der Annäherung von Wissenschaftstheorie und deren Geschichtsschreibung (*Diederich* (Hrsg.) 1974) kommt in diesem Zusammenhang einer kritischen Geschichtsschreibung aus weiblicher Sicht auch fachwissenschaftliche und allgemein naturpolitische Relevanz zu.

Abbildung 3: Sappho (Archiv für Kunst und Geschichte, Berlin)

Anmerkungen

1 Überarbeitete und aufgrund der Diskussionen beim 5. Historikerinnen-Treffen erweiterte Fassung meines Beitrags von 1983, 539–557.
2 Die folgenden Werke wurden hier untersucht: *Asimov* 1968; *Asimov* 1973; *Bernal* 1970; *Bugge* (Hrsg.) 1974; *Hermann* 1959; *May* 1973; *Störig* 1965.
Es mag eingewendet werden, diese Bücher seien nur zum Teil Standardwerke; insbesondere *I. Asimov* und *H. J. Störig* gälten als wenig fundierte Autoren, die von mir nachgewiesenen Mängel seien daher nicht der Wissenschafts- (und Technik-)geschichtsschreibung insgesamt anzulasten, sondern nur der schlampigen Arbeitsweise einiger ihrer Vertreter. Dem ist jedoch entgegenzuhalten: Die genannten Werke wurden mir im Archiv einer Universitätsbibliothek als die dort vorhandenen wesentlichen Werke genannt, stellen also so etwas wie eine Stichprobe mit Cluster-Auswahl dar. Außerdem ergab eine 1983 von mir durchgeführte erste Durchsicht von 13 weiteren mir von Fachhistorikern empfohlenen Werken im wesentlichen dieselben Resultate.
3 Neuere Hinweise zu *Madame Lavoisier* gibt *Lindemann* 1984, 240–245.
4 An meinen Beispielen kann kritisiert werden, daß zu wenig Deutsche und Österreicherinnen dabei sind. Hier seien einige genannt:
Maria Cunitz (1610–1644): Buch „Urania propitia", eine Anleitung zur Bestimmung der Planetenposition.
Maria Sybilla Merian (1647–1717): Forschungsreisen nach Südamerika (Surinam); 1675 „Neues Blumenbuch". 1679 „Der Raupen wunderbare Verwandlung und sonderbare Blumennahrung".
Dorothea Christina Erxleben (1715–1762): erhielt als erste Frau in Deutschland den akademischen Doktortitel (1754 in Halle), obwohl sie zum Studium nicht zugelassen worden war; sie hatte ihren Vater bei dessen Krankenbesuchen begleitet und am medizinischen Privatunterricht für ihren Bruder teilgenommen; sie verfaßte (noch unter ihrem Mädchennamen *Leporin*) eine heute – leider – noch sehr aktuell wirkende Schrift: „Gründliche Untersuchung der Ursachen, die das weibliche Geschlecht vom Studiren abhalten" (Berlin 1742, 2. Nachdruckauflage Olms-Verlag 1977).
Josephine Kablick (geb. 1787): eigenes Herbarium; Herstellung von Sammlungen für Schulen, Museen und Gelehrten-Societies.
Amalie Dietrich (1821–1891): Herbarien; Forschungsreise nach Australien; umfangreiche Sammeltätigkeit.
Margarethe von Wrangell (1877–1932): Radiochemie, Agrikulturchemie; Institut für Pflanzenernährungslehre in Hohenheim bei Stuttgart; erste ordentliche Professorin Deutschlands.

Literatur

Alic, M.: Women and Technology in Ancient Alexandria: Maria and Hypatia, in: Women's Studies Quarterly, Vol. 4, No. 3 (1981), 304–342

Autumn, St.: Daughters of ISIS, Daughters of Demeter: When Women sowed and reaped, in: Women's Studies Quarterly, Vol. 4, No. 3 (1981), 289–304

Asimov, I.: Geschichte der Biologie, Frankfurt/M. 1968

Asimov, I.: Biographische Enzyklopädie der Naturwissenschaften und Technik. 1151 Biographien mit 246 Portraits und einem Register mit über 3000 Stichworten, Freiburg/Basel/Wien 1973

Becker/Bovenschen/Brackert u. a.: Aus der Zeit der Verzweiflung. Zur Genese und Aktualität des Hexenbildes. Frankfurt/M. 1981

Bernal, J. D.: Wissenschaft. Science in History (4 Bde.), Reinbek bei Hamburg 1970

Birkelbach, D./Eifert, C./Luecken, S.: Zur Entwicklung des Hebammenwesens vom 14. bis 16. Jahrhundert am Beispiel der Regensburger Hebammenordnungen, in: Sozialwissenschaftliche Forschung und Praxis für Frauen e. V. (Hrsg.): Frauengeschichte, München 1981, 83–98

Böhme, G./Van den Daele, W./Krohn, W.: Experimentelle Philosophie, Ursprünge autonomer Wissenschaftsentwicklung, Frankfurt/M. 1977

Böhme, G.: Wissenschaftliches und lebensweltliches Wissen am Beispiel der Geburtshilfe, in: *Stehr, N./Meja, V.* (Hrsg.): Wissenssoziologie, Kölner Zeitschrift für Soziologie und Sozialpsychologie, Sonderheft, Opladen 1980, 445–463

Bornemann, E.: Das Patriarchat. Ursprung und Zukunft unseres Gesellschaftssystems, Frankfurt/M. 1975

Bugge, G. (Hrsg.): Das Buch der Großen Chemiker. 1. Bd., Leipzig 1929 („Von Zosimos bis Schönbein"), 2. Bd., Leipzig 1930 („Von Liebig bis Arrhenius"); unveränd. Nachdruck der 1. Aufl. von 1929, 2 Bde., Weinheim 1974

Cockburn, C.: Weibliche Aneignung der Technik (engl. „Caught in the Wheels"), in: Das Argument 144, Berlin, März/April 1984, 199–209

Diederich, W. (Hrsg.): Theorien der Wissenschaftsgeschichte. Beiträge zur diachronischen Wissenschaftstheorie, Frankfurt/M. 1974

Ehrenreich, B./English, D.: Hexen, Hebammen und Krankenschwestern. The witches are back!, München 1975

Feyl, R.: Der lautlose Aufbruch. Frauen in der Wissenschaft, Berlin 1981

Frau und Technikstudium. Bericht über ein Seminar am 3. und 4. Juni 1981 in Wien, hrsg. vom BMWF, Wien 1981

Hermann, A.: Große Physiker. Vom Werden des neuen Weltbilds, Stuttgart 1959

Hodge, J.: Hexen und die Entstehung der modernen Rationalität, in: Sozialwissenschaftliche Forschung und Praxis für Frauen e. V. (Hrsg.): Frauengeschichte, München 1981, 77–83

Jonas, E.: Hildegard von Bingen, in: Illustrierte Wochenzeitung (Beilage zu Südwestpresse/Schwäbisches Tagblatt), Tübingen, 15. 9. 1979

Keen, S.: Sinnlich, gierig, grausam, tödlich. Die Angst der Männer vor Frau und Natur. Ein Gespräch mit der Philosophin *Susan Griffith*, in: Psychologie heute 7, Juli 1981, 22–29

Kaupen-Haas, H.: Die Verdrängung der Frau aus der Heilkunde und deren Folgen für die heutige Medizin, in: Reformatio. Evangelische Zeitschrift für Kultur und Politik 5 (Bern 1983), 226–231

Levey, M.: (Artikel ohne Titel), in: *Farber, E.* (Hrsg.): Great Chemists, New York/London 1961, 2–6

Lexikon der Frau, hrsg. vom Encyclios-Verlag, Bd. I (A–H), Zürich 1953; Bd. II (J–Z), Zürich 1954

Lindemann, U.: Madame Lavoisier, in: *Berghan, S.* u. a. (Hrsg.): Wider die Natur. Frauen in Naturwissenschaft und Technik, Berlin 1984, 240–245

Maurer, M.: Wissenschaft und weibliche Erfahrung. Anmerkungen zu den Grenzen des Geschlechts in den Naturwissenschaften, in: *Feyerabend, P./Thomas, Chr.* (Hrsg.): Grenzprobleme der Wissenschaften, Zürich 1985, 233–264

Maurer, M.: Die Verdrängung der Frauen aus der Wissenschaftsgeschichtsschreibung und ihre Verdrängung aus der Wissenschaft, in: *Wagner, J.* (Hrsg.): Frauen und Naturwissenschaft, Zeitschrift für Hochschuldidaktik 4 (Wien 1983), 539–557

Maurer, M./Fakultätsvertretung NAWI (Hrsg.): Frauen in Naturwissenschaften und Technik, Wien 1982 (Broschüre)

Maurer, M.: Frauen in Naturwissenschaft und Technik, in: Wechselwirkung, Nullnummer, Jan. 1979, 35–38

May, K. O.: Bibliography and Research Manual of the History of Mathematics, Toronto/Buffalo 1973

Merchant, C.: The Death of Nature. Women, Ecology and the Scientific Revolution, San Francisco 1980

Mozans, H. J.: Women in Science (Neuaufl. des Werkes von 1913), Cambridge (Mass.)/London (Engl.) 1974

Pusch, L. F.: Das Deutsche als Männersprache. Aufsätze und Glossen zur feministischen Linguistik, Frankfurt/M. 1984

Ratzsch, M.: Auswirkungen von zentralen Wirtschafts- und Bildungsplänen auf die Wahl des Technikstudiums und den Beruf bei Frauen in der DDR, in: Frau und Technikstudium, hrsg. vom BMWF, Wien 1981, 53–62

Ruska, J.: Zosimos, in: *Bugge, G.* (Hrsg.): Das Buch der großen Chemiker, Bd. 1, Weinheim 1974, 1–17

Sessar-Karpp, E.: Für und Wider in der Diskussion um das Technikstudium von Frauen in der Bundesrepublik Deutschland, in: Frau und Technikstudium, hrsg. vom BMWF, Wien 1981, 23–35

Sozialwissenschaftliche Forschung und Praxis für Frauen e. V. (Hrsg.): Frauengeschichte. Dokumentation des 3. Historikerinnentreffens in Bielefeld, April 81, beiträge zur feministischen theorie und praxis 5, München 1981

Störig, H. J.: Kleine Weltgeschichte der Philosophie, Wien 1965

Treusch-Dieter, G.: Wie den Frauen der Faden aus der Hand genommen wurde. Die Spindel der Notwendigkeit, Berlin 1983

Trömel-Plötz, S. (Hrsg.): Gewalt durch Sprache. Die Vergewaltigung von Frauen in Gesprächen, Frankfurt/M. 1984

Università degli Studi di Bologna/Accademia delle Scienze: Le anatomiche bolognesi de Settocento, Bologna 1981

Vestin, M.: Auswirkungen von gesetzlichen Maßnahmen zur Förderung der Gleichstellung der Frau auf die Wahl technischer Studien und Berufsgänge in Schweden, in: Frau und Technikstudium, hrsg. vom BMWF, Wien 1982, 36–52

Wininger, S.: Große Jüdische National-Biographie (4 Bde.) Cernaufi, o. J. (etwa 1930), Bd. „Leavith-Péreire"

7. Frauen in der Sportwissenschaft – Ausgrenzungen und Nischen

Marie-Luise Klein/Sabine Kröner/Gertrud Pfister

Sportwissenschaft stellt sich die Aufgabe, nach wissenschaftstheoretischen Grundsätzen, begründete und geordnete Aussagen und Erkenntnisse zu dem Phänomen „Sport“ als Lebens-, Gesellschafts- und Kulturerscheinung bereitzustellen (*Röthig* 1977). In diesem umfassenden Anspruch will (ist) sie eine junge, interdisziplinäre Wissenschaft sein, die die hauptsächlich anthropologisch orientierte Theorie der Leibesübungen/Leibeserziehung (Beginn Ende der zwanziger Jahre) abgelöst hat.

Heute gibt es an 52 Universitäten und Gesamthochschulen sportwissenschaftliche Einrichtungen, die einerseits traditionsgemäß für die Lehre in der Sportlehrer/innen-Ausbildung zuständig sind, andererseits Forschung aus unterschiedlichen Erkenntnisinteressen am Sport betreiben. Dies findet seinen Ausdruck in der Institutionalisierung der verschiedenen Teildisziplinen, wie Sportpädagogik, Sportdidaktik, Sportphilosophie, Sportgeschichte, Sportsoziologie, Sportpsychologie, Bewegungslehre, Biomechanik, Trainingslehre und Sportmedizin. Lehrstühle bzw. Professuren für diese einzelnen Wissenschaftszweige sind in der gesamten BRD eingerichtet. Die in der Regel geringe Ausstattung mit Forschungsmitteln verhindert eine dem Forschungsgegenstand angemessene und notwendige interdisziplinäre Forschungsarbeit. Erschwerend kommt die Tatsache hinzu, daß nur allmählich den sportwissenschaftlichen Einrichtungen das Promotions- und Habilitationsrecht zugestanden wurde/wird. Die überwiegende Mehrheit der heutigen Sportwissenschaftler/innen haben entweder fachfremd oder in der jeweiligen Mutterwissenschaft promoviert und sich dort auch habilitiert.

Insgesamt hat die Sportwissenschaft mit dem besonderen Legitimationsdruck einer neuen Wissenschaftsrichtung zu kämpfen. Dieser Legitimationsdruck lastet besonders schwer, weil sich gerade die deutsche Wissenschaftsgeschichte bislang durch Körper- und Bewegungskulturfeindlichkeit ausgezeichnet hat.

Welche Chancen haben nun Frauen, in dieser jungen Wissenschaft ihren Platz zu bekommen und zu behaupten?

I. Zur Situation der Frauen in der Sportwissenschaft

1. Frauen in der Wissenschaftshierarchie

Die Datenlage ist zwar spärlich und verschiedentlich unvollständig. Dennoch meinen wir, Tendenzen erkennen zu können. So überrascht zunächst, daß Sport bzw. Sportwissenschaft bei den Studentinnen ein beliebtes und akzeptiertes Fach zu sein scheint. Sie stellten 1981 immerhin einen Anteil von etwa 40,6% aller Sportstudierenden (Bundesminister 1983, 124 ff.). Zu bedenken ist dabei, daß in diesen Zahlen nicht nur alle Lehramtsstudierenden der Primarstufen- bis zur Sekundarstufen-II-Ausbildung enthalten sind, sondern auch jene für die Diplom-Ausbildung der Sporthochschule Köln sowie für weitere Diplom- und Magister-Studiengänge. Es ist anzunehmen, daß der hohe Anteil an weiblichen Sportstudierenden dadurch zustandekommt, daß gerade Studentinnen der Primarstufen- und Sekundarstufen-I-Ausbildung dieses Fach bevorzugt wählen. Aus früheren Untersuchungen (*Kröner* 1976, 194) wissen wir, daß sich weibliche Studierende insgesamt in weit geringerem Maße für das höher qualifizierte und dotierte Berufsziel der Sportphilologin und Diplom-Sportlehrerin entscheiden. Diese Tendenz setzt sich „nach oben" weiter fort.
Nach der *Haag*-Dokumentation von 1984 (*Haag* 1984) stellt sich das Geschlechterverhältnis in sportwissenschaftlichen Institutionen für Frauen wesentlich ungünstiger dar als bei den Studierenden. Danach macht der weibliche Anteil lediglich 21,3% aus. Im einzelnen sind bei den verschiedenen Statusgruppen folgende Verteilungen zu erkennen: von den insgesamt 117 C 4/C 3-Professuren bekleiden 8 Frauen dieses Amt. Das ist ein Prozentanteil von 6,8. In der Gruppe der Professuren im Fachhochschulrang und der Studienprofessuren entfallen bei einer Gesamtzahl von 45 auf Frauen 7 Stellen. Das bedeutet einen Anteil von 15,5%. Bei den Beamtenstellen im Rang von Akademischen Direktoren/innen/Akademischen (Ober)räten/innen verbessert sich das prozentuale Verhältnis geringfügig zugunsten der Frauen auf 18,8%. Auffallend ist, daß keine Frau das Amt einer Akademischen Direktorin bekleidet (im Gegensatz dazu jedoch 12 Männer), (hierbei handelt es sich um Stellen, die bei den ehemaligen Instituten für Leibesübungen die Leitung dieser Einrichtungen bedeuteten). Der Prozentanteil der Frauen steigt weiter bei den Dozenten/innen auf 27,3%, den (Ober-)

studiendirektoren/innen/(Ober-)studienräte/innen auf 29% (auch hier gibt es keine Oberstudiendirektorin!) und den wissenschaftlichen Mitarbeiter/innen auf 28%. Diese Stellen werden vorwiegend von Personen eingenommen, die traditionsgemäß für Theorie und Praxis des Sportartenlernens zuständig sind und auch die sportliche Schulpraxis anleiten und betreuen. Gerade zur Wahrnehmung der letzteren Aufgabe sind in der Regel Abgeordneten-Stellen vorgesehen, die etwa alle 4 Jahre rotierend besetzt werden. Mit der Konstitutierung der Sportwissenschaft sind aber auch zunehmend Stellen für wissenschaftliche Mitarbeiter/innen eingerichtet worden, die vorwiegend den theoretischen Teilgebieten zugeordnet sind; ihre Verweildauer ist in der Regel auf 4 Jahre begrenzt.
Aus dem Datenmaterial ist abzulesen: je geringer der berufliche Status, desto größer der Anteil der Frauen. Und umgekehrt: je höher der Status und je qualifizierter das Amt, desto geringer der weibliche Anteil. Letzteres wird noch dadurch bekräftigt, daß es zwar 4 Hochschulassistentenstellen in der Sportwissenschaft gibt, aber keine dieser Stellen von einer Frau besetzt ist. Da der Anteil der Frauen gerade bei den befristeten Stellen besonders hoch ist, kann bei der derzeitigen restriktiven Hochschulpolitik der Stellenstreichungen mit einem besonderen weiblichen „Aderlaß“ in der Sportwissenschaft gerechnet werden.

2. Forschungs- und Lehrgebiete von Frauen

Die zahlenmäßige Repräsentanz von Frauen in der Sportwissenschaft bestätigt den allgemeinen Trend an wissenschaftlichen Hochschulen der Bundesrepublik überhaupt. Noch aufschlußreicher aber ist die Dokumentation jener Bereiche, in denen Frauen forschend und lehrend tätig sind. Historisch gesehen hat die Sportwissenschaft ihre Wurzeln in der Theorie der Leibesübung/Leibeserziehung, einer Theorie, die sich hauptsächlich um die sportliche Praxis (in der Schule) zentrierte. Im Zuge der Etablierung der Sportwissenschaft haben sich die sportwissenschaftlichen Teildisziplinen (s. o.) derart verselbständigt, daß sie sich weitgehend von der (sportlichen, pädagogischen oder politischen) Praxis entfernten. Aber nicht nur die Theorie verlor immer mehr die Verbindung zur Praxis, sondern auch die einzelnen Wissenschaftsgebiete untereinander nahmen Abgrenzungen, z. T. in Anlehnung an die jeweilige Mutterwissenschaft, vor. Keine Interdisziplinarität sondern Zersplitterung, kein Theorie-Praxis-Bezug sondern Entfremdung von der Praxis war/ist die Folge. Das Ergebnis heute ist ein unkreatives Spannungsverhältnis von theoretischen und praktischen Handlungsbereichen innerhalb der Sportwissenschaft.

In welchen Bereichen lehren und forschen Frauen?

Um eine einigermaßen gesicherte Tendenz in der Zuwendungspraxis von Frauen zu Forschungs- und Lehrgebieten herauszufinden, wollen wir sowohl die Promotionsrichtungen als auch die Veröffentlichungsthemen und das Lehrangebot von Frauen für derartige Aussagen zugrunde legen.

Promotionsrichtung: In den Jahren zwischen 1975 und 1983 (Sportwissenschaft 1977 bis 1984) wurden insgesamt 23 Habilitations- und 188 Promotionsverfahren mit sportwissenschaftlichen Themen außerhalb und innerhalb sportwissenschaftlicher Einrichtungen durchgeführt. In diesem Zeitraum gab es keine Frau, die sich habilitierte, 27 haben promoviert. Das bedeutet, bezogen auf 182 Arbeiten[1], einen Anteil von 14,8%. Mit insgesamt 77,8% machen die sozialwissenschaftlichen und geisteswissenschaftlichen Themen den weitaus größten Anteil der Promotionen bei den Frauen aus. Die restlichen 22,2% verteilen sich auf sportmedizinische Dissertationen. Im Vergleich dazu ist der Anteil der geistes- und sozialwissenschaftlichen Dissertationen bei den Männern mit 73,5% annähernd so hoch wie bei den Frauen. Allerdings schließt bei ihnen das Themenspektrum philosophische, geschichtliche und politische Themen mit insgesamt 9,6% ein. Bei den Frauen fehlen diese. Der Anteil an sportmedizinischen Dissertationen ist mit 20,6% mit dem der Frauen vergleichbar. Weitere 5,8% der Dissertationen von Männern sind naturwissenschaftlichen Themengebieten, insbesondere jenen der Biomechanik (Physik) gewidmet. Hier gibt es eine klare Lücke bei den Frauen.

Es ist interessant zu sehen, wie die erkennbaren geschlechtsspezifischen Orientierungen auch in der Veröffentlichungs- und Lehrpraxis wiederkehren.

Veröffentlichungsschwerpunkte: Als Untersuchungsgrundlage haben wir 6 Bände (1979–1984) der vom Bundesinstitut für Sportwissenschaft herausgegebenen „Sport-Dokumentation" analysiert. Von den in der genannten Zeit erschienenen Publikationen mit sportspezifischen Themen kamen 2849 in die Auswertung. Nur 241 wurden von Frauen verfaßt, das sind lediglich 8,5%. Bezogen auf diese Veröffentlichungen bestätigt sich die oben erkennbare Tendenz, daß Frauen eher in psychologisch-pädagogischen Bereichen publizieren und die naturwissenschaftlichen Themen, einschließlich der Sportmedizin, eher meiden. In den untersuchten 6 Jahren hat keine Frau auf biomechanischem Gebiet veröffentlicht. Lediglich bei den praxisbezogenen Tanz- und Gymnastikpublikationen übertreffen die Frauen die Männer. Hier stellen sie einen Anteil von 65%. Auffallend ist auch, daß Frauen fast ein Viertel

(23,8%) der Veröffentlichungen zum Behindertensport und zum Schulsonderturnen vorgelegt haben.
Bereiche der Lehre: Exemplarisch haben wir das Sommersemester 1984 (*Haag* 1984) analysiert und die bereits erwähnte Tendenz bestätigt gefunden. Danach bestreiten Frauen ¼ bis ⅕ der sportpädagogischen, sportdidaktischen und sportpsychologischen Lehre, dagegen lehren sie deutlich weniger (6,2%) in naturwissenschaftlichen Bereichen, wie: Trainingslehre, Bewegungslehre, Medizin. Biomechanische Veranstaltungen werden von keiner Frau aber von 9 Männern angeboten. Ebenso von Frauen verwaist ist die Philosophie. In der sportpraktischen Lehre bestätigen sich die weiblichen Domänen der Bewegungsästhetik (u.a. Gymnastik und Tanz), Bewegungstherapie und des Schulsonderturnens.

3. Fazit

Aufgrund des herangezogenen Datenmaterials werden Ausgrenzungen und Nischen für Frauen in der Sportwissenschaft sichtbar. Die besondere interdisziplinäre Struktur der Sportwissenschaft spiegelt einerseits die typische Situation in der Wissenschaft generell wider, wenn sich Frauen eher um sozialwissenschaftlich-geisteswissenschaftliche Aspekte innerhalb der Sportwissenschaft kümmern und naturwissenschaftliche Aspekte außer acht lassen. Andererseits werden aber auch die Nischen der Bewegungsästhetik und der (Sozial-)therapie deutlich, in denen Frauen gebraucht, aber in die sie auch abgeschoben werden können.
Es bleibt die Frage nach den Ursachen dieser unausgewogenen und unbefriedigenden Situation. Das komplexe Ursachengeflecht hier darzustellen, ist nicht möglich. Wir werden aber im folgenden einzelne markante (diskriminierende) Aspekte auch im historischen Rückbezug darstellen.

II. Die historische Hypothek der Diskriminierung

Die praktische und theoretische Auseinandersetzung mit den Phänomen der Leibesübungen begann in Deutschland an der Wende vom 18. zum 19. Jahrhundert. Frauen waren daran zunächst nicht beteiligt, da verbreitete Weiblichkeitsmythen, Rollenerwartungen, ihre soziale und rechtliche Situation sowie ihre Lebenszusammenhänge dies nicht erlaubten.
Während den „höheren Töchtern" etwa seit der Mitte des 19. Jahrhun-

derts Turnunterricht auf freiwilliger Basis und gegen Entgelt angeboten wurde, um ihre Gesundheit und Anmut zu fördern, waren ihre Mütter, d.h. die erwachsenen Frauen, bis zum Ende des Jahrhunderts von der körperlichen Ertüchtigung ebenso wie vom Können und Leisten im beruflichen und öffentlichen Bereich weitgehend ausgeschlossen.
Diese Ausgrenzung der Frauen wurde in theoretischen Abhandlungen, aber auch im Alltagswissen mit der „weiblichen Schwäche", der „weiblichen Wesensart" sowie mit Argumenten der Ästhetik, der Sittlichkeit und Schicklichkeit legitimiert (*Pfister* 1980). Frauen und ihre Körperkultur waren Objekte männlicher Diskussionen über die zentrale Frage: Können und sollen Mädchen und Frauen Leibesübungen betreiben? Sie selbst konnten in diese Auseinandersetzung kaum eingreifen, da ihnen nicht nur ein Diskussionsforum, sondern auch die notwendigen Fachkenntnisse vorenthalten wurden.
Da sich der Turnunterricht der Mädchen nur langsam verbreitete (in Preußen wurde er erst 1894, in Bayern 1911 an höheren Mädchenschulen obligatorisches Unterrichtsfach), setzten systematische, staatlich geregelte Ausbildungsgänge und Prüfungen von Turnlehrerinnen erst relativ spät ein, in Preußen ab 1875/1880, in Bayern erst ab 1904 (*Euler* 1896, 226 ff.; *Gasch* 1920, 823 f.; *Krombholz* 1982, 248 ff.). Im Vergleich zur Ausbildung der Männer, die schon seit Mitte des Jahrhunderts durchgeführt wurde, war die der Frauen wesentlich kürzer (in Preußen 3 anstelle von 6 Monaten), die notwendige Vorbildung war geringer, und die Prüfungsanforderungen waren auch im theoretischen Bereich niedriger. Vor allem medizinisch/naturwissenschaftliche Inhalte wurden angehenden Turnlehrerinnen nur ansatzweise vermittelt: in Bayern z.B. umfaßte 1912 das Lehrangebot in medizinischen Fächern für Frauen nur ⅙ des Angebots für männliche Studierende (*Krombholz* 1982, 282).
Zudem mußten sich die Turnlehrerinnen erst gegenüber ihren männlichen Kollegen behaupten. Vor allem in den 70er und 80er Jahren setzte eine Diffamierungskampagne der Turnlehrer gegen die weibliche Konkurrenz ein, der man(n) die notwendige robuste Konstitution, die psychische Eignung, die Durchsetzungsfähigkeit usw. absprach. Aus finanziellen und moralischen Gründen – Turnlehrerinnen waren billiger und „ungefährlich" – entschieden die Behörden aber dennoch, im Turnunterricht der höheren Mädchenschulen nur noch weibliche Lehrkräfte zu verwenden (*Pfister/Langenfeld* 1980).
Neben den Turnlehrern galten Ärzte als Experten für das Frauenturnen und den Frauensport. Da das Hochschulstudium und damit auch der Beruf der Ärztin Frauen vor dem ersten Weltkrieg weitgehend verschlossen war (Hochschulzulassung für Frauen in Preußen erst 1908),

blieben Frauen auch vom medizinischen Diskurs über den Frauensport ausgeschlossen. Erst um die Jahrhundertwende wagten es Frauen ganz vereinzelt, in die Auseinandersetzungen über die weibliche Körperkultur einzugreifen, so z. B. *Martha Thurm,* die eine „Deutsche Turnzeitung für Frauen“ herausgab.

Schon seit der Jahrhundertwende, verstärkt aber in der Weimarer Republik, gewannen die Frauen immer mehr an Boden in ihrem Kampf um gesellschaftliche Gleichberechtigung. Gleichzeitig engagierte sich auch eine wachsende Zahl von Frauen auf vielen Gebieten des Turnens und Sports, und zwar nicht nur auf der Ebene des Freizeit-, sondern auch auf der Ebene des Wettkampf- und Leistungssports. Frauen beteiligten sich jetzt auch zunehmend an den öffentlichen Diskussionen über den Frauensport und vertraten die Forderung nach Selbständigkeit und Selbstbestimmung. Ärztinnen führten gegen Ende der 20er Jahre erste systematische Untersuchungen an turnenden und sporttreibenden Frauen durch und widerlegten die veralteten Ansichten vieler Ärzte, die Weiblichkeit als Krankheit definierten. In Anlehnung an *Mathilde Vaertings* Untersuchungen, die die Abhängigkeit der Geschlechtsrollen von gesellschaftlichen Machtstrukturen belegten, veröffentlichten Frauen, vor allem (ehemalige) Studentinnen der Deutschen Hochschule für Leibesübungen, Aufsätze, die den Frauensport aus seinen Ketten befreien wollten. Über den Frauensport hinaus fand allerdings nur eine einzige Frau wissenschaftliche Anerkennung: *Margarete Streicher,* die zusammen mit *Karl Gaulhofer* das österreichische Schulturnen reformierte und das pädagogische Konzept des „Natürlichen Turnens“ entwickelte (vgl. *Pfister* 1980; *Pfister/Langenfeld* 1982).

Diese „revolutionären“ Ansichten einiger weniger Frauen fanden kaum Gehör (Ausnahme: *Margarete Streicher*) und beeinflußten den öffentlichen Diskurs über Frauen und Sport nur am Rande. Er war immer noch bestimmt von angeblich wissenschaftlichen Aussagen der Psychologie und der philosophischen Anthropologie über weibliche Charaktermerkmale, von den Ansichten der Mediziner über die Schädlichkeit (übertriebenen) Sports für den weiblichen Organismus, besonders für die Gebärfähigkeit, und von den „Erkenntnissen“ der Konstitutionslehre über eine mögliche Vermännlichung der Sportlehrerinnen (vgl. *Pfister/Langenfeld* 1982). Die Argumentationen der Wissenschaftler basierten bei der Forderung nach frauengemäßen Leibesübungen auf weltanschaulichen Orientierungen, auf Phantasien, Wünschen und Ängsten und nicht auf wissenschaftlich fundierten Ergebnissen und Einsichten.

Nach dem ersten Weltkrieg verstärkte sich allgemein das Interesse an einer wissenschaftlichen Durchdringung des Turnens und vor allem des Sports, der mit der Steigerung des Leistungsniveaus auf Grundlagenforschungen über Technik, Methodik, Training usw. angewiesen war. Derartige Forschungen wurden u.a. an einer privaten Institution, der Dachorganisation des Turnens und Sports, an der Deutschen Hochschule für Leibesübungen, ausschließlich von Männern durchgeführt.

Der Trend zur Verwissenschaftlichung setzte sich auch in der Ausbildung der Turnlehrer und Turnlehrerinnen durch. In Preußen standen zwei Turnlehrertypen nebeneinander: der Fachturnlehrer mit abgeschlossenem Volksschullehrerexamen und einer einjährigen Ausbildung an der Preußischen Hochschule für Leibesübungen und der „Turnphilologe", der neben einem Universitätsstudium Turnlehrerkurse absolviert hatte. Bei Frauen überwogen bei weitem die „technischen Lehrerinnen", die neben Turnen meist noch Handarbeit und Hauswirtschaft unterrichteten. Sie hatten entweder an einer einjährigen Ausbildung an der Preußischen Hochschule für Leibesübungen oder an einem der etwa 25 nicht staatlichen Seminare oder Lehrgänge in den Provinzen teilgenommen. Demgegenüber war die Anzahl akademisch gebildeter Lehrerinnen mit Turnbefähigung äußerst gering (*Ottendorff* 1927). An manchen Universitäten, z.B. in Rostock, wurden Turnlehrerinnenkurse gar nicht angeboten (*Pahncke* 1973). 1929 wurde in Preußen endlich die Akademisierung der Turnlehrer/innen/ausbildung beschlossen; Turnen sollte jetzt wie alle anderen Fächer auch an den Universitäten, d.h. an den Instituten für Leibesübungen, studiert werden. Daneben bestand aber die Ausbildung zur „technischen Lehrerin" fort.

Die Ausgrenzung von Frauen aus dem wissenschaftlichen Diskurs über Turnen und Sport wird auch durch ihre untergeordnete Rolle an den Instituten für Leibesübungen der preußischen Universitäten deutlich. Da 1929 nach der Akademisierung der Turnlehrerausbildung ausschließlich „Fachmänner" in die wissenschaftlichen Prüfungsämter berufen wurden, war keine einzige Frau berechtigt, an einer wissenschaftlichen Prüfung über das Fach Leibeserziehung an höheren Schulen mitzuwirken (*Briese* 1933).

In Bayern wurde dagegen schon seit 1912 eine Akademisierung der Fachturnlehrer, nicht aber der Fachturnlehrerinnen, erreicht. Die Ausbildung der Frauen war auch in den 20er Jahren ein Jahr kürzer als die ihrer männlichen Kollegen. Während für Männer die Reifeprüfung Eingangsvoraussetzung war, reichte bei Frauen auch ein mittlerer Schulabschluß, das bedeutete, daß die Turnlehrerin nicht als wissenschaftliche Lehrerin anerkannt (und besoldet) wurde (*Krombholz* 1982, 456 ff.).

An den Turnlehrerbildungsanstalten und den Instituten für Leibesübungen der Universitäten wurden zwar durchaus Frauen beschäftigt, aber meist als Hilfslehrerinnen und ausschließlich für den praktischen Unterricht sowie die damit zusammenhängenden methodischen und didaktischen Fächer. Der Grund für die Verwendung von Frauen liegt wohl weniger in ihrer Forderung nach Selbstbestimmung, sondern eher in psychologischen Erwägungen und moralischen Bedenken. Außerdem stellten die für das Mädchenturnen wichtigen Gebiete der Gymnastik und des Tanzes typische Reservate für Frauen dar. An der Bayerischen Landesturnanstalt, gehörten z. B. dem Lehrkörper neben 14 Männern auch 2 Frauen an, die überwiegend die „eigene Turnfertigkeit" der Kandidatinnen schulten. Nur die Leiterin der Frauenausbildung war in ganz geringem Umfang (2½ Stunden Betriebslehre) im insgesamt 44½ Stunden umfassenden theoretischen Unterricht eingesetzt. An der Ausbildung der Turnlehrer war keine einzige Frau beteiligt (vgl. den Tätigkeitsbericht der Bayerischen Landesturnanstalt 1931/32). Im „Dritten Reich" wurde die theoretische und wissenschaftliche Beschäftigung mit den Leibesübungen unwichtig; es kam vor allem auf die Heranbildung systemtreuer und praktisch versierter Lehrkräfte an. Demzufolge wurde die Turnlehrer/innen/ausbildung reichseinheitlich auf ein Jahr verkürzt und nicht nur in den Sportinstituten, sondern auch in zentralen Lagern durchgeführt. Im Einklang mit der Weiblichkeitsideologie und der Frauenfeindlichkeit der Nationalsozialisten war eine Eliteausbildung nur für männliche Lehrkräfte an der 1936 eröffneten „Reichsakademie für Leibesübungen" vorgesehen (*Bernett* 1966, 132 ff.).

Nach dem zweiten Weltkrieg knüpfte die Sportlehrer/innen/ausbildung wieder an dem Konzept der akademisch gebildeten Lehrkraft an. An den wiederaufgebauten Instituten für Leibesübungen und generell im Sport herrschten jedoch weiter konservative Frauenideale vor, wie sie auch in der Gesamtgesellschaft nach einer kurzen emanzipatorischen Phase in der unmittelbaren Nachkriegszeit verbreitet waren. Dies ist u. a. am Beispiel der Sportmedizin nachzuweisen.

III. Sporttheorie zwischen Objektivität und Vorurteil

1. Das Beispiel Sportmedizin

Der Sportmedizin kommt aufgrund ihrer langen Tradition nicht nur für den naturwissenschaftlichen Bereich der Sportwissenschaft eine Schlüsselstellung zu. Ihr Einfluß war bzw. ist nicht auf rein sportmedizinische Problemstellungen beschränkt, sondern reicht in die Bewegungslehre und Trainingswissenschaft sowie in pädagogische, psychologische und ethische Fragen des Sports.

Kaum ein sportwissenschaftlicher Bereich beeinflußte zudem die Entwicklung des Frauensports derart stark wie die Sportmedizin. Noch in den 50er Jahren herrschte eine weitgehend ablehnende Haltung gegenüber dem Leistungssport der Frau vor. Man war sich einig darüber, daß wesentliche Unterschiede zwischen den Geschlechtern im Bau, in der Zusammensetzung und in der Funktion der Organe bestehen, die eine eingeschränkte sportliche Leistungsfähigkeit von Frauen zur Folge hätten. Frauen seien in ihren ganzen körperlichen und seelischen Eigenschaften nun einmal ‚anders' als Männer, bemerkte z. B. *Boehmig* (1955, 224).

Die ärztliche Sorge um die Gesundheit der Sportlerinnen richtete sich vor allem auf die Erhaltung der Gebärfunktion, wie auch folgendes Zitat von *Döderlein* (1956) in einem anerkannten Lehrbuch der Sportmedizin zeigt.

„Leistungstraining und Wettkampfsport stellen aber eine Gruppe von Leibesübungen dar, die bei Frauen eine ausgesprochene individuelle Eignung verlangen, wenn nicht Übertraining und Überbeanspruchung im Wettkampf Zusammenbrüche und Dauerschäden zur Folge haben sollen. Daß einzelne Frauen hervorragende sportliche Spitzenleistungen vollbringen können, zeigen die Weltranglisten. Wie teuer aber sportlicher Weltruhm nicht selten mit dem Preis verlorener Mutterschaft erkauft wird, das geht aus keinem Buch hervor."

Grundsätzlich ließen es sich die Mediziner nicht nehmen, die ‚besondere Eignung' der Frau für bestimmte Sportarten hervorzuheben bzw. einige Sportarten für Frauen strikt abzulehnen.

Da „der Körper der Frau... für bestimmte Höchstleistungen eingerichtet ist (aber nicht für solche, die männliche Muskelkraft erfordern...), soll sich auch der Sport der Frau von dem des Mannes unterscheiden"(*Martius* 1963, 90).

Die Auswahl der Sportarten empfahlen die Ärzte nach den Kriterien „Kraftleistung für den Mann" und „Entspannung für die Frau". Entsprechend ihrer körperlichen, aber auch psychischen Veranlagung, bedeutete dies für die Frau eine Zuordnung zu „typisch weiblichen" Sportdisziplinen mit rhythmischen und harmonischen Bewegungsabläufen wie Gymnastik, Tanz, Turnen, Eiskunstlauf, Wasserspringen, Rollschuhlauf und auch Reiten.

Insgesamt kam den einseitigen und häufig unbewiesenen, angeblich „wissenschaftlich" begründeten Aussagen vieler Ärzte zum Frauensport noch in den 50er Jahren mehr eine ideologische als aufklärerische Funktion zu.

Heute treiben Frauen fast alle Sportarten. Sind damit auch geschlechts-

stereotype Vorstellungen im Diskurs der Sportmedizin und -biologie verschwunden?
Um diese Frage zu klären, wählten wir als Untersuchungsmaterial neuere Lehrbücher und Aufsätze der Sportmedizin bzw. der Sportanatomie und -physiologie zum Thema „Frau und Sport“ aus (70er und 80er Jahre), die den Sportstudierenden als Handapparat in sportwissenschaftlichen Bibliotheken zur Verfügung stehen.[2]
Es konnten natürlich nur solche Publikationen diskursanalytisch untersucht werden, in denen nach Geschlechtern differenziert wird und die zudem einen Sportbezug erkennen lassen.[3]

2. Ergebnisse der Analyse neuerer sportmedizinischer und -biologischer Beiträge

Daß das Thema „Frau und Sport“ von der Sportmedizin als ein Problemfeld angesehen wird, zeigt schon die Art der Thematisierung. So fanden sich in der untersuchten Fachliteratur Geschlechterdifferenzierungen überwiegend in Sonderkapiteln mit Überschriften wie „Die Frau im Leistungssport“ oder „Frau und Sport“.[4] Sporttreibende Frauen werden in vielen Publikationen, analog zu Kindern und Jugendlichen, älteren Menschen oder Behinderten, als Sondergruppe behandelt, quasi als Abweichung von der Norm. Über sie wird ein gesonderter Diskurs geführt.
Eine Reihe von Büchern enthalten demgegenüber keinerlei Ausführungen zum Frauensport.[5] Dies bedeutet jedoch nicht, daß Frauen unter den allgemeinen Kapiteln ganz selbstverständlich mitbehandelt werden; hier bleibt der Frauensport in der Regel völlig ausgegrenzt. Frauen sind also nur äußerst selten Gegenstand des allgemeinen sportmedizinischen Diskurses.
Im Gegensatz zu sportmedizinischen Veröffentlichungen der 20er und auch noch der 50er Jahre, die aus der Feststellung biologischer Unterschiede direkt auf die Eignung bzw. Nichteignung von Frauen für bestimmte Sportarten schlossen und dabei aus biologischen Unterschieden auch wesensmäßige ableiteten, stellen sich die heutigen Veröffentlichungen zunächst als wesentlich neutraler und objektiver dar. Weitreichende Schlußfolgerungen werden meist vermieden und eher vorsichtige Interpretationen bzw. Empfehlungen gegeben. Dies wohl nicht zuletzt deshalb, weil die Erkenntnisse über angebliche biologische Fakten gerade im Bereich von Geschlechterunterschieden sich schon mehrfach als überholt erwiesen haben (Beispiel: Eignung von Frauen für Ausdauerleistungen). Dennoch reproduziert ein großer Teil der untersuchten, neueren medizinischen Beiträge zum Thema Frauensport im-

plizit traditionelle Geschlechtsrollen. Ideologische Überlagerungen finden sich hier weniger bei den bekannteren Sportmedizinern. Vielmehr fließen Wertungen vor allem bei der Rezeption sportmedizinischer Untersuchungen in zusammenfassenden Lehrwerken ein. Daß sportmedizinische Beiträge durchaus nicht nur „Faktenwissen" in die Diskussion um den Frauensport einbringen (wie dies z. B. die Sportmediziner *Prokop* (1976, 56) und *Nöcker* (1980, 281) behaupten, zeigt eine Analyse der Darstellungsmittel.

3. Darstellungsmittel

Über das Ausmaß der Geschlechtsunterschiede besteht in der untersuchten Literatur keineswegs Einigkeit. Die Angaben zur Muskelkraft der Frau, zur Trainierbarkeit der weiblichen Muskulatur sowie zur Leistungsfähigkeit des Herz-Kreislauf-Systems weisen eine große Bandbreite auf und sind zum Teil sogar widersprüchlich. Uns kommt es an dieser Stelle nicht auf die angegebenen Werte an, die in einigen Publikationen durchaus korrekt wiedergegeben sein mögen, sondern darauf, wie die biologischen Unterschiede beschrieben, begründet und sozial gewendet werden.
In der Regel beginnen die Kapitel zum Frauensport mit Ausführungen zu weiblichen und männlichen Körperbaumerkmalen. *Nöcker* gibt folgende Beschreibung des Körperbaus von Frauen:

„Schon bei der äußeren Betrachtung fällt bei dem Frauenkörper die Rundung der Formen auf, die weicher und schwungvoller sind als beim Mann" (1980, 278).

Welcher unbefangene Leser denkt bei der „Rundung der Formen" nicht an Busen und Po? Davon abgesehen lassen Adjektive wie „weich" und „schwungvoll" zugleich Assoziationen zu typisch „weiblichen" Sportpraktiken aufkommen, die scheinbar dem weiblichen Körperbau und Bewegungsablauf am zuträglichsten sind, wie z. B. Gymnastik und Tanz. Für *Prokop* (1976, 56) ist „das Skelett der Frau (...) wesentlich graziler, im Durchschnitt 20 bis 25% leichter, und die Hebelverhältnisse der Wirbelsäule und Extremitäten zum Teil ungünstiger" im Vergleich zum Mann.
Auch das Adjektiv „grazil" stellt eine Verbindung zu gesellschaftlichen Vorstellungen von Weiblichkeit her. So wird z. B. im Duden (Bd. 10, Bedeutungswörterbuch) „grazil" als „schlank und zart gebaut, fast zerbrechlich wirkend" definiert.
In Anlehnung an den Verhaltensforscher *Desmond Morris* beschreibt *Kuhn* die Auswirkungen der „typischen" X-Beinstellung von Frauen folgendermaßen:

„Durch all dies kommt es beim Laufen zu einem geschlechtsspezifischen Bewegungsablauf (den man z. B. recht ausgeprägt beobachten kann, wenn eine erwachsene Frau versucht, gerade noch einen Omnibus zu erreichen!). Die Oberschenkelkrümmung erzwingt halbkreisförmige Schlenker mit den Beinen, die Gesäßbacken schwingen stärker als beim Mann und der ganze Körper tendiert dazu, ‚in einer typischen Weise zu schaukeln', zumal auch die kürzeren Beine keine langen Schritte erlauben. Insgesamt wirken die Laufbewegungen daher plumper als beim Mann" (*Kuhn* 1981, 162/164).

Wenn auch in vielen Untersuchungen darauf hingewiesen wird, daß die Leistungsfähigkeit von Frauen und Männern nicht miteinander verglichen werden kann – „die sportlichen Leistungen der Frauen sind nicht schlechter oder geringer als die der Männer, sondern qualitativ und quantitativ anders" (*Märker* 1983, 10) – so findet ein Vergleich dennoch implizit statt. In nahezu allen Beschreibungen ist der Mann die Norm. Ausgangsbasis ist das Leistungspotential des Mannes, an dem dann das der Frau gemessen wird. So ist die Durchschnittsfrau „10–12 cm kleiner als der Mann, hat ein 10 kg geringeres Körpergewicht, ihre maximale Muskelkraft ist 20–35 % geringer als die des Mannes" (*Findeisen/Linke/Pickenhain* 1980, 264), „das Herzvolumen und damit das Schlagvolumen (ist) bei der Frau geringer" (*de Marées/Mester* 1982, 153). Selbst bei Betrachtung relativer Größen scheint die Minderwertigkeit der Frauen offensichtlich: So „sind z. B. die Frauen fast um 40 % schwächer als die Männer, obwohl sie nur 20 % weniger wiegen" (*Prokop* 1976, 56). Unter anatomischen bzw. physiologischen Gesichtspunkten gelten Frauen demnach als Dreiviertelsportler oder auch als Fehlkonstruktion. Den Mann als ‚Maß aller Dinge' finden wir dabei sowohl in deskriptiven Lehrbuchtexten als auch in tabellarischen Gegenüberstellungen.
Frauen werden in der Sportmedizin nicht an weiblichen, sondern an männlichen Maßstäben gemessen, was ihre Leistungsfähigkeit relativiert und herabsetzt. Gleichzeitig wird damit ein zentraler wissenschaftlicher Anspruch, nur Vergleichbares miteinander zu vergleichen, durchbrochen. Wie stark patriarchalische Strukturen wirksam sind, wird auch daran deutlich, daß es als undenkbar erscheint, die Werte von Frauen als Ausgangsbasis (100 %) zu setzen und Männer als Abweichung von der Norm zu behandeln.
Typisch für die Darstellung biologischer Geschlechtsunterschiede sind Generalisierungen. Es wird z. B. von der sportlichen Leistungsfähigkeit *der* Frau bzw. *des* Mannes gesprochen. Daß es sich dabei lediglich um statistische Durchschnittsgrößen handelt, wird selten explizit geäußert. Es wird in der Regel mit Mittelwerten ohne Angabe von Standardabweichungen gearbeitet. Die vielfältig bestehenden Überschneidungen in den Leistungen von Männern und Frauen werden meist nicht er-

wähnt. Die Folge sind Typisierungen, die jedes Geschlecht in seiner Leistungsfähigkeit als homogen erscheinen läßt. Abweichungen von der Norm, von dem Mittelmaß, werden dann leicht in den Bereich des Anormalen abgedrängt, so z. B wenn Frauen mit schmalen Hüften als maskuline Typen beschrieben werden (vgl. *Knußmann* 1980).
Grundsätzlich wird der große Bereich der gleichen Potenzen kaum angesprochen, sondern es werden vor allem die Unterschiede zwischen den Geschlechtern herausgestellt, die je nach Sportart und Leistungsklasse doch ziemlich irrelevant sein können oder auch relativ gering sind. Die wissenschaftliche Überprüfung der Aussagen wird nicht selten durch den Appell an die Alltagserfahrung der Leser/innen ‚ersetzt'. Durch Begriffe wie ‚selbstverständlich' oder ‚wie jeder weiß' wird an das vorhandene Alltagswissen über biologische Geschlechtsunterschiede angeknüpft. So beginnt *Seliger* (in *Hollmann* 1977):

„Bereits aus der Empirie des täglichen Lebens ergibt sich eine unterschiedliche Leistungsfähigkeit zwischen weiblichem und männlichem Organismus" (232) und weiter: „In Zusammenhang mit diesen Faktoren (anatomische, physiologische und psychische Unterschiede, d. V.), ist es verständlich, daß der weibliche Organismus auf Übung, Training und Sport qualitativ und quantitativ anders reagiert als der männliche" (233). Oder an anderer Stelle: „Unterschiede in der körperlichen Leistungsfähigkeit zwischen Mann und Frau sind eine Selbstverständlichkeit" (*de Marées/Mester* 1982, 152).

In vielen Publikationen werden die Geschlechtsunterschiede durch Adjektive und Adverbien hervorgehoben und dadurch überbetont. *Knußmann* (1980, 197) spricht von „erheblichen" Eignungsunterschieden für die sportliche Betätigung zwischen den Geschlechtern; er schätzt die Trainierbarkeit der Muskulatur im weiblichen Geschlecht als „beträchtlich" geringer ein als die im männlichen. Nach *Nöcker* (1980, 283) sind „am eindrucksvollsten" die Sexualdifferenzen an Herz und Kreislauf. Und laut *Prokop* (1976, 56) haben Frauen einen „wesentlich" schwächeren aktiven Halteapparat der Gelenke. Derartige sprachliche Verstärkungen, die zudem äußerst unpräzise sind, lassen weitreichende Phantasien über das Ausmaß biologischer Geschlechtsunterschiede zu.
Dieser Überbetonung geschlechtsspezifischer Unterschiede stehen andererseits Aussagen in der Literatur gegenüber, die offenbar den Anschein der weiblichen ‚Minderbemittlung' ausgleichen sollen. So wird darauf hingewiesen, daß die Geschlechtsunterschiede „eher quantitativer als qualitativer Natur" sind (*de Marées/Mester* 1982, 153). Auch *Knußmann* beteuert:

„Keineswegs kann von einer generellen sportlichen Unterlegenheit der Frau gesprochen werden, da im weiblichen Geschlecht eine bessere Beweglichkeit und Geschicklichkeit erzielt wird als im männlichen" (1980, 198).

Und *Nöcker* hebt hervor: „Gewissermaßen als Ausgleich für die geringere Kraftleistung ist der Frau eine größere Geschicklichkeit gegeben" (1980, 281).
Die Darstellungen und Begründungen biologischer Geschlechtsunterschiede sind also keineswegs ideologiefrei. So erhalten selbst objektiv anmutende Fachtermini wie „passives" und „aktives" Gewebe ein völlig anderes Gewicht, wenn es gerade die Frauen sind, bei denen ein höherer Anteil passiven Gewebes festgestellt wird. Hier finden sich Analogien zu dem Stereotyp des stärkeren passiven Verhaltens von Frauen. Geschlechtsspezifische Vorurteile werden zum Beispiel auch vermittelt durch Aussagen wie „Das Organsystem der Frau ist unökonomisch, das des Mannes ökonomisch" (*Nöcker* 1980, 284 f.) oder „Die Hebelverhältnisse sind bei der Frau ungünstiger" (*Prokop* 1976, 56). Wenn dann auch noch eine „allgemeine raschere Ermüdbarkeit des weiblichen Organismus" (*Kuhn* 1981, 161) festgestellt wird, scheint sich der Mythos von der Frau als dem „schwachen Geschlecht" voll zu bestätigen. Auch Abbildungen sind geeignet, Geschlechtsrollenstereotype zu transferieren. Bei der von *de Marées/Mester* (1982, 152) verwendeten Zeichnung fiel uns folgendes auf: Der Mann ist als muskulöser und zugleich sportlicher Typ (mit Diskusscheibe) dargestellt, während die Frau (ohne Sportgerät) demgegenüber nahezu kindlich erscheint. Ein Vergleich der angegebenen Körpergrößen mit dem tatsächlichen Abbildungsmaß ergab, daß die Frau 10,5% kleiner als der Mann gezeichnet ist, obgleich die durchschnittliche, im Text angegebene Differenz in der Körperhöhe nur 6% ausmacht. Wenn auch von den Autoren sicher nicht beabsichtigt, wird hier dennoch der Anschein weiblicher Schwäche assoziativ bestätigt bzw. verstärkt.

4. Der moralische Diskurs

Der Anspruch der Sportmedizin, eine objektive, wertneutrale Wissenschaft zu repräsentieren, kann für die untersuchten Beiträge zum Frauensport nur bedingt gelten. Daß schon in die Beschreibung von Geschlechtsunterschieden bewertende Elemente mit einfließen, haben die angeführten (durchaus noch nicht vollständigen) Beispiele gezeigt. Darüber hinaus findet sich zwischen den Einbänden naturwissenschaftlicher Lehrbücher ein mehr oder weniger offen geführter moralischer Diskurs. Bei der aufgezeigten Vermischung von wissenschaftlichen Daten und Geschlechtsrollenideologie ist es kaum verwunderlich, daß hier die traditionellen Rollenstereotype einfließen.

„Die soziale Einnivellierung der Geschlechter und verschiedene extreme Emanzipationsbestrebungen führen heute dazu, daß die Sexualdifferenzen in der körperlichen Leistungsfähigkeit und Belastbarkeit immer mehr bagatellisiert und heruntergespielt werden. Die progressive Gruppe der Frauen fordert bereits die absolute Gleichberechtigung im Sport mit den gleichen Wettkampfdisziplinen wie sie bisher ausschließlich dem Mann vorbehalten waren, z. B. Boxen und Marathonlaufen... Eine kritische Beurteilung der Trainierbarkeit und Belastbarkeit des weiblichen Organismus im Sport kann jedoch nur von den ganz nüchternen biologischen Daten und Fakten ausgehen..." (*Prokop* 1976, 56).

Daß wesensgemäße Zuschreibungen von Sportarten im Kontext sportmedizinischer Aussagen ebenfalls noch nicht verschwunden sind und biologische mit sozial geprägten Geschlechtsunterschieden vermischt werden, zeigen folgende Zitate:

„Wesensmäßig liegen ihr manche Sportarten nicht, wie z. B. Gewichtheben, Boxen, Fußballspielen, Skispringen, Radrennen und sehr lange Strecken im Dauerlauf und Skilanglauf. Ihre größere Körperbeweglichkeit und große Geschicklichkeit wie auch ihre gute rhythmische Veranlagung zeigt sich jedoch sehr ausgeprägt in der Gymnastik, im Geräte- und Bodenturnen, im Tanz, im Eislauf und im Skiabfahrtslauf, auch im Reiten und Fechten" (*Kochner* 1978, 47).

„Seit jeher tragen die recht unterschiedlichen Anforderungen im Leistungssport für Frauen und Männer der Tatsache Rechnung, daß billigerweise nicht die gleichen körperlichen Leistungen von beiden Geschlechtern erwartet werden können. Sie dokumentieren zudem, daß Umwelteinflüsse im weitesten Sinne – hier speziell das Training – die tiefgreifenden Unterschiede in der Konstitution niemals beseitigen können. Auch die jeweils bevorzugten Sportarten sind nicht etwa nur eine Folge ‚gesellschaftlich bedingter Zwänge', sondern offensichtlich anatomisch-physiologisch begründet (*Kuhn* 1981, 160).

Wenn auch die angeführten Textstellen selektiv ausgewählt sind und sich in den genannten Publikationen durchaus eine Reihe wertneutraler Abschnitte finden, so zeigen unserer Meinung nach die Ergebnisse dennoch die latente und offene Diskriminierung von Frauen durch Wissenschaft für den Bereich der Sportmedizin auf. Frauen werden im sportmedizinischen Diskurs entweder völlig ignoriert oder als Abweichung von der (männlichen) Norm behandelt. Sprachliche und bildliche Darstellungsweisen vermitteln implizit ein Bild von der Frau als Mängelwesen, der es aufgrund ihrer biologischen Verschiedenheit auch bei größter Anstrengung nicht gelingen könne, große sportliche Leistungen zu erbringen und sich in allen Sportarten zu bewähren.

5. Folgerungen

Abschließend ergeben sich aus der Diskursanalyse einige wichtige Folgerungen.

Eine Typisierung nach Geschlechtern erweist sich in der Regel nicht als sinnvoll, da die Leistungsunterschiede *innerhalb* der Männergruppe bzw. Frauengruppe oftmals größer sind als die *zwischen* Frauen und Männern.

In sportmedizinischen Untersuchungen sollte künftig klar erkennbar sein, was als Normalwert zugrundegelegt wird. Maximale männliche Leistungsfähigkeit darf nicht als Norm gelten. Es wäre z. B. denkbar, Mittelwerte auszurechnen, um die herum sowohl die Mehrzahl der männlichen Werte als auch die der weiblichen schwanken (vgl. *Hüllemann* 1983).
Empfehlungen jeglicher Art an Frauen sollten unterbleiben, da sie sich in der Vergangenheit als stark normative Größe erwiesen haben, die bis zum Ausschluß von Frauen aus einzelnen Sportbereichen reichte.

IV. Ausblick

Frauenforschung hat in den letzten Jahren in vielfacher Weise aufgedeckt, daß wissenschaftliche Forschung bislang weitgehend aus dem Blickwinkel von Männern geschah und noch geschieht, und damit den Lebenszusammenhang von Frauen ausblendet. Dies trifft auch für die Sportwissenschaft zu. Ansätze einer Frauenforschung sind in der Sportwissenschaft etwa seit Anfang der 70er Jahre sichtbar. Auf wissenschaftlichen Tagungen rücken die Diskussionen um geschlechtsspezifische Sozialisationsprozesse im schulischen und außerschulischen Sport in den Vordergrund, für den Schulsport-Unterricht stellt sich die Koedukationsfrage – wenn auch mit erheblicher Verspätung gegenüber anderen Fächern –, Psychologen/innen, Soziologen/innen und Mediziner/innen untersuchen die psychischen und physischen Beanspruchungen von Leistungssportlerinnen etc., und sogenannte „Frauenthemen“ werden zunehmend im Rahmen akademischer Qualifikationen akzeptiert (Dissertationen, Diplom- und Staatsexamensarbeiten).
Diese positiven Ansätze gilt es weiter zu entwickeln. Eine der dringendsten Aufgaben, die vor uns liegen, besteht darin, Sportwissenschaft in sämtlichen Teildisziplinen – analog zu dem vorangestellten sportmedizinischen Diskurs – auf ihre frauenfeindlichen Gehalte zu untersuchen und von ihnen zu befreien. Erkenntnisse der Sportwissenschaft werden erst dann für Frauen und Männer gleichermaßen allgemeine Gültigkeit beanspruchen können, wenn auch der weibliche Lebenszusammenhang angemessen in die Erkenntnisgewinnung dieser Wissenschaft eingeht.

Anmerkungen

1 Nur 182 Dissertationen gingen in die Auswertung ein, weil die Vornamen von 6 Verfasser/innen nicht nach dem Geschlecht identifizierbar waren.
2 Die in diesem Beitrag analysierten Publikationen sind Bestand der Bibliothek der Abteilung für Sportwissenschaft der Ruhr-Universität Bochum.
3 Damit schied der größte Teil der allgemeinen Anatomie- und Physiologiebücher aus, die sich lediglich auf die Beschreibung der Geschlechtsorgane beschränken.
4 Die Monographien vom Bundesausschuß Frauensport (1975) sowie von *Märker* (1983) und *Medau/Nowacki* (1983) befassen sich ausschließlich mit Fragen des Frauensports; *Hüllemann* (1983) und *Stegemann* (1984) differenzieren innerhalb einzelner Kapitel nach Geschlechtern.
5 Daher kommt auch die relativ gering erscheinende Zahl der untersuchten Publikationen von insgesamt 17 zustande (vgl. die anliegende Literaturliste).

Analysierte sportmedizinische Beiträge zum Frauensport

Bundesausschuß Frauensport (Hrsg.): Sportmedizinische Grundlagen zum Leistungssport der Mädchen und Frauen, Berlin 1975

Findeisen/Linke/Pickenhain: Grundlagen der Sportmedizin, 2. Aufl. Leipzig 1980 (daraus Kapitel ‚Aspekte des Frauensports', 264–267)

Forgo, I. (Hrsg.): Sportmedizin für alle, Stuttgart 1983 (daraus Kapitel ‚Frau und Sport' von *G. Szalmay,* 126–130)

Heipertz, W.: Sportmedizin, 6. Aufl. Stuttgart 1980 (daraus Kapitel ‚Frauensport', 93–96)

Hollmann, W. (Hrsg.): Zentrale Themen der Sportmedizin, 2. Aufl. Berlin 1977 (daraus Kapitel, Frau und Sport' von *V. Seliger,* 232–250)

Hollmann, W./Hettinger, Th.: Sportmedizin – Arbeits- und Trainingsgrundlagen, Stuttgart/New York 1980

Hüllemann, K.-D.: Sportmedizin, Stuttgart/New York 1983 (daraus Kapitel ‚Größenordnung der körperlichen Leistungsfähigkeit', 47–53)

Knußmann, R.: Vergleichende Biologie des Menschen, Stuttgart 1980 (daraus Kapitel ‚Sportanthropologie', 196–200)

Kochner, G.: Einführung in die Sportbiologie, 5. Aufl. München 1978 (daraus Kapitel ‚Anlageunterschiede zwischen Mann und Frau', 46–47)

Kuhn, W.: Funktionelle Anatomie des menschlichen Bewegungsapparates, Ein kurzgefaßtes Lehrbuch für Sportpädagogen, 2. Aufl. Schorndorf 1981 (daraus Kapitel ‚Die Bedeutung der Geschlechter – Unterschiede für den Sport aus der Sicht einer funktionellen Anatomie', 160–164)

Märker, K.: Frau und Sport aus sportmedizinischer Sicht, Leipzig 1983

Marées, H. de/Mester, J.: Sportphysiologie II, Frankfurt 1982 (daraus Kapitel ‚Geschlechtsspezifische Unterschiede in der Leistungsfähigkeit', 152–153)

Medau, H. J./Nowacki, P. E. (Hrsg.): Frau und Sport. Die Bedeutung der Gymnastik – sportmedizinische und sportwissenschaftliche Aspekte, Erlangen 1983

Nöcker, J.: Physiologie der Leibesübungen, Stuttgart 1980, 4. neubearb. Auflage (daraus Kapitel ‚Frau und Sport', 278–290)

Prokop, L.: Einführung in die Sportmedizin, Stuttgart/New York 1976 (daraus Kapitel ‚Frau und Leistungssport', 56–62)
Stegemann, J.: Leistungsphysiologie, 3. Aufl. Stuttgart/New York 1984 (kein eigenes Kapitel zu ‚Frau und Sport', Differenzierung innerhalb einzelner Kapitel)
Strauss, R. H. (Hrsg.): Sportmedizin und Leistungsphysiologie, Stuttgart 1983 (Übersetzung eines verbreiteten Lehrbuches in den USA) (daraus Kapitel ‚Teilnahme von Frauen an anstrengenden motorischen Aktivitäten' von *C. L. Thomas,* 307–322)

Literatur

Bayerische Landesturnanstalt: Tätigkeitsbericht über das Geschäftsjahr 1931/32
Bernett, H.: Nationalsozialistische Leibeserziehung, Schorndorf 1966
Boehmig, A.: Probleme des Frauensports, in: Die Leibeserziehung, Schorndorf 9 (1955), 224–227
Briese, G.: Das Studium der Leibesübungen und der körperlichen Erziehung in Preußen, Berlin 1933
Bundesminister für Bildung und Wissenschaft (Hrsg.): Grund- und Strukturdaten 1983/84, Bonn 1983
Döderlein, C.: Frau und Leibesübungen, in: *Arnold* (Hrsg.): Lehrbuch der Sportmedizin, Leipzig 1956
Euler, C.: Encyklopädisches Handbuch des gesamten Turnwesens und der verwandten Gebiete, Wien/Leipzig 1896, 226–274
Gasch, R.: Handbuch des gesamten Turnwesens, Wien/Leipzig 1920, 819–830
Haag, H. (Red.): Das Studium der Sportwissenschaft. 34. Folge. SS 1984. Jahresbibliografie abgeschlossener sportwissenschaftlicher Arbeiten 1983 (WS 1982/83 und SS 1983). Institute – Lehrkräfte – Lehrveranstaltungen. Mitteilungen der österreichischen Institute, Gießen 1984
Kröner, S.: Sport und Geschlecht. Eine soziologische Analyse sportlichen Verhaltens in der Freizeit, Ahrensburg 1976
Krombholz, G.: Die Entwicklung des Schulsports und der Sportlehrerausbildung in Bayern von den Anfängen bis zum Ende des zweiten Weltkrieges, München 1982
Martius, H.: Das kleine Frauenbuch, 3. Aufl. Stuttgart 1963 (1958)
Ottendorff, H.: Die Frage der Neuordnung der Ausbildung der Turn- und Sportlehrer und -lehrerinnen in Preußen, in: Die Leibesübungen (1927), 321–323
Pahncke, W.: Die Turnlehrerausbildung an der Universität Rostock in den Jahren 1919 bis 1945, in: Theorie und Praxis der Körperkultur 22 (1973), 988–999
Pfister, G.: Standespolitische Interessen der Turnlehrer in der Weimarer Republik, in: VII. Internationaler Kongreß der HISPA, Paris 1978, 841–853
Pfister, G.: (Hrsg.): Frau und Sport. Frühe Texte, Frankfurt 1980
Pfister, G./Langenfeld, H.: Die Leibesübungen für das weibliche Geschlecht – ein Mittel zur Emanzipation der Frau?, in: *H. Ueberhorst* (Hrsg.): Geschichte der Leibesübungen, Bd. 3/1, Berlin 1980, 485–521
Pfister, G./Langenfeld, H.: Vom Frauenturnen zum modernen Sport – die Entwicklung der Leibesübungen der Frauen und Mädchen seit dem ersten Weltkrieg, in: *H. Ueberhorst* (Hrsg.): Geschichte der Leibesübungen, Bd. 3/2, Berlin 1982, 977–1007
Röthig, P. (Red.): Sportwissenschaftliches Lexikon, 4. Aufl. Schorndorf 1977
Sportwissenschaft 1 (1977); 1 (1978); 1 (1979); 2 (1980); 3 (1981); 3 (1982); 3 (1983); 3 (1984)

Autorinnen

Sigrid Bias-Engels, geboren 1956 in Aachen; Studium der Geschichte, Kunstgeschichte und Germanistik in Aachen und Bonn; Promotion im Fach Geschichte; nach der Promotion Tätigkeit als Studienreferendarin; seit 1983 Mitglied der Arbeitsgemeinschaft Frauenforschung an der Universität Bonn. Veröffentlichungen: „Autonome Frauengruppierungen in der Jugendbewegung", in: Jahrbuch des Archivs der deutschen Jugendbewegung 15 (1984/85); „Studenten und Pachanten. Jugendbewegung an deutschen Universitäten 1896–1920", Köln 1986 (erscheint im Sommer).

Dagmar Filter, geboren 1953; Studium der Bildenden Kunst und Design in Hamburg. Besondere Arbeitsschwerpunkte: Frauenerwerbsarbeit und Neue Technologien; Frauen in Kunst, Architektur und Design der 20er Jahre bis heute. Zur Zeit Arbeit in der Koordinationsstelle „Frauenforschung/Frauenstudien" an der Hochschule für Wirtschaft und Politik in Hamburg.

Doris Freer, geboren 1952; Studium der Germanistik und Geschichte; Wissenschaftliche Angestellte im Sonderforschungsbereich 119 „Wissen und Gesellschaft im 19. Jh." im Teilprojekt „Die literarischen Taschenbücher der Biedermeierzeit" unter der Leitung von Prof. Dr. *P. G. Klussmann* von Januar 1981–Juni 1983 in Bochum; danach Studienreferendarin. Arbeitsschwerpunkte: Sozioökonomische Lage und politisches Handeln von Frauen in der ersten Hälfte des 19. Jhs; Frauenbild in der Literatur; Frauen und historisches Wissen; Schriftstellerinnen in der ersten Hälfte des 19. Jhs.; seit Oktober 1985 Leiterin der Gleichstellungsstelle für Frauenfragen der Stadt Duisburg.

Renate Fritz-Haendeler, Dr.-Ing. Stadtplanerin, geboren 1944 in Wuppertal; Architektur- u. Städtebaustudium Universität Stuttgart 1964–71; Stadtplanerin in einem Architekturbüro in Nürnberg/Bochum 1972/73; Städtebaureferendariat Land NW 1973–75; Wiss. Assistentin am Lehrstuhl für Städtebau, RWTH Aachen 1976–84; Forschung und Promotion über niederländischen Wohnungsbau 1979–81; 2 Semester Gastprofessur für Siedlungsplanung u. Städtebau an der Gesamthochschule Kassel 1982–83; 1984 freie Mitarbeit in einem Architekturbüro in Aachen und Gutachten für die Hess. Zentralstelle für Frauenfragen über „Frauen als Trägerinnen öffentlicher Belange in der Bauleitplanung". Seit April 1985 Stadtplanerin bei der Stadt Ulm.

Johanna Geyer-Kordesch ist Historikerin am Institut für Theorie und Geschichte der Medizin der Universität Münster. Sie studierte am Oberlin College (B. A.), an der Universität of Massachusetts, Amherst (Ph. D.), den Universitäten Freiburg und Wien. An der Universität Oxford wechselte sie zur Medizingeschichte über. Hauptforschungsgebiete: Frauengeschichte und die Medizin des 18. Jahrhunderts in Deutschland.

Marie-Luise Klein, Jahrgang 1953, ist Wissenschaftliche Mitarbeiterin in der Abteilung für Sportwissenschaft der Ruhr-Universität Bochum. Forschungsschwerpunkte: Geschlechterrollen im Sport, Sport und Massenmedien. Arbeitet zur Zeit an einer Dissertation zum Thema: Frauensport in der Berichterstattung von Massenmedien. Veröffentlichungen: zusammen mit *Gertrud Pfister* „Goldmädel, Rennmiezen und Turnküken. Die Frau in der Sportberichterstattung der Bild-Zeitung", Berlin (*Bartels & Wernitz*) 1985.

Ulla Knapp, Dr. rer. oec., Jahrgang 1952, Studium der Ökonomie in Bochum und Gießen, Promotion über die Geschichte der Frauenarbeit, Veröffentlichungen zu den Themen: Frauenarbeit/Frauenbewegung, Staatstheorie, Arbeitsmarkttheorie und -politik, z. Zt. beschäftigt im Ministerium für Wirtschaft, Mittelstand und Verkehr des Landes NRW, zuständig für frauenpolitische Angelegenheiten/Struktur- und Arbeitsmarktpolitik.

Sabine Kröner, geboren 1935; mehrere Jahre Lehrerin; Zweitstudium in Gießen mit Promotion in Soziologie über „Sport und Geschlecht"; 1975–1981 Wissenschaftliche Mitarbeiterin im Bereich Sportsoziologie in Siegen; seit 1981 Professorin im Fachbereich Sportwissenschaft mit dem Schwerpunkt Sportsoziologie in Münster. Arbeitsschwerpunkte: Frau und Sport; Koedukation im Sportunterricht; Hochschuldidaktik nach der Methode der Themenzentrierten Interaktion (TZI). Mitbegründerin der Arbeitsgruppe Frauenforschung in der Sportwissenschaft.

Margarete Maurer, M. A., Studium der Naturwissenschaften und Philosophie, ehem. Lehrbeauftragte für Wissenschaftstheorie der Biologie an der Universität Tübingen; zahlreiche wissenschaftliche und journalistische Veröffentlichungen im Bereich Wissenschaftstheorie und -didaktik der Naturwissenschaften, Frauenforschung und Wissenschaftskritik. Buchpublikation: „Natur in der Schule. Kritik und Alternativen zum Biologieunterricht", Rowohlt 1978 (zus. mit *E. Busche/B. Marquardt*); derzeit freiberuflich/erwerbslos.

Barbara Methfessel, 35 Jahre. Nach Abitur Lehre der ländlichen Hauswirtschaft, Studium der Ernährungs- und Haushaltswissenschaft in Bonn. 5 Jahre Hauswirtschaftsleiterin in Großhaushalten. Seit 1981 Wissenschaftliche Mitarbeiterin im Fach Haushaltswissenschaft an der Universität/Gesamthochschule Duisburg. Arbeitsschwerpunkt: Sozioökonomie des Haushalts – Hausarbeit. Arbeit an einer Dissertation über Erwerbs- und Hausarbeit. Seit ca. 1980 engagiert in Frauenbewegung und Frauenforschung/-studium. Mitglied des Arbeitskreises Wissenschaftlerinnen von NRW.

Astrid Meyer, geboren 1956; Studium der Philosophie, Religionswissenschaft und Geschichte in Berlin. Veröffentlichung: „Philosophische Gedanken über das Verhältnis von Vernunft und Sinnlichkeit", in: Was Philosophinnen denken. Hrsg. v. *H. Bendkowski/B. Weisshaupt,* Zürich 1983, 150 ff.

Birgit Meyer, geboren im Jahr der Gründung der Bundesrepublik Deutschland in Hamburg. Studium der Politischen Wissenschaften, Pädagogik, Kommunikationsforschung und Osteuropäischen Geschichte in Hamburg, München und Bonn. 1980 Promotion mit einer Arbeit über „Die Darstellung der sowjetischen Dissidenten-Bewegung in der bundesdeutschen Presse". Anschließend wissenschaftliche Mitarbeit an einem Curriculumprojekt zur „Gleichstellung der Frau", das soeben von der Bundeszentrale für Politische Bildung veröffentlicht wurde. Seit über 10 Jahren in der Frauen(bildungs)bewegung aktiv, Schwerpunkt Erwachsenenbildungsarbeit mit Frauen zu Themen wie „Frauen im Nationalsozialismus", „Frauen und Hochschule", „Frauen und Politik". Seit 1983 wissenschaftliche Mitarbeiterin am Seminar für Politische Wissenschaft der Universität Bonn.

Christel Neusüß, Dr. rer. pol., geboren 1937; studierte Germanistik, Philosophie und Politische Wissenschaften, arbeitete zunächst als Lehrerin, dann als Assistentin an der Universität Erlangen und ist heute Professorin für das Fach ‚Politische Wirtschaftslehre' an der Fachhochschule für Wirtschaft in Berlin. Als Mitarbeiterin sozialistischer Zeitschriften war sie jahrelang an der Diskussion über die Relevanz marxistischer Theorie für die Analyse von Gegenwartsproblemen beteiligt. Sie schrieb über Fragen der Sozialstaats- und Imperialismustheorie, der Geschichte der Arbeiterbewegung und über aktuelle Gewerkschaftspolitik. Ihre historischen und theoretischen Untersuchungen standen jeweils im Zusammenhang mit ihrer politischen Tätigkeit in Antinotstands- und Studentenbewegung, im Sozialistischen Büro, in den Gewerkschaften und im Netzwerk Selbsthilfe. Ihr zusammen mit anderen verfaßtes letztes Buch über ‚Die Neue Heimat' war unmittelbares Resultat praktischer Vermittlungstätigkeit zwischen Gewerkschaften und Instandbesetzerbewegung in Berlin. Seit zwei Jahren ist sie Mitarbeiterin der Zeitschrift ‚Beiträge zur feministischen Theorie und Praxis'. In ihrem jüngst erschienenen Buch: ‚Die Kopfgeburten der Arbeiterbewegung, oder Die Genossin Luxemburg bringt alles durcheinander' setzt sie sich mit Theorie und Geschichte der Arbeiterbewegung aus feministischer Sicht auseinander.

Monika Oubaid, geboren 1941; Abitur 1960, Studium Kath. Theol., Heirat 1963, Arzthelferin, Kinder 1964 und 1966, Dipl. Päd. 1973, Erfahrungen in Aktionsforschung, Bildungsarbeit, Sozialarbeit, Schul- und Berufspolitik, Therapie, Wiss. Mit. 1980–82: Aufbau und Geschäftsführung der Interdisziplinären Forschungsgruppe Frauenforschung an der Universität Bielefeld, Dr. phil. 1983: „Zum Verhältnis von familialer und öffentlicher Erziehung – am Beispiel von Elternbildung und -mitwirkung", seit 1983 erwerbslose bzw. freiberufliche Erziehungswissenschaftlerin, Arbeitsschwerpunkte: Geschlechtliche Arbeitsteilung, Familienerziehung, Frauenpolitik.

Gertrud Pfister, Dr. phil. Dr. rer. soc., geboren 1945 in Eichstätt; Studium der Sportwissenschaft, lateinischen Philologie, Geschichte und Soziologie in München, Regensburg und Bochum. Seit 1981 Professorin für Sportwissenschaft an der Freien Universität Berlin. Zahlreiche Veröffentlichungen über sporthistorische Themen, Frauensport („Frau und Sport. Frühe Texte", Frankfurt 1980), geschlechtsspezifisches Sportengagement, Sport im Systemvergleich.

Sigrid Reihs-Kirsch, geboren 1956 in Höxter. 1975 Abitur und Beginn des Studiums der Evangelischen Theologie in Bethel. Seit 1976 Studium in Bochum. 1981: 1. Theologisches Examen bei der Landeskirche von Westfalen. Seitdem wissenschaftliche Mitarbeiterin am Lehrstuhl für Christliche Gesellschaftslehre in Bochum. Arbeit an einer Promotion über die evangelische Frauenbewegung am Beginn des 20. Jahrhunderts bis zur nationalsozialistischen Machtübernahme 1933. Mitarbeit in der Initiative „Theologinnen in der EKvW".

Anne Schlüter, Dipl. Päd., geboren 1950; Studium der Erziehungswissenschaft, Politikwissenschaft, Soziologie und Erwachsenenbildung in Köln von 1973–1979; danach wissenschaftliche Mitarbeiterin in einem Drittmittelprojekt über ‚Berufliche Ausbildung im 19. Jahrhundert' in Bochum; Promotion zum Thema: „Zur Geschichte der Berufsbildung von Mädchen zu Anfang des 20. Jahrhunderts". Mitglied im Arbeitskreis Wissenschaftlerinnen von NRW.

Michaela Schumacher, geboren 1949; Studium der Chemie, Erziehungswissenschaft, Philosophie; Abschluß I. und II. Staatsexamen. Mehrjährige Tätigkeit an Gymnasien, an der Universität und in einem Verband. Mitarbeiterin im Institut für Soziale Arbeit. Veröffentlichungen: „Medien und das Lehrer-Schüler-Verhältnis", „Beiträge zu einer Geschichte des Chemieunterrichts". Studie „Mädchen in Häusern der Offenen Tür" und „Arbeitshandreichung zur Mädchenarbeit" (zus. mit Trauernicht, G.).

Maria Thiele-Wittig, Landwirtschaftliche Lehre und Studium der Landwirtschaft. Forschungsstudium in den USA zum Verbraucherverhalten. Tätigkeit in der Verbraucherabteilung des Bundesministeriums für Ernährung, Landwirtschaft und Forsten. Seit 1973 Professur für Haushaltswissenschaft an der Universität Gesamthochschule Duisburg. Aktiv im Internationalen Verband für Hauswirtschaft und im Arbeitskreis Wissenschaftlerinnen von NRW.